陶庵回想录

陶亢德 著

中華書局

图书在版编目(CIP)数据

陶庵回想录/陶亢德著. —北京:中华书局,2022.6
(2023.5 重印)
ISBN 978-7-101-15720-8

Ⅰ.陶…　Ⅱ.陶…　Ⅲ.陶亢德-回忆录　Ⅳ.K825.6

中国版本图书馆 CIP 数据核字(2022)第 081537 号

书　　名	陶庵回想录
著　　者	陶亢德
责任编辑	李世文
特约编辑	宋希於
封面设计	毛　淳
责任印制	陈丽娜
出版发行	中华书局 (北京市丰台区太平桥西里 38 号　100073) http://www.zhbc.com.cn E-mail:zhbc@zhbc.com.cn
印　　刷	北京新华印刷有限公司
版　　次	2022 年 6 月第 1 版 2023 年 5 月第 4 次印刷
规　　格	开本/880×1230 毫米　1/32 印张 18¼　插页 9　字数 380 千字
印　　数	15001-20000 册
国际书号	ISBN 978-7-101-15720-8
定　　价	88.00 元

作者像（约上世纪30年代）

初出茅庐的青年陶亢德

早年与夫人何家选在苏州虎丘点头石

1943年，和长子陶明、长女陶洁在一起（康正平摄）

缺少陶亢德本人的全家福，摄于1960年8月22日。立者左起：陶沖（幼女）、陶融（次子）、陶明（长子）、陶明夫人（长媳）、陶华（幼子）；坐者左起：陶洁（长女）、何家选（夫人）、陶立（长孙）、陶泠（次女）

晚年与夫人何家选合影

《我的后半生 · 在北京》手稿

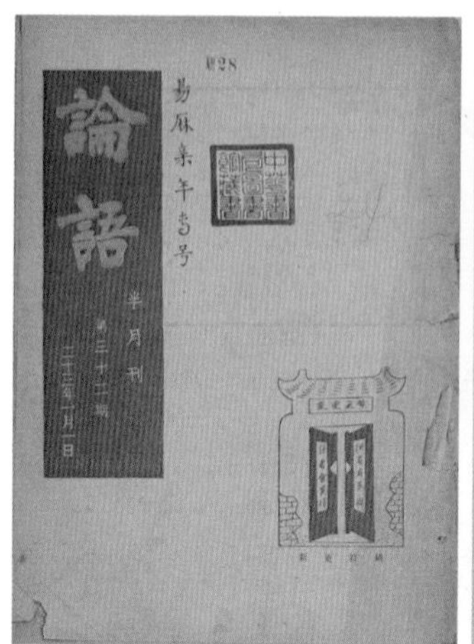

陶亢德参与编辑的《论语》《人间世》《宇宙风》

亢德先生：

長期的日語學校，我不知道。我的意見，是以為日文只要能看論文就好了，因為他們倒還爽快。至于讀文藝，却實在有些得不償失。他們的新語，方言，常見于小說中，而沒有完備的字典，只能問日本人，這可就是事了，然而又沒有偉大的創作，補償我們外國讀者的勞力。學日本文要到能夠看小說，且非一知半解，所需的時間和力氣，我覺得並不亞于學一種歐洲文字，然而歐洲有大作品。先生何不將豫備學日文的力氣，學一種西文呢？

用種種筆名的投稿，倘由我再寄時，請先生看情形，不用就是，稿費也是不計較的。此復，即請

著安

迅 上 六八

1934年6月8日鲁迅致陶亢德信（中国嘉德2013年秋拍）

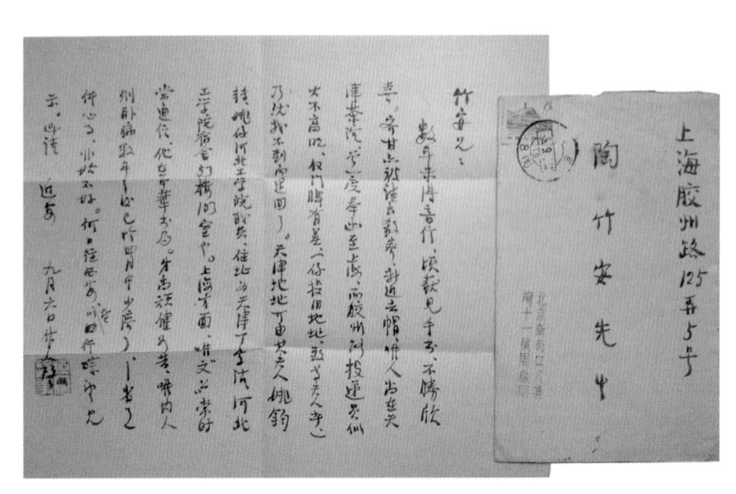

上海胶州路125弄5号

陶竹安先生

北京新街口八道湾十一号周寄

竹安兄：

数年未得音信，顷获见手书，不胜欣喜。[illegible]，并近[illegible]，佣人尚在天津[illegible]，而胶州路投递员似太不高明，故门牌有差（係按旧地址，致[illegible]），乃说找不到而退回了。天津地址可由其夫人姚钧转，姚係河北工学院职员，住址为天津丁字沽河北工学院宿舍[illegible]楼105室也。上海方面，惟文亦常时尚通信，他在中华书局。[illegible]尚强健如昔，惟内人则卧病数年，已于四月中逝世了，一并告[illegible]。[illegible]不好。何日往[illegible]，或回[illegible]行时[illegible]示。此请

近安

九月六日 作人

1962年9月6日周作人致陶亢德信

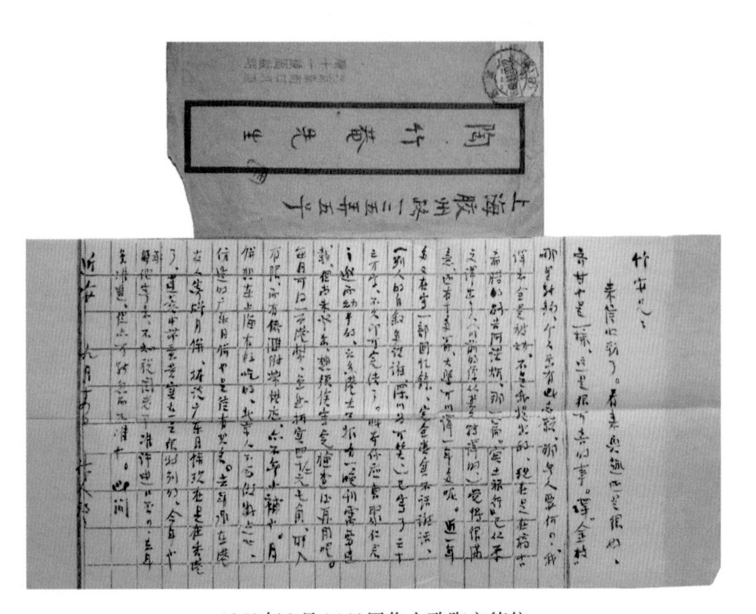

北京新街口八道湾十一号周寄

陶竹安先生

上海胶州路一二五弄五号

竹安兄：

来信收到了。[illegible]

近安

九月十四日 作人

1962年9月14日周作人致陶亢德信

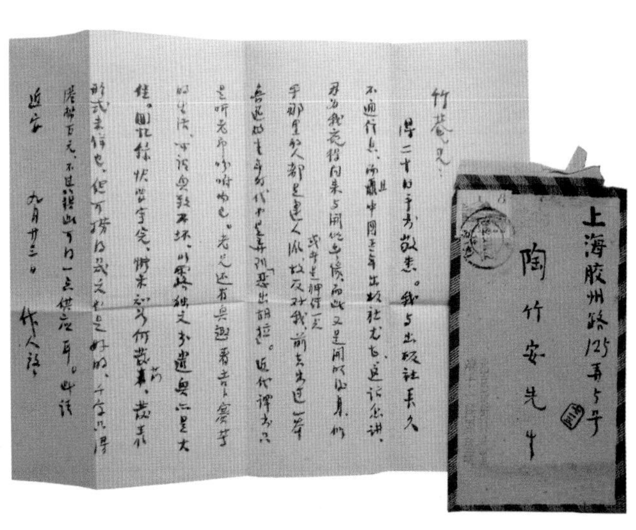

1962年9月23日周作人致陶亢德信

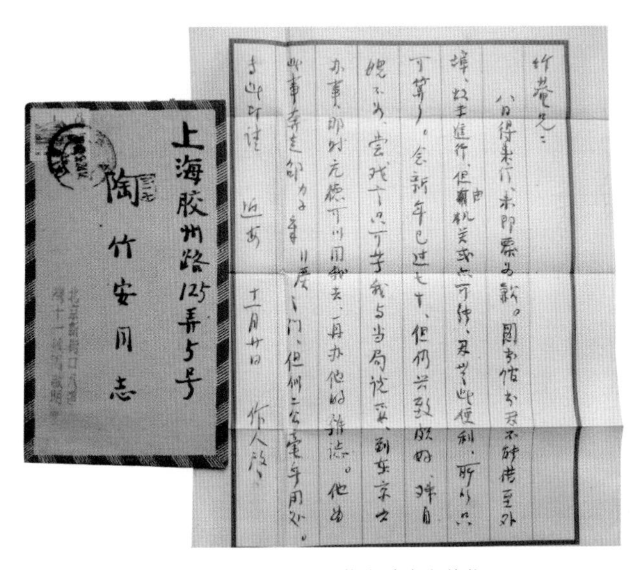

1962年11月20日周作人致陶亢德信

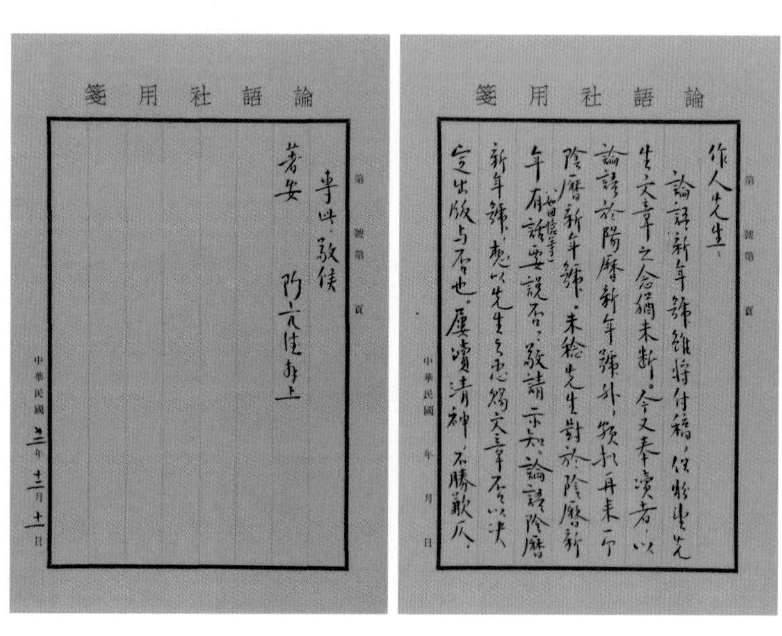

論語社用箋

作人先生：

論語新年號雖將付稿，但盼得先生文章之念猶未斷。今又奉瀆者，以論語於陽曆新年號外，頗想再來一個陰曆新年號。未稔先生對於陰曆新年有話（如回憶等）要說否？敬請示知。論語陰曆新年號，擬以先生之惠賜文章否以決定出版與否也。屢瀆清神，不勝歉仄。

論語社用箋

專此，敬候

著安

陶亢德拜上

中華民國廿二年十二月十一日

1933年12月11日陶亢德致周作人信

1935年8月12日陶亢德致周作人信

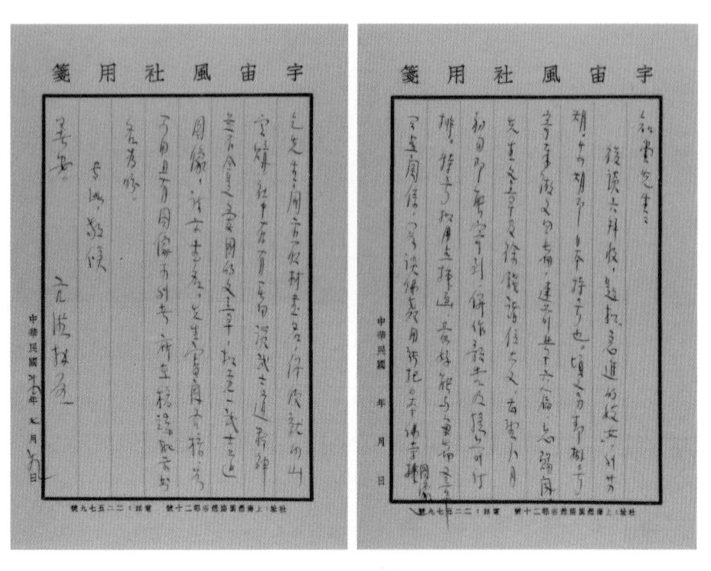
宇宙風社用箋

宇宙風社用箋

1936年7月29日陶亢德致周作人信

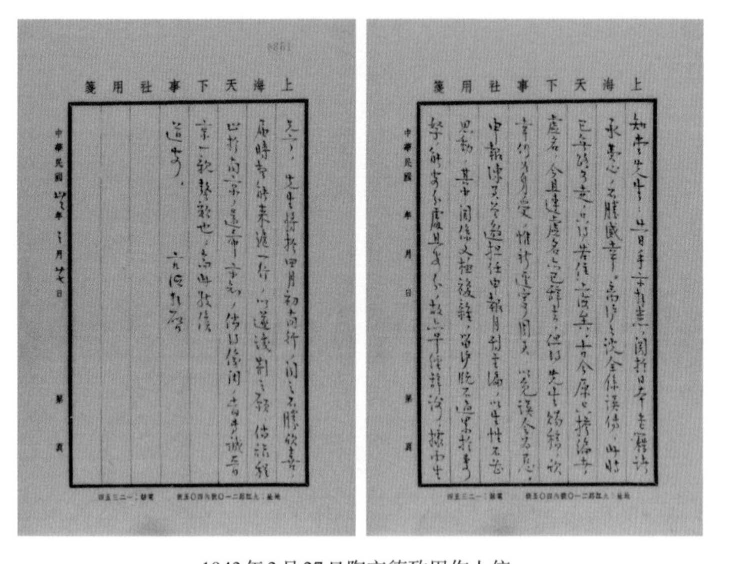
上海天下事社用箋

上海天下事社用箋

1943年3月27日陶亢德致周作人信

知堂先生：十八示敬悉。開明不收，亦可惡也。但[illegible]公從不錯，亦不利中之利。因此[illegible]記不可卻了。巳公報載十日离莫斯科，不日當可到京。又有[illegible]會，[illegible]。小山事萬分在意，文化生活社也在出科學之美[illegible]之書，[illegible]介紹康公[illegible]本條[illegible]新[illegible]德，[illegible]矣。岩波[illegible]新版，已出至第七分冊，安藤寄來了三四本，待出齊後當再寄來。[illegible]已出七冊，[illegible]八十九了。英譯本[illegible]年何不利[illegible]托舊書店[illegible]以為[illegible]來。[illegible]其實也不[illegible]。

據日譯本印來當不可，[illegible]古史，岩波已出譯出譯者[illegible]文章，印出安藤[illegible]寄，[illegible]英本[illegible]年，[illegible]日本[illegible]動物[illegible]年，當時恐須三月，這也是空想[illegible]了。[illegible]力而未必有[illegible]起文人[illegible]不[illegible]，不[illegible]不[illegible]，[illegible]。最近又做了[illegible]評[illegible]譯[illegible]書，因[illegible]倒是有以，[illegible]抄書名去，抄了十二本去。而收後以回信恐將遲遲無期了。[illegible]

[illegible] 十二·廿一

1950年12月21日陶亢德致周作人信

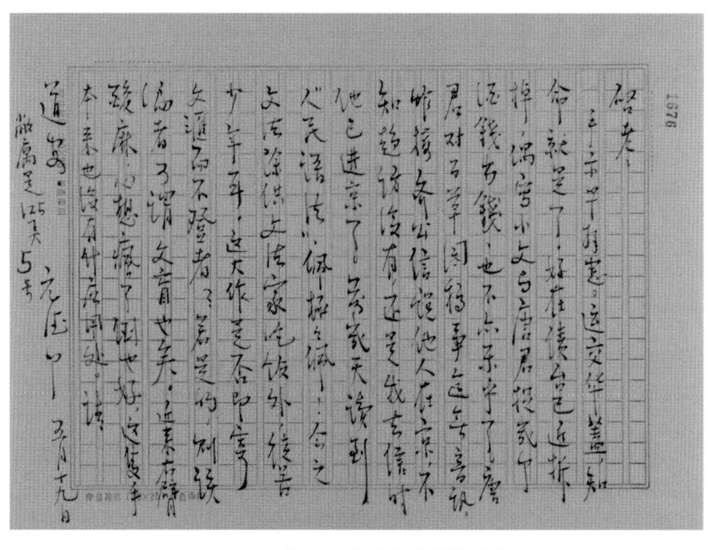

啓老：

五·十二手書悉。這交代了，蓋知命就是了。好在[illegible]台已近拆掉，偶寫小文與唐君[illegible]幾個潤錢，古錢也不太笑了。唐君對于草[illegible]事，近來言談[illegible]各公信[illegible]他人在京，不知道信沒有，還是我去信時他已進京了。[illegible]天讀到人民日報，[illegible]。今之文[illegible]家[illegible]外，[illegible]少年年，這大[illegible]不印。[illegible]文[illegible]不[illegible]者[illegible]。[illegible]文章也矣。近來[illegible]讀病了[illegible]也好，[illegible]本，[illegible]也沒有什麼可[illegible]。

道安

亢德 上 五月十九日

[illegible] 5号

1957年5月19日陶亢德致周作人信

岂老：六日手示拜悉。敝寓未迁移，齐公信不知何以被退，已去一信。文公昨来访，并承送香烟数枝，临时户口不配烟，我吸的是西安烟叶子也。在家期唯读书，下文消遣，下文麻烦不下棋语，或且过之，但唯其麻烦，更足消遣。家里原有格林童话之英译本，现择较短者与原本对读（商务出版小本），亦一乐也。这四年来，未读过一本汉文书，连报纸也只偶然买到。中秋将到，四年前离家恰是节日，本想大吃月饼，然临时户口无饼票，家里又只剩我一人，配得一大一小，不禁一吃，而又须与西安来的孩子的孩子分享，乃更觉不够了。近来已成了唯吃主义者。文公言先生仍在译书，不知亦拟一译"金枝"乎？在皖只读德人Lips的人类文化史原本（英）与俄译本，深感知道些原始民族的民族的生活习俗问题大有意思。到广州到过贵外文书的旧书店看了一下，价未见涨，只是似乎没有什么中意的书。英语近似大行，刊物中已有"英语研究"与"俄语研究"并列，但想到学会了之后只有"古典文学"可看，总有不足之感耳。丙生已去广州攻读拉丁文学，有一通知教内人，去西安约在月底或月初，那时当奉告。敬候

道安。

亢德叩

九月十一日

1962年9月11日陶亢德致周作人信

目 录

我的前半生

我的童年（上）——故乡琐事和食物 / 3
我的童年（中）——过年 / 12
我的童年（下）——放鹞·上坟·供月亮 / 20
附：故乡 / 26
出门学生意 / 33
初闯上海 / 42
沈阳之行 / 55
我所认识的邹韬奋 / 63
林语堂这个人与《论语》/ 79
《人间世》与徐訏 / 94
周作人五十自寿诗 / 104
郭沫若和《宇宙风》/ 113
《骆驼祥子》与人间书屋 / 118
附：关于《骆驼祥子》/ 125
缘缘堂在天之灵 / 128
附：贫贱江头自浣纱——纪念丰子恺和徐訏 / 133

《宇宙风》编务二三事 / 135
奔走于香港上海之间 / 147
从人间书屋到亢德书房 / 157
《自传之一章》/ 162
“黄金时代”的回忆 / 170
鲁迅与“论语派”/ 184
再记离港返沪事 / 199
到南京去 / 212
到日本去 / 230
太平书局与沦陷上海的文化情况 / 250
在提篮桥 / 265
出狱之后 / 281

我的后半生

欲受教育而不得 / 294
弄堂杂史 / 299
到北京助译《昆虫记》/ 311
苦雨斋琐记 / 317
在北京 / 328
翻译尝试 / 339
枯木逢春 / 348
“跌跤了”/ 357
离家当日是中秋 / 362
花凉亭梦忆 / 368
汪家冲漫笔 / 382

难以安住 / 395
工地医院 / 402
风云突变 / 409
雨过天青 / 418
唐大郎·康嗣群·纪果庵·梁式·徐訏悼辞 / 429
关于鲁迅书信的注释 / 442

附 录

闲话陶亢德（实斋） / 451
我所知道的陶亢德（纪果庵） / 457
记陶光燮（爱棠） / 462
我的父亲陶亢德（陶洁） / 467
我的母亲何家选（陶洁） / 524
记忆里的爸爸妈妈（陶泠） / 541
对生活永远抱着希望的爸爸（陶冲） / 548
雪茄香气里的外公（盛备） / 553
《骆驼祥子》出版史料（何和） / 556
陶亢德笔名别号录（宋希於辑） / 563
陶亢德著述编译图书目录（宋希於辑） / 567

整理后记（陶洁） / 572

我的前半生

我的童年（上）

——故乡琐事和食物

我在1908年的阴历十一月初一出生在浙江绍兴陶堰镇的陶家堰。祖上是个台门府人家，叫成兴台门。后来家道中落，但这个大门倒一直存在。我祖父有三个儿子，我父亲是最小的一个。他们有三进九间的房子，都读了几年私塾，认得几个字，会打算盘，有安身立命的本事。我父亲就是个小店员。

我是个独生子，当然就备受宠爱。我母亲总怕我生病，平[①]常，譬如说吃饭不像平日的吃得香或少吃了半碗，甚至只吃得慢了一些，就以为有病了。实际上我不记得有多少次病卧在床上过，甚至也不记得有过肚皮痛，只知道有一次患喉症去车家弄看医生开刀，那也只是知道，因为是事后由大人讲起的，据说病很

①回忆录原稿首页已佚，今由作者家属根据过去所作摘录恢复如上。关于作者的出生日期，曾有不同的说法：户口本上的记载是1908年11月6日，作者次子陶融在《江南人才名镇——陶堰》（浙江大学出版社1993年5月版）中所作小传的记载是1908年11月8日，作者家属据回忆录今已佚失的首页所作摘录记为当年的阴历十一月初一，即1908年11月24日。今按，徐迺翔、钦鸿所编《中国现代文学作者笔名录》（湖南文艺出版社1988年12月版），明确记述陶亢德生于1908年11月24日，且将其名归入了“本人提供过材料（或作过审核补正）的作者名单”。可证作者确实生于1908年11月24日（戊申年十一月初一）。

凶险，坐小船出发时原以为一定不能生还了的。那次所谓喉症可能是白喉，医生怎样开的刀，我一点没有印象。在六十多年前，乡下当然没有医院，也没有什么白喉预防针。即在今日，我们乡下小孩有没有获得白喉预防针注射的幸福，我也不清楚。

在我的儿童时代，我们乡下只有一位医生，大概相当有名，因为逢市日他去市上药店里应门诊的那天，据说四乡坐了小船来求诊者不少。但这位医生是位妇科医生。所以我尽管多毛多病，却不记得吃过多次苦药，只记得母亲的手常常来按我的额角头，这是代替体温计的量体温的方法。有时候她按过我的额角头再按一按她自己的，而确不定我发热没有时，就请恰在一旁的人来用手按我，或者她拉过在旁看着玩的人家孩子的额角作比较。在这种时候，我往往推开来按我额际的手，一溜烟往外跑了。这虽然使她不高兴，但因为我是飞快地往外跑的，显得没有什么病，大概同时给了她最大的安慰，这从她的“小人……慢慢走，跌跤”的安详的语声中可以知道。但若我只推开她的手而不跑开，她脸上的忧心忡忡的暗云就上来了，接下去就说：“那么你去睡睡，我去给你铡枝甘蔗来。”虽然她在去铡甘蔗时一定另外去为我的不知什么病求神拜佛许愿心了。

在无医无药的我们乡下，人们生病时的办法，不外乎求神佛保佑，如病比较严重，怕神佛不肯随便救护，则许下愿心，就是说等病好了，前来酬谢。谢礼则总是香烛之类，如果菩萨是吃荤的，那么另外用肉鱼鸡鹅之类请他。我们乡下只有一庙一庵。庙相距较远，通称百家庙，官名严司徒庙[①]，大概历史

---

①旧址在陶堰镇谢家埭村后畈。张岱《陶庵梦忆》卷四《严助庙》条说：“陶堰司徒庙，汉会稽太守严助庙也。”抗战前夕毁于台风。

悠久而且名闻遐迩，张岱的《陶庵梦忆》中有所忆及。因为距离远，要抽渡船[1]过河再走里把路，庙又大而空，一两个人进去有些可怕似的，所以平常我们是不去的，除了看戏文和丧事节目中的“行道”。就在“图里”[2]相隔不远的是一个庵，仿佛名叫“新龙”。不过这庵与通常书中所描述的庵不同，它没有日常紧闭着的大门，里边也没有别成一格的尼姑。我记得它是根本没有什么门的，里边有一个女人，做些点燃香烛收拾蜡烛头的事，年纪已有四五十岁，同一般妇女没有什么分别。这庵里的菩萨是谁呢？大概不是名流，我一个也不记得，只记得那里有一排一排的“签经”，到庵里去的人大都求一张签。这事情我也偷偷地甚而堂皇地做过，仪式是你跪在神桌前的垫子上，双手捧着“签筒”，一面默默祝祷，向菩萨禀告你要求的或你要知道吉凶的事情，一面摇动签筒，摇到终于摇出一支签来，签上有号码，向挂着签经的排里找到号码相同的一张，看经文怎么说法。签分下下、上上、中下、中上等等，一般是四句五言或七言似诗非诗的句子，好像有序或提要似的，诗前先有几句如“出行吉”之类。我母亲是非常相信求签的，因为据说我生下来之后她曾托人求过签经，一支签里有一句“逢春花发秀”，另一支有一句“一举成名天下闻”。但无论庵庙，我不记得有专管医药的菩萨。人们之去求拜他们，不过是求他们保佑罢了，因为我们乡下人以为人的生病是惹了鬼着了邪，驱鬼祛邪，最有力的无过于神佛。除了神佛之外，我们乡下人的其

①抽渡船是一种无人看守的渡船，其头尾有绳连通两岸，行人可自行拉绳过河。

②据作者家属说，回忆录手稿原有谈一张手绘的故乡平面图的篇幅，今已佚失。

他治病疗疾的方法，是烧纸锭、经佛和“送野头”之类，总之是迷信。吃药当然也有的，如伤风咳嗽时吃“胖大海”，这药倒很好吃，就是儿童也不怕吃的。此外当然还有“香灰”，但这是应与求神拜佛同入一类的了。

不过我们乡下也有着一种不知来自什么地方的医生——牙医。我母亲常常牙痛，而且一定痛得厉害，不然不会花钱请医生的。那牙医是女性，胖胖的，疗治方法是用一根筷子样的细竹棒碰碰病人的疼痛着的牙齿，然后拿筷子在事先预备好放在一边的一碗清水里一浸，立即使人看到有许多小虫在水里游动。据她说这就是使你牙痛的虫，现在是捉出来了。她这样连续几次，直到筷子浸到水里再没有虫游开来为止，也就是说虫已捉完。她问病人痛止了没有，病人点点头，虽然一只手还按着内部疼痛的左颊或右颊。

起课算命与求神拜佛都是我们乡下人的趋吉避凶的方法。起课我不大记得，大概不十分盛行，算命则常见。每天都有瞎子先生走过，他一面用细竹杖戳地，一面打一块铜片或铁片，叮当叮当响着作广告。即使没有病痛或灾祸，也有人会请来瞎子先生算一命。他知道了算命人的时辰八字屈指一算或两算之后，就一面弹着三弦之类的一种乐器，唱戏似的唱出告诉你命运的词句来。有的瞎子先生弹唱得相当悦耳，使围坐的老少妇孺听得津津有味。我现在怀疑当时我的祖辈母辈之那么时常请瞎子先生算命，可能是她们寻求娱乐的一种手段呢。

算命之外，我们乡下人还向“灶司菩萨”问吉凶，叫作“求圣笈”，用两条厚竹爿，合拢着拿在手里，先向灶司菩萨拜过默祷了，然后略往上空摔去，竹爿落地之后一看，背面都朝天的叫作“圣笈”，表示吉利；腹面都向上的叫“阴笈”，神示不吉；一背一腹呢，不吉不凶，就不算数重新来过。但也有第一“本”是阴筊却不愿意相信再求一遍以至两遍的，如果连续阴筊，那就有些大事不好，求神者要着慌了，不过实际不大会连续一样的，或者一转而为阳筊，或者不阴不阳，总之灶司菩萨大抵通达人情，不会使人大失所望的。附加一句，我们乡下人家凡有灶的都有灶司菩萨供奉。

上面我说过，我母亲看我似乎生病时一面叫我上床睡下一面说去铡甘蔗，可见甘蔗是我儿时喜欢吃的东西。是的，我儿时爱吃甘蔗常吃甘蔗，比夜糖（一种圆形的糖，大如莲子）更爱吃更多吃。我不知道绍兴生产甘蔗否，但我看绍兴人无论大人小孩最普通的水果大概就是甘蔗了。水果店里固然有，“戏文台下”也一定有，就是说无论什么地方演戏，总有甘蔗摊在。此外苹果、福桔、雅梨当然也有，连我们乡下水果店里也放在玻璃罩着的货架上展览着，但它们好像是祀神祭祖的珍品，不是我们的食品，我自己不记得吃过，至少没有大吃过，也没有看到过别的小孩在大庭广众中啖着这些珍品。

甘蔗之外，我儿时所吃的水果就是荸荠了，这东西不在水果店里也不在戏文台下的摊上出售，而是有人划着小船“荸荠嗬！荸荠嗬”叫卖，可见它是邻村隔乡的产品。荸荠远不及甘蔗那样受我欢迎，一则买来时还带着泥，要先洗过，二则啃皮也不省事，而最不讨人喜欢的是费了不少工夫之后不过一口就吃完了，何况还常常既老且干又不甜！“风干荸荠”就是放在苗篮[1]里挂在窗口让风吹干的荸荠，是很甜的，而且干得起了皱纹可以用手指不十分费事地剥去皮，但一点水分没有了，

①苗篮，即竹编的篮子。

小小一个又不经吃。荸荠更多煮熟了吃，还加些竹叶，说是可以清火。

此外还有菱。菱算不算水果我不知道，但至少在它鲜嫩的时候生吃，作为水果我想没有什么不对。菱，是有菱荡的，菱荡就是种菱的一块水域，属于私家，我们族里就有一房拥有菱荡。其实荡主并不自己去种，而是给了“乡下人”，产菱时节吃若干斤菱就算了。乡下人采了菱划船来卖时，他船肚里堆着碧绿生青的菱，实在很是好看。菱有两角菱和四角菱之分，后者比较鲜嫩可口。不过我们吃菱多是煮熟了吃，就是最初产的水红菱，也往往给老太太们做了“醉大菱”吃，就是剥出肉来，稍加酱油在饭镬里熯熟了当菜下饭。熟了后吃的菱，当然不能算作水果了。

我小时候吃过多次“大菱老酒”。所谓“大菱老酒”，并不是指以菱酿酒或浸酒，而是指用熟菱下酒或不如说用酒下菱，熟菱特别在既冷之后，吃时是干的，用酒来润润嘴恰好。我不曾看到过我们台门里真喝酒的人用菱下酒或在吃菱时喝酒，因而疑心这是我母亲借此机会叫我喝一点酒的手段。我父亲滴酒不入，母亲也不喝酒，但她深信酒能活血或补血之说，常借机会让我喝酒的。而以菱下酒，在本不会喝酒的小孩比什么都适宜，因为多吃了菱常觉口干，这时候喝酒无异饮茶，不大会觉得酒味之不大可口了。还有“浆大菱”，是老菱放蒲包、麻袋或篓中，放在露天，到秋天壳外的皮烂去了，洗净煮食，亦可下酒。老菱都是两角菱，所以浆大菱没有四角菱，菱老时久放不腐烂。

我们乡下人，至少在我家，西瓜是不大吃的。我儿时吃的瓜是青瓜、蒲瓜和黄金瓜，还有是“冷饭头瓜”[1]。青瓜、蒲瓜多水分，很爽口，但无甜味，说是最吃不坏人。黄金瓜有时真正蜜甜，特别是含籽的瓤，但说是最要吃坏肚子。“冷饭头瓜”少水分，也不甜，但不用牙齿也可以吃，而且能吃饱肚皮，不过我们小孩子是不欢迎的。

点心呢，有麻花烧饼。那是有个中年妇人上下午挽着篮子来卖的，还可以赊账。不过麻花烧饼是纯粹充饥之物，烧饼扁圆，大如茶碗，味咸，松脆，冷吃可以，麻花就除非回淘即重炸过的，冷了吃实在没有什么滋味。另外一种点心，放在彩瓶或锡瓶里，随时可以摸来吃的是糕干，也就是烘干了的米粉制的糕。它有几种，最次的叫“鸡骨头糕干”，细而硬，的确像鸡骨；好的名“砂仁琴糕”，有两寸左右阔，三四寸长，中腰有一条黑灰色的阔纹；还有介乎二者之间的一种，比砂仁狭小些，色较黄。次等糕干和一种其实没有什么蛋的“蛋卷”，同夜糖都在小店里有售，但我吃的大都由父亲从城里带来。细点心名目繁多，如太史饼、红绫饼、绿豆糕、椒桃片之类，那都是城里货，至少在市里的“南京店”里才能买到。我儿时最羡慕的点心是“纸帽篚”，就是盒子装的点心，我至少知道其中有一种糖叫藕丝糖的，没有地方单独零售。但纸帽篚点心是专作送礼用的，得这礼物的或者给“大人家”做了一次婚丧喜庆的“礼生”，或者给嫁女儿人家请去做了“送舅爷”。而这两种差使，我父亲没有资格充当，因而我也就没有福气吃到“纸帽篚”了。

---

①周作人《儿童杂事诗》甲之十八《瓜》一首附注有言：“冷饭头瓜，一名呃杀瓜，以其绵软，食之易噎耳。但可以饱，有如冷饭，故有是名。”

我于饭食外常吃的除糕干、甘蔗外，还有一样特别的别人家小孩恐怕不吃的东西，就是药材中的熟地。这东西形如小手指，味甜，当然会有药味，但不难吃，这是药店里卖的，我父亲是药房官，所以常常买给我吃。另外两样是酒冲鸭蛋和酒浸枣子，前者不过是把蛋打碎加一些酒一滚，后者是把黑枣浸在酒里，浸得膨胀容易以齿去皮时吃。二者都在夜里入睡之前享用。

再说“下饭”即副食品吧。绍兴人一般早午夜饭都吃干饭，我们家早餐却常吃水泡饭，那就是拿隔夜冷饭用水煮滚。吃水泡饭的下饭不经烹调而实在可口兼爽口，例如生腌菜（最好有了酸味的）切碎稍加麻油，拌豆腐就是生豆腐加盐和麻油少许，能有香椿头切末拌和当然更好了，但香椿在乡下是难得吃到的。不过我最爱吃的是臭豆腐干和霉毛豆。这里所说的臭豆腐干与外地如上海的不同，我乡的较硬，可以生吃。霉毛豆则是带荚放进霉甏里，过几天发霉了蒸熟了吃。霉的东西还有霉菜头、霉冬瓜、霉苋菜梗，但上海人所说的霉干菜却不在内，因为霉毛豆之类的霉，实际是臭字的代名，而干菜是香的，至少在绍兴人闻来。

绍兴人除臭之外，好像又偏爱咸，像鳓鲞、醉鲳鳊、桔皮鲞（鲫鱼干）、瓜鲞、白鲞，都是咸鱼，最好吃的咸货是“淮蟹”，较好的一种它的蟹斗真好吃呢。其实真好的咸鱼是并不太咸的，我有一位叔父晚年和我说过：我想吃点咸鱼，可惜现在的咸鱼腌得太咸了一点。淮蟹虽然决不是醉蟹而是十足的腌蟹，但吃时一点不嫌其咸，特别是它的“黑紫膏”即蟹黄。可惜这样名物已经绝迹几十年了！咸鱼的并不太咸，可以白鲞作代表，它可以做汤，连病人也吃得，它的与肉同煮，为绍兴过年的名菜“鲞冻肉”或“鲞炖肉”。

我的好下饭是虾，还有是“懒惰”饼子。我的故乡虽不是有名的鱼虾之乡（绍兴最有名的鱼虾之乡是皇甫庄，所谓“鲜鱼鲜虾皇甫庄”是也），但鱼虾还是捉之不尽吃之不完的，卖鱼虾的船无日无之。早晨就听得到“虾嘀，卖虾嘀”的叫卖声。价钱却不便宜，我小时候记得一角钱只能买到四两。吃法简单，最简单是用水加盐一煮，其次是加酱油在饭镬里一蒸。我在乡下从不曾吃过什么炒虾仁、油爆虾。至于所谓“懒惰饼子”呢，是斩肉成泥但不做成丸子，同虾一样用酱油蒸熟。

说到绍兴的酱油，我真想三呼万岁，最上等的名为“母油”“太油”，它的鲜美真是无以复加，就是家常日用的，也好得很。不过这可能是由于我在上海吃惯的化学酱油太无味了，而凡是乡下的酱油都很好吃，不独我的故乡一地。

我的童年（中）

——过年

我在儿童时代，尽管由于家贫债多，过年对我说来并不是完全高兴快乐的，但到底是小孩子，尽管有时候看到母亲的一不留神露出愁容，或者看到人家已经买来十斤廿斤的肉，我家还没去买，或人家办了种种年货，我家还有此少彼的时候，不免垂头丧气，到底禁不住过年所特有的种种行事，尽管我又生性好静不好动，总也不能闷在家里，而跟着堂兄弟们干这干那去了。

过年的头宗大事是“请过年菩萨”，即所谓祝福。

我乡过年大概从农历十二月二十日算起。很特别的一点是从这天起，日改叫夜了，如二十日叫二十夜，儿童唱道：“二十夜，连夜夜，点起红灯做绣鞋，绣鞋做起拜爷爷。”送灶司的一天二十三日也叫廿三夜。送灶司很简慢，一顶竹制的小得如大型儿童玩具的轿就是他老人家的交通工具，在台门口焚化了事，好像连祭品也没有的。这大概因为灶司菩萨就坐在灶的烟筒横直交接处，日常见面，熟不拘礼了，连我们小孩子也尽管敬畏别的菩萨，对灶司菩萨却并不怎么恭敬，这也许由于他既非泥塑木雕亦不装金涂彩，不过印在纸上的图像，望之不似人君，从而没有什么可敬了。

请过年菩萨各家有各家的一定日子，我们是二十七日，时间则都在后半夜。在请之前的预备工作是冲洗打扫堂前。所谓堂前，是房子中央的一大间，不作别用，平常空着，专供本台门内婚丧喜庆祀神祭祖之用。平常不见打扫，可也并不曾脏得怎样，但靠北端墙壁的长长画桌，在门的左右两旁靠窗放着的一只圆桌的两半，还有四张似乎特别重的八仙桌上，积灰总是有的。大人们在二十七日这天下午，给它们洗洗揩揩，小孩子在旁踊跃帮忙，很像是热爱劳动，其实是当作游戏罢了。夜饭之后，大人烧“福礼”即猪肉和鸡或鹅。这原没有什么好玩的，但坐在母亲身边，在灶门前，到底暖烘烘，而且还可以一把一把地把砻糠撒进灶肚，甚至试打一两个稻草结，总都相当有趣，特别是肉、鸡将熟时的那股引起食欲的香味真值得闻。乡下孩子大抵早睡，肉、鸡煮熟也不太费时，于是大小上床睡去。到后半夜，做主妇的起身再煮福礼，到相当时刻，盛出来放在红漆木盘里由主人端到堂前，在已经拼好的八仙桌上放下。在这稍前，我们小孩子也或被叫醒或自己醒来，不怕严冬深夜的凛冽，到堂前去赶热闹。

请过之后是“散福”，通常是由这家或那家用煮肉和鸡的汁汤放几碗年糕给大家吃，但也有“要好”的，切些白切肉和鸡肫、鸡肝拿出来，外加一壶酒请吃。这时候，在场的小孩如不特别腼腆已经逃回家去者，都可以喝一两口酒，我们的叔辈大都是“酒鬼”，不但自己喝，也给小孩喝，你喝的时候他还笑嘻嘻地摸摸你的头呢。

除了请过年菩萨和送灶司菩萨，正月初一清晨还祭天地，除这以外，我们不再孝敬或麻烦菩萨而与祖宗相往来了。(祭祖祀神的方桌摆法不同，就是“横神直祖”。四方的方桌怎样分横直呢？是桌中间结合处的线条在放桌子时把它直放或横摆。）

第一次祭祀祖先大概是所谓“做除夜”，这次祭祀不是个别而是集体，既非某祖宗的生辰或死忌，所以阖第光临，盅筷摆得多到一二十副，大概是请祖宗大人合吃年夜饭即“分岁”吧。而于自家祖先之外，还有请“地主阿太”的，就是祭祀非我宗族的无主孤魂，这倒很合乎怀柔或睦邻之道。

我们小孩子过年时最与祖先亲近也最有兴趣的大事，是请神主和挂神像。神主又叫木主和牌位，是木头上写着死者的姓名，女的总是有姓无名。男的都有官衔，什么“清封朝议大夫”，女的多是清封恭人或宜人。这其实都是自己封自己的，明明民国几年死亡的人，还是写着清封什么什么的。神像男的一律红缨帽和马褂，女的凤冠霞帔。神像神主就放在堂前楼上名曰神堂的一间大房间里。这房间不作别用，但一定是蛇和老鼠的住家。

我们的台门是高祖住起的老屋。他下面分六房，其实算来算去只有五房，大概二房是女儿。我的太爷爷（曾祖父）居长，神像挂在高祖像的左面，六太公在他右侧，三、四、五太公怎样排列不记得了。祖父辈的神像呢，都挂在他儿子的家里（我记事时还有两位公公在世），奇怪的是我的祖父和他兄弟的神像从来不曾挂过，我始终没有看到过他们的遗容，莫非他们没有神像的吗？这很可能因为我们大房虽说本来最“发”，曾祖据说做师爷而且是大师爷，他纳过妾，但回乡时带她回来，却给高祖逐出了。

神像前要供茶和攒盒及水果。那茶是用莲子装成的，有半尺多高，装茶需要些手艺，是主妇专职，可不是个个女人都能装。“攒盒”是分成好几格的木盘，形如放大的绘画颜色碟，各格子里装着些桂圆、枣子、胡桃、莲子、柿饼、蜜枣、松子、瓜子、花生等等，水果是香气扑鼻的雅梨、苹果、福桔、大瓜。供得最讲究的是高祖，最不讲究的是我的曾祖。这是因为高祖和别位曾叔祖都有祭田，各房轮流值年，据说值年一次可赚一个老婆本钱。因有祭田也就有了祭簿，那簿上写明高祖和他夫人的生日忌辰和四时八节的祭祀应用什么副食品，都明文规定，甚至规定肉要多重鱼须多大。

神像和神主要供到落灯为止，从上灯到落灯，傍晚要点蜡烛。正月里最先来“拜像”的是堕民和老嫚。堕民乡下读作堕平，是老嫚的丈夫，他们是贱民，不能同普通人通婚，住的地方也划专区，在城里的三埭街，说话口音有几个字也特别，女的梳的头也与众不同，穿的衣服又别有一格，总是玄色，男的职业是做戏子、鼓手和用线板糖换人家的鸡毛。他们来拜像时吹打一番，不是真的叩头跪拜，由值年人家给以年糕、粽子。[①]老嫚是有所属的，就是说某一族一家的老嫚，只用某一个，老嫚与堕民本是夫妇，但她似乎比他权大，来往于人家的总是她，名叫“主顾老嫚”。老嫚的另一职务是娶亲嫁女时服侍新人。

拜像的当然还有分居在老屋以外的后代，但我记得最清楚而且欢迎的，却是姑太太和姑奶奶们。例如六房是只有两个孤儿的，姑奶奶却有四位，而且都嫁得很好人家，她们又是同一

---

①堕民又称惰民，是明清时代散居浙江东部绍兴、宁波等地的一种贱民。一说由元军灭南宋后，集中于绍兴等地的俘虏及罪人演变而成。一说宋将焦光瓒率部降金，宋人引以为耻，乃贬其部卒之籍而成。一说系明初安置的张士诚、方国珍部属。数百年来，堕民深受歧视，不许与一般平民通婚，不许应科举，多任婚丧喜庆杂役等事。清雍正时削籍，与平民同列。但直到中华人民共和国成立后，堕民在事实上才完全消失。

天来。又如我的姑母年年在正月初五来拜像，她家境不坏，始终有两个仆妇左右扶着上岸、进门、跪拜。不过使我最欢迎的是她来时，礼物中必有一大盆“柏子鸟”，味极美而香，不过要当心打鸟的铅弹，免得咬着了弄断牙齿。不过要吃到真正好吃的鸟肉，总须我家值祭祀祖父之年，我祖父虽无祭田，值年还是我家和伯父家轮流的。

我家在五房的由最富到最穷，一是我的祖父辈都是败家子。据说夏季他们在后水门买西瓜时，总是先把瓜扑碎，一尝味道不甜就把瓜往河里一丢，瓜价由卖瓜人估定照付。二是受本家的高利盘剥，连借一捆草也要算利钱若干，于是田呀屋呀都廉价变卖抵债，到我父亲手里只剩下三亩田了。

年边使孩子高兴的事，还有舂年糕裹粽子。裹粽子没有什么，只有“抱儿粽”有点趣味，那是一只普通粽子旁加一只特别小的粽子像抱子似的。舂年糕却有趣了，先要浸糯米，然后水磨成粉，这种粉做成的年糕名叫“水磨年糕”，比较软糯。舂年糕是专门有店的。大家都爱吃“糕子团”，就是还没有做成一条条年糕的热腾腾的一团糕，把它捏捏扁，裹以白糖或腌芥菜，吃来虽无特别美味，总也相当可口。糕未冷前，可以捏成各式各样的东西，像鸡、鱼、猪，以至于各人所属的生肖，例如属猴的捏只猴，捏成的动物全都用豇豆（即赤豆吧）作眼睛。有一样不是动物，也不属小孩的，是“元宝”，大的小的，有好几对。年糕冷硬后浸在水里，为的防碎裂，立春之前不用换水，之后就须常换，否则要发臭。吃年糕可以放汤吃和炒来吃，炒年糕是上品，平常不吃的，因其费油，还要作料如肉丝之类。汤和炒的年糕当然都是咸的，也有吃甜的，那是蒸软几条，放在碗里，讲究些加上白糖猪油，一般是蘸琴糖，用筷子夹成一块一块往嘴里送就是了。

正月里使小孩子最兴高采烈的，是去百家庙看“灯头戏”。平常乡下做戏，总是从午饭后开锣到后半夜为止，很少连做几天的。灯头戏却是连做几天。这是敬神的戏，就是说做给庙里的男女菩萨看的。我乡的庙官名是严司徒庙，百家庙是俗名，这庙在明末大概很有名，灯节时供祭很阔气，详见张岱的《陶庵梦忆》。到我去它那里看“灯头”时，已经“民国”，但供桌上所供的东西仿佛还是种类繁多，而且据说不论什么供品，都由专家精制。我到现在还记得的是晚上点燃的一对大蜡烛，那才真大，粗如小孩腿，长如小孩身，插在一尺左右高、六寸厚的粗长铁钉上，这个不同凡响的石烛台着地平放。司徒老爷和他太太呢，平日坐在神龛里，前有帷幔，我们是看不到的。到了灯节，帷幔撩起，但见司徒夫妇慈眉善目，面圆圆而雪白，观之可亲。做灯头也是轮值的，但那是全乡轮流，不是一族轮值了，我们全族我就不曾看到轮着过。庙里当然大有田产，否则哪来的钱过这盛大的节日呢？

看灯节的百家庙热闹得很。庙外多摊头，卖吃食的，卖玩具的。吃的不过是甘蔗、面粑粑、线粉头之类，还有串在竹扦子上始终放在冒热气的锅里的小方块豆腐干和一只较大的虾在面粉里一浸放进油锅炸。玩具不过是黏上红颜色鸡毛的吹嘟嘟[1]和竹制的涂上些红黄颜色的龙，还有木头刀枪。总而言

---

①“吹嘟嘟”是一种泥制的可吹响的鸡型玩具。关于“吹嘟嘟”和竹制的龙，周作人也曾多次提及，如《儿童杂事诗》丙之十《玩具》一首有言：“买得纸鸡吹嘟嘟，木头斗虎竹蟠龙。”附注说：“城中神佛按时出巡，俗称迎会，多有炫卖玩具者，率极质朴。以纸屑、泥土及羽毛为鸡形，中有竹叫子，吹之有声，名曰吹嘟嘟，大抵只值一文一个。”

之，这一类的食品玩具对我都没有什么特别吸引力。戏呢，灯头戏不特别好看，而且简直不像平常的动人，所以我的连日连夜去看灯头戏，实在不过是赶热闹罢了。倒是戏台下的观众忽然有人往左或向右一挤，大家跟着挤过去挤过来的情景，既有些骇人又有些好看。此外在神桌外边神殿边上正对戏台正襟危坐着的两位老人，也还可观。这两人我们称作六老爷七老爷，大概做过知县什么的，他们家出来的女人都有些不同凡俗，至少衣饰上与众不同。像菩萨似的端坐看戏的六老爷或七老爷是吸水烟的。烟袋很特别，吸时他只动口，而不动手，诸如装烟点火吹去烟头等项，都由一个打扮时髦的仆妇或姨太太代劳。戏也好像是他们出钱做的，开锣之前戏班子里的人（脸上还搽着脂粉）拿着开列戏名的折子请他们点戏。戏班子的重视他们，除了他们是老爷之外，大概还看在赏钱面上。他们会丢一元二元的赏钱，除了他们，乡下的确没有别人看戏摔过赏钱。他们大概是戏迷，不但灯头戏，平常做戏也常有他们光临，而且总是成双作对的，有时候不是老爷兄弟而是老爷夫妇，他们俨乎其然，旁若无人，使人看了真是又好气又好笑。

正月十八日“落灯”，也就是到这一天年算过完了，此后的大事是上坟了。

乡下有句“老话”：“三十日夜的吃，正月初一的穿。”“三十日夜的吃”指除夕的“分岁”，那是夜饭，下饭比平日丰盛得多，荤菜有鸡有肉有鱼（但照例不吃，吃剩有余呀），素菜是如意菜（新腌菜炒萝卜丁和豆板）、慈姑之类，还有粽子、年糕，外加“暖锅”，没锅就用大碗，里面是肉丸、鱼丸、笋片、白菜、线粉。小时候爱吃肉丸、鱼丸，到老了还是爱吃，不过鱼丸远远及不上幼时吃的鲜嫩，这是由于作为原料的鱼不同，做法也不一样之故吧。童年时看大人做鱼丸，记得是先把胖头鱼或鲤鱼、青鱼的背上肉生刮下来，然后做成丸子，做时好像不用手而用刀的。分岁除自己家外，还可以到别人家去，这一餐，就连最不喜与人来往的人家，也欢迎人去分岁。不过公共走路地方无灯无烛，大人防小孩暗中跌跤，不大允许他们出去分岁的。除夕之夜，小孩子还有“压岁钱”可拿，银元一枚或银角几个装在红纸封袋里。我的压岁钱总由母亲去放在枕头底下，不过这是虚应故事了，过不了几天她又原封拿去了。

说到“正月初一的穿”，是因为过的大节日又要出去拜年吧。我们小孩子向长辈拜年时，他们特别是她们，多说一句“顺流话”：“聪明智慧易长易大。”我们小孩子的节日盛装，我幼时不曾感觉过什么特别的，真讲究的是妇人们，她们出屋门拜岁要穿“外套”带“头笄”，外套缎制，头笄用珠子扎成，还有裙子。使我母亲最感困难的是头笄，珠子是珍贵的，不是家家有，我们家穷，外婆家也贫，我母亲大概妆奁中没有头笄，结婚后我父亲也没有给她添置，她终于怎样克服这个困难，我不记得。我只记得我幼时过年是悲喜交集苦乐参半的，过年原是显贫富原形的时节啊。

我回想过年，不禁记起只过年时挂在堂前的一幅群仙图。

我的童年（下）

——放鹞·上坟·供月亮

绍兴小孩唱："正月灯，二月鹞，三月上坟船里看姣姣。"灯，就是灯头戏；鹞，即为风筝；姣姣就是美丽的妇女。这里的月份都是阴历，否则连阴历二月也不一定是放风筝的好时候，因其未必风和日暖，何况阳历。我不会糊纸鸢，只放不知从哪里得来的瓦爿鹞。它用两根竹枝扎成十字，上面贴上一张制风筝所用的白纸，加上"斗线"。纸鸢的好坏，关键在于斗线，斗线装得好，鹞就能升空而且平稳。我父亲能糊纸鸢，能糊大型的"龙鹞""蜈蚣鹞"，但糊这种大鹞工本不小，他又不是赋闲在家的人，所以从来不曾为我做过，也不见他为人制作过。好在蜈蚣鹞之类是大人玩的，我们小孩一般放放瓦爿鹞就满足了。

上坟，说得文雅些就是扫墓，日期在清明前后，比较富裕的人家总在清明之前。我上过的坟有"馒头祖宗"的，高、曾、祖，伯父的，还有一二处"客坟"。"馒头祖宗"是高祖的父亲，馒头不是名字，是指上他的坟，不分艾饺而分馒头。他子孙众多，据说在他坟头，年年有个新妇出现，也就是说他年年至少有个后代娶妻。那坟我不是年年去上的。高祖的坟年年去上，上他的坟的的确相当盛大可观，坟在荒坳龙尾巴，龙头通称

“大龙头”，那是远祖的坟墓所在，我没有资格去上。上高祖的坟就船而论，就有好几艘。最大最威风的是礼生船六明瓦，最小最低微的是堕民的鼓手船，各房各有一艘，大概是四明瓦。上坟的下船完毕，一声开船，鼓手船开路当先，鼓乐声飘在水面上悠扬悦耳，其他的船鱼贯尾随。从我乡到荒坳不远，一个上午可一去一回，午饭是要回来吃的，到了坟头，先在“庄屋”坐下休息一下，庄屋是族里造的，平常给“坟邻”即管坟人住着。那个管坟人是个女的，我从未看到过她的丈夫，莫非是个寡妇？稍坐之后就上山。大人们在看坟加过土没有，所有的树损坏了没有。我们小孩子则更往上爬，纷纷折映山红去了。那山显然是石山，铁青光滑的石块处处裸露着，在这种山上生长的映山红，枝短而细，不成其为树，简直像草。映山红可以吃，带一点酸味，但说多吃了要出鼻血。和映山红混杂一起同时开着花的是牛郎花，颜色黄，不能吃，说有毒，我们小孩子很少采它。祭时有礼生赞礼，什么跪、叩首叩首三叩首、兴。还要读祭文，男人拜过之后女人拜，小孩子也一样，男孩先而女孩后。祭祖之后接着祀后土。祀后土简慢得多。祭毕下船，仍由鼓手船先行，吹吹打打回去。

我乡的礼生地位很高，最大的乌篷船上坟时就请礼生坐，所以又叫礼生船。船里有桌凳和躺处。吃的东西除了照例必有的艾饺、双粉糕外，还有“盘头点心”即细点心如太史饼、椒桃片之类，不仅此也，甜的之外还有咸的，像鱼干、腊鹅、腊鸭等等。有了咸的，就又不免有酒，好酒的绍兴人有肴无酒就食之无味，宁愿有酒无肴。礼生船当然不是由礼生一人独占，总有两三位“场面上人”的叔辈相陪，还有小孩，我倒差不多年年坐礼生船，这大概是由于我比较文静，不大七跳八跳，同时又有我母亲的“运动”，她是无时无刻不千方百计使我吃得好的。

有一次上坟，大概是上客坟吧，路程一定很远，因为是开夜船去上的，开夜船，就是船在快日落时才开，去的人在船里睡觉过夜。什么时候到的坟头，坟什么样式，地方景色如何，一点没有印象了，但很清楚地记得在归途中路过快阁，我们停船上岸，进了快阁兜了一圈。

快阁是陆放翁故居，上有“快阁”两字的直竖匾，是朱红色的。快阁已归姚氏所有。快阁姚家在绍兴赫赫有名，我只知道这家人家田地极多，收租要收好多天，他们的发财是做官发来的还是经商来的，我也不知道。但好像并不完全铜臭，开明书店出过一套或一部古书，就声明据姚氏藏版。而且，“快阁”这块簇新的匾，我想也是姚家做的，放翁当时恐怕不会在大门口竖这样一块匾，即使有，也绝不能直到民国初年还簇新的。我们进快阁时好像没人挡驾也无人欢迎，只记得去后园一走，但见整园许多畦地，都是种的菊花，时在春季，当然不见花开。①

故乡的艾饺是著名的，它是用的纯艾。有荤有素，荤的内有猪油，馅子是豆沙和白糖。艾是野生的，每年春天，我们小孩子特别是女孩，就拎着篮子带着剪子，到草地去剪艾。有种植物和艾相仿，不大容易辨别。艾除了供做艾饺用外，还可以在家里自制“黄花麦果”，小孩子常唱：“黄花麦果韧结结，关

---

①快阁旧址在今浙江省绍兴市鉴湖畔，传为陆游所建，历代各有兴废。清同治年间，为目录学家姚振宗购得并修葺，作为藏书之所。后毁，今异地重建。

起门来自家吃。”[①] 艾饺是店家做的。

我在五岁或六岁时上的学。第一个先生是谁不记得了，但记得第一天上学去时拿着一盏小灯笼，还有几支葱。这干什么？为的祝我读书时聪明智慧。葱和聪音同，灯笼里点着小蜡烛不是“明”么？但智慧呢，不记得用什么代表了，或者既然聪明了，也就智慧了，不必重复。

我读的是私塾，塾师教我最久的是叔侄两人，读的是《百家姓》《三字经》《千字文》《大学》《中庸》《孟子》《论语》《古文观止》《幼学琼林》，以至《秋水轩尺牍》。写字开始是描红，好像初写字还由先生把着我的手，描的字最初是“上大人孔乙己化三千”，笔画少。我没有赖过学，读书似乎没有什么困难。在书房里各人都折书签，它是记读书遍数用的，中心有字，“心到口到眼到手到”。会折的人，两边有宝塔。在同学中，有“结拜兄弟”的，我也结拜过。

我们乡下原有族办的小学。我只读过半年，临大考时忽然生病了，没有考，但算毕了业。这学校叫“浔阳小学”，还有校歌，记得有这么几句：“鉴湖湖水涟漪，湖光山色天然，浔阳最占先。光复名贤结队……”

这学校临河（乡下叫白塔洋）。门前有一条石凳，坐着近看水色远望山光，景色不算坏。里边有两间教室，一间放着桌子但不见有人在使用的办公室吧。教室明朗开旷。门前有块

---

①周作人《故乡的野菜》一文说：“黄花麦果通称鼠曲草，系菊科植物，叶小微圆互生，表面有白毛，花黄色，簇生梢头。春天采嫩叶，捣烂去汁，和粉作糕，称黄花麦果糕。小孩们有歌赞美之云：‘黄花麦果韧结结，关得大门自要吃：半块拿弗出，一块自要吃。’”

匾，是“七彪大人”名在宽[①]的大笔，字划很细，在小学生看来似乎怪事。

这学校后来还有过女学生，其中一人给教师高季琳（笔名柯灵）[②]爱上了，据说写过血书，求她和他结婚跟他而去。后来这位高君有了一些地位，就同她离了婚。

我的最后一个塾师姓王，他不是职业塾师，是离了妻子念经为生的，好像原是一位店官（商店伙计）。我之去他那里读书，主要是学珠算和写信，因为父亲已托人荐我到苏州学生意，学生意是做店员的初步，做店员的看家本领是珠算和尺牍。

去学生意大概有另取一个名字的必要吧，这位王先生给我取了“哲龕”两字。对这他还有说明，他说我锋芒外露，应该暗藏一些才好。

我幼时读书不多，旧小说却看了不少，自己家里没有一本，都是向别人借来看的。到后来还借到过林译小说。我外婆家有像阁楼的一个地方，给我发现了放在肥皂箱子里的小说书，记得有一部讲太平天国的，书名什么，记不得了。《红楼

---

①陶在宽（1851–1919），字栗园，号七彪，浙江会稽（今浙江绍兴）陶堰人。清末为官，曾出洋考察。善发明，工书法。

②柯灵（1909–2000），原名高隆任，字季琳，笔名柯灵。浙江山阴（今浙江绍兴）人，生于广州。少年时代家贫失学，靠自学走上文学道路。先任教小学，1931年到上海，在电影公司工作，兼从事写作。八一三事变前后，积极从事抗日救亡运动，曾主编《文汇报·世纪风》《大美报·浅草》等副刊，是“鲁迅风”杂文的代表作家之一。上海沦陷后，1943年曾主编《万象》杂志。抗战胜利后仍负责编辑《文汇报》。1948年到香港《文汇报》工作，翌年回上海。中华人民共和国成立后，历任《文汇报》副社长兼副总编辑、上海电影艺术研究所所长、上海作家协会书记处书记等职。

梦》也借到过，记得一次小病时逼着母亲向一个堂叔借来的，书名《石头记》，油光纸印，有很多本，但似乎没有兴趣看完。

幼年时的多读各种旧小说，对我有利还是弊？我现在只觉得它们使我知道了一些善恶是非，也使我迂腐，例如我看了《三国演义》，对曹操的“宁可我负天下人，不可天下人负我”很有反感，就想做到“宁可天下人负我，我可不负天下人”。其实这不过是小孩子的胡思乱想，人若不是伟大的，总只有被人负而不大能够负人的。

我有二十多个共高祖的堂兄弟。其中共祖父的两个，年龄比我大了几岁，因伯父去世了，家无田地，靠伯母一人纺纱不够一家生活，虽有两个妹妹，靠砑纸[1]有点收入，当然仍难生活，所以两兄弟都出门学生意去了。哥哥离家不远，在“盐所”里，弟弟去苏州，在织缎庄里学徒。在二十多个堂兄弟中，只有一个共曾祖的林哥哥，在杭州工业专门学校读书，这是了不起的，他毕业时敲锣打鼓地来贴喜报，黄色的纸，贴在大堂前靠左角，俨然像旧时代的中举人中进士似的。这个学生未毕业前已经结婚，大概只在暑假、寒假时回家来，他身体很好，又爱玩耍，和年幼的堂兄弟们一块踢球、跳远、赛跑，无所不来，老一辈称他为“小人头脑”。我大概由于身体不大壮健，又因了母亲怕我玩得吃力了，所以不大参加剧烈的游戏如跑、跳之类，这样就更沉迷于小说了。

---

①绍兴当地制造祭祀用的锡箔时，把锡箔裱在纸上后，逐张压实压光的工序。

附：故乡*

故乡应当写在《我的前半生》，但一想到故乡，我已情不自禁，来不及等到写《前半生》了。好在如果能够写《前半生》，到时候再将这段删去可也，反正并不费事，要我不写，却难强忍。

我的故乡有两个：从出生到十五岁离开的生长游钓之故乡，是绍兴陶堰，它是我的真正的故乡；第二故乡是苏州，它是我做学徒的地方，十五岁到二十一二岁才离开。这两个地方对我的一生实在影响很坏。陶堰虽是乡村，封建士大夫气息极浓，至少对我说来是如此。苏州则是饮食男女的天堂。

我其实不明白所谓游钓之地的正确解释。我的用了游钓二字，钓是写实的，原来我这个乡下孩子，只有在钓鱼钓虾上才有一些乡下气，别的老实说，我连赤脚走路也不习惯，不要说放牛养猪插秧割稻和农务了。其实钓鱼也只限于大概要算最容易上钩的蔡（当然是音同字不同的）鱼。它们在热天中午时刻，总是成群结队在我家门前的河里从北往南游，这时刻你把钓钩发到水下，手觉得鱼儿一啄，立刻发起，稳稳钓到一条。钓钩

---

*此文系残稿。

正如杜诗所咏，敲针（引线）作成[1]，只须在“洋灯火”里一烧，针就软了，由你随意弯它。饵呢，就苍蝇，捉它们我能手到擒来，不用苍蝇拍，实在我儿时的乡下，没有什么苍蝇拍买，即在此刻现在，恐怕还是没有。怎样捉呢，实在说不大清楚，勉强要说，只好笨说，就是右手横伸，摊开手掌，在苍蝇停着的地方迅速一弯手臂，同时合拢手心，这下万无一失，蝇在我掌握中了，却不捏死，再用左手捉住，再换右手穿上钓钩。不过这种蔡鱼，虽然像是白鲦一类，却要小得多，尽管钓得很多，却从不蒸来当下饭，也许由于物以众为贱吧，好比有几亿人口的国家，不免不大重视人命一样。

说到钓虾，先指出别人的一个错误。那是好多年前，看到冯雪峰同志作的《鲁迅的故事》，其中有两幅插图我一看就说是错的。一幅是船头有橹。据我所见，橹总在船艄。周遐寿在《鲁迅小说里的人物》第八十七节《平桥村》篇中说：“曾见有人画过《社戏》里的图，那只船的橹装在头，但乡下的船摇橹都在后艄的……前清时大地主家人工众多，自家的大船用三四枝橹，夹着船头，再加两枝，过去也曾有过，但这种情形在近五十年中也早已不见了。”话虽说得好像模棱两可，其实我看还是说画错了好。但是有一年我回乡时和一位婶婶谈起，她却说镇塘殿那边是有橹在舟头的。她的话像是指近年的事。镇塘殿那个地方又与鲁迅外婆家相近，那么画社戏的那位画家是亲眼见过实物实景，画得不错了的。我说即使画对了，也是“歪打正着”，实际还是瞎画的。何以见得？有第二个千真万确的错误作关系证据。那幅图画的“伏在岸上钓”。按理鲁迅明明

---

①杜甫《江村》：“老妻画纸为棋局，稚子敲针作钓钩。”

写着伏在岸上。伏者，背朝天之俯卧也，可是画家略一疏忽，竟把伏字当作无矣。眼将伏在岸上钓虾者画得像姜太公钓鱼端端正正坐在岸边，手擎钓竿，钓丝与竿成丁字形，竿长，钓下得精确些，是成阿拉伯字的7字形或曲尺形。这足见画家不仅没有钓过虾，连绍兴乡下儿童怎样钓法也未曾亲眼看到过。我呢，幼时不仅看到过别人钓虾，自己也多次实践过钓虾，至少在绍兴乡下钓虾，非俯卧在岸上不可，因为虾是栖息在岸壁或岸里而不在河中央或离岸的，所以像姜太公那样钓是钓不到的。钓虾的钩和钓蔡鱼的一样，用针在灯火里烧软弯屈而成，不过比钓鱼的要弯得深。饵呢，用蚯蚓，乡下叫曲鳝的，曲鳝在我家明堂上阶沿右边一块泥地里就有，而且多得很。曲鳝大概很笨，它们的居处总以自身的“粪”告诉存心杀害它们的人。我们一见这粪，往下掘去，必得无疑。曲鳝在我们明堂里有粗细两种，都是红色，粗曲鳝我看了简直要却步，细曲鳝却可亲似的。幸而钓虾只有细的适用，不然的话，就一定不会钓虾的了。把细曲鳝掘一些，连泥放在破碗盏或随便什么容器里，外带有水半碗的碗一只，到河岸一放，拿一条曲鳝从中心穿上钓钩，不管肮脏与否，伏下去钓。钓竿不长，钓丝比竿短，大约半尺吧，与钓鱼钓丝的比竿长不同。虾大都栖息在岸壁上，拿钩送到它面前（所以钓丝必须短，否则不能随意把钩要放到哪里就哪里了），它双“手”捧住钓饵你就抽起钓竿，将钩在有水的碗里一放，虾就弃饵就水（大概水比曲鳝更有关于它的生存或幸福）。看看钩上的饵如果不曾被虾全吞或半吞，拿它再用，否则换上一条曲鳝。老虾公是躲在岸石的洞穴中的，钓它们时钓者还念“湖太湖太，出来出来”，同时将钓钩在洞口动几动。好，老虾公伸出“手”来了，但它比较有经验，等提起钓竿时，往往饵已被它吞去而它并未上钩。

我钓虾钓一个上午或一个下午（实在决非整个上午或下午，但说却总是这样说的），也至少能钓满一汤碗，看看青而发黑的虾在水里挤来挤去，觉得很有趣。钓来的虾只只都大，但不大把它们蒸来吃，这不是钓来的虾不及买来的好吃，是因其多数吞下过曲蟮，即使去其头而不食，也使人觉得“腻心”。至于鱼，蔡鱼固然不吃，但如能钓到鲫鱼，事情就不同了。鲫鱼在我家门前的河里也有，我家“后水门”贴近有一木桥，我曾不止一次在桥下的清澄河水里看到鲫鱼在游，那姿势实在优雅，我曾几次钓它，耐心而又耐心，它可从不上钩，无论我用的饵是苍蝇是曲蟮还是饭米粒。总不是鲫鱼不进食，大概是不配胃口不吃吧。卖鲫鱼冬天多，那是捉来或者说是摸来的，看摸鲫鱼比看猴子出把戏还有趣，只要不在书房里，一见有人喊看摸鲫鱼去，没有一次不奔去看的。我看的摸鲫鱼总在离我家台门几十步的溇里，那是只无篷的“若”桨船，船里坐着一个赤裸男人，披一床有些地方乌焦了的破旧棉絮，面前一个火盆熊熊燃烧着。他忽然推开棉絮，赤身跳下河去没头水中，不一时双手各捏着几条尾巴乱挥的活鲫鱼上得船来，裹上棉絮，烘着火盆。据说冬天鲫鱼躲进岸石的洞里，只要你知道它们躲在哪个洞里，伸手进去就能手到摸来，实在它们已无逃跑之路，不让你捉住又有什么办法呢。那条破旧棉絮则据说浸过砒霜，一说摸鱼的人吃过一丁点砒霜烧酒因而能寒天入冷水而不冻僵，这些话并无实据，姑妄听之罢了。

乡下的所谓溇，是指河流有岸挡住到此为止，不能再往前流的地方。溇在我乡的小小“图里”，有两处，一名大溇底，一即我看摸鲫鱼的地方。这个溇的河南北两岸是两个堂，河南的名“平心堂”，河北的叫“德师堂”。我的少乡土气而多封建味与这个德师堂很有些关系。这个德师堂门前两个大石狮子，大门与外边行人走路相距有丈许地，门柱好粗，居中一匾，写的什么忘记了，左边的什么兵部尚书太子太师太子太保几行字还有印象，在狮子两旁即东西靠墙地方，有一直一横两条石凳，凳上方一排是几块匾，白地黑字，密密麻麻写着……①

……邻就是“解元第”，朝前笔直走去是“中书第”，过一桥又是什么“天恩堂”，左面叫小祠堂的，据说发现过董其昌的字不少。再向左是什么会元桥。那位会元大概是会武的，因为住在会元桥头的人以专打人而著名，没有什么人敢同他们争，为的免得被打得伤脚骨破头颅，我就从来不曾走过会元桥去。说到乡下的霸道人，实在不只限于会元桥头。天恩堂桥右桥脚有家杂货店的店主我们叫他天子相公，据说也是“破赖”（即凶狠吧）得很的，虽然看见他时已经垂垂老矣，不见得能多么拳打脚跌，但大概当年的余威而今犹在，人们有的谈起他来有些谈虎色变似的。

我受封建教育或熏陶的地方，冬日是在德师堂，因那里常有公公叔叔在孵太阳即负暄坐在登科宅第匾额下的石条凳上，听他们讲前朝后代做官开府的风光，讲者听者都眉飞色舞，津津有味的。春季是在上坟船里，“上坟船里造祠堂”，这里是发议论讲故事的地方，讲的故事，多与风水有关，例如有一则云：我们方墺大龙头的祖上，当时勘定坟地的先生告诉哀子，

①以下原稿佚失。

如要出……[1]

……了一位地主的晒谷场，在河上搭了跳板。住在离德师堂几步的“重褒堂”的地主家的长年短工，就以此为桥，朝晒谷而晚收谷。

重褒堂有一块大匾，四个字“宫岳重褒”。字极挺拔，好像柳体。这大概也是什么大官的府第，但没有几进，而且不是笔直的，台门也临河，进来若干步是明堂，右转弯有块地方，像是前堂，进去经大小天井才是正堂。两边房子，各住着叔伯两家，都是地主，也算乡绅，大概人杰地灵吧，我家乡四堂之中，要算这一堂最整齐完好。这堂右边还有一带侧屋，住的是该堂嫡系后裔。重褒堂不像德师堂，大有些闲人莫入样子，但在阴历年首，却有人不管三七二十一，自动去看“呆画大神像”。乡下过年要挂起祖宗神像，供神主牌，供莲子装成塔形的茶和装有点心枣子之类的攒盒，每晚还要点“三拜头”小蜡烛。所谓三拜头，是形容蜡烛之小，拜三拜或拜三次后即已蜡炬成灰了。普通神像总是男的，头戴红缨帽，挂朝珠，身穿马褂，女的凤冠霞帔，都画的清朝装束，神主或木主也写的清封什么大夫（其实是自封的）。唯有重褒堂的“呆画大神像”与众不同，一，像比一般大；二，衣冠都是方巾斜搭着的，颜色也不像一般的金色红色，而是黑色青色。神主呢，不记得有没有，不过我始终没有看到过写的什么官衔。只听大人说过，众像之中，有一位南川公（后来我查过《中国人名大字典》，有号南川公，一位姓陶的明朝人，但究竟两者是否一人，却不得

---

①以下原稿佚失。

考）。[1]这些像后来听说给收古董的人买去了。

上文说到我乡四堂除德师、重褒外，另两堂一名“济美”，有匾题“凤毛济美”，一名“履步”，可不知道有没有匾，题为什么。履步堂屋宇完好，但气势不大，济美堂虽未经火灾什么的，却有破旧的印象。在那里有位姓王的设过私塾，他是乡里的最后一个塾师。他实在是一位商人，去他那里读书，原为的想从他学到一些写信打算盘本领，作出门当学徒的准备。王先生人虽商人而已，却似乎很能观人于微，他曾说我锋芒太露，应该知道隐蔽，给我取了一个“拙莽”的号。可惜我有违师训，到老不知藏拙以安身！

我的故乡之富于封建气，除四堂和德师堂门斗里的匾额之外，实在到处可闻。例如我们在……[2]

①南川公即陶谐。陶谐（1474—1546）字世和，号南川。浙江会稽（今浙江绍兴）陶堰人。明弘治九年进士，任工科给事中，官至兵部左侍郎。他是陶堰历史上第二位进士。

②以下原稿佚失。

出门学生意

1922年我十四岁（虚年龄十五岁），离家去苏州一家织缎庄做学徒。上文说起我的一个嫡堂兄到苏州织缎庄学徒，那是要有人介绍的，介绍人是一位落户在苏州的本家，家里人叫他缺嘴荣堂，我们称为露城叔的。他当过苏州一家有名织缎庄的经理，后来辞职自设缎庄。我伯父在苏州经营过蜡烛店，因而认了本家，伯父死后，是他把我堂兄荐到苏州。我的到苏州学生意，也是他的介绍。

我出门时大概是初夏时节，因为记得在杭州拱宸桥在轮船上等开船时吃过樱桃。到苏州是父亲送我去的，仿佛在浔阳小学门口等夜航船到西兴，过江至杭州，到拱宸桥乘轮船直达苏州。到苏州时只有船过宝带桥的一点记忆。

父亲送我到露城叔庄上之后，自己出去找熟人或干什么去了。露城叔人很长大，满脸红光，缺嘴唇，鼻孔旁黄黄的，原来他是闻鼻烟的，他左手拿鼻烟瓶，时时倒一些在右掌心上，掌心按住鼻孔，鼻孔用力吸气。

父亲出去之后，我一个人在露城庄里，真是举目无亲，很为难受，就走到门口等他，又是左等不来右等不来，等得我真要哭出来了。

吃饭（不知是午饭还是夜饭）时主人殷勤，接连给我两大块肥多精少的咸肉。我在家里从来不吃肥肉，现在怎么办？只吃精的留下肥的，不像样子；精的肥的一同吃下去，我怕呕出来；精的肥的都不吃呢，又怕辜负主人盛情，不合礼貌。考虑再三，毫无良策，只对着这两块肥肉发呆。最后还是父亲看出了我的为难，代我吃了它们，虽然他本来也是不吃肥肉的，实际上我从来没有看到他吃过猪肉，这倒不是他信奉什么宗教，而是家里极少吃大鱼大肉。

我做学徒的缎庄，名叫李宏兴福记。李宏兴有两家，另一家叫禄寿记。福记是大房，营业不及禄寿记，我进庄时，这家缎庄实际已经奄奄一息了。所谓织缎庄，是拥有若干织缎机，分由机户织成缎匹，原料由庄发给。我拜主人为师，称他先生。他并不懂业务，年纪只比我大十多岁，人在上海的日子多，李家在上海一家大绸缎局有股本，他在那店里有个不大不小的职务。庄里有一个经理，四个职员，连我三个学徒。在这种庄里做学徒，本来有几种手艺可学，但我无意学，先生、经理、师叔他们也不督促我学。我热心的是看报，庄里订着一份上海的《新闻报》，这报当天上午可以看到。送报的是个独眼龙，报纸用一块布裹住一半，背在背上，用右手拉出一份，在看缎子质地的"铜台"上一放，我一听到报纸落桌的声音，不管手中有无工作，也不看别人眼色，忙着去看。最先看的是副刊《快活林》。《快活林》每天有署名独鹤的短文、李涵秋的长篇。除了《新闻报》，我还偷空去隔壁"栈"里看一下《申报》。这栈是李家的收租栈，所谓隔壁，其实不是相互隔开而是彼此相连的，不过各有各的大门罢了。《申报》的副刊也是后来名之为鸳鸯蝴蝶派或礼拜六派的天地，写长篇的名毕倚虹。当时的文坛由鸳鸯蝴蝶派或礼拜六派独占，市上的种种小说都是他们的作品，其中有一部名叫《九尾龟》的长篇，很有名气，作者署名漱六山房，不知怎的给我打听到他的真姓名和住址（在苏州），曾经专门拜访过他一次。[①]

店是摇摇欲倒了，我是整天沉湎于日报，副刊之外，也看通讯。那时恰值直奉战争。吴佩孚不可一世，在四照堂派兵遣将，威风十足。我莫名其妙地反对吴佩孚的讨张（作霖），反对吴的武力统一。我先生的弟弟却是拥吴的，有一个晚上和我争论，他说你反对不反对关云长的用武，我说不反对，他说那么为什么反对吴佩孚呢？我说关公是以仁伐暴，吴佩孚却是以暴伐暴。他没有再说下去，只对我盯了几眼，哼了一声。从此以后，我总觉得他仇视着我，这对我当然不利的。

这位师叔和我先生是同胞弟兄，但出嗣给开设禄寿记的那房。那一房富有资财，师叔和他继父就设了一个丝织厂，名叫三星。庄是招机户承织的，厂却招机户进来织造。庄是木机，厂是铁机，铁机比木机进步。设厂之后，我所学业的庄的全部人员就并入了厂，但又不像是厂里的人，像我这个不精一艺的人，就整天无所事事。这对我可以说求之不得，其时我已在阅读《东方杂志》，读到我所不懂的名词出典之类，一个一个抄下来查考熟记。

北伐了。北伐军打到苏州前夕，我也参加了厂里的一个什么组织，拿了木壳枪站在离厂不远的娄门城楼上。北伐军进

---

①漱六山房即张春帆（1872–1935），名炎，江苏常州人。据郑逸梅记述，其时张春帆居苏州娄门北街。

城[1]之后，我参加过在王废基[2]开的群众大会，在青年会开的什么会。厂里常常发生工潮，厂虽没有因此关闭，我们福记这几个人却更加成了赘疣。[3]

在三星厂里，我初次接触到新文学。厂里有一个年龄和我相仿的青年姓江，他不多说话，关于用于缎匹的花样的图案学得很好，因此虽然还不过练习生（学徒的新名称），却受上下人员的器重。他有一个读小学时的老师，会写小说，小说在创造社出版的刊物《幻洲》上发表。创造社出版的刊物，江得到不止一种，他收到之后，我也能一一看到，如《洪水》，如《创造日》。《幻洲》是小本子，形式很特别，精致可爱，内容似乎有点黄，一个署名潘汉年的作者的作品尤为露骨。但这刊物极得人意，记得有一期我从厂里到老远的玄妙观前一家代售书店专程去买，其时已近黄昏，大雨滂沱，竟等不及到第二天去买。

创造社各家之中，郁达夫的作品我最爱读，后来《达夫全集》出一集买一集，读一遍再读一遍，《一个人在途上》，“非关病酒，不是悲秋”（词中两句），我简直会背诵出来。有一个时期，我只是读郁达夫的作品诵李后主的词过日子。郭沫若致成仿吾信的“芳坞哟”，迄今也似乎有余音犹在耳际。后来创造

---

①北伐军于1927年3月21日进入苏州。

②苏州地名。元末此地为张士诚吴王府，后毁为土丘乱岗，俗称“王废基”。民国时附近先后开辟体育场、公园、道路。今有称作“皇废基”的小巷。

③1927年10月4日起，三星丝织厂工人为了反对资本家卖机、关厂造成失业而罢工。此后，三十六家丝织厂三千多名工人联合罢工，予以声援。至11月28日，资方和国民党当局答应释放被捕工人，不再卖机、关厂，罢工取得胜利。

社的普罗文学以及论文如《桌子的跳舞》，我实在看不懂，所以对于冯乃超、李初梨几位的文章没有什么印象。

在三星厂期间，另一个青年朋友订阅着一份《小说世界》。这刊物不能算是新文学，但也不是鸳鸯蝴蝶派。内容有翻译的侦探和反侦探小说，其中有一个长篇名《剧盗樊德摩斯》的，玩大侦探于股掌之上，极为紧张离奇。[1]

在这期间，我开始写起小说来，而且抱有野心，竟投稿到《小说月报》。说也可怜，我哪里有什么文学才能，只知道抄抄看来的“蔚蓝色的天空”之类罢了，当然投一篇退一篇。不过当时《小说月报》的编辑实在是难得，记得有一篇竟承蒙他详加指导，这句什么地方不妥，那段哪个方面不当。

李宏兴福记终于关了门，但我却没有卷起铺盖回老家，而是留在苏州，食宿于先生家。他答应荐我到上海一家钱庄或他在职的绸缎店。谁知都不成就，结果介绍到了本地的基督教青年会。

这个会非工非商非农，也不是军政或办教育文化事业的，更与青年没有什么关系，虽然摆着一张乒乓球台，几副乒乓球板，成盒乒乓球供应青年学生，但这实际只是点缀品，正如这会所设立的补习学校、暑期学术演讲以及放着几份杂志刊物阅览架一样。青年会真正可以说是专供本地有钱人吃喝玩乐的场所，它有弹子台、西餐室、浴室，更重要的是放映电影、演出昆剧和歌舞等等，这些才是利之所在。会里的人员，有一个美

---

① 《法国剧盗樊德摩斯奇案》于1924—1926年连载于《小说世界》附刊的《民众文学》上。

国人干事，名叫德鲁蒙；总干事姓尢，本地人[①]；另外三个干事林、苏、张，都是本地大学毕业的，和尢同学。这几位干事干什么事呢？主要是征求会员时拉亲戚朋友做会员。会员分普通特殊两种，普通会员的入会费只要几元钱，特别会员可要几十元，这种会员有特别享受，其中之一或仅有的优待是可以来洗浴。青年会浴室的特点是比较清洁卫生，比市上一般混堂高级。干事们还兼任补习学校教职，补习学校教的仿佛是英文为主。干事下是练习干事，有袁、高、陈、钱四位，袁君英语不坏，常与德鲁蒙“也是拿”[②]很多句；陈君似也懂得一些，但和他要好的却是林干事，高君比较老成，不大说话，钱君不懂英语，爱唱京戏，常常在嘴上作打鼓骂曹的打鼓声。我呢，大概连练习干事也算不上，不过不算仆役罢了。

青年会这个机构，既有基督教打头，又有美国人做干事，大干事又都是本地教会大学毕业生，连小干事也会“也是拿”几句，所以堪称洋气十足的了。但在大干事中，却有着一位不穿西装革履、不操“也是拿”的李先生，他圆圆的脸，黑黑的脸色，不修边幅到连胡子也不常刮的地步。但他的地位并不低，连德鲁蒙洋干事见了他也必点点头，打着洋腔中国话招呼一声李先生早。他的作用似在于联络本地官绅。因为他人头极熟，善于交际。

我是连ABC也不识的，袁君竭力劝我学习英语，理由当然不止一端。他劝了再三，我终于到一个据说沪江大学毕业的

---

①这是指尢敦信。尢敦信（生卒年不详），字符赤。江苏吴县（今江苏苏州）人。早年就读于东吴大学，五四运动时期任苏州学生联合会书记，后任苏州基督教青年会总干事多年。抗战爆发后去香港经商。80年代在香港去世。

②“也是拿”，即yes no，指英语中的日常对话。

范先生处学英文了。大概是想假充不是不识之无吧，学的是《泰西五十（或三十）轶事》。一个连ABC也不识的人学《轶事》，当然学得莫名其妙，而且从青年会到范先生处，至少有五华里，来回奔跑，相当费力，因此学了不多几时就不再继续了。袁君对此表示叹息。他说，你不要学也没办法，但我赠你一句英语名言，作为你的座右铭吧：

> Always say yes, never say no.
> （只说是而不说不。）

可惜他的金玉良言，我终不能像私塾老师王先生的戒我勿露锋芒终身服膺，以致吃了不止一次小亏。

我在青年会里的工作，主要是卖和收电影戏票。上午大家没事干，美国干事一到之后大家到楼上开个会，有祷告仪式，还唱赞美诗。我不是教徒，又是小职员，不过照样画葫芦罢了。不放映电影不演出昆剧的日子，整天没事做，只坐在一个柜台里边，在下午学校放学时候，给来打乒乓的学生们球板和球就算工作了。闲空时候看看人们打弹子，有时候也学打一两盘，主要是看闲书，阅览架上的杂志，主要是《小说月报》，没有一期不看，没有一篇不看。巴金的《灭亡》、老舍的《赵子曰》或《老张的哲学》，都是这时期看的，不过合我口味感动我的作品，还是郁达夫的。在这时期，我还买过郑振铎编的《文学大纲》，它的上册却给人偷去了。

洋干事大抵上午来了，开过会就走。华干事呢，九、苏、张是本地人，午饭回家去吃；林是上海人，食宿都在会里。这个人很高大，说是体育健将，眼睛却深度近视，眼镜玻璃厚厚的。衣着很讲究，家里有钱，父亲是电器行买办，原籍广东。

但他是“领来儿子”，谁知到后来他父亲生了儿子，但仍旧拿他当作儿子。他在苏州大学毕业之后，就在青年会任体育干事。他和陈君很说得来。有一次本地一家妇产科医院护士借青年会礼堂演歌舞剧《葡萄仙子》筹款，演葡萄仙子的一位女性给他看中了，由陈介绍而认识了，后来终于同去上海，“成了好事”。这位林先生有个玩弄女性的秘诀，他说：“只要你肯花钱，花得她吃惊了，你就成功了。”据他自己说，他带她去一家上海著名绸缎店买衣料，叫她尽量挑华贵的买，直到她连说够了够了，他还是叫店员拿出最贵的料子来尽量剪。这位先生在我进青年会不久之后，辞职回上海去了。

高、陈二君能放映电影，所以青年会放电影时，由我和钱君卖票收票。管放映机实际只需要一个人，所以或高或陈常到楼下来看我们卖票，高兴时也帮忙收票。在电影观众中，有一个年轻姑娘使陈君极感兴趣，不用说他是患的单恋病，我们拿这打趣他，他也只是笑笑，并不否认，也不生气。有一次开映电影，这位姑娘来看时，同来的除她母亲之外，还有一个年轻男子。此后她每次来看电影，总有这个青年相陪，到后来，她母亲却不同来了。看情形，这一对男女大概是在恋爱中了。

这天电影夜场映完之后，高、钱、陈和我照常到浴室洗澡谈天。一谈就谈到了那个姑娘。今夜她来看电影，仍由那位男的陪来，两个人样子越来越亲密了。我们在浴室里谈男说女，钱向陈开玩笑，说癞蛤蟆不要想吃天鹅肉了，说你没有林大干事那么有钱能够花钱花得使女人倾心，今生就别想女人了。一谈两谈，终于谈到我们的薪水微薄。我已不记得我的月薪是几元还是十几元，高、钱、陈也不会比我多多少。最后不知由谁提议而由大家一致同意向总干事要求加薪，如果不允加薪，大家一致辞职。

第二天朝会开完，我们真的向尢总干事提出薪水太低，不够生活，请求酌加。说话的似是高君，他年纪最大，比较能言，平常也比较接近总干事。谁知平常温文尔雅的尢总干事，一听高君的婉转陈情之辞，竟然一拍桌子，说了几句类乎“放屁放屁”“反了反了”的话，美国干事不知听懂了高君的话没有，在尢总干事拍桌之后，拿起皮包走了。张干事人较温和，但也说了你们太胡闹了之类的话。李干事呢，露着笑容作和事佬，说慢慢商量吧。本来也许就此转圜，谁知尢总干事紧接着一句“没有什么可商量的”，人也站了起来，并且满面怒容。在这情势之下，我们没有了落场势，不知是陈君还是我，从袋里抡出开公家门橱的钥匙在尢君面前一放，说我辞职了。一人如此，三人学样，交出钥匙，快步下楼。李干事还是赶着说再想想再想想，但尢总干事大声说：“不用理他们!”

事情到了这个地步，我们四个人决定下一步是去上海找原来的体育干事林君。高、陈是苏州本地人，钱是苏州乡下人，只有我是外地人。说到林，他原也只同陈比较接近，他现在上海干什么大家不知道，四个人去依靠他行吗？大家年纪轻，勇气足，不大多考虑，况且实在也没有别的办法。我身无余钱，把所有书籍全卖给了牛角浜的一家旧书店，买火车票之外大概还有一元八角钱作零用。去向还在三星厂工作的几位相知的人话别时，路上走过一座桥，俯视河水，曾有跳了下去的一念。

初闯上海*

到了上海，找到了林君，陈向他说明来意，他倒并不皱眉，若无其事地说住下来想办法吧。他在一座银行出租的大厦里租着一个“写字间”，写字间一隔为二，较小的一间是他的办公室，外面的一半既无写字台也无职员，只有一张双人沙发。我们四个人夜里就席地而睡。大厦的不知哪一楼有着跳舞场，夜里乐声不断，使人睡不着觉。

高、陈是懂得一点英文的，就向上海的几家洋行写自荐信，结果如石沉大海。钱君第一个忍不住了，回了苏州，他原已娶妻有子，有妻儿生活要负担，进青年会是仰仗他伯父熟识的一个绅士介绍，他的每天夜饭和住宿也在那绅士家里。钱走了几天，来了封信，说他已经回到青年会，你们如愿回会，总干事也答应不咎既往，可以回去。高、陈是决定回去，问我，我说我不回去。这有两个原因：第一，我有一种好马不吃回头草的旧思想；第二，而且是主要原因，林君有意留我，因为他之辞去青年会职务，原为的来沪经商，想一本万利，发财致富。但他实在不懂商务，闲了不少日子，只有支出没有收入，实在后难为继。他一急，去找了他的同胞哥哥，他原姓

---

* 手稿原无标题，据文意补加。

侯，本地人，当初给姓林的做儿子。哥哥精明能干，当过纱厂的工头，会说洋泾浜英语，刮骨脸，不穿西装而穿皮鞋，说话举动，一副老上海老门槛样子。林君找了这位哥哥之外，连带找了两位弟弟，大弟弟二十来岁，小弟弟不到廿岁，都是吃人一碗听人使唤的样子。这位哥哥大概知道这位弟弟类乎金矿银矿，有利可图，知道他发财心切，就献计设策，代谋生财之道。第一策是办一个“邮包公司”，专门为本市某些商行代寄邮包，例如有四川帮客商向本市一家厂商购了某种货品，言明货色寄出之后凭邮局单据收款。邮局原不是私人经营，人人可以寄发邮包，只要不违背邮政章程就是了。谁知事实不是这么简单，寄递邮包，除了邮局一关之外，还要经过派在邮局的海关一关，据说这一关很不容易通过，张三李四去寄，百分之百寄不出去，由邮包公司去寄，这才顺利而过。侯氏大弟弟原在一家邮包公司工作，已经懂得门槛，可惜那家公司老板资金不足，眼光又小，生意做不发达，若能放长眼光，不计近利，一定大有可为。想发财的人你向他进发财之策，自然言听计从，林氏决定开办邮包公司，由大弟弟去兜揽生意，由小弟弟和我每天上午跟跑街出去收邮包，同他去邮局寄发。林氏知道我是学徒出身，比较能够吃苦耐劳，在他这里除了食宿之外，也没有别的什么要求。我呢，能够不再回苏州吃回头草了，而且食宿有着，实在也可以说是心满意足了。不过夜里睡在地板上听着舞场的靡靡之音，想到家中两老，实在睡不安稳，第二天黎明即起，跟着侯氏兄弟奔来走去，看着邮局海关人员（?）的刁难神情，实在觉得难受。这时期正是孙中山北京逝世，报上有记载孙夫人到北京后哀痛欲绝的通讯，我每读到“孙夫人扶棺大恸”一句，会不知不觉地哭了出来，哭过之后，心头倒觉痛快。于是我就剪下这篇通讯，放在袋里，心里苦闷的时候，拿它出来一读，借以哭泣一下。[①]

邮包公司在一个小本经营只图蝇头微利的小商人眼中，或者不失为衣食之源、生财之道，但在教会大学毕业生，家里实在拥资巨万，对女性以挥金如土博其欢心的人，这种生意实在太不足道了。在他不满的词色之下，他的那位足智多谋随机善变的哥哥，就献上第二策：办一家专运黄沙石子的卡车运输行。他介绍了一个宁波老头来。这人酒糟鼻，赤脚露膀，一口宁波话，是个专包这行生意的老鬼。他毫不客气地在林氏座位上一坐，拿过一面算盘，二二得四、三九二十七地一算，做这生意真是一本万利，指日可以发财。那是给营造作运黄沙石子的运输营业，据算一辆卡车一天至少至少可运十车，每车除了开支至少至少可赚若干元，至多至多过了若干星期就可以赚回购买一辆卡车的钱。他酒气熏人滔滔不绝地说着讲着，连我也听得为之心动。那么这样好的好生意为什么人们不去你抢我夺地争着做去呢？原因是这档生意利虽重本亦不轻，买一辆卡车非上千元不可呀！上海滩诚然是冒险家的乐园，但是出了钞票银元冒险的家却究竟不多，何况运输黄沙石子的运输行又不是体面光彩的上等行业。但是林氏却不管这个。他当机立断，决心开办，一面叫人定购卡车，一面先将邮包公司停业。在这已停未开期间，他兴致勃勃，天天跑跳舞场，而且带我同去见识

---

①宋庆龄抚棺大恸之事发生在1929年赴北平参加孙中山奉安大典时。作者曾在《至文和泪读》一文中说："记得二十几年前孙中山先生逝世或奉安，宋庆龄抚棺恸哭的一篇《新闻报》（或《申报》）纪事，我看了曾为之呜咽，还把纪事剪了下来，想哭时拿出来一看，未终篇即涕泪交流，然后心里觉得一种爽快。"（原载《亦报》1949年9月29日，署名某甲）

见识上海滩上的纸醉金迷灯红酒绿的花花世界。他常去的跳舞场名叫黑猫，他的上跳舞场好像不是为了跳舞而是为了吃饭。到的时候常常过早，场子里没有什么舞客，他点一两样西菜，往往吃完了就走，至多略坐片刻。

开卡车行利重本不轻，我们的大林先生又是眼界大手面大，说至少要有十辆车子才像个样子。十辆卡车买新的，大概要几万元，这不是一笔小数目，他从哪来这笔巨款？他的嗣父是发了财的买办，家里有占地甚广上海著名的花园，还有在租界上极昂贵的地产不少。但这位富翁出名的吝啬，一方面，也可以说教子有方，两个儿子大学毕业之后，要他们自食其力，不许用家里一文钱，大林在青年会任干事，小林在一家银行做小职员。大林的辞职来沪，他老子并不知道。他的生活费用，完全由其实不是兄弟的兄弟二林接济。二林人生得比大林矮小，但很英俊漂亮，有汽车两辆，汽车夫有大车夫和小车夫，却常常自己开车，特别在有女同车时非自己驾驶不可。他的开车子简直好像存心要撞死人似的，其快如飞，有一次他叫我去虹口公园看他打网球，坐他自开的车子同去，开车的他横冲直撞，坐车的我心惊肉跳。他对网球好像特有兴趣，又是打给女人看的，更是异常有劲。他的女友是个妓女，他其实就是上海人所说的“嫖堂子”。不过他的嫖法特别，一不在晚上到妓院里，二不在妓院里打牌吃花酒，而是下午叫对方出来同他上公园之类，看他打网球之类。说也奇怪，这个妓女竟也没有一般的妓女腔。二林的花钱可以说挥金如土，我有过几次代他去银行取款，每次不是三百就是五百。但他的浪费挥霍是瞒着老子的，据说每天必须按一般的下班时间回家，身上穿的脚上穿的，都要换成朴实陈旧的，什么汽车、小车夫，当然更须严守秘密不敢让老人知道了。

大林的卡车行的真正主人，实际是二林。至于他的钱从何而来，后来才知道是偷了家里的地产道契向银行押款而来。

车行开张了，经理算是姓侯的大哥哥，跑街当然是宁波阿毛，我，算是“押车的”，就是从装运黄沙石子的地方同卡车司机坐在一块到卸下货色的建筑工地，再到装的地方，再到卸的场所。装和卸都不用我动一动手，只是站在露天呆呆看着小工牛马般喘气流汗，没有什么兴趣是不言而喻的。

按照跑街阿毛的计算，一辆车每一天至少至少可以运几趟。他没有算错，即使汽车机件偶有故障，生意也没有少兜揽到，但事实每辆车每天至多至多也做不出开支来，换句话说，入不敷出，要吃老本。怎么回事？可以说“人有千算，天只一算”，也可以说“智者千虑，必有一失”！汽车的行驶速率固然不会和人开玩笑，小工的装卸动作即使心想怠慢一些，我这押车的虽然没有做过监工的经验习惯，吆喝不来更不会拿鞭子抽人，装卸速度据侯大哥偶来现场窥探，也不能说是慢得出格离谱了。毛病是出在“巡捕”身上。车子开到十字路口，本来对面明明开着绿灯，忽然改了红灯。如果这红灯真是为了让左右路上驶来的车辆而开，原也为时不多，瞬时就可改了绿灯让我们车子向前开去。谁知实际上左右路上并无车辆，管交通的巡捕只让红灯开着，自己闲步人行道上，悠哉游哉，甚至攀折着人行道上的树枝消闲。不过红灯到底不能一直开着不变，因为还有别的车辆要来往呀。所以对于巡捕的开红灯刁难，我们还不十分在乎，驾驶员有时故意点起一支香烟来悠悠然吸着，眼见开了绿灯也不急于直驶过去，借以表示你尽管刁难吧，我也不在乎。

不过戏法人人会变，各有巧妙不同。你不愁红灯开到底，他另有办法收拾你。你一帆风顺地在路上行驶，前面忽然来了一位巡捕，挥手叫你停车。一停下来，他上来心平气和地说：“你这车子过重了吧?”原来卡车载重有规定，例如一吨卡车只许载货少于一吨。你说没有超过。他说我看是超过了。你一言我一语，一不争，二不吵，但解决不了问题。于是对方说：“你我是讲不明白的，到行里去过磅吧。”这一去，很可能到傍晚才弄明白超重了没有。事情总是十次有十次证明没有超重，不过时间是损失了，谁来赔偿？对方的目的本在于损失你的时间，使你少做生意少收入呀。这样几次三番十次八次之后，老板经理跑街商量讨论之后，想出一个釜底抽薪的上策：到行里去走门路。既有门路，当然可走，开路先锋钞票马到成功，从此我们的卡车在路上通行无阻了，但利润所得，却全部用在走门路上或者还不够。

车行本来没有固定地址，每天收工之后，汽车开到一个租用的搭棚空地，小工回去自管住宿。后来租到一所弄堂房子，前有空地，搭了天篷圈了篱笆放汽车，小工车夫住在三楼，我和侯氏三弟兄住二楼。这时候押车的事情改由侯大弟担任，侯大哥则事无巨细随时督察检查。这对我大有好处，一天除上下工时喧闹吵嚷之外，都是清静无事，由我瞎写小说乱做文章。

有一天，我正在静心构思，侯大哥忽然赶到，气急败坏气势汹汹地责怪我道：“你倒写意，外面出了人性命你知道吗?”我说我不知道。原来一个小工在车上倚着石子箩睡着了，车子一个急刹车，一大震动，把他震下车来，跌死了。他又怒冲冲地说我：“你怎么这样不管事，一点不关心公司的公事，只管自己写什么狗屁文章!”这责怪似无理也似有理，老实说，我对于车行的盛衰，它的赚钱蚀本，的确没有一刻放在心上过，一心只在于想故事编情节，想至少做个可以赚得生活费的小说家，但是车上小工摔下车来摔死了，却与我之不关心公司利害，不能说有什么关系，怎能怪到我的头上。但我没有和他争吵，一则知道他急不择言，人在这种时刻，往往不暇思考；二则，这位侯大哥我第一次见面就印象很坏，自从车行租了房子，我不出去押车，他在调度一切之后，我好像成了他的下属，也成了他的出气洞，心里早觉得难受，同时我借用了侯小弟弟的姓名，向上海一家杂志《红玫瑰》半月刊投稿小说，每篇必登，一月有十来块钱收入，很想卖文为生，成名成家，给《红玫瑰》乱写些男女关系的小说换钱生活[①]，集中精力写新文学的向高级杂志投稿。于是这天下午，我就跑到大林先生那里，向他说我不能称职，提出辞职。他因跌死小工，不免要负担经济上的损失，情绪当然不好，我一说辞职，他只说了一句："你要走我也没法挽留。"这时候有一位做大林先生会计的王君，对我不错，他私下劝我暂时不走，由他为我想办法找一个适当工作再走。但林已经说了不挽留的话，我怎能自己挽留自己。

我脱离车行后就找房子住。这时候正有一位从苏州来的朋友周君要投一所设在江湾不收或很少收学费的大学，我就去闸北找房子，打算和他合住。找到了一个后客堂，不知怎么搞的，这房间白天也不见一丝光明，第一夜两个人都睡的地铺，没有电灯。第二天醒来，我是若无其事，夜里睡得很熟；周君却不然，他说一夜没有睡好，身上老是觉得有虫在咬，他一看手臂和小腿，只见许多红肿斑点。他说他不能住在这里。

---

①1929年7月至1932年1月，作者以"侯霞俪"笔名为上海《红玫瑰》杂志撰写了大量小说和散文。

我倒是没虫咬我，但这间房间实在也不适宜于住人，且不说没有厕所，没有亮光叫我怎么阅读写作？但是天无绝人之路，或者说瞎子天照应，弄堂的对面或左右正是商务印书馆的东方图书馆，这个图书馆不论什么人都能进去阅览。里面窗明几净，座位宽敞，还有卫生设备，解决了我的大小便问题。于是我就在图书馆开门时进去，到关门时才出来，中午则去小饭摊慢而又慢地吃餐午饭。就在东方图书馆里我读了鲁迅先生的全部著作，有几篇我读时会不知不觉地笑出声来。我成了鲁迅迷，这和鲁迅先生作品中有几处绍兴风物有些关系，例如他写到“狗气杀”这种饲鸡的家伙，写阿Q的唱“手执铜鞭将你打”，写孔乙己的下酒物茴香豆，写老鼠做亲的花纸，特别是《社戏》一篇中的写摘罗汉豆烧来吃，都写得使我看了感动非凡，直到现在，我虽已不读先生文章近五十年了，他小说中的人物如《故乡》中的那个小脚女人，也是活龙活现地使我如见其人如闻其声。

但是东方图书馆诚然是读书胜地，却不是写作的适当场所，我租屋的二房东太太人很和气，她说我如要写文章，可以在前客堂。但我对她这个好意，只能心领谢谢。前客堂有张八仙桌，她经常坐在右横头，我如坐在左首，要写作是绰绰有余的，但是十九不能静下心来。于是我下了迁居苏州安心写作的决心。苏州生活便宜，我估计一个月有十块钱足够食宿的，更主要的是苏州这个地方，无论从哪一点讲，我都喜欢。这样决定之后，一面写信给入大学不成已返苏州的周新[①]代觅住

---

①周新（1911－？），江苏江宁人。其父周成（字泽青）为蔡元培夫人周峻（字养浩）长兄。早年曾在苏州生活，后就读于光华大学。1938年到香港，入《星岛日报》工作。蔡元培去世前随侍于左右。香港沦陷后去内地，抗战胜利后回到上海。不久去台湾，从事文化教育工作。卒年不详。

所，一面跑到《红玫瑰》杂志社拜访编者赵苕狂[①]先生，和他商量特约写稿和按月给酬的办法。我的希望是每月给我十五到二十元，我给他一万五千字到两万字的文稿。结果他答应每月固定十五元，写一万到一万五千字的稿。我着重的是“固定”，十五、二十倒不怎么紧要，甚至每月十元我也愿意接受的。

《红玫瑰》编者赵苕狂先生，待我不错。但我有对不起他的地方，迄今负疚于心。那是离当时几年之后，有一次我们在电车上邂逅，他对我看了几眼，似有招呼之意，但见我表现出不曾相识的神情，也就回过头去看别处了。我是认得他的，对他又没有一丝恶感，那么怎么不肯招呼呢？原来我的投稿《红玫瑰》，纯粹为了生活，这杂志是属于所谓“礼拜六派”的，想跃登新文坛的我竟不甘屈尊为伍，所以第一次投稿就借用侯小弟的姓名，杂志社方面始终不知道我的真实姓名。在电车上和他不期而遇时，虽然仍在坛下，并没成为作家，却有一种怕说明事情真相的心情，是怕丢脸呢，还是愧对他呢，自己也说不明白。

在卷起铺盖带着一只出门做学徒时由父亲用了几十年，颜色已经由白变黑的皮箱去苏州之前，我还做了一件迄今想起还觉得可笑的傻事：欲见鲁迅先生而先生不见。我在东方图书馆读遍了鲁迅先生所有已出版了的作品之后，佩服他佩服得真是五体投地。我是极爱读郁达夫先生作品的，但在读过鲁迅作品之后，却觉得郁作是老酒，鲁作是烧酒，会喝点酒的我，喝烧

---

①赵苕狂（1892–1953），名泽霖，字雨苍，号苕狂。浙江吴兴（今浙江湖州）人。早年就读于上海南洋公学，肄业后从事文学写作和编辑工作。是南社成员。曾任《游戏世界》《侦探世界》编辑，所主编《红玫瑰》杂志风行一时。是鸳鸯蝴蝶派作家之一，所著述小说甚多。

酒比喝老酒煞渴或过瘾。鲁迅的住址是从北新书局打听来的。按址寻到，但见大门紧闭，我站在门前仰望门牌号码，想叩门又不想叩门，叩门之后，想先生在家又希望他不在家。及至大门开后里边问找谁，我说找谁之后过了一会说人不在，我竟如释重负，转身拔脚就跑！

人到了苏州，住处当天就租定了。那倒不是周君给我代找好了，而是我去三星厂访江君问他有没有创造社刊物借我一些，说到来苏州写作计划时，他说他的同事和同乡殷君有一本家是画家，正一个人住在苏州学画，可能可以和他合住。他同殷君一说，殷君立即去找本家，一说即合。

苏州不是洋场，没有租界供军阀官僚富商巨贾避难享福争利发财的人间乐园，房租本来不贵，殷君租的地方又在冷街僻巷，面积是狭一长条，不过二十来个平方，两人合租，一人不会出到一元以上的租金。饭食呢，殷君有个煤油炉或打气炉，原是自己煮的，我和他合住之后，饭也同他合煮而由我淘米。一天早晚两餐稀饭，中午一顿干饭。菜各吃各的。我常吃的是一种薄而柔软的萝卜干，形状有些像猫的耳朵，名称就叫猫耳朵。我每天用它下粥过饭，日久生厌，却又无从变化。限于经济，又不会烹调，只能猫耳朵下去，其“后遗症”是迄今我连萝卜干的气味也怕闻，不要说当作饭菜了。本来我们两个人一个有志于文学，一个向往于艺术，生活条件也差不多，应该能够互助合作，和衷共济，谁知道这位殷君却是个相当欺人的人。我以为凡是向往艺术、文学的人，其品性必定比一般高尚，譬如说更富于情义，更正直忠恕等等，所以有一次殷君欺我到了过分时，我忍不住说了这么一句傻话：“我总以你是艺术家，艺术家不应该这样对人。”他回答我说：“难道艺术家不是人?”我不会再说什么，只能忍气吞声，想办法和他分开。

在这时候，上海开了一家新书店，叫“真美善”，它出版一个杂志就叫《真美善》。在这杂志上常常发表作品的，有两个在苏州的人。一个是邵宗汉[①]，苏州一家外国商行的职员，一个是东吴大学的学生朱雯[②]。我也投稿到《真美善》。不久认识了邵、朱两位，再加上周新、朱一荣（他是东吴一中的学生），合办了一种单张印的刊物，名叫《白华》。在苏州出版刊物，即使内容精彩，也难销数多得够本，何况我们这三个凑不成半个诸葛亮的臭皮匠办的内容贫乏的刊物，其命之短，当然未卜可以先知的了。

我在苏州时除乱写男女关系的小说骗生活费外，也曾聚精会神不为利地写过几篇小说，一篇在《语丝》发表，篇名《马褂》，署名“窒暗”；一篇模仿高尔基的《二十六个和一个》的

---

①邵宗汉（1907–1989），江苏武进（今江苏常州）人。毕业于苏州桃坞中学，毕业后任上海《大晚报》编辑。抗战爆发前后参加上海进步文化活动。1939年到香港《星岛日报》担任主笔。1941年经廖承志安排，到马来亚槟城办报。太平洋战争爆发，转赴新加坡，又逃往印度尼西亚苏门答腊。抗战胜利后在当地办报，为荷兰殖民当局驱逐出境，到香港办中共华南分局领导的《华商报》。1949年回到北京，调任新华社副总编辑。历任《光明日报》总编辑、外交部新闻司副司长、世界知识出版社副总编辑等职。

②朱雯（1911–1994），原名皇闻，笔名王坟。江苏松江（今上海松江）人。早年就读于东吴大学，曾与陶亢德等人创办《白华》杂志，一·二八事变后借读于暨南大学。抗战爆发后曾到长沙、桂林等地，1939年回上海，帮助陶亢德编辑《天下事》，同时参与三青团地下工作。1942年被日军逮捕，出狱后逃往安徽屯溪。抗战胜利后回上海，任副市长吴绍澍机要秘书和三青团职务，兼办正言出版社。中华人民共和国成立后任教于上海财经学院、上海师范学院（后改为上海师范大学），从事外国文学翻译和教学工作。译有《苦难的历程》《西线无战事》等。

小说，写车行小工的生活，寄给悬奖征文的杂志《拓荒者》，获第三名，但这刊物刚出版就被禁，奖金自然不发了。其实我人已在沈阳，情形是在上海读书于光华大学的周新告诉的。还有一篇叫《贤良嫂》，发表在《妇女杂志》上，我去领稿费时遇见编辑金仲华。他问起我什么学校出身的，我为了面子，说了之江大学。当时说之江，原以为这学校设在杭州，比较不大著名，宜于谎报，谁知“无巧不成书”，金先生倒是真正的之江毕业生，好在他并不寻根究底地问我几年入学几年毕业，但已够我愧悔得很，从此之后，我就始终遵照我父亲的一句口头语——莫妙乎老实。

我正想与殷君分手，另租房子去生活时，《红玫瑰》杂志社来了一封信，通知我从下月起，不能按月固定给钱，要改为发表一篇付一篇稿费了。这对我是个致命打击。我在苏州卖文为生，不曾告诉过父母，而骗他们在做小学教师，每月还寄三元五元回家。现在收入不能固定了，怎么办？本来写无聊小说已经写得无聊，不过为了每月有固定的十五元收入，勉强尽力地写，现在要发表一篇才付一篇稿费，我决心不再作这个孽了。我决定不如回乡。

我的回乡，到底不是浪子回家，而且父母的爱子之情，哪怕我是浪子回乡，他们也一定不会白眼看待，虽然增了已经困难的他们以困难，但我又有什么办法呢，好在《红玫瑰》的路没有断，我还是可以投投稿赚个十元八元的。

在家里住了相当长的时期，有一天下午我从百家庙看戏回家，父亲告诉我在沈阳财政厅当了好多年科长的一个表兄回来省亲了，他打算明天去姑母家，托他带我去沈阳找个工作。

第二天天还未亮，我父亲就步行到离我乡十八里的姑母家，还在午饭之前他已步行回来，说表兄同意带我前去东北。他几时动身回辽宁，前两天先来通知。

第二天，父亲和我坐船到姑母家，见了表兄。我还是第一次看见他，他是二三十年中的初次省亲。他年龄比我至少大二十岁，戴一副金丝边眼镜，面团团，胖胖的，说话动作都不慌不忙，吸着水烟，吹纸撮也是慢吞吞的。他到辽宁还在年轻时候，他祖父是清朝奉天一个什么将军的“师爷”，据说很有些名声。我父亲的长兄跟他到东三省学幕，后来也做了师爷，就在东北安家落户，娶妻生子。后来死了，妻子不知信息，从来不通音问，连大概知道我伯父生前一些情况的表兄，也不知道究竟。表兄在辽宁省财政厅当了几十年的科长，厅长换过不知多少位，他却始终不动，稳坐原位，不升也不降。这大概由于他一无野心，二无劣迹，公事烂熟，这样的下属，不是糊涂虫的上司是不愿意撤换的。我的亲戚在辽宁的除他之外，还有二、四、五三个表兄和一位表妹夫。我姑母生六子二女，三表兄早故，六表兄在家，两个表姐都在出嫁后去世了。姑母每年正月初五必来家“拜像”，她在我高祖派下的姑奶奶辈中，要算最福气了：始终有两个老仆妇左扶右搀着她，实际上在我看来，一点也不老态龙钟。她对我始终很好，似乎以“娘家人”中还有我这个不算笨也不算野的孩子为慰。那天去看表兄时，她向表兄为我吹嘘什么“肚才极好”呀，“规矩斯文”呀。表兄只是点点头，我却有些不好意思了。

隔不多久，我就随表兄北去沈阳。这一去呀，对我的一生有极大影响，也可以说，是这一去，我才走上了我要走的路。同去者还有已故三表兄的儿子则高，他也是去找出路的。

时为1930年。

沈阳之行*

我们是在上海搭船到营口的。到时大概已是中午，我记得上岸之后，到一家饭店吃饭，饭店有小房间，门上有布帘，我在苏沪没有看见过这种形式的饭店或菜馆。在这里，我第一次尝到闻名已久的“牛庄高粱”，这烧酒香味扑鼻。饭后不久就乘南满铁路火车到沈阳。那条铁路似乎是双轨的，一路行去，没有过一次交车。

表兄家在沈阳小南门外的一条胡同里，门前的路比行走的路要高要好些。门上钉着一块×公馆的小小木牌。进门是个院子，面对院子一排屋子，左端是烧饭地方和佣人住室，中间三间，左手是表侄女夫妻房间，中间无人住，当中挂着表嫂的遗像。右手是表兄一家房间，右端的一间，是二表兄和他儿子的房间，现在加上了我。床都是炕，砖头砌成，当中空，烧高粱秆使暖。表嫂去世已多年，表兄纳了一个妾，生了一个女孩子。这位如夫人是乡下人，没有都市姨太太所有的那种形态，若细加观察，她的言行多少已不是纯粹乡朴。大表侄女已经结婚，丈夫是她表兄，是我大表姐的儿子。和我同房间的二表兄在省政府任科员。他有些孤僻，公毕回来或休假日子，很少到

*手稿原题“我所认识的邹韬奋”，与后文重复，据文意改。

大表兄房间来。他老在自己房间里踱方步，口中念着“小桥流水小桥东”的诗词，欢喜买些小古董（假的），他的儿子颇有父风，在电灯厂做事，虽是青年，却不爱热闹。在沈阳我还有一个五表兄，他是辽宁省民政厅的秘书长，为人精明能干，五表嫂年纪不轻了，但喜涂脂抹粉。他们有一子两女，都在中学读书。另一位亲戚是小表姐夫娄明，这个人很活络，但有些轻佻，在财政厅当个股长，“填房”相貌同我表姐差得远，生了一女一子，女儿像个老粗，儿子倒很灵活。五表兄、小表姐夫都自立门户，但离大表兄家不远，常来谈天打打小麻将。四表兄在锦州那边的一个煤矿工作，有时来省城，住在五表兄家。他是承继给别房的。人是乐观派的，笑着讲着。

大表兄早出晚归，在家里不看见看书阅报，只和小女儿大外孙（白白胖胖的婴孩，染猩红热夭折）玩玩，他似乎不喜交际应酬，没有什么官场中人来访他，也没有什么同乡人来往，同乡对他的评论，是胆小怕事，树叶落下来怕打开头。他的乐趣好像集中在晚饭时的两小盅高粱，两杯落肚，或就在炕上一躺，或打打家庭小麻将，假如他的姨太太发起而又缺一把手的话（通常是她和他，大姑娘或大姑爷和我，他的打牌也仿佛完全在于助兴，输赢是有的，虽然数目不大），四圈完毕，他不数筹码，不管输赢，赢了他不要，输了他照你说输了多少就付你多少，付钱也由她付，他是不管的。

他的下酒菜虽不怎么随便，但也不怎样要求，反正家里的家常饭菜，总不太无味。东北物产丰富，有些我们南方人视为美味的副食品如蟹，据说当地人是不吃的，因此价值便宜。又如明虾，因论对所以叫作对虾。还有一种孵不出小鸡的鸡蛋，我们叫作“喜蛋”其实叫“死蛋”的，更为便宜，不过这东西烧熟时尽管香味扑鼻，起人食欲，但吃时麻烦，又不怎么好吃，不是下酒妙品。下酒妙品是南瓜盅，用小而嫩的南瓜，去瓤，放进干贝、香菇、鸡丁或肉丁，蒸熟了吃。还有是冬令的白鱼片和野鸡片的火锅，那个鲜美呀，五十年后的今天想起来还是馋涎欲滴。白鱼是松花江的产物，是人家馈送来的，冰冻得如石块，要用斧头劈进去一些，再用榔头敲斧背才能劈开。照我说来，这鱼的肥美，胜过江浙的鲥鱼。

我一到沈阳，大表兄就想把我介绍到东北大学。他是财政厅的第三科长，第三科管支拨官办企业机关的经费，按官场规律，掌握经济大权的人，荐个把人是易如反掌的，事实上二表兄儿子和表侄婿，都是他介绍到官办的纺织厂和电灯厂的，和我同来沈阳的三表兄的儿子，到后不久也在一个小衙门里得到职位。但大表兄有个脾气，荐人托事，只开一次口，开口时对方当然爽快答应，事后却也许忘了或遇到了什么困难没有后文，他也不催不问，这样，人家本来不推却不爽约的，也就乐得不管了。因此，我的东北大学的工作，始终没有成功。他对我说："事宽则圆，不要心急。"我寄食他家，就我本人来说，起居饮食都很适意，又没有一个人给我白眼，原也可以悠哉游哉乐不思蜀。但是我总想着家里的两老，特别想到母亲的穷于应付高利贷，所以我的心是不能安定的。有一次看到报上有财政厅招雇员的新闻，我就想去应考。大表兄很不赞成，我却坚决要去，结果他说好吧，但要改个名字。考试时自备笔墨还带一面算盘。一门是考珠算加法，主考者坐在一个小小台上，说着几万几千几百几十几加多少多少。他说得很快，又是北方话，我连听也没有听明白，结果自然不及格；考常识问东北有几条铁路，得分不低。结果是"名落孙山"，随带的墨盒倾斜渗出墨汁，弄脏了我仅有的一件“出客”衣裳——绸面的骆驼绒袍。

我的日常生活，除在房间里乱写胡作之外，就去离寓居不远的沈阳青年会看看书报。有一次忽见长条招贴代售《生活》周刊的广告。“生活”两字是黄炎培先生的大笔，“弹眼落睛”的很是威武。这刊物我在上海时看过几期，还投过一次稿。现在它在沈阳出售，我好像“他乡遇故知”似的立即购了或订了一份。

在购读《生活》之前，有一个杂志很中我意，特别托人在上海按期购寄。这杂志名叫《新月》，它的封面我也欢喜，蓝色纸张，“新月”二字是仿宋体，印在一方黄色纸上，贴在蓝色纸上。胡适之其时在批评孙中山，他的一句话，给我很深印象，也给了我很有问题的影响，那句话是：“我连上帝也要批评，何况孙中山！”[①] 这杂志的文章风格，和《生活》周刊的文章风格，都不同于创造社和语丝派。《生活》周刊的尤为“深乎我心”：亲切诚恳平稳乐观。既不剑拔弩张，也不浮头滑脑。订了《生活》之后，我投了一稿，没有发表，后来在刊物上看到招考练习生启事，我立即写去一信，说我极想应考，但人在东北，赶不上考试截止期，可否留一空额，让我赶来报名应考。

这封信是很冒失的，您猜答复怎么样？答复是请我做《生活》周刊的特约通讯员，报酬是不过三千字的话，月给三十元，超过三千字，超过的字数以八元一千字计算。信是用华文打字打的，有韬奋先生的墨笔签字。

---

①原话是：“上帝我们尚且可以批评，何况国民党与孙中山？”

我的得此复信，心里的快乐高兴，当然之至，谁知福有双至，在收到这信后不多几天，我表兄下班回来，笑眯眯地递给我一张财政厅委我为第三科科员的委任状。当一个财政科员，月薪是六十元，如果《生活》周刊的三十元也能赚到，那我就能月入九十元了，这是个很大的数目。

要做科员了，但我不懂得写公文，于是去买了一本公文程式大全之类学习。委任状下来后不多几天，我去上任了，要穿马褂，其时大概已交夏令，我借一件纱马褂。在一个大房间里见了厅长，他问了我几句话，我答后到第三科办公室。

办的什么公？办的是核定各界预算。怎么核？我去科长室请教表兄，他笑眯眯地说：唯一办法是减少原报预算额。例如打个八折或九折。虽然有了诀窍，做来不觉困难，但我还是心神不定，食不甘味，午饭固然不去表兄家吃，连夜饭也有些食而不知其味，夜里也睡不安稳。

同时却也使我做起好梦来。有了近百元一月的收入，如能省吃俭用，娶一个能够勤俭持家的贤内助，那么至多十年，就可以在故乡买十亩八亩“饭米田”，造三间五间以蔽风雨的竹庐茅舍，退隐水乡，悠游林下，岂不快哉！然而正如俗语所说，“好梦易醒”，我的美梦不久就被惊醒了。

惊醒我好梦的就是九一八事变。9月17日晚上，张少帅学良办的同泽女子中学举行了联欢会之类，节目据说十分精彩，表兄有两张入场券，他自己是不去的，问我要去不，我也摇摇头。沈阳除同泽女子中学外，还有一所同泽男子中学。办学兴学，总是培育英才的好事，谁知人们对于少帅的办学，却有流言蜚语，说什么这所学校是供给他三宫六院嫔妃的地方，说他常去参观，表面是查察教学，实际在挑选佳丽。这种云云大概都是谣言，不过少帅这时虽然已经易帜，东北挂了青天白日旗，以及其他建设，颇得人心，但他私生活的不检，却也是事实。同泽学生都是官僚子女，校风奢靡，也是事实。总而言之，张学良是有心人，至少大事不糊涂。随便举一个例。沈阳的繁华整洁地区是所谓“南满站”，少帅为了与它抗衡，建设起一个“商埠地”。这里有所电影院，专映美国电影，我去看过一次，也观光了一下商埠地，这里街路宽阔而整齐，路名经几路纬几路，一直一横，井井有条，不过似乎冷静得很，路上不见行人，也没有什么车马。

那是9月17日深夜，表兄家的当差，来叫醒熟睡中的我，嘴里说着：“陶少爷陶少爷！日本鬼子进城了！”我起身到房门口，但见他在撬掉大门上的公馆牌子。大家都起来了，彼此面面相觑而默默无言，大家睡眼惺忪，谁也不知道怎么一回事。天亮后我出去在附近走了一走看了一看，在大路上直对我们胡同的邮政分局照常开着，路上行人也没有什么异常神色，往西走了百来步，望过去城门似开似关，我没有再走过去。

没有什么人来看我表兄，娄表姐夫来了，他也没有什么消息，只知道日本人进了城，人们不容易进城，各衙门机关都不能办公了。

这天或者隔了一天，我静下心来给《生活》周刊写了一篇通讯稿，内容无法充实，连报纸也没有看了，别的更不用谈，题目倒不无意思：《讣闻》。去胡同口的邮局作快件寄出，寄出回寓，下午又上街去看到了一张关东军出的布告，内有好几条禁止，违反禁令者枪毙杀头。我的通讯虽然实际并没有什么泄漏军机之类的罪状可套，但若被检查到了，总不能说没有不法之处。我看了两遍布告之后，再到邮局，问邮局收我快件的职员："上午我寄往上海的快信，什么时候出境？"这位职员因我是南方人，又常去寄挂号稿件，所以有些熟识了，他回答我："四点钟的快车。"我回到寓所，坐在有一大钟摆着的大姑娘房里听着滴答滴答的钟声，心乱如麻。直坐到钟鸣四下，这才心头如释重负，这时车已开出，我想《讣闻》一定没有被检查出来，因而也就没有被捕以至被枪毙的危险了，但是转念一想，《讣闻》被检查出来之后，也许不一定马上捉人，说不定在若干小时之后才动手呢。这样胡思乱想着，当然使人食不甘味寝不安枕了，最后以阿Q式精神自慰自解：给日本人捉去枪决了也好，不是成了为国捐躯的烈士吗？

九一八之后的若干天中，大家如坐云雾中，不知道到底是怎么一回事，只听听谣言，什么热河的汤玉麟带兵来和日本拼了，什么汤玉麟投降日本人了。报纸没有看到，或者是看了日本人办的《盛京时报》而大家不相信它的鬼话。后来我为了表兄和自家的薪水，由当差陪着进城去了一趟，城门没有紧闭，城门洞里有几个日本兵，墙壁上有烟火熏过的痕迹，大概夜宿在这里的日本兵生火取暖。到了财政厅一问，说三科薪水由一向发薪的那个人领去了，到了这个人家里，却说没有领到，待领到了，一定送到科长府上。结果直到好多天之后，我们回南时也没有送来。我做了不多几天科员，没有拿到一文薪水，反而损失一个铜制墨盒。

大表兄是没有什么积蓄的，闲居在家一久，经济上就捉襟见肘了，局面又不知几时解决，娄表姐夫也支持不大下去，大家讨论结果，决定三十六计走为上计，不如回绍兴去，与其在沈阳坐吃山空，连经济上比较不成问题的五表兄也认为不如归去，譬如回去探亲，大局一定仍可以回来任原职的。

一同南归的男女长幼共计有十六人，行李也不算少，搭南满车到营口，在营口搭船到上海。同归的人中，缺了三表兄的儿子则高，他是去年患猩红热死在南满医院的。那次患猩红热的，除他之外，还有五表兄的儿子和大姑奶奶的婴儿大中。大中也夭亡于此恶病。我没有染上，曾去医院看视过则高几次，进出病房时要被洒上一种药水。

我们在南站乘南满铁路火车到营口，改搭轮船到上海。南满站里有些日本兵，枪搭成三脚架样子。我们的行李既有十多个人的，自然不会太少。行李都经检查，手续仿佛还算文明，说不定由于日本兵自己也不知道能称王称霸到几时，上车也还秩序不乱，上了车都有座位。车开行后，有几个日本宪兵来巡视，也不怎样呼幺喝六，实在乘客们看到他们就鸦雀无声，正襟危坐。有几个左臂套着一个袖章，上书“美商慎昌洋行”的同胞，仿佛有意示威似的，当日本宪兵行近时，特别大声谈笑，日本宪兵也只看了他们几眼，并不干涉。

南归海上，风浪比去年北来时大，吃饭桌子也像直立起来了。我好像没有呕吐。

船到上海，表兄他们全要改乘宁波轮船到宁波再转绍兴。我却决定在上海停留一下，第一件大事是想拜访《生活》周刊的邹韬奋先生。

我所认识的邹韬奋

我在十六铺码头借打了一个电话，请邹先生来听电话时，我报过姓名请求他接见。他说："我今天向例不见客的，因为这是我写《小言论》的日子。"我请他破一个例，我说我是路过上海的，不能等得，他答应了。我坐了黄包车到生活周刊社（似在当时的华龙路中华职业教育社内）。到了之后，他见我的地方记得是在搭出来的可以说是阁楼的一个地方。我在付车钱时，大概是车夫敲我这个乡下人的竹杠吧，还是他代我解决了争执，省了我几角钱。

邹先生那天穿的是黑色的旧西装。他的一双眼睛和嘴，在我一眼看来觉得有一种热诚可爱之感。他的谈吐又很亲切。他先说《讣闻》收到了，已经发表，还说了一句很感谢的话。接着他问我要不要找职业。这个我当然求之不得。财政厅的科员虽然没有上辞呈也未被撤免，但是谁知道时局几时平定使我能够再去等因奉此呢？他说，不过事情能否成功却说不定。还在好多天前，他的朋友名律师陈霆锐[①] 问过他有没有适当的人介

[①] 陈霆锐（1890–1976），江苏吴县（今江苏苏州）人。早年就读于东吴大学法科，后赴美国留学。回国后，曾任教于东吴大学、暨南大学，兼执律师业务。抗战时期在重庆，曾任第三届国民参政会参政员。抗战胜利后回到上海。1948年去台湾，曾任东吴大学法学院院长，后移居美国，晚年回到台湾。

绍给他的事务所工作，现在不知道陈有了人没有，待他去问问，问时还要剪一篇《讣闻》给陈看看。最后他约我再写几篇关于东北的文章。我写了两三篇，和《讣闻》算在一起共得稿费七十多元。《生活》周刊的稿费一千字多到八元，在德国写德国通讯的王光祈的稿费多到十二元千字，在那个时代，三元千字已经不算少了。《生活》稿费高，选稿也严：材料不坏写得差的邹先生给他改（听说李公朴先生写的美国通讯稿就有不少篇经邹先修改），内容文字都差的干脆不登，不管作者是谁。

于是我决定暂留上海了。我有一个堂兄原在苏州缎庄的，这时已调在申庄，我把那只旧皮箱取来在他那里一放，当天就在他庄里的一张大桌上睡觉。第二天去光华大学看周新。他考取了光华，我去看他的一个目的，是想借宿在他的宿舍里，同时写邹先生约我写的文章。谁知宿舍里喧闹非常。这时候三星厂的江君在宝山师范学校工作，我就到了宝山，在他那里写了文稿，写好后送到《生活》周刊。邹先生告诉我陈律师同意用我，第二天我就做了陈霆锐律师事务所的书记了。

一个律师事务所的书记是干什么的？我在未做之前固然不知道，就在做了之后也不知道，因为我在陈律师事务所时好像没有做过什么事情。陈律师人比邹韬奋长大，给我的印象是冷漠。他大概只在有人委托他打官司才到事务所来，所以他不但不是整天在事务所，甚至也不是天天来的。他来时总带着妻子儿女。委托他的大概多印度人，因为常有印度人来事务所等他来。

进事务所后我的第一件事是找房子住宿。事务所在沿苏州河的地方，房子就在北四川路。找房子并不费事，一找就找到了，一个弄堂房子在晒台上搭出来的一间小屋。这屋子由于门和壁都不严密，透风得很，特别是夜间，但看屋时是在白天，不知道有这缺点。

在陈律师事务所不过一个月左右吧，《生活》周刊需要人，邹先生打电话来问我愿意不愿意去。这在我正是求之不得。他就再打电话给陈律师。陈律师问我怎么样，我说我要去《生活》。他说："你不要弄错，我请你来，原意是想请你帮我编法学书的，薪水少，也可以加的。"我说我的兴趣是出版事业，薪水的多少不是问题。他说："我没有和你订过契约合同，你要去我不能留你，不过恩润（韬奋先生原名）没有道理，自己不要用时在我这里一塞，自己要了一个电话要了去，不顾别人。"

我只有向他道歉，说是我向邹先生请求进《生活》的。

我就这样进了生活周刊社。社址当时在华龙路中华职业教育社内，《生活》周刊原是中华职业教育社出版的刊物，我进去工作时还没有独立，但实际上中华职业教育社已经不管它了。社里的人事，编辑是韬奋先生，徐伯昕先生的工作似是经理，会计是孙梦旦先生，我进社不久或离社不久逝世了[①]。年龄比较大的除邹、徐、孙三位之外，要算艾寒松和黄宝珣[②]了。艾先生的工作不大明确，不是编辑也不常写文章，黄宝珣是女性，邹先生的亲戚，她的工作是专司答复一般的读者来信。艾

①孙梦旦是1939年4月在浙江上虞去世的。

②黄宝珣（1906—1996），江苏吴江（今属苏州）人。早年在苏州女职校读书，毕业后任教小学。1928年加入生活周刊社，任邹韬奋秘书，处理并答复读者来信。后任生活书店经理室秘书。1938年经武汉到重庆，担任生活书店总管理处经理室秘书。1942年在桂林创办耕耘出版社。1951年该社归并三联书店后，先后在中国图书发行公司、新华书店北京发行所、中国版本图书馆工作。

先生我们给他取了个不很恭敬的绰号“双刀牌”，因为他写的艾字很像当时五洲药房出品的双刀牌臭药水的商标（两把交叉的刀）。女职员除黄氏外，还有二位，一姓汪，一姓王。此外的工作人员都是少年人，我虽然也没结婚，还不过二十岁出头一点，却已经算大人了。我和这些小朋友倒都很合得来，特别和也是绍兴人也爱好文墨的张锡荣和年龄最小的王永德。

我在《生活》周刊的工作，主要是复比较复杂些的读者来信，月薪四十元，第二月就加了五元。《生活》周刊读者的来信很多，内容多种多样，从生活琐事到人生观，从家事到国事。读者来信每天总有几十封，有问必答，而且答得很快，有些问题的答复有一定之规，例如关于健康的，那就直接复信不发表在“信箱”一栏，有的问题涉及人生观的，也多直接答复，很少发表，发表的总是一般问题，可供大家参考的。要发表的答复由邹先生自己执笔。复信拟稿后由邹先生看过认可后，用华文打字机打出再盖章或邹先生签名寄出。

邹先生是《生活》周刊的主持人，但他的对人是一贯的热诚亲切，心直口快，从不威风凛凛装腔作势，他和年龄较大的同事们亲如手足，对年少者视同子侄，爱护栽培不遗余力。我刚进《生活》周刊时，他正在编一本《人物评述》，这些评述都曾在周刊上发表过，作者署名虽不一，实在都是他一个人的作品。这些人物中没有列宁，他就叫我写一篇，资料是商务印书馆出版的一本《列宁与甘地》。

他劝我读日文，说他自己除英文外，可以阅读法文报刊，社里如有一个懂日文的人，在这日本帝国主义咄咄逼人横行霸道的时刻，肯定是有用处的。《生活》周刊同人已结婚而又有家在上海的，不过三二人，绝大多数都是单身汉，年少的不必说了，年较长而且已婚的如徐伯昕、艾寒松家也不在上海，所以社里供给宿舍，就在中华职业教育社楼上。而正在这个时候，有位蒋君辉先生在职教社开日语补习夜校，我报名学习。课本是蒋先生自编自印的《日语现代读本》或《现代日语读本》。蒋先生教书时欢喜讲过去留日学生的一件丑事：仰卧在床上朝天吐痰。学日语一般都以为容易，因为日本人的文章夹杂着不少汉字，不过也正由于此，我的日文就没有学好，看了汉文，不管它读什么，一旦这汉文改写也就是改印了日本字，就不知道它是什么了，至于书刊上本来印着日文的，我也不去记住它。但读日文到底比读别国文字有用处，就是可以囫囵吞枣地阅览一下，这也使我不管三七二十一地大买日文书，成了内山书店的常主顾。这期间也曾购读过日文的马列主义书籍，记得有一本叫《资本论入门》。其实诚如鲁迅先生所指教，读通日文不比读通欧洲国家的文字容易，用处却不如欧洲国家的文字（这是我有一次写信向他请教读日文之道的复信中语）。[①]

他对我似有特别好感，例如当黄炎培先生去东北慰劳马占山将军回来之后，他就请任老（黄炎培先生字任之，我们称他为任老）讲马氏抗日情况，由我执笔记录，后来发表在周刊上。又如他知道我写过几篇小说，叫我搜集拢来，出版《徒然小说集》，他为作序文，出于鼓励青年的热情，对我大加奖掖。还有，《生活》周刊其时有“望远镜与显微镜”一栏，作者原为

①鲁迅在1934年6月8日写给作者的信中说：“学日本文要到能够看小说，且非一知半解，所需的时间和力气，我觉得并不亚于学一种欧洲文字，然而欧洲有大作品。先生何不将豫备学日文的力气，学一种西文呢？”

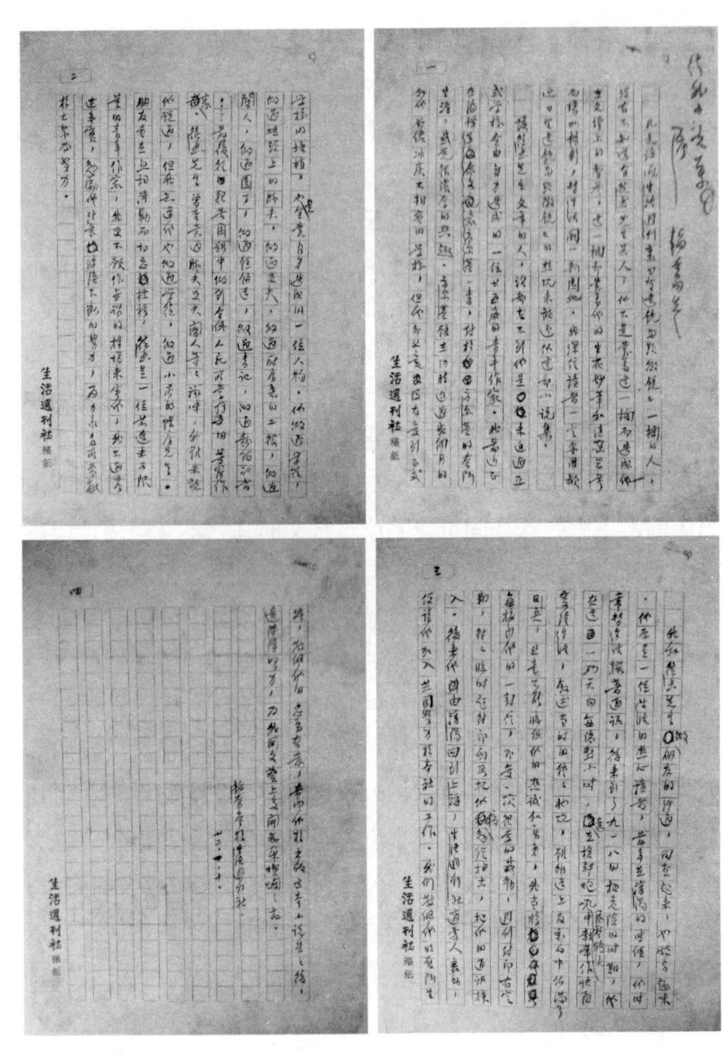

邹韬奋为作者《徒然小说集》所撰序言手迹

“冷观”（吴颂皋[①]笔名），当冷观到南京外交部做官去了，这一栏由我撰述，每周约一千五百左右字。

邹韬奋先生是“纳谏”的，记得一·二八事件后他写的一篇《小言论》中，有一句“我亲自到……”，我校样时觉得不大得当，就对他说“我亲自”是事实，但似乎有些御驾亲征屈尊降贵的口气，何勿去了“亲自”二字。他有没照删我记不得了，但我之敢于斗胆进言，总反映了他的民主作风。

但是天下事有一利必有一弊，邹先生的虚怀若谷引起了我的胆大妄为，后果很可能是严重的。因为“我亲自”只是文章的措辞问题，这一事却涉及政治思想的革命和反动了，这个时候，又正是邹先生走上革命道路的时期。

事情是关于批评胡适的。有一期《生活》周刊的信箱栏刊出了一篇恭维胡适的文章，恭维得无微不至，却留下可以痛斥的若干漏洞，接着是一而再再而三的痛斥胡适的文章，你一枪我一刀，把胡适骂得体无完肤。胡适之既不是我的爹亲娘眷，也不是我的恩师至友，即使他的肉体被剁成肉酱，也是与我无关，至于他的政治立场思想观点，我也不是拥护到底的。我只是由于知道这个大批判是事先有布置的围攻，作者又没有一个用的真名实姓，深深觉得类乎暗箭伤人，我于是本着“爱人以德”的旧观念，在一天办公室里只有邹先生和我两个人时，向

①吴颂皋（1899—1953），笔名冷观。江苏吴县（今江苏苏州）人。毕业于复旦大学，后留学法国，毕业后任伦敦大学研究员。回国后，历任复旦大学、中央大学等校教职。1932年曾协助邹韬奋在上海筹备《生活日报》。后任国民政府行政院参事、外交部参事，1935年任外交部国际司司长。抗战时期，任伪中国国民党中央执行委员会委员，后又任上海市政府秘书长、汪伪政府司法行政部部长。抗战胜利后被捕，被判处无期徒刑，1953年死于狱中。

他进言说，胡适之自然可以批评，发表的批评文章也比赞颂文章有理，不过为什么不堂堂正正地批评呢？而且，不多时日以前，《生活》还登过您邹先生写的赞颂胡适的文章，这不是自相矛盾吗？现在想来，我的云云实在浅薄幼稚，但我的用心却实在并无为胡适作伥反对革命的反动思想。然而这只是我的主观，在客观上，胡适之当时已在必须打倒之列，而我竟有不满，那不是反动又是什么？这事情对我有两个大不利：一个是在革命阵营看来，我是至少不革命甚至是反革命的；另一个是在我思想上，留下一个深刻的印象——革命和进步是要施用一些不光明正大的手段的，而且进一步思考，这样的进步能够有良好结果吗？

还有一件事情，大概也是对我极为不利的。那是××事件。邹韬奋先生这个人，在我看来有些风流才子气。他相貌英俊，"衣架子"很好。他的穿着西装，我只记得在第一次见到他时。以后只记得他穿着一件蓝布棉袍或罩衫，不论穿西装或中装，都很整洁漂亮，配上他的一个动人的面相，特别是那双眼睛和一张嘴，可以说极能吸引人。他的夫人多才多貌，当时《生活》周刊有个同事叫陈崇脩的，和邹先生闹翻了，写信骂他，信上就有一句"娇妻爱子"云云，邹先生说"妻娇"怎么能算罪状，难道你能叫她不娇，使她化美为丑吗？还有一次《生活》周刊招考工作人员，应考人中有个女的，她貌美而乏才，但邹先生曾示意录取了她。不过我们应当注意一点，就是邹先生只是爱美并非好色，他对女同事从来没有过一丝一毫不庄重的言行。

××是苏州一所女子中学的学生，写来的信总是长篇大论，问题成串，她的信由邹先生在信封背面写示答复要点，由我作复。后来她还来上海访问过邹先生，那是在办公室后面的一个房间即会客室接见的，邹先生还介绍她和我见了一面，但匆促一照面，她是怎样一个相貌，我并没有看个清楚。

有一天，兼司拆信事务的黄宝珣，悄悄对我说道："××的来信，信封上改写了邹先生亲启，复信也改由他自己复了。"经她这么一说，我才想到的确我好像没有起过答复××的信稿了。我问黄宝珣这是什么道理。她说她也确不定，不过总觉得形迹可疑，只有看看××的来信才能解答这个问题。

××的来信是放在邹先生座位后面由他专用的文具柜中的，它当然锁上，但很容易开启，只要用普通开关写字台的钥匙就行。但是私开他的文具柜进而偷看别人给他的信，是一种什么行为呢？特别是如果信是一般的内容。但是我和黄宝珣一样，估计来信不会是一般的，否则邹先生何必要亲自作复，私自寄发呢？这样，黄宝珣和我就在一个傍晚，偷开了文具柜，偷看了××的来信。这时候周刊社在环龙路环龙别业。我开文具柜时，黄宝珣站在窗口望着下面，看有没有人进来。

我心跳着急忙忙打开文具柜，匆忙地找出××的一叠信中的一封，抽出信笺，只看了信上开头的称谓，就急忙塞进信封，关上文具柜。这封信的开头称谓，黄宝珣也看到的，那称谓是"芬"，以"芬"代"奋"，还不够证明来信的不同寻常吗？我们都没有看信的正文。

那么第二步怎么办呢？黄宝珣的意见是要我向邹先生进忠告，劝他悬崖勒马。

做这个工作，我当然有顾虑。邹先生的为人，诚然不至于使我遭到痛斥，但私开他的文具柜，私看他的不让人看的信，我这人在他心目中将成为怎样一个形象呢？然而转念一想，反正我已经偷开过文具柜私看过，如果这行为是不道德的，有损我的人格的，那么告诉了他和不告诉他是一样的。而且我有一个为自己辩护的好理由——我的做此不道德事情，完全为了邹先生，绝对不是为我自己，因此这事情尽管表面上看来是不道德的，实际上是很道德的：我为了人不惜牺牲了自己。我认为邹先生能够有鉴于此而原谅我的。

于是在第二天中午大家都已离开办公室，邹先生从厕所小便出来整理一下写字桌纸笔时，我原原本本地告诉了我的行为，接着我说他应当悬崖勒马，赶紧刹车，不然的话，无论如何是对他夫人子女总是不幸的，对他自己也不是好事。

他听了我的话，一面扣裤子纽扣，一面说谢谢我的好意。他的脸部表情显然尴尬得很。

从此以后，社里就没有收到过 × × 的来信（来信全部由黄宝珣收下，除私人信件外，公家的全部由她拆阅摘要登记在一种特印的表格上）。这在我们以为是一刀两断不再牵缠了，后来邹先生出国去了，我也脱离了《生活》周刊，再也不曾想到这件事情。谁知道后来据确凿可靠的消息，才知道 × × 在邹先生出国前后，始终通信不断，不过信由人转罢了。

您道代她转信的人是谁？是艾寒松先生。那么事情怎样拆穿的呢？那已在邹先生在国外期间，艾先生已将夫人接来上海，与邹家同一里弄（吕班路万宜坊）租屋安家。艾夫人识字无多，她接到人家寄给丈夫的信札，有些怀疑，因为那信的信封和字迹，很像出自女性，但她似乎有些“惧外”，不敢直接询问丈夫。有一天，她拿了一封启她疑心的信去给邹韬奋夫人看，并且告诉她自己的疑心。邹夫人把信一拆，看了一时说不出话来，原来竟是 × × 女士给邹先生的信。这事情后文如何，我可不知了。

邹韬奋先生的出国是被迫流亡，自九一八后，《生活》周刊猛烈抨击国民党反动派的不抵抗主义，大力号召对日抗战。《生活》周刊的销数的确突升飞跃，的确销到十多万份，超过了当时销数最多的日报《新闻报》。销数多当然影响大，但是《生活》周刊的影响，即使销数比《新闻报》少，也一定比《新闻报》大，看《新闻报》的读者只是看看罢了，它的主张（其实也可以说它并没有什么主张）和言论（它是有社论的）恐怕没有多少读者赞同，更不要说信仰拥护了。看《生活》周刊的读者可两样，他们大多数是细细看细细读，当作教导或指示的，这里我举一件事情，很可以作为对《生活》周刊抱什么态度的一例。《生活》周刊每星期六出版，在这一天的上午，总有一个年轻人骑自行车来社买去二三十本。我曾经问过他买这么多做什么用，他说是学生们需要。是哪种学生呢？不是大学生而是初中学生。他们的爱读《生活》周刊，肯定是由于它的内容精彩言论深得人心。《生活》周刊的销数增加，不是以低级趣味迎合有些读者的低级趣味的结果，而是以有趣味有价值的内容吸引了趣味不同的读者。你打开《生活》周刊的无论哪一期，决没有粗俗的文章，更不用说色情和凶杀的下流作品了。一期《生活》周刊的文章，邹韬奋先生除了撰写《小言论》外，还写几篇别的，特别是人物评述，可以说全是他的手笔。邹先生的文章格调并不太高，他的思想也不怎么高超（至少在全面抗战之前），但极诚恳亲切，公平正直，不亢不卑，合情合理，不冷嘲热讽，不尖酸刻薄，忠恕中庸，乐观和平。他的为人就是这样，文如其人，认识他的人没有一个说他不是好人，读他文章的人也就没有一个说它不是好文章。他的为人还有一个特点，就是不罔论人短，无论对什么人，他不抹杀这个人的优点长处，当然这是对一般人而论，对于大慝巨奸，他是口诛笔伐，绝不留情的。

《生活》周刊的深得人心影响广泛，还可以举一个例。那是在拟办《生活日报》招股时，我也帮着登记认股人的工作，在无数认股人中，我发现了一个我的远房姑父。这人年纪一定已过半百，生平以明哲保身不问世事一动不如一静少抛头露面著名，但《生活》周刊一招《生活日报》股本，他竟会前来认股，不怕上当受骗（像他这类人，最怕上当受骗的），足以反映《生活》周刊的信誉是多么深远，也就是邹韬奋先生的文章之多么深得人心。

《生活日报》的计划相当宏伟，内定的主要人员，有戈公振、胡愈之、李公朴、陈彬龢[①]等，都是当时的俊彦。鉴于独办不成，还设法想和中华书局合营为两合公司。但也不为国民党反动派所允许。

《生活》周刊之与国民党反动派，可以说是冤家对头，即使不发生九一八事变，不是不抵抗主义，国民党反动派也会视《生活》周刊若肉中刺的，因为当时的国民党反动派已经贪污腐化入骨，为民喉舌激于义愤的邹韬奋不能缄默不言，例如对于王伯群的娶保志宁的铺张奢靡，就曾有专文记其事，予以严厉的抨击。

国民党反动派既然认为《生活》周刊是肉里的刺，当然极

---

①陈彬龢（1897–1970），江苏吴县（今江苏苏州）人。早年在仓圣明智大学任教初小。1924年到北京，历任平民中学教务长、天津南开学校总务长、中俄大学总务长等职。1931年入《申报》工作，又主办上海文库，因言辞激进，为当局者所忌，1933年离开《申报》。其间，于1932年协助邹韬奋在上海筹备《生活日报》。此后去香港，仍办报为生。香港沦陷后，于1942年回到上海，任伪《申报》社长。抗战胜利后被通缉，1947年到香港。此后来往于香港、日本之间。1967年移居日本。1970年在日本病逝。

想拔掉它为快，反动派一步逼紧一步，终于下命令禁止邮寄。《生活》周刊订户很多，不能寄发怎么办？不知谁想出了一个办法，另出一份周刊代替它。新刊物定名《星期三》，由我编辑。这任务我自知远远不能胜任，向邹先生再三推辞。但辞不了，终于不度德不量力，毅然接受下来，但有言在先，希望给我支持，不能叫我唱独脚戏。谁知结果还是唱的独脚戏，刊物内容自然一塌糊涂。出了三期，不知由谁决定停刊。《星期三》的停刊，实在正中我意，如释重负，不过同时也使我深感不快，停刊之前没有通知过我，突然停刊，使我对约来的稿子没法处理，尽管稿件没有什么价值。创刊后的任我唱独脚戏我已经感觉我虽为公家卖力，公家却像是隔岸观火，看我的出丑，现在又突然命令停刊，那不是有意同我为难吗？谁知事情还不止于此。不多几天之后，邹先生叫我谈话，说他将出国流亡，我在《生活》周刊已没有发展前途，所以他已将我介绍给了在主持上海文库的陈彬龢，月薪七十元。

我一闻此言，当然大惊失色，一时说不出话来，年纪轻容易激动，竟至于流下泪来。

邹先生大概想到我的情绪，接着说：

“你不要怀疑我有什么别的意思，我说的是真心话。我出国后，社务托给毕先生，你如要回来，可以同毕先生说，我会关照他的。”

这时我在感情激动中，不作思考，冲口而出回答他道：“我是怀疑的。”我指着一旁的一只圆凳说：“它有四只脚，但我怀疑它只有三只。至于回来，那我决不会。”

事后思考，邹先生的他出国后我在《生活》无发展前途，可能是有所感觉而言的。我和《生活》周刊的少年朋友以至较年长的同事如黄宝珣、孙梦旦等的关系不能说不好，但是邹先生的对我另眼相看，如出版我的小说集，继冷观写“望远镜与显微镜”，都不免被人侧目。还有邹先生的心直口快，也可能于我不利，例如黄宝珣告诉过我，邹先生曾夸奖我落笔快，说某人构思慢等等。

然而归根到底，还是我咎由自取。我以后进之人，又无大学学历，幸遇提携青年奖掖后进的邹先生，获得意外发展，如果度德量力，应该谦虚谨慎，处处退居人后，而我呢，虽然不记得有过开罪于人的言行，但是不会沉默，岂能免于言者无心听者有意的话语，何况我以为不开罪于人全是我的主观，客观看来，我的三次向邹先生进言，谁也不能断言不曾种下恶因，虽然无论怎么说，我之为此，绝不损人以利己。然而你能说不是损人而不利己吗？

退十步百步说，我的有些行动，是不合于《生活》周刊格调的，例如《生活》周刊虽然并不禁止吸烟，但事实上是没有人在办公室里吸烟的，而我却有烟瘾，尽管忍着不吸，总不能忍整个上午或下午，没有办法，就上楼吸去。这，至少是违反办公纪律的行为，虽然邹先生没有指责过。

而且看后来的事实，像我这种“半路出家”的人，迟早会离开《生活》周刊的，它的人似乎只有两种，一种是元老或开国元勋如徐伯昕、孙梦旦，一种是子弟兵，像张锡荣、王永德等少年。

却说我进了上海文库。它是申报馆的机构，主其事者是《申报》社论撰述者陈彬龢。陈在当时算是进步的，他写的社论有些激进，文库的办公处设在南京路河南路的大陆商场楼上，也是申报馆办的由李公朴主持的一个图书馆，也设在大陆商场。文库的工作据说是搜集译述各国的经济资料，我的工作是看看日文译稿。实际呢，文库没有什么人终日伏案工作，实在可以说空空荡荡，所以我对文库人员竟无一个相识。但是我却认识了一个是申报馆人而工作却在文库的人：黎烈文，而且和他同一双人写字台。黎先生是《申报》副刊《自由谈》的编者。《申报》编辑而不在申报馆内办公，我不知道是什么原因。他总在下午才来。记得有一次鲁迅先生给他一信，不知怎的他给我看了，记得其中谈到和邵洵美[①]的争执，有必“参商到底”[②]四字。鲁迅说到邵洵美时，称之为“盛家赘婿”，这赘婿是他误听人言还是故意称之，当然难以断言，但事实邵洵美诚然是盛家女婿，不过不是赘婿，我乡称赘婿是“进舍女婿”，一个人做了进舍女婿是不光彩的，因为他是从此做了女家的人，但赘婿名称，也许在古代原为婿的意思。

我在《申报》文库时虽不记得做过什么工作，却清清楚楚记得为《申报》写过大半篇社论。我进文库时在五六月间，一天陈彬龢叫我写一篇勉励大学毕业生的社论。我一听大惊，心想怎么能写堂堂《申报》社论。我说我不能写，他却说这种社

---

①邵洵美（1906—1968），原名云龙。浙江余姚人，生于上海。早年毕业于南洋路矿学校，后留学英国，考入剑桥大学，未毕业即回国。1928年开办金屋书店，1932年创办时代印刷有限公司，曾参与接办《新月》、创办《论语》《十日谈》等杂志。1936年陶亢德辞去《论语》编务后，曾再次接手主持。上海沦陷时期隐居，1944年前往内地，在浙江逗留。抗战胜利后回到上海，仍办《论语》，至1949年停刊。中华人民共和国成立后，从事外国文学翻译工作。

②作者这里记忆微误。鲁迅先生给黎烈文的谈及邵洵美的信，可能是写于1933年9月20日的一通，信中说：“邵公子一打官司，就患‘感冒’，何其嫩耶？《中央日报》上颇有为该女婿臂助者，但皆蠢才耳。又及。”“参商到底”一词见于鲁迅1934年5月4日写给林语堂的信：“即如不佞，每遭压迫时，辄更粗犷易怒，顾非身历其境，不易推想，故必参商到底，无可如何。”

论不难，只要如此这般唱唱老调就行，并不要你出主张提意见。这倒是真的，年年有大学生毕业，报上也是年年有社论恭送如仪，如查去年旧报，简直可以照抄。结果我答应姑且一试。写成之后交他，发表出来一看，前面的大半篇是我写的，后面的小半篇却全改了。

陈彬龢不常到上海文库，他就没有供他用的固定桌椅，他常常匆匆而来，急急而去。我到文库快一个月了，却不见发下薪水来。初还忍着，怕他忙不过来，后来实在忍不住了，终于放胆问他。谁知他竟问我："你的薪水多少？我忘记了。"我觉得这实在非常奇怪，我的薪水总是他定的，怎么竟会忘记。我想这样的人做事，能够做出什么来呢？

就在这个时候，上海出版了一个周刊，名叫《华年》，编者潘光旦，出版处仿佛是青年协会。我向这个刊物投过一稿，发表了，稿费比一般高得多，吃着了甜头，我又译了一篇日人长谷川如是闲的短文《孟子的不劳而获》投寄，这一篇退回来了，但承编者指示，可试投幽默刊物《论语》半月刊。《论语》半月刊是一个内容很怪的刊物，不是文艺，也非政经，我从它创刊号起就买来阅读，读来觉得别有风味，刊名就很异样。现在听《华年》编者一指点，我就将《孟子的不劳而获》寄了去，不多几天，刊物的编者就来一信，说论语社同人每星期六在兆丰公园对面的惠尔康茶叙，请我去参加。我去信说，我不想参加那群贤毕至的茶叙，而希望见见他个人。他回信告诉了他的住址忆定盘路（今江苏路）几号A[①]，还画了一张地图。

---

①林语堂的住址是忆定盘路43号A。

林语堂这个人与《论语》

我如约去看林语堂。他的寓所实际不在忆定盘路上，而在一条通忆定盘路的小径的底，这里是个野地，有几幢各自独立的小洋房。林住的一所有一园子，相当大，正屋三间，右面一间是吃饭间，中间不作什么正用，左面一间一隔为二，较大一间是会客室，两面是沙发，正中靠底壁是一个书架，有一架斜放着的钢琴；较小的一间是书房，横檐上贴着叶恭绰写的“有不为斋”四个大字，左手挂着一幅说是李香君的画像，右手一张小桌，上面一架英文打字机，其时他正在写《我国与我民》一书。

林语堂人不高大，面目不可憎。“请坐请坐”之后，他把一盒雪茄烟给我，说能吸雪茄吗，我毫不迟疑地说能，随手拿了一支。他的脸色仿佛有些惊讶，好像在说你也能吸雪茄。

茶、烟之后，言归正传。林语堂说《论语》原有一位陈先生帮他编辑，现在陈先生另有高就，不能帮忙了；问我肯不肯接陈的班。我说这很愿意，不过我才进上海文库不久，辞去不做，不好意思。他说这个没有困难，陈彬龢他认识的，由他去代我说。结论是我以每日的半天编《论语》。谁知不多几天，李公朴先生打电话给我，告诉我上海文库就要结束（关门）了，他已经将我介绍给了林语堂，帮他编辑《论语》云。这事情我实在弄不清楚，李先生我虽然在《生活》周刊时认识了，但我之进上海文库以及和林语堂的谈助编《论语》，中间并没有他在场，何以他竟介绍我给林语堂了？但是不论怎样，他的好意我总感激于心。上海文库果然不久就收场了，我就做了《论语》半月刊的编辑。

《论语》这个刊物，实在是个同人刊物，由林语堂和他的一些朋友合办，主旨似乎在开开各种荒谬事情的玩笑。它没有老板，而由邵洵美开设的时代图书公司经理印刷发行事务。这杂志销路很好，虽然只卖一角钱一本，每个月除了编辑费稿费之外，能赚几百元，全归时代图书印刷公司所得。时代图书印刷公司由张光宇、振宇（后改名正宇）经营，张氏弟兄的漫画画得极好，但似不善于经商，每月亏本，亏得连《论语》的编辑费和稿费也拖欠不发了。你向他们催索吧，他们很客气，但还是一个不发，发不出呀。问邵洵美要呢，他更客气了，而且有退步——叫张氏弟兄即发。因为曾经几次三番向邵洵美催询索取过编辑费和稿费，他就认为《论语》的产权是他的了。这个，我是没有争取的权利的，林语堂也无所谓。

《论语》的编辑费最多时每月三百五十元，林语堂和我平分，但不是每人平分各得一百七十五，而是这个月他拿一百八十，下个月我拿一百八十。其时我还没有结婚，并无室家之累，编辑费拖欠一两个月还不怎样窘迫，但对于稿费的拖欠，却很着急，因为我认为一个刊物的成败，决定于作者，《论语》的稿费并不比一般高，如再拖欠，即使作者不以稿费为生，也是对不起他们的。我认定在我这种不学无才的编辑，作者真是衣食父母，必须对他们必恭必敬。怎样恭敬法呢，第一当然是尽可能酬费从丰，次之是每次接到来稿，尽快作复，以及多多联系，常常索稿。对于还没有成名的作者来稿，我的取舍是先宽后严，就是如果来稿虽非佳作，但不无可取，看苗头是能写出好作品来的，那就“从宽录用”，使他发生兴趣继续写作，宁可对他的第二篇来稿要求严格些。

我接编《论语》时，它的销路已经很好，我深怕我编之后销路下跌，唯一办法是拉住经常为《论语》撰述文章的确写得很好的作者，像老舍、老向、何容、姚颖这几位。林语堂本人给《论语》按月写一篇《我的话》。老舍给《论语》的文章除长篇小说《牛天赐传》之外，还有短篇，而且还翻译过一篇美国小说，那是《论语》出西洋幽默特辑特约他翻译的。老向写得不少，而且实在幽默。何容的文章也极好，但数量不多。

为《论语》长期执笔的作者之中，值得特别一提的是以《京话》为总题的姚颖。姚颖是位女士，但写作的实在是位男士，姓王名漱芳。王漱芳是当时的立法委员，是王伯群一家，他知道南京政府的内幕，所以他的《京话》，实际是反动政府的内幕新闻。我迄今记得有一篇的题目是《居然中委出恩科》，讲选举国民党中央委员的趣事。不过《京话》写得很含蓄婉转，不是谴责式的。后来姚颖还写过《也是斋随笔》,《京话》出了单行本。①

老向来过上海，送过林语堂一双北方人穿的老式布鞋和一杆旱烟管。他送林语堂这两样怪物，可能是投林所好。林语堂写过一篇文章讥讽穿西装，说西装的领结是狗领。林语堂崇拜他的同乡辜鸿铭，在文章中常有赞美古怪事物的意思。但是他可辜负了老向的一番好意，从来没脱下皮鞋换上老式布鞋，放

① 《也是斋随笔》刊载时署名“如愚”，后来也收入《京话》单行本。

下雪茄改吸旱烟过。他的发思古之幽情，实在恐怕哄哄外国人罢了。1936年他去美国上邮船时，固然穿的长袍，但到美国上岸时有没有系上狗领就难说了。他很想特立独行脱俗傲世，其实他是循规蹈矩，不大真个做出惊世骇俗之举来的。所以他的提倡晚明小品和语录体，不过是表示我林语堂不怕人家笑骂罢了。他的讥讽杭育杭育，嘲笑普罗文学，都只是想表示我林语堂是不怕左派批评的。

对于左派，林语堂其实并不反对，他对于鲁迅实在是尊敬的，曾对我说过："鲁迅观察的深刻非别人所能及。"不过他也说过鲁迅的生活太不讲情趣了。鲁迅逝世时他在美国，我去信请他写篇悼念文章，内容大概不大恭维备至吧，不见于后来编集的鲁迅纪念文集中。

林语堂不但尊敬鲁迅，对邹韬奋也有好感，当邹先生国外回来之后，林语堂曾经托我向邹先生说他想和他谈谈能否约个日子。后来我和邹先生说了，但他婉言拒绝了。还有当《生活》周刊被禁时，林语堂在《论语》的"半月要闻"中写了一条"《生活》死"。

我说是帮助林语堂编辑《论语》，实际上《论语》的编辑任务完全在我肩上，林语堂除了写一篇《我的话》之外，一切不问不闻。这是他的好脾气，以后办《人间世》和《宇宙风》都是这样。他之不再编《论语》，听说与杨杏佛的被暗杀有关，杨之被暗杀则是由于他主持民权保障大同盟，而林语堂当时是这个同盟的领导人员之一。他，人家说他怕死，以杨杏佛死鲁迅不畏暗杀去吊唁，他连这一吊唁也不敢去为证。说林语堂这个人的不肯作牺牲品，不敢于为正义主义殉身，恐怕不能说是冤枉了他。至于怕死，却不是他的不英勇处。人，不论谁个，总是贪生的，否则医生这一行业就不会有了。特别是生活优裕的人，怎肯有福不享，白白死去呢。林语堂当时是中央研究院的上层人员，月薪总有几百元，他的更大收入，是《开明英文读本》的版税，听说开明按月付他八百元，年底总结一次，一个有上千元收入的人，要他视死如归是要求过高了，特别是讲究生活的艺术的人。不过林语堂虽然月入千金，生活上似乎并不浪费，住的诚然是花园洋房，但这类洋房也普普通通，有男女佣人或者还有一个厨子，在当时也不能说是特别阔气。吃呢，早餐我有次看到，两枚鸡蛋，几片面包，一杯咖啡，这个我也吃得起，正餐也并不七盘八碗，酒，他是不喝的。出门有车，但是黄包车之类的包车，汽车也坐，但是云飞汽车行的出租汽车，并非自备汽车。宋云彬先生在北京文史资料刊物发表的谈开明书店文中，讲到林语堂靠开明出版他的《英文读本》发财，在静安寺路买了洋房并购汽车。如果宋先生没有记错，那么我认识林语堂时，他的自备汽车和洋房一定已经卖掉了，因为那时候我的的确确记得他住在忆定盘路，也没有汽车。

林语堂对于钱财，不能说他锱铢必较，但也决不能说他毫不在乎，实际上可以说他并不想占人便宜，但也不肯让人占他的便宜，这大概是种洋人癖气。记得有一次我请他夫妇俩和三个小孩看电影，电影院出来他一定要请我们吃点心，这大概算是还杯吧。后来有一次算刊物《宇宙风》的余利，有个零数我没有和他平分，他客气了几下我仍不要，他购了两盒雪茄烟送我。平常，我和他没有赠礼物过。

他的英文大概的确很好，他写文章似乎写英文比写中文省事或更能发挥，《我的话》有不少篇是先写成英文再译成中文的。他劝我读英文，说读通了英文才写得好文章。这话当然

1936年夏宇宙风社、西风社、谈风社同人欢送林语堂赴美留影。前排左起：黄嘉音、林语堂夫人廖翠凤、陶亢德夫人何家选、徐訏，后排左起：海戈、林语堂、黄嘉德、张沛霖、陶亢德（《谈风》第一期，1936年10月25日出版）

不确，我国最伟大的文学家鲁迅先生，听说是不精于英文的。不过林语堂虽通英文，却不愿翻译英美文学作品，我记得他只译过美国爱伦坡的一个短篇小说，他的不愿意翻译英美文学作品，曾经引起过鲁迅先生的不快，鲁迅给曹聚仁信中有这么一段：

> 语堂是我的老朋友，我应以朋友待之，当《人间世》还未出世，《论语》已很无聊时，曾经竭了我的诚意，写一封信，劝他放弃这玩意儿，我并不主张他去革命，拼死，只劝他译些英国文学名作，以他的英文程度，不但译本于今有用，在将来恐怕也有用的。他回我的信是说，这

> 些事等他老了再说。这时我才悟到我的意见，在语堂看来是暮气，但我至今还自信是良言，要他于中国有益，要他在中国存留。并非要他消灭，他能更急进，那当然很好，但我看是决不会的，我决不出难题给别人做，不过另外也无话可说了。

所谓人各有志，所谓仁者见仁，智者见智，似乎很适宜鲁迅先生和林语堂的对于翻译文学的见解。鲁迅先生是抱有文学救世的志士仁人之心的，林语堂似乎不然。他也搞翻译，甚至于将《浮生六记》译成英文，但他好像不很重视文学，毫不热心于翻译别国的文学作品。这由于什么呢，他没有对我谈过，也不见于他的文字。他对于翻译外国文学的意见之与鲁迅先生的大不相同，下面这一件事或者可见一斑。

《论语》有一位投稿的，叫孟斯根。他投稿不多，我和他没有过私人来往，他是在杭州的。有一天他来看我于设在良友图书公司的《人间世》编辑部，要我和他同去看林语堂。到了林家，主客没有谈多少时光，就再见再会了。后来林问我："孟斯根这人有没有神经病的?"我被他问得莫名其妙，反问他这话什么意思。他的回答是："他说要译托尔斯泰的《战争与和平》呢。"对于一个说要翻译《战争与和平》的人，至于怀疑他神经有病，我想只能有两个解释，其一是林语堂认为《战争与和平》不是任何人所能翻译的巨著，提出要翻译的人是太不自量力了；其二是虽然《战争与和平》是世界不朽之作，翻译出来可没有多大意思，还有一个可能的解释，是外国作品不能够翻译的，甲国的有些语文，译不出乙国的文字，不过也可总而言之一句话，林语堂不重视外国文学。有一次我去看他，他正送郑振铎先生出来，郑先生去后，他说郑振铎真热心世界文学，来征求我对于应该译哪些外国文学作品的意见。

在林语堂处碰了一个钉子的孟斯根，在鲁迅先生那里却如鱼得水，他的名字虽然已改斯根为十还，他的本领究竟还是能译俄文，但不知怎的，却不译托尔斯泰而译果戈理了。孟十还初到上海时，住在环龙路开罗宋大菜馆的山东人楼上，我去看过他几次，每次都看到他同山东老乡在打小麻将。他很爱打牌，后来和沈起予先生住在一起时，常常同也爱打牌的沈先生到一样欢喜打牌的我的家里叉个八圈十二圈。

我和孟十还不能说不熟识，但他是什么地方人，原来干什么的，家庭状况，结过婚没有，我全不知道，因为我素不问人底细。八一三上海抗战后，孟十还离开上海去武汉，临行时说他到武汉后给我想办法找个适当工作。上海成孤岛后我去香港与简又文[①]合办《大风》旬刊，与孟十还时有书信往还，他约我去武汉办刊物，我答应了而赖在香港不去。孟十还曾经坐飞机到过一次香港，拉我和他同去买一支手枪。他试放一下空枪，枪口朝下，手势好像很老练似的。从此之后，我对孟十还这个人就疑神疑鬼起来，因为在我看来，当时能坐飞机来往香港武汉的，恐非等闲之辈，买手枪而又像个放枪熟手，又岂

---

①简又文（1896–1978），字永真，号驭繁，笔名大华烈士。广东新会人。毕业于广州岭南学堂，此后赴美留学。回国后，曾任广州市教育局长，又任燕京大学教授。1926年任西北军冯玉祥幕僚，后又任山东盐运使、铁道部参事、立法委员。1935年在上海主办《逸经》杂志，1938年到香港主办《大风》杂志。香港沦陷后去内地。抗战胜利后在广州任教。1949年到香港，后任香港大学东方文化研究院研究员。1964年赴美国任耶鲁大学研究员。1978年去世于香港。著有《太平天国全史》《太平天国典制通考》等。

是普普通通之徒，起了这个疑心，后来对于他的催我去武汉办刊物就干脆拒绝了。对这一点，当然使他不快，他最后一封信中有这样意思的几句话：你不来应有托辞，最好的托辞莫如说老婆死了。此后不通音讯，直到1981年10月看到《鲁迅全集》中致孟十还信，才知道他曾留学苏联，抗战胜利后他怎样，解放后如何了都不知道。论年龄，他比我少，论体格，他比我强，以常情论，我还活着，他应该更活着了。

（1981年10月22日看《鲁迅全集》第12卷书信，知道孟斯根的改名，还出自黎烈文献策，鲁迅致黄源信中云："黎先生来信谓孟斯根常投稿于《论语》,《译文》可否用一新名，也有见地的。但此事颇难与本人说。"俗话说阎王好见，小鬼难当，于此足证。但林语堂作为《论语》创办人，为黎编《自由谈》写稿时还在主编《论语》，却不曾由黎吩咐用一新名。）

再说林语堂之与翻译吧，他之无意于译英国文学，一定不是为了不想在中国存留，而可能是想在中国存留，单靠译英国文学是不够的。鲁迅先生的见解实在是书生之见。林语堂的思想才是实惠的实用主义，所以他不愿意译英美文学而一心从事于译中文书为英文，因为无论名利，中译英在当时中国是双收的，而且广大。大概自古迄今的世界的伟人名家，翻译家是不多见的，就以非常重视翻译的鲁迅先生而论，他的丰功伟绩，还不是由于创作和杂文以至日记书信吗？否则，十六卷的《鲁迅全集》，何以不收入翻译呢？

《论语》这个刊物，虽在鲁迅先生看来早已无聊得很，但在我看来，倒是未可厚非，不能一笔抹杀的，而且我之说此，并非由于我是编过《论语》之人，有癞痢头儿子自已的好或敝帚自珍之意。我要说《论语》的渐见无聊，始于我编，虽然也要说《论语》之要无聊乃命里注定的事，即使由特级编辑来编也势所不免，因为它的内容幽默云云，实在不容易支撑得久，如果换了文学性质特别是外国文学的，一定可以越出越有聊。世界各国多的是文学巨人，即使只译俄国一国，旧俄的就有托尔斯泰、屠格涅夫、果戈理、高尔基、契诃夫，新俄的又有法捷耶夫、费定、萧洛霍夫等等等等，真是翻之不尽译之不竭，而且一代胜过一代。写幽默文章却不容易了，中国各伟大作家中，能幽默者有几人？我说《论语》之未可厚非，特别是在它的初刊时期即林语堂编辑时期，是说这杂志有它的特色，否则当我编辑时编者既无名，作者又无伟人而能销数保持两三万份的原因，是由于它有特色。什么特色呢，是油滑吗？是低级趣味吗？我说都不是，而是由于它对反动统治腐化政权的笑骂相当得人心。当然，这是《论语》初期的内容。如果不是这样，《论语》怎能得到鲁迅先生的文章呢？后来之趋于无聊，最大原因，当然在于我这个编者的无能。

不过我虽无能，对《论语》内容之不为反动统治者利用一点，倒是始终不渝的。做到这一点的方法，是尽量当心不刊登御用文人的作品，从《论语》经《人间世》到《宇宙风》，我可以告无罪于读者的，是始终保持中间偏左，一直没有发表过当时人人知道是国民党反动派御用文人的文字。我到现在还常常和朋友说，我所看过的杂志，只有两种是成功的，就是《生活》周刊和《论语》半月刊，这也就是说，中国办杂志办得成功的有两个人，一个邹韬奋，一个林语堂。这两个人办杂志是胸有丘壑的，是要办成一个怎样怎样的杂志的。

《论语》没有发掘出来过一个作家，老舍本已有名，老向、姚颖虽然写了不少，而且写得很好，却没有成为名家巨匠。对漫画却两样了，至少有一位享有盛名的漫画家——华君武——可以说是从《论语》开始的。《论语》初期也有一二漫画，那是黄嘉音[①]的作品，他不是画家，他的画不见得动人。华君武也不是三考出身，他给《论语》作画时还很年轻，可能不过二十岁，在上海一家银行工作。他的画风甚至签名，和当时在英文报纸《字林西报》的一个画家极为类似。以画而论，恐怕不一定好得怎样，但其取材命意，却极巧妙，使我这个图画外行人看了大喜，于是以整面地位为之刊出，这很可能对他起了一些鼓励作用，他继续给稿，而且越画越妙。当时为《论语》作画的还有廖冰兄、江有生两位，但都委屈了他们，只占小小篇幅，这可是由于原画简单，放大没意思，并非有意缩小。另一个寄画给《论语》的名古巴，真名孙浩然，是清华大学学生。他的画不是讽刺什么的，画得却相当特别，虽然看不出有什么意义。后来见到时问他为什么署名古巴，他说因有口吃毛病。他后来留学美国，学的却是电影艺术什么。1981年某月某日的《文汇报》上登着他的一张照片，头衔是什么学院的教授，相貌似昔。

向“时代”讨、催《论语》编稿费，是我的事情。天下难办的事情之一，在我就是讨债，尤其是对方满面笑容连声抱歉的局面之下。照我看来，他们的拖欠，并非有意而出于无奈，老板邵洵美其时大概已成空壳，他又是诗人，算盘可能不

---

①黄嘉音（1913–1961），笔名黄诗林。福建晋江人。毕业于上海圣约翰大学。1936年与哥哥黄嘉德、林语堂、陶亢德等人在上海创办西风社，出版《西风》《西风副刊》《西书精华》等刊物，积极介绍西方文化。“孤岛”沦陷后携家人到内地，仍坚持出版活动。抗战胜利后回到上海，1946年创办家出版社。1954年在上海文化出版社工作，后负责主编《文汇报·彩色版》。反右时被错划为“右派”，举家到宁夏任教。1961年在宁夏固原去世。

会打，或者只会打如意算盘；像经理又像编辑的张氏兄弟，虽然是漫画高手，却不像是理财能员，他们的摊子铺得太大，既出《时代漫画》或《时代画报》，又出《人言周刊》和《十日谈》，诗人和漫画家合在一起，搞得经济上周转不灵，只好以《论语》的盈余作挹注。

我是以催发稿费为重点的，一则我认定没有作者就无编者，二则来问稿费的信是我看到而又要我答复的。林语堂对于作者，我不能说他视若鸿毛，但大概不是重若泰山的。他对写文章的人好像有他的看法。上文说他对于想译托尔斯泰的巨著《战争与和平》的孟斯根竟会得疑心神经病，他的不相信唐弢是邮局职员，我想也和他的作家或文人观不无关系。《人间世》创刊初期，唐弢以风子笔名来投稿，林语堂为《人间世》设宴请客，唐弢亦在其内。宾主握手寒暄既毕，林语堂就问唐弢："你真是在邮政局做事的吗?"意思好像是一个邮局的职员竟能写文章吗，这种意识大概由于他的平常总是"谈笑有鸿儒，往来无白丁"之故，也就是说，他心目中的文人作者，应该是如非教授即为留学生。不过他虽然疑神疑鬼却于人无害。后来有个朋友告诉我，当林语堂到苏州和他一同寻觅《浮生六记》作者沈三白的坟墓时，曾经问过他"陶亢德会不会是个共产党"。[①] 他这怀疑因何而起我不明白，但他之交《论语》与我，由我独断专行，但从不询问我的经历家庭等等，又似乎断定我不会谋他的财害他的命。而且当他的哥哥林和清（憾庐）全家迁沪定居时，他有意不让他干扰《宇宙风》业务，为此还订了一份合同，言明憾庐在《宇宙风》的地位。但我这样说，也很

①这个朋友就是周黎庵。

可能过于自信和信人，事实上安知他是对我怀有戒心，暗中设防划线的呢？不过无论如何，他的对人之不像是戒备森严，也可以他的对张海平[①]、徐訏[②]两人窥知大概。

张海平笔名海戈，四川人。这个人语言虽不怎么无味，面目却极可憎。他常投稿《论语》，显得有些才气。后来在庐山结识了林语堂，凭他的能言善说，很合林语堂的心意，约他来上海和林憾庐[③]合编一种林语堂自信有特色的字典。林语堂这个人很聪明，例如能够拿五颜六色的洋蜡捏成不少动物形，会弹钢琴，他说他一定要把华文打字机改革得像西文打字机那样轻巧灵便，又说过四角号码的发明人其实不是王云五而是他。这话是否可靠，我当然不得而知，我只知道商务印书馆（那时由王云五在主持）对他非常大方，给他想象中特创字典预付稿

---

①张海平（1909–1976），笔名海戈。四川泸州人。成都外语专科学校毕业。30年代常向《论语》投稿，得识林语堂，并接受约请参与编辑字典工作。1936年曾主编《谈风》杂志。抗战爆发后回到泸县。中华人民共和国成立后任教于中学，后调川南文联、四川省文联、成都市文化局工作，从事地方曲艺剧的写作。

②徐訏（1908–1980），号伯訏。浙江慈溪人。毕业于北京大学。1934年，曾与陶亢德合编《人间世》杂志。1936年赴法国留学，抗战爆发后放弃学业回到上海，在中央银行任翻译。1942年前到重庆，兼任国立中央大学教职。不久，所作小说《风萧萧》在内地风行。1944年任《扫荡报》驻美特派员。抗战胜利后回到上海。1950年去香港，历任香港、新加坡等地教职，后任香港浸会书院文学院院长。除《风萧萧》外，还著有小说《吉布赛的诱惑》《精神病患者的悲歌》等，有《徐訏全集》行世。

③林憾庐（1892–1943），名和清，号憾庐，笔名林憾。福建龙溪（今属福建漳州）人。林语堂三兄。早年就读鼓浪屿救世医院医科，后行医多年，业余从事文艺活动。1929年曾出版诗集《影儿集》。1936年林语堂赴美后，加入《宇宙风》，后由上海去广州。1938年广州沦陷，与巴金辗转前往桂林。1941年陶亢德退出《宇宙风》后，在桂林续办《宇宙风》。1943年在桂林去世。

费一付就付了三千元。那本字典的特色，是不只解释一个字的单独意义，例如“打”字，有“打手心”“打麻将”等等，后来张海平加了一个“打足球”，我们常以此开他的玩笑。这本字典没有编成，编了几个字我也不知道，实际恐怕一无所成，两大编者之一的张海平，门槛极精，不会不知道它的编费是尽管可以不劳而获的，反正是商务印书馆的钱，浪费了也决不会使林语堂肉疼的。至于林憾庐，一则是他嫡亲哥哥，二则也是更主要的一点，他是信奉一种成事不足败事有余主义的，即使是他嫡亲弟弟的钱，他也会用之如泥沙。例如他以林语堂之钱出版过一本月刊，是主义性质的，出版印了六千，销去还不到半数时，他就再版了六千本，我曾劝他慢一慢再说，他说你不懂的。[1] 这个人很有趣味，他似乎曾在故乡行过医（牙医吧），据林语堂夫人和我讲过，有一次他正要给病人动手术时，忽听得在里屋的妻子一声“和清呀”，他立刻放下工具，拔脚转身往里去了，及至事毕出来，那病人大概等不及了，已经不医而去。

《论语》由于“时代”拖欠编稿费，催讨得舌敝唇焦也没有多大效果，林语堂和我都觉得不能长此以往。《论语》本非邵洵美或时代图书公司的产业，现在他们既不能按期发付编辑费和稿费，按情理讲，自然可以改交别家书店去出。而且当时有个出版界老将张静庐极有意思接手，甚至将《论语》改名为《语论》也不妨。但是不能尽义务却舍不得不享权利的“时代”方面，却认为《论语》是他们的东西，不能放弃。在这点上我没有权利争执，只好缄口，林语堂呢，则似乎不值得为此与邵洵美伤了和气。最好办法当然是辞职不干，但这又觉得心有不

---

①这是指《中国与世界》杂志。

甘，正在这个时候，出版《良友》画报的良友公司改组内部，简又文大概改组时投了资作了它的一个不小的股东，而由他介绍，林语堂给良友办了一个半月刊，名《人间世》。

简又文这人，浓眉大胡子，相貌像个武人，事实上也真是军界中人，他毕业于燕京大学神学院，在信仰基督教的冯玉祥将军部队里当个军官，他爱讲笑话，有些也的确很好笑。他以大华烈士笔名写几十个字或百余字一条的趣闻刊于《论语》，篇名《西北风》，署名之所以为大华烈士，据说俄文的“同志”一词，音译为大华烈士云。

他是广东人，父亲很有钱，但父子不和，他是从儿子手里得到遗产的，因为他父亲将财产传给了孙子即大华烈士的儿子，后来儿子死了，这笔财产才倒传过来给了他。简又文离开冯玉祥后，大概成了孙科派，当了立法委员，后来孙科办的一个英文杂志《天下》，恐怕也是他的拉拢。更后来，他办了一个杂志名为《逸经》，先是谢兴尧做编辑，后来改由陆丹林[①]。《逸经》第一期出版时，简又文在他的住宅门前大放百子爆仗，这大概是广东风俗。他的住宅名为斑园，是所相当大的洋房，全面抗战发生之前，他似有先见之明，已把这所房子以善价卖给德国人了。

---

①陆丹林（1896—1972），字自在。广东三水人。清末曾参加同盟会活动，后为南社成员。曾在上海中华全国道路建设协会工作，熟悉掌故，又喜书画，与美术界往还甚频，曾担任上海中国艺术专科学校教职，并参与创办中国画会。1937年在上海主编《逸经》杂志。1938年到香港，主办《大风》杂志。香港沦陷后到内地，在重庆任教于国立艺术专科学校。抗战胜利后回到上海。晚年曾编《郁达夫诗词钞》。

《人间世》与徐訏 *

《人间世》号称小品文半月刊，这刊物的内容，虽据林语堂所撰发刊词，“宇宙之大苍蝇之微”无所不谈，《人间世》谈过宇宙吗？我不记得了，只记得发表过张珏哲先生的文章，张先生当时好像在紫金山天文台工作。《人间世》有两类文章似乎有些特创性，一类名“特写”，专写某一事或某一物；另一类叫“西洋杂志文”。据林语堂说来，西洋杂志上的文章，内容不拘一格，文笔轻松活泼，娓娓谈来，颇为亲切，可以为中国杂志文作典范。这一栏当然都是译文，黄嘉德[①]出力不少，后来他和他弟弟嘉音合办的《西风》，种根在此。

《人间世》的印刷比较特别。封面的纸张比较结实，正文用纸也似乎比较好一些，最“异样”的是用仿宋字排。用仿宋字，不过是林语堂的想风雅一些的偏见，但苦了校对的人，因

---

*手稿原题“《人间世》和周作人五十自寿诗”，据文意改。

①黄嘉德（1908–1992），笔名蓝萍心、默然。福建晋江人。毕业于上海圣约翰大学，毕业后留校任教二十年。1936年与弟弟黄嘉音、林语堂、陶亢德等人在上海创办西风社，出版《西风》《西风副刊》《西书精华》等刊物，积极介绍西方文化。1947年赴美国哥伦比亚大学留学，获文学硕士学位。1948年回国，任圣约翰大学文学院院长等职。中华人民共和国成立后参加上海翻译工作者协会。1951年去华东人民革命大学政治研究院学习。1952年到山东大学任教。晚年致力于外国文学的研究与翻译。译有《萧伯纳传》《萧伯纳情书》等。

为印刷所的仿宋铅字缺字很多，送校样来但见很多□□即所谓铅屁股。印刷和纸张略为与众不同，成本就比一般高了，稿费是千字五元，也比较高些，编辑费定得也相当高，高这高那，售价自然也要高了，所谓羊毛出在羊身上。

在版权页上，印的是主编林语堂，编辑徐訏和我。徐訏是谁？徐訏真名徐伯訏，浙江慈溪人，北京大学哲学系毕业。当《人间世》将出的时候，他从萧山寄一封信给林语堂，信的开头和结尾，当然称师道学生，虽然林语堂在北京大学教过的是英文。我在编《人间世》时没有辞去《论语》的编辑，我一个人顾不周全两个半月刊，于是就请徐訏来帮忙。但他能写诗会写小说，所以是作家而非编辑人才，他后来编辑出版过《天地人》和《作风》两个刊物，都不怎样畅销，寿命也不长久，倒是托西风社经销他自费出版（名夜窗书屋）的小说却风行多时，在解放前出版的《风萧萧》，尤为畅销。

《人间世》停刊之后，曾在生活周刊社主持过书报代办部的丁君匋，请徐訏编辑《人世间》，我亦列名编辑。这刊物在我看来，大有冒牌《人间世》的气味，“人世间”这三个字就是用了“人间世”三字。

我和徐訏共编《人间世》不过一年左右，但从此成了朋友，连彼此的妻子也成了熟人，时常来往。他夫人姓赵，夫妻间发生争吵时，她常来向我妻子诉说。她似很天真，后来上了一个坏人的当，终于和徐訏离婚。

徐訏在我患难时，曾经设法想帮我一个大忙，虽然没有实现。1941年旧历中秋节，我从香港来上海，目的是运一批在上海印刷的书到香港转内地，到书印成运出了，我就打算再去香港，到香港去的船票也在附设于上海银行的中国旅行社定好了。谁知到船期前三两天去旅行社拿船票时，旅行社的职员同我相商，说有一位客人急于去港，我的船票能否让给他，我则下一班船去。我本无非照预定日期动身不可的急事，既然有人有事必须早走，利人而不损己，我欣然答应改迟一班轮船动身。谁知这一答应，后果极为严重：日本对美英宣战，沪港交通断绝，使我陷身于上海。

这时候我的经济情况，应该说是相当好的，多的积蓄没有，几千元钱是有的。但由于我不会囤积居奇，只知道存款于银行，所以手头所有，只是零存整付和定期存款的银行存折，例如给大儿长女存的所谓教育储金，就有一千多元（后来到期支取，只够买半支铅笔了）。

战争之初，我靠退还船票的钱养家活口，但这支撑不了多久，我知道徐訏有同乡兼朋友魏友棐先生是银钱业中人，我请他转求帮一个忙，拿一新华银行的长期存折，支了四百块钱。我存的是法币，支的却是储备票，而一元储备票，要算两元法币。

过了不多天，徐訏来告诉我，他要到内地即抗战后方去了，还问我愿意不愿意和他同行。到这一天，我才知道他在中央银行有着一个"挂名差事"，即只拿薪水不必去工作的职员。我对他说，我当然要到内地去，上海现在还怎能生活，但我没有旅费，拿定期储蓄到银行支取现金，是可一不可再的吧。他说，旅费由他去想想办法看。过了几天，他来告诉我，他已为我借到了两千块钱，作旅费是够了的。我因为同他总算熟朋友了，忘乎所以，告以心事：请他再给我设法一千元安家之费。他说，好吧，我试试看。那时候我正是一家八口：家乡两老，上海四个小孩，加上妻和岳母。我到了内地，找个工作大概不至于没有办法，但月薪所得，自己生活之外能否再赡养八口之家，实在没有把握，如果不能，我不能不想到一家人饥寒交迫的惨状，我不会不心乱如麻惶急不安的。我想起了老舍到内地后给我的信，说他月薪所得仅够一己生活，妻儿衣食之费，望我千万勿忘了应该给他的版税，如无版税可付，千万代为设法即借他些钱汇给他夫人胡絜青。以老舍之名与才，在内地工作收入还仅够他一人糊口，我是什么人，能比他赚更多的薪金吗？当然听说不少人连不识之无的也大发其国难财，但我无此本领。

过了好多天，不见徐訏来。我有些焦急，就和妻同到他寓所看他。谁知走到他门口，只见他的佣妇在把书装进一只箱子。一看见我，就说先生已经走了。当时我一听这句话，不觉凄然，简直是悲从中来，潸然泪下。木立了几十秒钟，一拉妻的手臂（她还在问几时走的）返身就走，也不回答佣妇一面装书一面说坐也不坐一坐么。在路上，我很怪徐訏的不告而别，但后来细细一想，应该责怪我自己才对。我的心的确想离开上海，但是我的行动却很可能使徐訏认为不想离开上海，否则既已为我筹借了二千元旅费，怎么还要他再想办法借安家费呢？换了我，也许不会不告而别，但徐訏的能够忍心出此，适足见他的过人之处，能够当机立断，不婆婆妈妈的，因为他如果没有再为我借到千元，是负我之托，那时如竭力劝我离家，似乎强人所难，借到了呢，我会不会得寸进尺，要求再多借些呢。还有，到了内地之后，倘我的收入不够养家活口，他是认识我在上海的老幼妇孺的，他也许不忍想到她们的啼饥号寒，负起使她们冻馁的间接的责任。

徐訏的做事为人，自有他的计算筹划。例如他以夜窗书屋名义自费出版的几种小说，像《荒谬的英法海峡》《鬼恋》等等，全交西风社代理发行而不交宇宙风社发行。《宇宙风》是我独断独行的，《西风》我也是名义上的发行人。他是怕我代他发行会得账目不清或推销不力吗？我想都不会，我对钱财向来一清二楚，他是知道的，至于推销，其实无所谓努力和不力，一本书的销路好坏，归根结底，在于读者的欢迎与否，经销处是无能为力的。当然，他之拿书交西风社经销，很可能是那些作品多在《西风》上先发表过。不过在当时，我一点也不拿这事情放在心上，倒是不来烦我正好使我省事呢。

他“不告而别”之后，直到抗战胜利后两年我才和他重见。当时他住在淮海路上的一个公寓里，家中养着一条灰色大猎犬，生活很有些洋气。他已和赵琏离婚，后娶的一位是个天主教徒，他自己本非教徒，同天主教徒结婚是否可以不是同教，我不知道。这位教徒夫人后来听说又离婚了，他所付赡养之巨，听说惊人。这次见面时，他告诉我曾在纽约见过林语堂几次，林的《吾国与吾民》，有不少种文字译本，销路很好，版税收入不少，但一则美国所得税高，二则他生活较阔（为了维持身价），三则他为改良华文打字机耗费可观，所以经济上并不怎么富裕，而精神上的意外打击，特别使他难受，他为他的大女儿择婿，已定了订婚日期，料不到订婚这天，她竟离家出走，同一个美国人私奔了。林语堂和徐訏谈这件意外事故时，痛苦得至于泪下。

徐訏过去曾经去比利时留过学，时期不长，欧战结束联合国在美国纽约成立时，他是《扫荡日报》的去美专访记者。我不知《扫荡日报》属于什么派系，以报名论，似乎应该是军方报纸，难道他已经弃文就武投笔从戎了吗？但我没有问他。

解放之前不久，他办过两个出版社，第一个在愚园路，老板或合伙人姓陈，年纪很轻，还在大学念书，家庭似乎是资产阶级，他是代他叔父出面的。办了不久，散伙了。第二个在外滩一所旧大厦里，老板或合伙人是经商的，但与音乐家相往来，到过他的写字间的，有歌唱家周小燕、词学大家龙沐勋、写有关音乐文章的钱仁康。钱君曾寄不少文章给《论语》，但以前未曾见到过。这个出版社也存在不久。徐訏怎么找到这两个老板或合伙人，我不知道，也不晓得他有这样的资本家相识。他拉我做这两个出版社的经理，虽然月薪有限，盛情总令人感激不尽的。惜乎这两个出版社都出书极少，第一个似乎没有出过一本书，后一个至今记得的，也只有王予①的一本小说集。所以，我的名为经理，实在徒有虚名，而且那时节我正大难之后，神经麻麻木木的，百事无兴趣。幸而不久上海就解放。出版社还在解放之前就解散了。

徐訏在国内印行的风行一时的长篇小说《风萧萧》就在这时出版，同时还出了诗集两册，本子很大篇幅很多，我怕销路不好劝他不印，他却满有把握地毅然排印，结果如何记不得了。为了《风萧萧》，我老婆迄今骂徐訏小气鬼，因为她要他送一部，而他口惠实不至。

解放之后，他来看我，说是从故乡来，要去香港了，问

---

①王予，即徐淦（1916—2006），原名光玉，笔名王予、齐甘等。浙江山阴（今浙江绍兴）人。早年就读持志学院，八一三事变后，被迫前往内地，借读四川大学毕业。1938年经由香港回到上海，1942年开始在袁殊主持的伪江苏省教育厅供职。抗战胜利后，在上海报界任编辑。1949年与董天野等人组成绿叶社，编绘连环画脚本，同年年底到北京。此后历任大众图画出版社、人民美术出版社编辑。后半生从事连环画脚本编辑工作。

我去不去，有人约他在香港编一本画刊。我说当年我不离开上海，犯了一个大错，现在如果离开上海，那就要犯特错了。香港这个地方，我从1938年初去到1941年离开，前后足足呆过一年多，它比上海更为富人的天堂穷人的地狱，像我这种既与国民党反动派无一丝半缕关系，又非英美留学生的穷汉，是绝对大不易居的花花世界，我若要去，除非打算去做饿殍，做白华我是没有资格也非情愿的。我以直言相告，他不说是与非，我也没有劝他不要去，因为照我猜想，他的打算肯定比我精明。我知道他在解放区不是不可能安居乐业，他的熟人中不是没有革命文人，他之决心去香港，总有他的考虑。

从此一别不再重逢，曾听人说他随林语堂在南洋一所大学教书，他的一个姐姐就住在离我家不远，他的姐夫我也认识，不止一次在小菜场相见，我偶向他问起，他总回说彼此不通音问，虽然徐訏的老母和赵琏所生的女儿就住在他家。

后来我知道徐訏在香港，是从人民文学出版社《鲁迅全集》注释处知道的，那是这个处忽然给我来信，问我的生年和徐訏的生年，在信上说“此人（指徐）现在香港”。我不知道要他的生年月日何用，为什么要来问我，我不知道他在香港，更不知道住在香港的哪条道上，门牌几号。我复了人民文学出版社那个处一封复信，老实不客气地说：既然你们知道他在香港，何勿直接去信问他，为什么来问我这个实在不知道他在哪里的人，我自己的出生年月日也记不大确切了，哪里还会记得徐訏的。

徐訏的生年其实我可以算是知道的，因为我记得他和我同岁，月日却的确不知。

人民文学出版社的要知道徐訏的生年，我本以为大概是为注释鲁迅先生给他的信，现在翻遍《鲁迅书信集》却不见有致徐訏信。我本不知道鲁迅先生有过信给徐訏（实在是我曾经知道而忘记了）。在1980年吧，上海鲁迅纪念馆陈友雄先生突然光临敝寓，出示鲁迅先生书信抄件一文，上无收信人姓名，说是从由徐和我署名编辑的刊物《人世间》抄下来的，问我是不是这封信的收信人。我一看信的内容，就回说不是我的。那么只能说是给徐訏的了，但我不敢断言。后来陈先生探听得了徐訏在香港的住址，写信去问，答复确是写给他的。到1981年上半年或80年的下半年，陈先生转来徐訏给我的一封信，陈先生还附言劝我复徐訏一信。[①]

徐訏这一封信，写得相当长，也流露不忘我这个贫贱老友。他说他在教书为生，因觉三不足而名斋为三不足斋，经济不足，精力不足，时间不足。他告诉我林语堂已经去世，他的长女也死了，二女儿在香港编华文版美国杂志《读者文摘》，三女儿在美国研究生物化学颇有些成就，未结婚。他问到我妻儿近况，又说他曾经向他和我都认识的何君问我情况，何君复信推说不知道。这封信写得有感情，末了还希望我给他回信，

---

①上海鲁迅纪念馆1979年6月出版的《纪念与研究》（未标期号，实为该刊第一辑初版，1984年4月该辑曾增订再版）发表了陈友雄的文章《关于〈人世间〉刊载〈鲁迅致××〉信的考证》，文中提及他为《人世间》刊载鲁迅书信，“近来访问了在沪的丁、陶二位，承告知：鲁迅先生的这封信，他俩都不是收信人。因为《人世间》一、二期编辑，实际以徐訏为主，因此这封信当是写给徐訏的。为了确切搞清谁是收信者，又写信问了徐訏先生，承他在百忙中回答：‘鲁迅先生的那封信，确是写给我的。’”则陈友雄访问作者的时间应在1979年6月前。徐訏写给作者的信，落款为“三月二十二日”，应为1979年所写。此信详细内容，后文还会提到，请参看第439—441页。徐訏去世于1980年10月5日。

至盼至盼云云。但我却没有给他回信，虽经老婆儿女力劝，我还是置之不复，使我老婆骂我“冷酷无情”。我之所以不复，理由是没有什么可复的，如果泛泛说几句贱体粗安妻儿无恙之类的话，我不大愿意，但如果大谈我的三十年经历，不大可能而且我也无意于此，事已过境已迁，诉说片段又何苦呢？我想他迟早总会归来，到那时再倾积愫也不迟。后来听说他还请托过归国来的黄苗子先生路经上海时来看我一下。大概是黄君没有经过上海或由于别的什么原因，我始终没有见到过他。

谁知这个多才多艺一切条件都比我好的老友，不久就去世了！现在我即使极想写信给他，也无从投递了！不过后会总有期，一切届时面罄吧。

徐訏的文学作品究竟应该怎样评价，我这个文学门外汉不敢开口。我只感觉他的为人，能待人善接物，和他相识的人，没有一个会说他坏话，特别是女性。他对一个较肥胖的妇女，见面时的第一句总是：“近来身体怎样？您好像瘦了一些。”这句话好像是关心对方的健康，实在是变相地博得好感的巧妙辞令，发胖的女性恐很少不希望减肥的。徐訏也可以说是一个风流才子，也听说过他的一些韵事。不过他的言行，即使在女士云集的场合，也并不极形极状，而是微笑着说几句您瘦了一些之类的风趣话。他人生得颀长，背微佝，面色不大好，头发中分，穿的总是西服，但不讲究，总而言之，他并不漂亮，不过也不讨人厌。

他去世不久之前，报上还登过他去法国出席一个什么会。当时我曾想到，他身体大概比过去好了，否则怎么经得起坐十来个小时的飞机长途跋涉呢？

徐訏去了，我时常想起丰子恺先生送给他的一幅画，题为

《游春人在画中行》的。徐訏的一生，可以说是一个游春的人，行走于游春的仕女群中。

周作人五十自寿诗

林语堂办过三个杂志，《论语》《人间世》和《宇宙风》。三者之中，《人间世》寿命最短，但引起的是非口舌最多。《人间世》被批评的短处很多，归根结底，是在于林语堂的不识时务，硬充好汉。鲁迅在《人间世》未出世前就已向林语堂进良言忠告，劝他不如译英国文学作品去。但林语堂不听忠告，回信说要老了再做。这句话本来也可能是句老实话，别无他意，但鲁迅却认为是讥讽他的暮气。林语堂的不识时务恐怕出于他的自视过高，他说他“两脚踏东西文化，一心评宇宙文章”，气势之盛，可见一斑。不过归根结底，还在于他的法宝，在于能写说英文，可以卖美元，中国文坛有无他的立足之地，他满不在乎，于是乎不但不退出《论语》闭户译书，反而再来一个《人间世》，大谈晚明小品，高抬袁中郎。

我已早无《人间世》在手头，我是它的责任编辑，内容究竟如何，虽然不再记得，但没有什么足以引起革命阵营兴师动众，大张挞伐的大罪孽是没有的。不过用仿宋字体排印，纸张较好，售价较高，是有些出格的，而作为导火线的，则是创刊号上刊登的周作人的五十自寿诗和沈尹默、兼士等的和诗。对于这些诗的批评，当时作者很多，现在我手头却只有鲁迅的了，但是鲁迅的意见是具代表性的，抄之如下：“周作人自寿诗，诚有讽世之意，然此种微辞，已为今之青年所不憭，群公相和，则多近于肉麻，于是火上添油，遽成众矢之的，而不作此等攻击文字，此外近日亦无可言。此亦‘古已有之’，文人美女，必负亡国之责，近似亦有人觉国之将亡，已在卸责于清流或舆论矣。”

周作人诗及群公和诗，当时我曾窃据原稿，据为己有，并裱成横幅两轴，现幸而尚存，全录如下。另一和者蔡元培之作，虽亦发表，但原稿似归林语堂或徐訏，不能并录。

偶作打油诗二首

前世出家今在家，不将袍子换袈裟。街头终日听谈鬼，窗下通年学画蛇。老去无端玩骨董，闲来随分种胡麻。旁人若问其中意，且到寒斋吃苦茶。

半是儒家半释家，光头更不著袈裟。中年意趣窗前草，外道生涯洞里蛇。徒羡低头咬大蒜，未妨拍桌拾芝麻。谈狐说鬼寻常事，只欠工夫吃讲茶。

语堂道兄哂政。

苦茶庵

和岂明五十自寿打油诗韵

两重袍子当袈裟，五十平头算出家。懒去降龙兼伏虎，闲看绾蚓与纡蛇。先生随喜栽桃李，博士偏劳拾豆麻。等是闲言休更说，且来上寿一杯茶。

昨遇半老博士云相约和袈裟字须破用因更和一首

制礼周公本一家，重袍今可简称裟。喜谈未必喜扪虱，好饮何曾好画蛇。老去常常啖甘蔗，长生顿顿饭胡

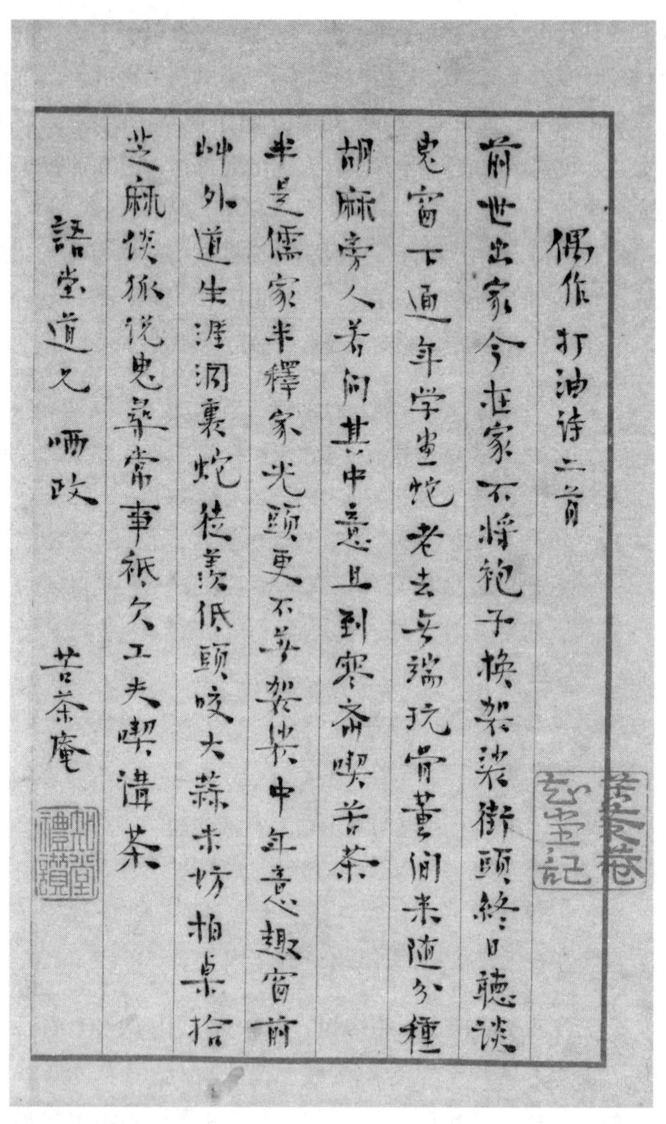
偶作打油詩二首

前世出家今在家不將袍子換袈裟街頭終日聽談
鬼窗下通年学畫蛇老去無端玩骨董閑來隨分種
胡麻旁人若問其中意且到寒齋喫苦茶

半是儒家半釋家光頭更不著袈裟中年意趣窗前
艸外道生涯洞裏蛇徒羡低頭咬大蒜未妨拍桌拾
芝麻談狐說鬼尋常事祇欠工夫喫講茶

語堂道兄哂政　苦茶庵

周作人五十自寿诗手迹

麻。知堂究是难知者，苦雨无端又苦荼。

自咏二首用裟韵

论文不过半行家，若作和尚（平）定著裟。反正无从点林翰，端底（平）何必揣沙麻。图中老虎全成狗，壁上长弓尽变蛇。睁眼何妨也瞎说，苦茶以上更无茶。(无茶苦茶，日本语也。)

莫怪人家怪自家，乌纱羡了羡袈裟。似曾相识拦门犬，无可奈何当地蛇。鼻好厌闻名士臭，眼明喜见美人麻。北来一事有胜理，享受知堂泡好茶。

吾乡一悭吝富人，客来待遇有差等。寻常只呼“茶”，所谓现成茶；稍异者呼“泡茶”；上客至好，则呼“泡好茶”矣。知堂一切平等，人人皆有好茶吃，然知其为好茶者，余其一也。呵呵。

南归车中无聊再和裟韵得三首

无从说起国和家，何以了之袈也裟。三笑良缘溪畔虎，一生妙悟草间蛇。唐诗端合称黄绢，宋纸无由写白麻。好事之徒终好事，开门七件尚须茶。

牛有牢兮豕有家，一群和尚有袈裟。剩居杜老东西屋，莫羡欧公大小蛇。解道人生等蒲柳，休从世事论芝麻。回黄转绿原无定，白水前身是酽茶。

学诗早岁诵千家，险韵居然敢押裟。吟里耸肩嘲病鹤，阵中对手认长蛇。知堂春意几枝豆（知堂斋中有红豆数种），半老风怀一点麻（半老有“余妻一点麻”之句）。谑及诸公知罪过，甘心罚饮熟汤茶。

尹默游戏

和京兆布衣八道湾居士岂明老人五秩诗原韵

京兆绍兴同是家，布衣袖阔代袈裟。只恋十刹海中蟹，胡说八道湾里蛇。织就语丝文似锦，吟成苦雨意如麻。别来但喜君无恙，徒恨未能共话茶。

或谓八道湾蛇固矣，而十刹海无蟹，奈何。然十刹海有蚓，吾其恋蚓乎？

语堂

新年自咏次知堂老人韵

咬清声韵替分家，爆出为袈擦出裟。算罢音程昏若豕，画成浪线曲如蛇。常还不尽文章债，欲避无从事务麻。最是安闲临睡顷，一支烟卷一杯茶。

吃肉无多亦恋家，至今不想著袈裟。时嘲老旦四哥马，未饱名肴一套蛇。猛忆结婚头戴顶，旋遭大故体披麻。有时回到乡间去，白粥油条胜早茶。

只缘险韵押袈裟，乱说居家与出家。薄技敢夸字胜狗，深谋难免足加蛇。儿能口叫八爷令，妻有眉心一点麻。书匠生涯喝白水，每年招考吃回茶。

落发何须更出家，浴衣也好当袈裟。才低怕见一筐蟹，手笨难敲七寸蛇。不敢冒充为普鲁，实因初未习桑麻。铁观音好无缘喝，且喝便宜龙井茶。

清稿二纸检寄语堂兄。

弟复　三月十七日

也是自嘲，也和知堂原韵

无能子　一九三四年一月廿二日

但乐无家不出家，不皈佛法没袈裟。腐心桐选祛邪鬼，切齿纲伦斩毒蛇。读史敢言无舜禹，谈音尚欲析遮麻。寒宵凛冽怀三友：蜜橘酥糖普洱茶。

再和知堂

无能子　一月卅一日

要是咱们都出家，穿袈是你我穿裟。大嚼白菜盘中肉，饱吃洋葱鼎内蛇。世说专谈陈西韡，藤阴爱记烂芝麻。羊羹蛋饼同消化，不怕失眠尽喝茶。

（注）嚼读阳平，音jyau。

西韡，humor之又一译音。

错被人呼小学家，莫教俗字写袈裟。有山姓氏讹成魏，无虫人称本是蛇。端透而今变知澈，鱼模自古属歌麻。眼前一例君须记，茶苦由来即苦荼。

和岂明打油诗写上一首聊塞雅望。

语堂兄

弟制兼士　四、一

案，复即刘半农，无能子是钱玄同。本来还有蔡元培先生的和诗，原稿不在我处，想必在林语堂或徐訏处，诗句也不记得了。

《人间世》的创办，实际是由于《论语》的被拖欠编稿费，因为我们都感觉到这样的合作是拖延不下去的，与其不欢而散，不如趁早分手。当然也可以一丢掉《论语》了事，不必再来个什么《人间世》，但是这样的罢手，谁都心有不甘，何况也大可猜疑对方之拖欠编稿费，是出于要逼你们走的一手。无论如何，至少要给对方看看颜色。在林语堂，有个刊物在手，且不说有百多元的收入，总是有了一个说说“我的话”的地盘，或者发发自己议论的讲坛。至于内容，要与《论语》有别，不但事实需要，以免影响销路（两个刊物一样内容，叫读者都买是不大可能的），同时大概他也觉得讲幽默已经有些乏了，要换个新鲜，来个西洋腔的杂志，什么都谈，但要谈得娓娓动听，不要一本正经煞有介事，所以他特辟“西洋杂志文”一栏，以示范。同时那时节他正热心于晚明小品性灵文章，就使《人间世》成了一个像是不食人间烟火的出世刊物，其实这只是他个人的一时兴趣之所在。他曾说过这样的话：在外国吃了一个时期的牛排，就想吃中国的炒虾仁，吃了一两年炒虾仁之后，却又想吃牛排了。现在，幽默已经弄了不少时候，转而讲讲性灵，岂非不亦乐乎，恰巧良友礼聘，何乐而不为？本来在他头脑本无以晚明小品或性灵文风统一文坛的宏图大计，以为尔载尔道我言我志，各行其是互不侵犯可也，不料事出意外，竟然引起众怒。他又是个自以为不是靠卖华文为活的人，可以天不怕地不怕，所以不但不弃甲曳兵而走，反而要反唇相讥。两军对垒的结果，谁胜谁败，似很难说。当时陈望道编辑的《太白》，明明是和《人间世》唱对台戏的，它有编辑委员会，委员都是第一流作家，虽然好像都是徒有其名的，像郁达夫，还是事后由鲁迅去信通知的，可以说是“先斩后奏”。《太白》的寿命并不长于《人间世》，也就是说它的销路大概不一定超过《人间世》。

良友之出《人间世》，大概出于应酬新股东简又文，更主要的当然在于获利，所以对于林语堂提出的条件，像纸张字体和编费稿费，说一听一，出版之初，销路很好，利润不少，后来销路减少，终于无利可图，就此停刊，林语堂反正已经过了他的小品瘾。

《人间世》停刊之后，鉴于依傍人家的没意思，我们就商量自费自办一个杂志，就是《宇宙风》。这个刊名也是林语堂提出来的。资本一共五百元，他和我各出一半。[①]《宇宙风》出

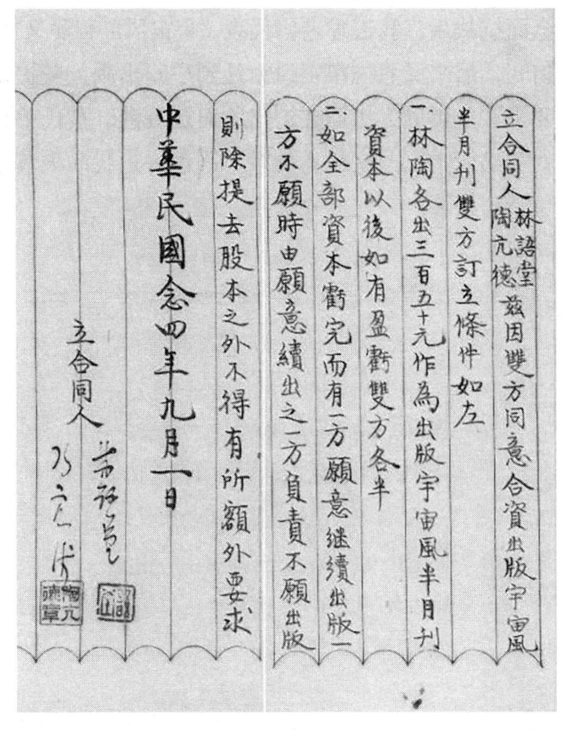
立合同人林語堂、陶亢德茲因雙方同意合資出版宇宙風
半月刊雙方訂立條件如左
一、林陶各出三百五十元作為出版宇宙風半月刊
資本以後如有盈虧雙方各半
二、如全部資本虧完而有一方願意繼續出版一
方不願時由願意續出之一方負責不願出版
則除提去股本之外不得有所額外要求
中華民國念四年九月一日
立合同人 林語堂 陶亢德

林语堂、陶亢德合资出版《宇宙风》半月刊合同（西泠印社2021年秋拍）

①作者这里记忆微误。《宇宙风》在《人间世》尚未停刊的1935年9月16日即已创刊，《人间世》至当年12月20日出至第四十二期时停刊。另据西泠印社2021年秋拍出现的《宇宙风》出版合同，实为双方各出三百五十元，资本共七百元。

版之后，有过三个“风”字辈的刊物出版。一名《谈风》，周黎庵[①]编辑，出了不多几期。一名《西风》，销路不少，寿命很长。它是黄嘉德、嘉音编辑，林语堂称顾问编辑，我算发行人。资本六百元，黄氏弟兄各二百元，林语堂和我各一百元。全面抗战后，我去香港，代表《宇宙风》和简又文合出《大风》旬刊，后来又将《宇宙风》迁到广州出版，并提议《西风》不要用一个英国人出面在沪出版而迁香港，黄氏弟兄不同意，我就退出股本，与之脱离关系。这也许是我的失策之一，不作狡兔三窟打算。

①周黎庵（1916–2003），名劭，字黎庵，笔名吉力、公西华等。浙江镇海人。早年入东吴大学法学院预科就读，毕业后曾编辑《谈风》《宇宙风乙刊》等杂志，是“鲁迅风”杂文的代表作家之一。上海沦陷时期曾编辑《古今》杂志。抗战胜利后在上海专执律师业务。中华人民共和国成立后在上海新文艺出版社工作。后受到不公正待遇，被遣送安徽劳动教养。“文革”后平反，又返聘为上海古籍出版社、上海书店出版社等社担任编辑工作。著有《清明集》《吴钩集》《华发集》等，标点古籍《敬业堂诗集》等。

郭沫若和《宇宙风》

《宇宙风》创刊号出版，有一位友人读了之后，对我说过这样一句话："你的杂志在三堂会审。"所谓"三堂会审"，是指《宇宙风》创刊号上有鼎堂、知堂、语堂的文章。知堂，大概大家都知道是周作人，语堂不用说是林语堂，但鼎堂呢，鼎堂是谁，他不知道。鼎堂是郭沫若先生的笔名，《宇宙风》第一期上他的一篇文章，题目是《初出夔门》，他的"自传之一章"。

郭沫若没有给《论语》写过文章，给过《人间世》一篇稿，但给我这个有眼不识泰山的编辑退还了。那是忘记年月的事，有一天，谢冰莹来《人间世》编辑部，说她在日本时见到郭沫若，郭先生经济上不很宽裕，问我要不要请他写些文章。郭先生的文章，我们当然求之不得，过去的不曾向他求稿，是因为素无因缘，不敢冒昧，现在既然有谢介绍，当然立刻而且欣然地请她作速去信代请。过不多久，郭先生寄稿来了，但是这稿子却使我有些为难。稿是《离骚今译》。《离骚》是我国古典文学中的瑰宝，郭沫若是我国新文坛上的巨匠，他译的《离骚》自然必有价值，足垂不朽，然而我乃一市侩耳，编杂志全着于生意经，来稿的取舍，只凭我的浅见陋识。我读了《离骚今译》，实在有眼不识泰山，觉得没有什么味道，不管三七二十一，将稿退了回去。同时一定还附一信，表示万分道歉。因为有过这个渊源，我在筹划《宇宙风》创刊时，想到了向郭沫若先生约稿，去信时为了避免《离骚今译》之类的尴尬事，说明请他写些《浪花十日》一类的文章。《浪花十日》是发表在《文学》上的郭氏文章，是篇散文。

郭先生回信来了，他说写《浪花十日》这类游记文章，需要旅行，如能寄他一二百元钱，他有了旅费就有材料写了。这是合乎情理的要求，不过我们一共只有五百元资本，提出五分之一二作预支稿费，却也令人踌躇。我考虑又考虑，结果汇给他一百或一百五十元，去信说明我们是小本经营，如写游记困难，写自传怎样。结果他寄来《初出夔门》，这很使我兴奋，自以为是一大收获，于刊物销路必有好处。谁知一稿之后，不见续稿，这不但使我们失信于读者，而且使我们吃了冤枉账，因为不久之后，上海一家日报的副刊上登出一篇小文章来，说郭沫若先生上了《宇宙风》的当，一时不察，给写自传，现在作者已知受欺，所以文章如神龙之见首不见尾了。

这种说法，当然使忝为《宇宙风》半个股东负整个编辑责任的我大为懊恼。郭沫若先生上了什么当，受了什么骗？我于是写信给郭先生，说明《宇宙风》实际情况，不但无反动派作后盾，连任何背景都没有一点，希望他调查明白之后，继续赐稿，但如不愿意再写了，我们自然不能强求，不过我们决没有使他上当受骗之处，前汇预支稿费，除《初出夔门》外应汇还给我们多少，我们是小本经营，稿费支出是有一定的。

这件事情，在我当然也深感不快，但仅止于一声明，和二请退还多支的稿费罢了。林语堂可不然，他对这事情有他的看法，仿佛认为是批评《人间世》的继续，他说他不能默尔而息，要写文章，这文章的题目他也定了，叫作《我偏要看月亮》，意思你们反对谈风月，我偏要谈风月。我劝且慢，且等郭沫若先生的回信怎么说；同时我写信给似乎访日归来不久的周作人讲这件事，周的复信是郭先生是好人，这事情也许出于有人进谗，致启误会，可以弄个明白，但如林语堂一写文章，那就较难收拾了。林语堂看了这封信点点头，说好吧。

不久郭沫若的复信来了。这封信写得很长，有几张信纸，内容主要是现在大敌当前，应该一致对外，不该自己吵闹云云。这封信是写给林语堂的，我当然转交给他。他在出国之前，将若干信札和《老残游记》作者刘鹗和丁文江的手迹之类放在一个大牛皮纸封袋中，上写“此乃语堂财产之一部分”交给我托我保管，但我在这些信札手迹中没有看到过郭氏的这封长信，难道他另处珍藏还是毁了？在十年中他的这部分财产和我的一批作家原稿和手札同归于尽，不知去向了。惜哉！

事情到此结束，郭沫若先生继续为《宇宙风》写稿，那是一个连载文章，题名《北伐途次》，也可以说自传，但与《初出夔门》不相衔接。此外或者还有一二短文，内容是些什么，我都记不起来了。他没有给过我什么信，只收到过他的催稿费的明信片多张。

1937年，郭沫若先生回国来了。有一天下午，郁达夫先生到《宇宙风》来，一到喝了一口茶就打电话给内山书店的老板，讲了一番挂上电话，对我说郭沫若到上海了，说是住在大西路的一条弄堂里，我们去找他好不好。这时施蛰存先生好像也在宇宙风社，三个人就出面对大西路的弄堂门，在大西路上找寻，这条路上越往西越冷落不见里弄。后来不知怎的找到了郭先生落脚处大西路的美丽村某一号，这房子的年轻主人叫金祖同。郭先生从楼上下来，在客堂里和我们相见，他和郁达夫是旧相识，和施蛰存与我却是初见。后来听说金祖同写我见到郭沫若先生时面现谄笑。我对郭先生尊敬则有之，谄媚可未必，这大概由于我不大习惯于笑脸见人，要想作微笑状不免大欠自然，至于使金君有谄笑之感。其实那次见到郭先生时，日已云暮，客堂中没开电灯，同坐者记得只郭、郁、施和我，而不见主人金君，我本不识他，但如他在座，郭氏必会介绍或金君自我介绍。解放之初，在邵洵美卧室中遇到过这位金君，不久之后听说他自杀了。

郭沫若回国后不多几天，姚潜修先生携郭氏所作的《由日本回来了》一稿到《宇宙风》来。他说郭氏此稿拟给《宇宙风》，但须一百元稿费。我约略估计，全文约七千字，一百元，就是要十五元一千字。这诚然有些“狮子大开口”，但我立刻答应了，马上开出一张支票，真所谓一手交钱一手交货。

现在我无论如何记不起我怎么认识姚潜修君的。由他，《宇宙风》得到过两篇好文章，一篇是何香凝先生的《我学会烧饭的时候》，另一篇就是郭沫若先生的《由日本回来了》。何先生的文章来时，还有一张廖仲恺先生的遗像。这照片我一直珍藏，但在“文化大革命”时被抄去了。我在何先生的文章发表后，曾到她的寓所（似在当时的辣斐德路辣斐坊一所房子的楼上），何先生还和我讲起她的一幅国画为人重金搜求去了，讲时面带笑容。

郭沫若先生的那篇《由日本回来了》，记得发表在《宇宙风》的第二年的第一期或第一年的末一期[1]，但那时期已经全面

---

①此文实发表于《宇宙风》第四十七期，1937年8月16日出版。

抗战,《宇宙风》印好了而无法照旧发行，在社里堆积了不少。在这期间,《宇宙风》和《逸经》及《西风》出过联合旬刊，郭沫若先生写过文章惠施。

郭沫若先生从美丽园改寓沧洲饭店时，我去看过他几次。后来宇宙风社请他在锦江川菜馆吃饭，我陪他从旅馆到菜馆的路上，和他谈起张资平，他说过意思是这样的话：资平在上海这种地方不是适者。

郭先生是作家，也是政治家。是政治家的一面，我在邑庙开的欢迎七君子出狱大会上的他的演说中窥见了一斑。那天会上，讲话的还有七君子的“家长”沈钧儒先生。沈先生的演说平淡纡缓，不激昂慷慨不抑扬顿挫，有一句“钧儒老矣”，迄今我像尚闻其声。郭沫若先生的演说才像演说，无论姿态声调，都不平凡，特别是到听众可能鼓掌的时刻，他的话一定中断停止，给听众以鼓掌的机会。

《宇宙风》发表的《由日本回来了》一文,《宇宙风》的读者因为刊物发不出去，读到的很少，第二年我迁《宇宙风》到广州出版，知道这篇文字在广州早有翻印，销行到几万册。谁翻印的，不得而知，也不想查究，尽管版权所有，抗日好文章多些人看，毕竟是好事情。

《骆驼祥子》与人间书屋

给《论语》《人间世》《宇宙风》写稿的作家中，写得最多要算老舍，别的不说，三个杂志仅有的两个长篇小说——《牛天赐传》《骆驼祥子》——就都是他的作品。

老舍是北京人，来过一次上海，住在他的友人处。那时《论语》正在刊载他的《牛天赐传》，我作为《论语》编辑，自然不免招待他一番。他给我的印象是沉默寡言，身体似不很壮健，面色不红润。他说过他有六七个知友，当年都立志要成为各人专业的第一流，例如他写小说，就要努力写出第一流的小说。这些朋友后来，都实现了当初的志愿，其中有一位姓罗的和姓白的都成了第一流的专家学者。[①] 他对上海好像没有好印象，他说上海连公共厕所也少有，使人小便急了只好便在弄堂角落里。有一次我请他在大光明看电影，他对于观众的吸烟也说不好，他是吸烟的，但我在看电影时请他吸烟，他却说看完了再吸吧。我说电影要映两小时，这么久的时间内不吸一支烟能行吗？他说英国电影院不让看客吸烟，习惯了就不会难受。

他这个人大概讲究礼尚往来的，离开上海前，特在一家京菜馆请宴请过他的一些人作答礼。

---

①这是指罗常培和白涤洲。

我和老舍除了编辑和作家之间的关系以外，另有一种书籍出版者和作家以及合伙办出版社的关系。这个出版社名为人间书屋。人间书屋这四个字记得就是他写的。

我办人间书屋有我个人的理想或妄想或幻想。那时代小出版社的困难之处，在于自己没有分社，出的书必须请各地书店代销。代销处普通照书的定价七折给出版社，就是一本它售一元钱的书，出版社只能收到七角，这一点倒还不成大问题，羊毛出在羊身上，出版者早已打好算盘，这个七折是在定价的计算中的。另一个问题是这个七折的书价也不容易收来，代销处规矩些的，欠你一个时期，不规矩的简直卖去了书也不给你书款。这种情况，吃亏的当然首在出版者，即使出版的书销路不坏，也可能因欠账多而折本，其次是读者，本来至多八角钱的一本书，必须花到一元。但是代售的中间人是不是一定是剥削者呢，也很难说，因为如果他不拖欠出版者一下，他代售的十本书，很可能只售去五本，至于二本三本，他若收到代销数即如数付清书价给出版者，就有蚀本的危险。

所以照我想来，使出版者和读者两利的办法，是由读者直接向出版社购书，这使书价可以定得比必须经过代销处的低，同时又免了吃欠账的亏。这样计划之后，我就写信给老舍，告诉他我的设想，请他合伙，就是他出稿子我出印费，如有利润，一归于读者——书价较低；二归作者——版税较高。至于我这个资本家呢，情愿出资之外再贴人力，但不取分文。老舍复信赞成，编了一本短篇小说集《樱海集》给我。我写了一个人间书屋缘起，登《樱海集》预告于《论语》，一面印制牛皮纸寄书封袋。在印制寄书封袋时，我想到了一个问题。读者向出版社直接函购书籍，已经要付出寄书款的邮费八分，但不用汇款费，因为我规定邮票可以代现金，不打折扣；但是寄书给他呢，寄费归出版社，不过为了避免遗失，最好是挂号，但是这挂号费由谁负担呢？由读者吧，一本书的价钱也许一二元，大都几角钱，买一本几角钱的书要费一角二分挂号邮费，在读者当然不愿意；归出版社负担吧，我们的书价除成本版税以外，没有加进别的费用，倘若加上一角二分的挂号邮费，那书价不仅不能比较便宜，实际反而比一般昂贵了，决不能这样。怎么办呢，我决定定下这一条：书籍如遗失，免费补寄。对这个办法，当时在办上海杂志公司的老出版家张静庐先生，有一次看见我时曾说："陶亢德你发疯了，书遗失照补而不收费！"我对他说："我相信一百个读者之中，不会有一个收到了而说不收到，即使难免有这种人，我也只要多印一二十本以备用就是了，损失也有限得很。"结果到底有没有人来补，我已经记不得了，但即使有，也一定不过一二，因为如果要求补寄的太多，就一定有比较深刻的印象，不会一点不记得了。

《樱海集》内容极佳，读《论语》的人又一定爱读老舍的作品，《论语》至少有二三万读者，《樱海集》登《论语》的广告效力，实际比登销行在十万份以上的《申》《新》两报更好。函购《樱海集》者络绎不绝，我一个人装袋揿订来不及，当时恰有一个闲居在上海的堂兄，我就烦劳了他代装代订。《樱海集》初版印了多少，究竟直接函购者有多少，我都无账可查，记忆力又坏，无从回想，但是成绩一定不坏，否则不会接二连三地继续出版了。

人间书屋出版的老舍作品，除《樱海集》外，还有《牛天赐传》《老牛破车》和《骆驼祥子》。《牛天赐传》是发表于《论语》上的长篇小说；《老牛破车》是老舍的创作经验谈，好像陆续发表于《宇宙风》上；《骆驼祥子》则是登在《宇宙风》上的长篇小说。四本书的封面，一和四请教了钱君匋先生，二三是我自己设计，《老牛破车》以原稿作底，加上老舍手书的书名，以内容没有几篇文章，所以只是薄薄一本，《牛天赐传》的封面更简单，只印上老舍自己写的书名。

《宇宙风》原来不想登小说的，当然也不一定不登小说。《骆驼祥子》这部小说之发表于第二年开始的《宇宙风》，在我，是有一个助成老舍专事创作的心愿的。那时他在齐鲁大学教书，有次信上谈起他想只搞创作，但是零星卖文，即使，哪怕事实上能够篇篇卖钱，也总觉得不能安心。我就向他贡献了一个意见，说假如《宇宙风》能够按月付他百元左右的稿费，是否足以作他去做一个职业作家的生活底子呢？商量结果是《宇宙风》从二十五期起登载他一个长篇小说，每月四五千字，每月致稿酬八十元。双方一言为定，《骆驼祥子》先在《宇宙风》上发表，后由人间书屋出版单行本，再版过几次。老舍在《骆驼祥子》一稿上的收入共有多少，我无账可查，但总数是相当可观的。

在我说来，我没有一丝半毫对不起老舍的地方，虽然据说老舍夫人胡絜青曾对人说过我拖欠版税，“法币”贬值使她受到损失的责备我的话。其实这是她的不明事理。为作者计，版税最好是预付全部，但在出版社，我无此财力，我只知道有个相当整数了就付，甚至还不到整数也先垫一些，不一定按月按季，这在我是已经尽我心力，因为我也是饿汉，知道饿汉的肚饥，老舍又不止一次恳切来信，请我为他一家的生活着想一下。在那个时候，币值固然已经不够稳定，但是通货膨胀还不是早晚市价大不相同。

老舍自认《骆驼祥子》是他的得意之作，但他对于有关《骆驼》的事情记忆力特别坏。1963年吧，我在西安的一家书店看到有《骆驼祥子》出售，那是解放后的新版本，我从书架上抽下一本来，看到有篇序文，里面有一句我看了大吃一惊，大意是说“这书不知怎的在上海出版了”。这句话真是奇哉怪也，他怎么会不知呢。《骆驼祥子》出版时老舍诚然不在上海，但它是公开发售的，不是偷印，我不会不通知他，他不会不收到版税（提高到百分之二十五），虽然收款人是他夫人胡絜青。当时有些气忿，想写封信问他一个究竟，但是后来一想，贵

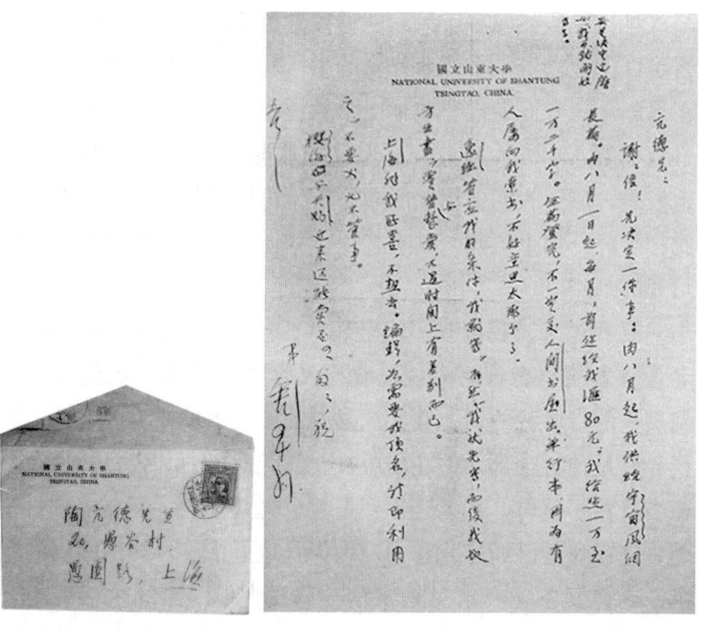
國立山東大學
NATIONAL UNIVERSITY OF SHANTUNG
TSINGTAO, CHINA

亢德兄：

陶亢德先生

愚园路，上海

1936年6月老舍致陶亢德信，谈及为《宇宙风》撰一长篇小说，此即后来的《骆驼祥子》

人多忘事，我和他不会后会无期，一切以后再说吧。谁知他没有活过70年代，到他逝世后出版的新新版本《骆驼祥子》，有人[1]因其附有一篇《我怎样写〈骆驼祥子〉》的遗作，关于这书的出版，所说和他所知的大不相同，特为给我一本看看，并问到底是怎么一回事。

《我怎样写〈骆驼祥子〉》关于刊登和出版的，老舍之言如下：

> 《祥子》的运气不算很好：在《宇宙风》上登刊到一半就遇上“七七”抗战。《宇宙风》何时在沪停刊，我不知道；所以我也不知道，《祥子》全部登完过没有。后来，宇宙风社迁到广州，首先把《祥子》印成单行本。可是，据说刚刚印好，广州就沦陷了，《祥子》便落在敌人的手中。《宇宙风》又迁到桂林，《祥子》也又得到出版的机会，但因邮递不便，在渝蓉各地就很少见到它。后来，文化生活出版社把纸型买过来，它才在大后方稍稍活动开。

我看了老舍这几句话，真奇怪他的记忆竟坏到这个地步：处处都搞错了。《宇宙风》离沪迁广州出版时，《祥子》已经全部登完，时间还在1937年秋，老舍其时还在汉口，沪汉邮件不断，他不至于不知道《祥子》的全部登完没有。记错得更厉害的是关于《骆驼祥子》单行本的出版。它不是在广州印成的，而是在上海。广州沦陷之后，《宇宙风》迁到香港，迁桂林是香港被日军占领之后的事，去桂林的是林憾庐。换句话说，《骆驼祥子》未尝在广州、桂林出版过。至于文化生活社之得《骆

---

[1] 其实就是作者二女儿陶泠。

驼祥子》纸型，不是买过去的，是我不取分文奉送与老舍的。那时候我在香港，有一天接老舍来信，说文化生活出版社希望借纸型印《骆驼祥子》，问我条件怎样，我说纸型可以奉送，不过寄费却要照算，因为他是人间书屋的合伙人，《骆驼祥子》的纸型有他一半的份，寄费，则港渝航空寄递不便宜，不能不算。总而言之，照事实，《骆驼祥子》的出版经过，老舍不可能不知道，但据他的文章看来，却似乎始终蒙在鼓里。我实在不明白他何以健忘至此，还是别有用意故作糊涂。这事情有一次同一个朋友谈起，他有一个极妙的解释。他说，会不会《我怎样写〈骆驼祥子〉》那篇文章，不是老舍写的。我从1963年在西安所见的《骆驼祥子》解放版序文中的“不知怎的在上海出版了”，到《我怎样写〈骆驼祥子〉》一文中的“把纸型买过来”的前后一贯的态度看来，老舍一定有他的用意，很不可能是由于记忆错误或记忆糊涂了。下面一则我在无意中见于《新文学史料》的材料，可以给人一个旁证：

> 那是老舍参加北方慰劳团离开重庆后，几个人闲谈中，吴组缃谈了老舍的一件事情。他说老舍临走时将东西暂时存在了他住处，曾一而再，再而三叮嘱不要让任何人翻他那个篮子。吴组缃说倒是由于老舍的再三叮嘱引起了他的好奇心，一心非看看那里边存着什么东西不可了。他翻检的结果，什么稀奇的东西也没有，只有一个小包，包了四、五层纸，一层层打开后，是一本人间书屋印行的《骆驼祥子》。（《新文学史料》1981年第1辑田仲济《回忆老舍同志》）

附：关于《骆驼祥子》*

1964年我在西安一个商场的书店里看到老舍著《骆驼祥子》，禁不住从书架上抽下来。我说“禁不住”，因为我与此书有些关系，甚至可以说我是《祥子》的收生婆。《祥子》在解放后出了新版本我是知道的，但没有买来过，现在，“他乡遇故知”，自然禁不住要看一看了。谁知不看犹可，一看却不觉呆了。新本卷首有篇叙文，开头有大意如下的一句（手头无原书，只凭记忆）：“这书不知怎么在上海出版了。”这句话与事实大不相符。当时就想写封信问问老舍：是您忘了，还是你有不便据实写来的苦衷？但后来再想想，他之所以如此云云，也许还是心存忠厚，笔下留情呢。而且更想想，世事大抵如此，又何必认真。因此也就“一笑置之”了。到“文化大革命”后期，惊悉老舍为四人帮迫害致死，想想一代作家，惨遭冤死，想想他对我所编杂志的赞助支持，他来沪时交往几天的情景，不禁为之长太息。今天，家里有人借来《骆驼祥子》新新版本，看了卷末的《我怎样写〈骆驼祥子〉》，其中有些显然作者记错了的地方，想不妨写下一些作为“史料”。我已无老舍来信，自《祥子》最初版本及再版本和《宇宙风》又都无存书在手，

* 此文系残稿。

但我所说是真实的，若要证据，可向图书馆查阅，原稿全部原在我处，现在则在上海文物局云。

老舍在《我怎样写〈骆驼祥子〉》中说："三十五年九月，《祥子》开始在《宇宙风》上出现，作为长篇连载……刚刚入夏，我将它写完共二十四段，恰合《宇宙风》每月要两段，连载一年之用。"《宇宙风》创刊于1935年9月，是我与林语堂合资出版的小品文半月刊，为了要将刊物办到"精采绝伦"，除了约已为《论语》《人间世》写过稿的作家外，还遍请我所尊敬的作家撰述（如郭老的自传章《初出夔门》，署名鼎堂，即刊《宇宙风》第一期。郭老与《宇宙风》关系，有点小波折，有机会时再记）。老舍为《论语》《人间世》写稿别的不说，长篇《牛天赐传》就发表在《论语》。《牛天赐》结尾中似有可写续篇之意，或作者给我信中说起过拟写续篇，所以决定办《宇宙风》时，我原约老舍写《牛天赐续传》，但老舍赐以《骆驼祥子》，每月两段，稿酬是八十元一月，实甚菲薄，但在我这"小本经营"，却已尽力所及了。

老舍在《我怎样写〈骆驼祥子〉》中说："当我刚刚把它写完的时候，我就告诉了《宇宙风》的编辑，这是一本最使我满意的作品。后来，刊印单行本的时候，书店即以此语嵌入广告中。"据我记得，老舍在告诉我《祥子》为他最满意之作的信上，是说它乃他的"扛鼎"之作。我记得特别清楚，是"扛鼎"一词，我实际不完全懂得其意，猜想是用力之意。大概在刊物编后记上有《祥子》为老舍先生"扛鼎之作"一句，也可能后来出单行本时广告亦有之。

老舍说："《祥子》的运气不算很好：在《宇宙风》上登刊到一半就遇上'七七'抗战。《宇宙风》何时在沪停刊，我不知道；所以我也不知道，《祥子》全部登完过没有。后来，宇宙风社迁到广州，首先把《祥子》印成单行本。可是，据说刚刚印好，广州就沦陷了，《祥子》便落在敌人的手中。《宇宙风》又迁到桂林，《祥子》也又得到出版的机会，但因邮递不便，在渝蓉各地就很少见到它。后来，文化生活出版社把纸型买过来，它才在大后方稍稍活动开。”

缘缘堂在天之灵

人间书屋出版老舍的书一共四本，本本成功，但印丰子恺先生的《艺术漫谈》却失败了，就是卖不出去。我印《艺术漫谈》，还特为精印，就是正文用了米色道林纸，封面用硬纸版。封面绿色，书名黑色，字是作者亲笔。我之要印精装本，只由于我很欢喜这书的内容。丰子恺的为人、他的画、他的散文以及他的字，我都爱好。在中国现代散文作家中，丰先生的散文本是我最爱读的，《艺术漫谈》中的各篇，虽然谈的是艺术，却都是娓娓谈来，读者不论老幼无分雅俗，我认为都必爱读。然而这完全是我的主观，出版之后，购者竟寥寥无几，但是我想这是《艺术漫谈》"投错了娘胎"，它如果在开明书店出版的话，销路一定会好得多。对于这件事情，我对丰子恺先生一直怀疚于心，我固然亏了本，但这只能怪我主观，他的拿不到版税，却是受我之累。如果时局平静，说不定后来能打开销路，不幸又偏逢全面抗战，大家逃难流离，《艺术漫谈》只好成了废纸。

我和丰先生第一次相见，是他来看我的。那天我还高卧未起，听老妈妈说有客见访，赶紧披上长袍拖了双拖鞋出迎，已经累客人在门外鹄立等待了几分钟。丰先生人不矮，衣服朴素，面色苍白，这可能由于素食之故。他坐了一刻要我同去看林语堂。他曾为林编《开明英文读本》画了一些插图，“真出意外”，他说，“画时虽也讲过抽版税百分之零点几，实在并不想到竟会得到很大的数目。”丰先生好像还说过他在故乡石门所造的缘缘堂费用就用的这笔版税。

那天在林语堂家里吃的午饭。林语堂问丰子恺的吃素是为了信佛戒杀生还是为了别的，丰先生说最初是由于闻不惯荤腥气味，和信佛无关。

丰先生的故乡是崇德石门，但他好像常寓杭州。有一年他住在杭州田家巷，我去看他。那房子有些特别，里边有一个池，四面围着石栏，他的卧室是用木板隔开，板顶镂刻花样，大概为了挡风，贴满了他自己写的白纸。他的字我也爱好，但晚年的瘦了些，不及早先的丰腴。他送过我一张站在池边拍摄的照片，但在举国破四旧时被人拿走了。

那一次去杭州，在西湖里的一个寺院里住了几天，那个宿处，就是丰先生代为租借的。和我同去杭州同住僧院的是华君武同志。

抗战之初，丰子恺先生有次写信给我，曾说如有必要，我可以全家到石门缘缘堂去居住。我辜负了他的盛情没有去，这倒不是我有预见，知道战火要波及石门，使缘缘堂毁于炮火，而是我一家七人（故乡两老还不在内），迁居谈何容易！

1938年我将《宇宙风》迁到广州出版，记得广州出版的第一期中，有一篇丰先生忆被炮火所毁的缘缘堂之作，题目是《缘缘堂在天之灵》。①

---

①此文的题目应是《告缘缘堂在天之灵》，原载《宇宙风》第六十七期，1938年5月1日出版。

我和丰子恺先生的最后一次相见，是在1958年，当时我和他不通音信已经很久，不知道他住在故乡还是杭州抑或上海。但有一位相当熟识的同行罗君[①]是他的学生，有次来出版社看我，略坐就要走，说要去看丰子恺先生，我告诉他我也很想拜望拜望他，想和他同去。罗君当然答应了。

丰先生住在亚尔倍路的一所弄堂洋房里，那房子是前后双开间的，他似在后间工作，房间的光线很好，主人面色红润，神情给人以精力充沛之感，和我第一次同他相见时很不相同了。如以天气作比喻，当时似乎是阴沉沉的深秋，现在是爽朗的初秋，当时我想解放以后的丰子恺，足以证明解放给知识分子的滋润。

此后我就无缘再见丰子恺先生一面，只在报上读到过一些悼念他不幸逝世的零星文章，后来又读到《丰子恺传》的末段，这篇文章中有一点使我大为晚年遭劫的丰先生称庆，原来他很能喝酒，只要一斤黄酒，就什么屈辱苦难都不在乎，大有事大如天醉亦休之概，这是极为难得的幸福。[②]

我和徐訏在编辑《人间世》半月刊时，丰先生送过我们一人一幅着色的画。给徐訏的一幅，画红男绿女游春光景，题曰《游春人在画中行》，给我的一幅是一个女子在河里浣纱，题为《贫贱江头自浣纱》。只为了这幅画的画意恰合我后来的坎坷遭

---

①罗君应指罗良能。罗良能（1913—1979），湖南茶陵人。早年师事丰子恺，后曾在上海中华书局辞海编辑所工作。

②《丰子恺传》，潘文彦、胡治均、丰陈宝、丰宛音、丰元草、丰一吟等人合撰，1980—1981年分四期在《新文学资料》上连载。其第四篇（刊于《新文学史料》1981年第1期）中有这样的话：“只要一斤黄酒入肚，丰子恺又吟诗诵词，谈笑自若了。”

遇，使本来也很爱读《缘缘堂随笔》和《子恺漫画》的我的妻子，不止一次说：“丰子恺这幅画倒尽了我们的霉！”这幅画我本来裱好了挂在墙上，后来给最小的孩子用铅笔画上好多个大小不一的圆圈，糟蹋得它一塌糊涂，我只好收起不再挂着，终于也给破四旧破去了[①]。孩子的圆圈是每听到他母亲无的放矢地责怪一次画者画上一个，圈的大小则照她的怨言口气的轻重。

丰子恺为陶亢德绘《贫贱江头自浣纱》

我不记得第一次见到郁达夫先生是在什么地方，只记得有一次他和王映霞女士访林语堂，王女士在沙发上坐下后就说：“达夫，这套沙发很不错。”郁先生的酒量很有名，其实还不及王女士的量洪，在一次宴会上，郁先生喝得并不多而大有醉意，而王女士却相反。有一年我从绍兴到上海，路过杭州，时在中午。去拜访郁先生，在他门口向里望去，看到点

①据作者家属说，丰子恺这幅画当年放在底楼的大门箱内，抄家者不知是陶家物件，故得幸免劫去。

着一对总在一斤以上的红烛，其时他在建造“风雨茅庐”，我不管他家点着红烛是否和造屋有关，直闯了进去。午饭是在他家里吃的，他和同桌的一位先生大谈风水。喝的是绍兴老酒，味很和醇，我贪杯尽喝。他警告道：“这是陈酒，喝时不觉得，到发作起来你恐怕受不了，火车到嘉兴时一定发作。”但是火车到了上海西站，我也没有醉意。

郁达夫先生夜里大概常要失眠，或者是他有深夜踯躅街头的习惯；有一次他在宇宙风社谈天一直谈到深夜，这才回旅馆去，但是到了旅馆所在地的日升楼那里，下了车他还不径直走进旅馆。这时候夜已深，连最热闹的日升楼这个地方也没有多少人行，显得冷冷清清的，我感觉到疲倦，而且衣衫单薄，觉得有点冷，不知道他要做什么，又不好意思顾自回家。他大概看出了我的意思，说你去吧，再迟电车也要没有了，我借此脱身，但在等电车时看他踽踽独行，不知怎的为他感觉到一种寂寞。

我和妻曾经在一次回故乡时拜访过许钦文先生，他在伏案写作，并不听见脚步声抬起头来，直到我已经走到了他前面。他才问了一句：“是达夫吧？”我报了姓名，他起身招呼。他没有给我编的三个刊物写过很多文章，但是发表在《宇宙风》第一期上的一篇文章，我却迄今不忘，因为那文章的题目太有趣了——《狱中与弟妇论烧肉书》。

附：贫贱江头自浣纱*

——纪念丰子恺和徐訏

30年代后期，我办过一本译文杂志，每期二三十篇文章，我要译四五篇，四五篇署一个名好像不大好，遂取了许多笔名，其中之一为江自浣。我既不姓江，自浣之名也显得怪。为什么取这个笔名呢？原来有故。那是在30年代中期，我和徐訏共编《人间世》时，丰子恺先生是经常惠稿的作家之一，他给徐訏和我一人一幅着色的画，送徐訏的一幅题为《游春人在画中行》，给我的一幅呢，题为《贫贱江头自浣纱》。丰先生为了这一幅画，还受本来尊敬他的为人佩服他的文章和儿童漫画的我的老伴的怨言，不止一次说丰子恺触我们的霉头，因为我从得画之后，遭颠沛而流离。这幅画我是挂着以骄人的，但后来给我的小儿子用铅笔画上了不少大圈圈，大概是他妈妈抱怨一次他就涂一圈，使我不好意思再挂。结果是给破四旧的拿走了。

我对丰子恺先生有两件事情一直觉得抱歉。一件是他来访我，其时大概为30年代中期。我是迟眠迟起的人，他枉驾时我还高卧在床，忽然老妈妈报告有客人来，可恨我只租着一

* 此文系残稿。

个客堂间，那是不过二十平方的小房间，兼作卧房客厅餐室书斋。我赶快披衣拖鞋跑出房门一看，但见一位相当瘦长衣穿朴素的中年人肃立在房门外面靠右侧的地方。这位客人我其实并不认识，但立刻恭请入室。坐下敬茶之后，才知道他是丰子恺先生。他面色有些灰青，我想大概是他素食的结果。他的文章他的画，我早在《小说月报》上拜读过，敬佩有素，现在竟蒙枉驾过访，我怎不更加多说多话了。

丰先生后来叫我做向导去看林语堂（我怀疑他之来看我也许就是为此）。林的寓所位在七拐八弯的一块地方，单凭什么路多少号是很不容易找到的，因此我想丰先生也许就是为了这个原故才来看我的，否则他同林语堂相识很早，要去看他何必要我领路？但这极可能是以小人之心度君子，根据后来我对丰子恺风格的观察，十有八九是一则两便的做法。因为他虽同林早认识，但未尝到过他家，而且出于礼貌所以先来看我，他原来并不是说“喂，你陪我去”，而是说“一同去看看他好吧”的。

那天丰子恺就在林语堂家里吃了午饭。

《宇宙风》编务二三事*

《宇宙风》的出版，一受《论语》编稿费被拖欠之迫，二因良友图书公司无意继续出版《人间世》之故。良友图书公司的出版《人间世》，志在获大利，对于林语堂提出的编稿费较高以及用较好纸张仿宋字体都一一照办，但后来看到《人间世》销路不增而减，就没有多大兴趣了。在当时，一个刊物如能销到五千本，可以不至于蚀本，《人间世》销路始终在一万本以上，应该有钱可赚。但所赚的只够作编辑费，这在资方看来，是只为编辑效劳。当时想请林语堂舍《论语》《人间世》去为他编《论语》《人间世》一类杂志的书店老板不是没有，条件也可以一切照他。但是前车之鉴，使他不能没有戒心。何况他完全不是靠编辑杂志为生的，他虽然不是“重义轻利”的人，未尝视一二百元的编辑费如粪土，但若要他时常出面催索欠款，为刊物的销数弄得心里七上八下，他是不干的。我呢，诚然靠编辑为生，不过要我不停催欠索债，或者由于刊物销路的略有下降，就要看自视为编辑者衣食父母的冷面孔，实在也很不愉快。我虽然已经娶妻生子，自己有烟、酒、茶、书四好，但生活究竟简单，月入千金固然也能用完，一个月只有五十元

---

*手稿原无标题，据文意补加。

收入也能过日子。所以我的心思是与其编《论语》《人间世》那样的多收入一些钱，还不如少收入一些而求得心宽体泰。照我打算，我们自己出版一个刊物，销路上万是有把握的，我的生活费尽管编辑费定得少，也不支别的职务的报酬。

就这样，《宇宙风》半月刊于1935年9月1日创刊了。“宇宙风”三个字，和《论语》《人间世》的刊名一样，也是林语堂取自郑孝胥写的一种字帖，“姑妄言之”四字也是他从一本字帖上剪下缩小制版，连9月1日创刊也是他的决定，原因是这天学校开学了，大学生从各人的故乡汇聚到几个大都市，对于杂志的销路有利。①

《宇宙风》的销路开头固然很好，后来（至少到七七抗战时止）也始终不衰，总在两万份左右。我对《论语》，只是保姆关系，于《人间世》，也不过是乳母罢了，对《宇宙风》呢，却是居于生母的地位了。《宇宙风》销数之不算少，不能说与林语堂这块牌子无关，但是更重要的，还在内容的佳作如林。对于作家，我和他们的关系自以为不坏，凡是给《论语》和《人间世》写过文章的，我都有把握请他们给《宇宙风》写稿，而且更多写些。但是我想这还不够，最好是更请未曾为《论语》和《人间世》写过文章的著名作家也能赐稿，这方面我如愿以偿的，郭沫若和茅盾先生就是例子。茅盾先生的文章是《自传之一章》，亲笔原稿，字极工整。他在逝世前给许多刊物题刊名，我曾对一位朋友说过笑话：茅盾的写刊名不知几元一字，如果一字一元，那么我就藏有至少一千元。他的那篇原稿我是和老舍的《骆驼祥子》原稿以及别的作家的手迹珍如拱璧好好

① 作者这里记忆微误。《宇宙风》的创刊时间是1935年9月16日。

宝藏着的，但不幸也被当作四旧破去了。

我只见过茅盾先生一面，地点在广州，年份在1938或39年。[①] 那时候我在广州主持《宇宙风》，他从武汉来，我请他吃了一餐午饭，吃的时候他谈到在粤汉路火车中下车逃日本飞机的狼狈相。

我为《宇宙风》还请了一般不以文章著名的人物写稿，出的总题目是《自传之一章》，为这题目我曾广泛征稿，承蒙慨允惠施佳作的有蔡元培、叶恭绰、章乃器先生等等。章先生是救国会七君子之一，当时被监禁在苏州监狱。我原是写信给邹韬奋先生写《自传之一章》，还请他代约沈钧儒、李公朴诸先生。他给我复信，只约定了章先生的一篇。

在非作家的作品中，有一篇非凡之作，就是冯玉祥先生的《我的生活》。冯先生的这个作品，是我直接写信到他任副职的庐山国防委员会约的，写信时实在只抱有姑妄求之的侥幸之心，谁知道去信不久就得到复信慨允赐稿。那信大概是亲笔，字很大，署名更魁伟如其人。我曾在中华职业教育社听过他的一次讲话，记得他穿的蓝布棉袄，束的一条带子，人很高大，面色红润。听讲者没有多少人，好像不是普通的演讲，讲的什么，一点也不记得了。

《我的生活》是由吴组缃代笔的，但有冯先生亲笔涂改之处不少，这作品内容极好，我们还出了薄薄的单行本，因为发表了不多，抗战军兴，他无心续作了。

和冯玉祥将军的《我的生活》相辉映的，是陈独秀先生的《实庵自传》。不过陈先生的此作不是由我求来，而是由亚东图

---

①此次见面时间应在1938年3月。

书馆主人汪孟邹先生携来的。[1] 我知道汪先生这个人，但是未尝见过面。这次他忽然见访，携来盖有南京第一监狱检查讫的蓝色印记的稿子一卷，问我《宇宙风》能不能发表，如能发表，原稿要还给他，此外没有什么别的条件。当时陈先生被关在南京监狱里，从政治上讲，显然是不容于当时政府的人物，但我看了看自传原稿，并没有什么政治上的违碍之处。我的编辑方针是宁左勿右，虽然也仿佛知道左也有几种左，但总觉得陈独秀的自传至少在开头的若干篇，决不至于有大不妥处。因此我接受了《实庵自传》，说句老实话，我还以能够发表它为荣呢。但是陈先生从南京监狱直接寄来的稿子没有几次，全面抗战之后，他被释放出狱，径去四川了。到四川后好像没有再寄来过续稿或者不连续寄来，我只知道为刊物着想，三番五次地写信去催，催得他发了脾气，回信怒冲冲地说写抗战文章还来不及，没闲空续写自传了。

为了保销路，我是动足脑筋的，大概是第二年的第一期吧，《宇宙风》出了一个“日本与日本人特辑”，文章是介绍日

---

①作者1942年在《关于〈实庵自传〉》一文中说：“使我得到独秀先生自传的是汪孟邹先生。他为我写信到南京去作先容。独秀先生那时候还关在南京监狱里，给我的第一封信就自监狱寄出，每张信纸上都盖有‘江苏第一监狱第二科发受书信查讫’的蓝色印章。”（原载《古今》第八期，1942年10月1日出版，署名亢德）与此处所说不同。该文还曾引录陈独秀1937年7月8日写给作者的信：“前次尊函命写自传之一章，拟择其一节以应命，今尊函希望多写一点，到五四运动止，则范围扩大矣，今拟正正经经写一本自传，从起首至五四前后，内容能够出版为止，先生以为然否？”可见作者当时确为主动约稿，至晚年撰写回忆录，记忆已模糊了。

本文化。[1] 作者都是我国的知日作家，封面是张正宇画的富士山和神社门面，寥寥几笔，小小一幅，但很突出触目。这个特辑在国内没有什么反响，在日本却似乎很引起一些人的注意，出版不久之后，从日本寄来了一张团体照片，中坐一人，手执卷成一卷的《宇宙风》特辑，刊名照得清晰可辨，照片反面用字写得很好的小楷说明执《宇宙风》者为中国清末张廉卿的门人云云。除介绍日本外，也登过几篇关于苏联的文章，记得寄稿和图片的是戈宝权先生，作者中有一位于炳然先生，后来返国到上海时下榻于北四川路的新亚酒店，有个上午他打电话来。我去看了他一次，蒙赠送图画书一大册，见到的还有他的夫人李（?）君。日本特辑后来出单行本，名为《日本管窥》；关于苏联的也出了单行本，题作《苏联见闻》。不过《苏联见闻》同时印着戴望舒先生译的纪德原著《从苏联归来》，由于纪德对于苏联对斯大林的个人崇拜的过火之处有所批评，我们这本《见闻》听说很为有些人所不满。这是我的编辑方针的吃亏之处，在我头脑里，认为对苏联有好说好有坏说坏是没有什么错的，我可以把八九十分的对说成一百分的，八九十分的错说成五六十分的，但不能把错说成对，把黑说成白，所以看戴望舒先生译稿时，虽然看到了作者的大不满处，还是觉得我们应该客观对苏联，不必过分偏向。其实我的这种所谓客观，实际上是靠不住的，因为谁能保证纪德的话不是造谣不是污蔑?

除了日本和苏联以外，《宇宙风》还登过几篇外国通讯，后来编成一集，名为《欧风美雨》。这一个集子的作者中，最

---

①“日本与日本人特辑”共分上下两辑，分别刊登于《宇宙风》第二十五期（1936年9月16日出版）和第二十六期（1936年10月1日出版）。

令我难忘的是蒋彝先生。他能诗能文能画，旅居英国多年，最初的一篇文章是寄给《论语》的。他给三个刊物写的文章并不多，但对我很好，送过我好几本书，例如解放之初我斗胆拟译法布尔《昆虫记》时曾函请他代觅英译本。蒙他觅到几本，其中有一大本的改写本，插图精美非凡。另外还赠我几册关于生物学方面的作品。他在解放后还介绍我给香港译法国博物学家蒲丰的《自然史》，我自己度德量力，不敢冒昧从事，婉辞谢绝了。我一直以为他仍在英国，料不到在1980年或79年的某月某日借看邻家的日报时，看到了他在北京逝世，在京开追悼会的报道！我和他神交已久，缘悭一面。而据报纸所记，已由英迁美。[①]

我还为《宇宙风》编过四本别册附录，作为送订户的赠品，一本叫《游山日记》，是一位古人的小品文集；一本叫《她们的生活》，执笔者全为女性，文章讲她们的生活；一本题《鸦片的今昔》，主旨在揭发禁烟实卖烟的情况；另一本名《贪官污吏传》，那可不言而喻，是暴露反动统治之贪赃枉法的。

1981年的某月某日，我女儿的一个在伦敦读书的女友，寄了一份剪自香港报纸的文章，题为《〈宇宙风〉编辑林憾庐》，文章内容，一望题目可知是为纪念憾庐而作的，但是使我不胜荣幸之至的，是还写到了我。可惜写到一些地方，于我于林，都不免稍有失实，例如说："当1937年日本在上海发动侵略战争时，陶亢德眼见形势不利，就离开上海到香港另谋发展，于是把《宇宙风》编务交林憾庐负责。到了1938年4月，

---

①蒋彝于1977年10月17日在北京去世。

上海环境日趋恶劣，林氏认为非走不可，终于决定把《宇宙风》迁移到广州出版。”

事实是我于1938年初离沪赴香港，是去和简又文合办刊物的。在上海的《宇宙风》既未停刊，自然交给了林憾庐，他之参加《宇宙风》是在刊物已经出了几期之后，当初刊时，他还在福建故乡，他举家迁沪，实际是来做林语堂的字典工作的。到1936年夏林语堂赴美致力于英文著作《我国与我民》前，他才提议我和他订一合股契约或合同，合同内容我全忘了，只记得照林语堂当时语气，为的是防林憾庐横加干涉社务，滥用社款。所以不记得他作为代表林语堂的股东，编辑名义大概是有的，因为这样才能支《宇宙风》一份薪水，从而减少了林语堂的支出。知兄莫若弟，林语堂大概知道他这位老兄是不大在乎银钱的。

七七抗战后或前，简又文已去香港，他约我去香港以《宇宙风》名义和他合办刊物，《逸经》的编辑已由陆丹林代谢兴尧。我和陆丹林在阴历岁首同乘一艘意大利邮船的所谓经济二等舱到香港。简又文住在九龙，房子很好，杂志社却设在香港皇后大道的一所陈旧大厦中，与《大公报》为邻。刊物取名《大风》，十日一期。刊物之所以要与简又文合办，是因为照香港法规，出版刊物要交三千元港币现金作保证。《宇宙风》从创刊到七七抗战，赚的钱不少于三千元，如果不是一季一结账，赚的钱林我平分，足付这笔保障金有余。保证金有利息，存入的又是香港总督府，不至于吃倒账。但我们没有这笔游资，简又文却有，于是由他交的保证金。本来他的这笔钱等于存入银行，于他无所损，于我也无所得，但是有钱的人大概总觉得出了钱就是做了好事，有恩惠于人，简又文固然没有老板面孔给我看，陆丹林也不傲慢，但我不知怎的总觉得不大舒服。而且大概由于水土不服或者饮食不习惯，初到香港时常常肚痛。我平常小病小痛，本来以酒当药，香港可买的洋酒中，法国的三星白兰地一元一瓶（那时港币和法币没有多少上下），有种扁瓶的只售几角钱，我就常常买一瓶放在袋里，觉得肚里不舒服了，拿出来瓶嘴对嘴呷几口。我在这里谈到白兰地，是后来常常后悔不囤积几百瓶白兰地稳可发财，何必办什么杂志。

说到发财，那时节发财的机会很多，例如租住的房子就可以发一笔不小的财，而且财神菩萨曾经驾临我处，请我发财。无如我是饭桶再加阿木林[①]，眼看着财神见我不纳摇头而去，还以为为人规矩不走邪路呢！

我结婚后租黄宝珣家的客堂为家，月租二十五元，约占总收入的四分之一。要办《宇宙风》了，自然要有一个社址，先在我寓所所在的吕班路觅屋，吕班路上有条里弄叫巴黎新村，那是前后双开间的房子，有一家住屋出让，只要三百元顶费，说是算作电灯电表及分前后间用的帷幕代价。这价钱实在不能算贵，但嫌它离邮局和林语堂家都太远，不便于邮递刊物和联系业务，改向愚园路觅屋，最后租定了愚谷村二十号。它是单间三层楼，屋租因为左边靠直弄比较进出方便，比不靠路的贵五元，八十元。这房子的经租账房是一家洋行。我去租屋时穿着一件不大整洁的绸料长衫，洋行里和我办租赁的一位职员，把我从头看到脚从脚看到头，还再三说房租要先付后住，还要预付一个月押租，我笑笑点头照办。据以后了解，这里弄里按月付租金的，实在不过我这一号。

---

①阿木林，上海方言，傻瓜。

我租愚谷村时，和租界当局有过两次接触。一次是开在愚园路上的也就是我们进出的弄堂门户给封锁了。愚谷村的门户有两个，朝北的一头开在愚园路，朝东的一头开在大西路上，居民的进出多由北门，因其连结闹市。愚园路是所谓越界筑路，就是本来不属租界，而由租界当局擅自建设的，我国当局则不问不闻眼开眼闭，这次的封锁弄口，理由是居民不纳应纳的一种什么捐。但不纳捐的不是全体，我就是一应捐税，项项照纳的，于是我就写信给租界当局的所谓工部局，好久没有答复，后来听说给洋人统治者应该用洋文信才有用，于是请托了一位通洋文的朋友写了一封洋文信去，果然，答复不久就来了，但措辞躲闪，说什么抱歉啰，又说什么没有办法啰，总而言之，只好委屈了你这个起码中国人。另一件是某个节日之后，巡捕房忽来一人，问我这里是不是住着一个张某人，我说有的，问他什么事，说是叫他不要搞政治性运动。这位张君是《生活》周刊旧同事，人极好，肯自学，又是同乡，不久前他说要在我家借住几天，我答应了，现在他引起了捕房注意，我这个胆小如鼷的人，就不多思考，当天就请他搬家。我说他做革命工作我不反对，但如连累及我，我不愿意。他很理解我的处境，客客气气地迁住到别处或迁回到《生活》供给单身职工的宿舍去了。

愚园路既然是越界筑路地方，日本是会毫无顾虑肆无忌惮地干他们的强凶暴道的，日本兵在一·二八后就在愚园路上游行过。我虽非抗日的知名人士，《宇宙风》也不是积极抗战的刊物，但是只要不是日本人办的刊物，多多少少总闻得出一些抗日气味，刊物的编者很可能发生不测。我在愚谷村目睹日本兵游行愚园路之后，就动了搬家之念。那时期找房子还不十分困难，英租界多的是空房子，但在那时候大家都有一个英租界非安全之地的看法，大家要的是法租界房子，求过于供，房子就稀少了，物以稀为贵，顶费就直线上升，非我这类人所能租赁到了。好不容易向一个算是熟识的人借了一个原来空着的客堂间安家，不欠一分房租退掉了愚谷村的房子，不但不欠一文房租，而且赔了两个钥匙。原来当初租屋时经租处交给我几个客堂间亭子间钥匙，退租时不知怎的少了一二个，本来欠了三个月半年房租一搬了之的住户何止一家，区区钥匙值得什么，不幸的是我这个人迂腐透顶，不想占一二角钱的便宜，情愿配全了钥匙一清二楚了搬家。本来也曾有人劝我不要退租，说住家总无危险，房租呢，做做二房东，就是分租出去，也只有多不会少的，但做二房东，我固然不愿也不大有此能力，我的老婆更无这个本领，而且我还认定一个人怎么能以租来房子分租出去谋生活呢。过了若干年之后，有一个晚上一个朋友邀我同去看一个住在愚谷村的朋友，我忽动了怀旧之情，跟了他去，谁知这位朋友的朋友所住的就是我住过的二十号，后来我问起怎么租得的，他说托了人花了十大条金子才租得呢！我听了不觉一呆，心想上海真是会变戏法者的乐园，我若不退掉这所本非我有的房子，做个大房东所得也不会比编一个杂志少，倘能得顶费黄金千两，比做文化汉奸利高至少十倍。这从宿命讲来，一个人的荣辱贫富的确好像前定，吃房子顶费无论你怎样生活，决没有人口诛笔伐，而为一家老小生活计挂了一个伪组织报刊的空名，却可以被人骂得体无完肤，而且祸延子孙！不过能白得顶费房金千两的人，恐怕也不是寻常之人，否则上海滩上应该个个是富翁了。我只恨自己空居上海五十年了，到此刻还是一个上海阿木林，连上海滩上的占便宜诀窍也不知一二。

约上世纪30年代的陶亢德

陶亢德夫人何家选（右二）青年时代

1935年左右，陶亢德怀抱长子陶明

1935年左右，夫人何家选和长子陶明　陶亢德岳母

30年代后期，夫人何家选和长子陶明、长女陶洁、次子陶融

奔走于香港上海之间*

我初到香港时，原打算如果《大风》销路不错，我就专办《大风》,《宇宙风》让它仍在上海，内容不妨温暾，以它原来的基础，销数即使跌到一半，也是足以维持的。但是《大风》的销路不好，香港是个花天酒地之区，不是弄文舞墨之场，虽然人口多到百万以上，有钱的人多得不胜其数，而且我看简又文的办《大风》，志趣似乎和办《逸经》不同,《逸经》虽然销路不怎么好，内容倒是有它特色，而且这个特色值得赞扬。

《大风》既然使我失望，我又不能像编《宇宙风》那样独断专行，爱怎样就怎样，于是决定使《宇宙风》迁到广州，我事先在广州盐运西街租好房子，由林憾庐率领全体人马走海道到香港再去广州。《宇宙风》在广州出版的第一期内容，我记得清清楚楚的是丰子恺先生的悼念他故乡石门的旧居毁于炮火的《缘缘堂在天之灵》。广州的印刷很差，到后来广州沦陷,《宇宙风》就号称在香港出版，社址初在摆花街后在坚道，实际是在上海“偷印”了运香港一部分销港澳和南洋，纸型寄重庆一家书店印土纸本销行内地。

《宇宙风》是在广州将沦陷迁香港还是先迁桂林以无法印

---

*手稿原无标题，据文意补加。

刷再到香港的，我记忆不起了，只记得憾庐和同人来港时，最初的安身之地是在九龙的一个旧养鸡场里，这个地方是他觅来的，一间房子分别有十几个鸡栖之地，它狭长，足以容一个人睡觉。这个人住的鸡埘，还容纳过一位名士——钱君匋先生。他自内地来，大概为了节约不住旅馆，也许香港的一般旅馆那时家家客满了，因为不少人就暂以旅馆为家的，例如陈衡哲先生住在陆海通旅馆，就在那鸡棚里至少住过一天。南迁时的《宇宙风》，上海社址已在巴黎大戏院左近的一个商场式房子里，西风社就附设在内，到《宇宙风》迁粤，这社址由《西风》继承了去，《西风》后来怎样处理了它，我就全不知道了。

《宇宙风》将迁未迁之前，我固然不是长在广州，就在《宇宙风》已迁之后，我也是来往香港广州。广州是日机轰炸目标之一，很多房屋有竹排的顶，说是可以御炸弹。日机似乎没有在广州市区投过炸弹，大概是广州的防空严密，但是人们听得一声警报，总不免相顾失色，惊慌万状。我有一次在轮船码头等候上开往香港的轮船，人挤得很，忽然一声警报，大家东奔西逃，狼狈得很。有一次我和一位书业老前辈等候公共汽车，车到后一声警报，使这位老前辈腿脚失灵，上不了车子。

我之不长住广州，是因为我在香港有一个可以生活的职业——《星岛晚报》的副刊编辑。那时候以制造虎标万金油发财的胡文虎在香港要办三份报纸：《星岛早报》，天一亮已出版，读者是吃早茶的当地人；一份是《星岛日报》，三报之中的主角；一份是《星岛晚报》。《星岛》有意网罗在香港的上海文人，陆丹林为之介绍。记得樊仲云为《星岛日报》主笔，戴望舒和穆时英是《星岛日报》两种副刊的编辑，戴望舒的副刊是文艺性质的，穆时英的一种是关于生活的，时装啰，高跟皮鞋啰，素见不一见。我编的副刊只好说既非文艺亦非生活，请来文稿的，记得有过田汉先生的几首诗，丰子恺先生的多幅画。我在编《星岛晚报》副刊时，才知道编杂志容易编副刊难。我编过的杂志都是半月刊，半月一期，约些名家稿子不大困难，而且一期十多篇文章中如有三五篇名作已经可以吸引读者，副刊是每天出版的，没有特殊交情，哪来许多作家天天为你的副刊增光。

可惜我贪图香港的太平安逸，恋栈不去，而且交友不慎，终至于弄得身败名裂，以文化汉奸恶名终身！

《星岛日报》主人是胡文虎，经理是他的儿子胡好。胡文虎在《星岛日报》的名义是董事长。我见过这位董事长一面，那是在一家酒楼上，在《星岛》开成立大会的那天，主人设宴请同人吃饭。胡文虎给我的印象不浅，他在大庭广众之中，搂着一个酒家女招待在他膝上说说笑笑摸摸弄弄，毫无顾忌。他的轶事很多，我听到过一件是表示他的精明的，据说有一位女教育家请他捐款兴学，他一口答应，但实际只给离这学校一箭之远的地方建立了一个牌楼式的东西，却题为“××学校，×××建”，使人一望误以为整个校舍都是他捐钱建筑的。

星岛日报馆的人员，上海人很多，例如排字房头脑、《日报》主笔、《早报》国际版编辑。但到《日报》出版时，主笔却已经三易其人了。头任主笔樊仲云，报未出版即被辞退，继任者祝伯英也同其命运，最后是金仲华当主笔，邵宗汉任总编辑。《星岛日报》为什么要这样一换再换主笔我不知道，但仿佛夹杂些政治。我编《星岛晚报》副刊有一件奇怪事情，常常在下午有个女人打电话给我。这人说的上海话，但我听不出是谁，本来我在香港原不认识几个异性，后来我实在讨厌了，但总想明白一个究竟，就和也在《星岛日报》工作的周新合作，叫他到对方说的等我的场所去看看有没有什么我们认识的上海人，结果都是白跑，他无论怎么立时三刻赶去，也找不到一个我们都认识的女人。这样的怪电话发生了一二十次，到后来才风闻是个广东同事想出来的恶作剧，其意何在，却迄未明白。此后不久，胡好辞退我了，但作为余地，说请我去桂林作《星岛》的特约通讯员。我装胖子，对他说，我之进《星岛》不是为饭碗而是为支持你家要办好一份报，什么桂林特派员这个枪花，不要来欺人了。这时候金仲华、邵宗汉已经走马上任。邵宗汉原是旧相识，他大概知道我被辞退的原因，但我没有问他。到后来，我听到过一个说法，因为我是汪派。

按事实，我在《星岛日报》时并非汪派，不过人们的怀疑或断定，也是不无原因的，因为我的确和后来成为汪伪组织的大员交游，可以说来往甚密。虽然我之和他们往来，并非政治性的。

事情的实际是这样的。我在来香港和简又文合办《大风》之前，《宇宙风》登过一篇投稿，题目是记张发奎将军的，作者名朱朴[1]。这位作者我并不认识，只因他的通讯处是香港《南华日报》，我初到香港人地生疏，就去那报馆看他。去的时候是一个下午，报馆回说人没来，我留下了一个《大风》地址。

①朱朴（1902—1970），字朴之，号朴园，晚号省斋。江苏无锡人。毕业于中国公学。1924年加入中国国民党，后赴欧洲调查研究合作运动。八一三事变后去香港，负责主持汪精卫系文化工作。1939年回到上海，仍负责主持汪系文化活动。1940年汪伪国民政府成立后，就任伪交通部政务次长。后辞去职务，于1942年创办《古今》杂志。1944年《古今》停刊后去北平。1947年去香港。晚年在香港从事书画文物鉴定经纪工作。著有《省斋读画记》等。

朱君来访我，真是冤家有孽，彼此一见如故。他是无锡人，有家眷一妻二子在香港，他似乎不是报馆的专职人员，没有什么一定的工作时间，彼此熟识了，我就常常到他家里，常常和他在外面喝喝咖啡。樊仲云也和他相熟，我的认识樊仲云，则由于上海的编辑人协会他是常务委员我也是的。还有一个和朱朴极熟的人，是复旦大学教授、《文摘》创办人孙寒冰，他们的相知却是由于两人的妻子是极知好的朋友。孙寒冰长身玉立，风度翩翩，头发不烫而卷，西服整洁，执手杖行路，颇为神气。我是欢喜多说多话哗啦哗啦的，他倒不以此讨厌，而说没有你在座，就不热闹了。孙寒冰后来在广州的寓所曾受敌机一弹，但他恰巧外出，逃出了这一劫，大家都认为他大难不死必有后福，谁知道后来在重庆逃警于山洞，站在洞口时一个弹片飞来，登时殒命。

后来到朱朴家的有才从上海来的梅思平，这个人我不认识。还有偶然光降的林柏生，这人有些傲慢，我本不认识也无意结交，相见点一点头罢了。更后来知道有一家蔚蓝书店，设在皇后大道的一家大厦楼上，是汪精卫的机关组织。我没有到过这个书店，也不管它是谁的机构，干什么的，有一次这个组织的全体人员有一个园游会之类，它的成员的妻子也出现，我被朱朴所邀也参加了。

就在这种情况之下，我就被认为汪派，确也事出有因，不能怪人诬陷。

我在编《星岛晚报》副刊时，因为《宇宙风》在广州，就有不时往来两地的必要，假如我是一个比较伟大的人物呢，本来可以不必奔走港穗之间，而倘若林憾庐是个拘拘于小事的人呢，我也可以将《宇宙风》事情完全交给他。无奈我偏注意小节他却落落大方，对社务可以听之任之，不管三七二十一，这就使我更难放心了。而且由于他的不顾小节，社里的同事也有马虎办事的作风了，例如我一次到广州向管银钱出入的同事①要账簿看，看了大吃一惊：很多天不记钱的收支。我问他这是怎么一回事，他若无其事地说没有什么，而在旁的林公只是微笑不语。我是发火了，对这位记账同事说：你是只吃饭不管事的吗？他的回答很巧妙：你在香港吃饭能管到广州的事吗？结果是这位同事提出辞职。

到了广州沦陷，《宇宙风》名义上算在香港出版，我不必再往来于香港广州而改为奔波于港沪之间了。在这期间，《宇宙风》还出了一个《乙刊》，它是在上海公开出版的，编辑工作由周黎庵担任，他是学法律的，但喜文墨，也有才华，且能处世。发行《宇宙风乙刊》的是大兴公司，它是我和承印我们书刊的中国科学印刷公司的一位职工曹君合组，地址就是他家的客堂间。《宇宙风》之外，我还办了一个月刊，名叫《天下事》，全登翻译文章，其时第二次世界大战已经开场，文章内容都是些军事外交之类，取材都从英美报纸杂志，花了不少钱订了一二十种。编辑请了朱雯，因为他的英文很好，又算是老朋友。但我不知道他是国民党三青团的分子，直到有一天早晨看报，看到了有关于他的政治隶属的新闻，我才知道，于是老实不客气请他辞职。他脱离了《天下事》后，却去编了一种名为《国际间》的杂志。看这刊名，大有取《天下事》而代之之概。后来听人说起他在编《天下事》的时候，就和英国情报处有了联系，而且按后来的事实，可以说他是拿《天下事》作对

①据作者家属说，此人是早年从乡下携妻女来投奔陶亢德的亲戚陈维生。

外对内交易的，因为有一个在报馆作记者的朋友告诉过我，他看到过一张日方的刊物黑名单，其中有《天下事》一名。这杂志自始至终，在上海没有和中外当局有过瓜葛（它创刊于1939年，停刊于1941年）。

就在我来往于港沪之间的这个时期，汪精卫的与日讲和的密谋公开了。对于中日战争，像我这类细民，当然没有主和或主战的资格，但是意见是有的，不论正确还是错误，同时由于忝为一个期刊的主持人，拥有可以发言的讲坛，实在可以大发议论，大唱高调或低调。然而自七七卢沟桥事变到太平洋战争开始后我退出《宇宙风》为止，我不记得这刊物发表过主和言论，我个人则记得只在抗战开始时写过一篇几百字的短文，题为《闻战则喜》。言为心声，我写那篇短文说的是我的真实思想，不过不会写文章，写得辞不达意是一定的。我那篇文章的意思，是日本军人欺人太甚了，连我这种怕战争的人也拍手说打仗打得好了。不知什么来由，我对日本民族抱有好感，对英美人则有反感。我直到今天还有一个中日俄桃园三结义，同欧美较量一个高低，先驱逐洋人出亚洲，然后在科学文化上赶上他们超过他们的念头。在这东西相争中，我认为只好让日本为首，凭它的明治维新以来的成就，它是中日俄三人行中的师。然而日本的军人的贪得无厌的独霸东亚甚至整个亚洲的野心，却使日本这个卓越的民族为自掘坟墓而流汗流血！至于汪精卫，我自然不能说完全知道他的居心何在，但即使算他是为国为民吧，也是一个大傻瓜，你想和日本军人言和，你是不度德，尤其是不量力，同时利令智昏，看着日本军人的指挥刀当作棒头糖，也看不清中国人自天子以至庶人，对于最起码的西洋人肯低头弯腰连说“也是”[①]，而对于日本人呢，哪怕是他是圣人，也要在心里暗骂一句“小鬼”，尽管面露笑容，口说“遵命”。汪精卫的讲和资本有限得可怜，除了由于历史关系算是国民党最大元老之外，至多有一张能够侃侃而谈的嘴和写得相当好的字和诗词，然而单凭这些能使手执钢刀的日本军人和你平起平坐称兄道弟么？如果有法术使当时当权的日本人说真话，那话一定是谁要同汪精卫这个纸糊大人物讲和。不过蒋介石既然不来，那么和汪玩玩也何妨，况且说不定蒋怕汪真讲成了和取自己而代之，一急之下，出而求和呢。当然我不能说汪真糊涂透顶到成了亮眼瞎子，然而即使他是天下第一聪明人，利总能令他昏聩啰。

有一年（记不清是1938或1939年了）我在上海处理社务多留了一个时期，朱朴也来上海了，好像樊仲云也来了。樊仲云家在上海，朱朴则寓居于岳家。这时候汪精卫已离开重庆飞往河内，所谓艳电已经发表，朱、樊二人是汪的爪牙，按理说，我对他们应该敬鬼神而远之，即使为了苟全性命于乱世，那时候汪派中人死于被暗杀的已不乏人，例如穆时英就据说为了加入李士群的《国民新闻》而被枪杀于黄包车上。我诚然不是汪派，但和汪派嫡系的樊、朱过从，甚至同上茶肆酒楼，不会视为汪派，请吃子弹么？至少如对樊、朱开枪时，不怕流弹吗？然而我竟能不但不避嫌疑，甚至不顾生命同他们来往，到今日挖一挖思想根源，恐怕在于个人主义。我的“闻战则喜”，本来不过出于一时义愤，假如战争打得像个样子，那么即使胜少败多，总还使人有劲；如果连战连败，甚至不战而败闻风而

①“也是”，英语yes。

逃，那就使本无多少热情的心灰意懒，士气消沉了。何况事情又使人在经济上很受损失。

有一天，朱朴忽然来看我，说昨天才从香港来的。他邀我出去，同到辣斐德路一个姓叶的家里，这位叶君据说是他的香港同事，人和家眷还在香港，这所房子暂时没人居住，可以做临时编辑部。“编辑部”？什么编辑部？原来他这次来上海的任务是出版一个文摘似的刊物，已经定了一个名字，叫作《时代文选》，请我编辑，报酬从丰。他说完递给我一串钥匙，这所房子的，一百元钱。我说我不缺钱用，也没有空做编辑。他说那么给刊物介绍一个印刷所总可以吧，钱，你且收下，万一有需要就用。接下去他从皮包里拿出杂志创刊号的用稿，记得的有郁达夫的《毁家诗记》、胡适的一篇什么文章，以及宣传“和运”的《艳电》和《举一个例》。我明知这刊物的目的，却竟介绍它去中国科学公司排印，而且这一百元钱当夜就输了个精光！

《时代文选》一出版之后，知道是我介绍印刷所的人，当然对我有所责备，我也后悔不及！在骂我劝我的人中，有一位作家的话最使我感动，并且照了他的教言做去。

说来很奇怪，我们的刊物可以说遍请国内诸名作家撰稿，却始终没有请过这位名作家写过文章。什么道理我始终想不出来。在政治上，这位作家和反动派一无瓜葛，他诚然与我们不相往来，但绝无仇怨，不仅此也，他还是林和清的朋友，两人合办过刊物呢，我的得识荆州，就是有一次他们在广东茶室“虹庐”饮茶，和清邀我也去，才认识他。

关于我误介绍《时代文选》的事，喝茶时大概谈起，我痛自谴责，这位作家给我两句忠告：“过而能改，善莫大焉。”“过则不惮改嘛。”这两句话实在也平常，但他说的时候的敦厚亲切之情，却感我肺腑。[1]

我与朱朴自此不相往来。记得有一次他打电话给我，当时已经“还都”，报上登过他任伪组织交通部次长，我一接电话，就听得出是他声音，但故作不知，问他找谁。他恐怕也听得出我的声音，顿了一顿，说找陶亢德。我迟疑了一下，回说人不在，随手把电话挂断了。从此他不再来找我，也不再来电话。谁知冤家有孽……

---

①《时代文选》创刊于1939年3月20日。这位作家是指巴金。

从人间书屋到亢德书房

从《宇宙风》迁到广州，广州沦陷后名义上在香港出版实际在上海排印以后，我对《宇宙风》渐渐有了“二心”。这大概是由于长期抗战期间，刊物受到经济上损失无疑也是长期的。假如这刊有大力后盾，编者又不是靠它养家活口，或者大义凛然气节高超，可以无所谓萦心于它的经济。我，偏偏又都不是，鼠目寸光，只注意个人和一家生活。若《宇宙风》仍像初创时由我一个人独断独行，大概可以维持下去，但是现在有了一个林语堂的胞兄在侧（林憾庐是个大事不糊涂的好人），尽管林语堂声称为了防止他的老兄拆烂污，临时和我订了一份合约，和清先生也不管《宇》务，但是他的不管，比管还令人不愉快，他对职员有点煽风点火，他自己则隔岸观火。上文所记我问管账的为什么多天不记账他竟回说不记就不记，我就怀疑他是受人唆使。这人原是我的亲戚，但因为能力低性气怪，我待他就不及待别人那样客气。平常他并不倔强，现在竟率先发难，令人不能无疑。

《宇宙风》既已摇摇欲倒，人间书屋本是出于一时理想，出版老舍的书虽然销路很好，但实际是为老舍服务，版税特高，书价特低，丰子恺先生的《艺术漫谈》销不了多少本，我的三百元资本到底能否保全已成问题，想它赚钱盈利供我和一家衣食是不大可能的。于是我办了《天下事》，它虽然是译文杂志，但与《西风》截然不同，一则我不欢喜看人学样，和它抢生意也非道义所许，但是《天下事》的销路不怎么好，仅够保本，这刊物后来我在香港还出了一个港刊，内容和沪刊的不同。香港出版刊物要三千元港币保证金，我无此巨款而竟能在港出版者，是靠旅英的蒋彝（重哑）和熊式一等人的帮助：他们向英国情报部方面说我这刊物完全为抗轴心作宣传，不要别的支持，只要免缴出版保证金，以及寄赠一些英国报刊。

这个《天下事》一出版，终于导致了我和林语堂的分手，退出了《宇宙风》。《宇宙风》和《天下事》港刊都在内地销售，办法是寄纸型到内地，在一家书店付代价若干，印刷发行，盈亏我们不管。这家书店记得叫民生或新生，老板姓戴，店在重庆。他做这笔生意当然在于谋利，我们则以卖纸型所得增加收入以资挹注。我对于民生寄来的纸型费，收入时的确存了私心，虽然并没有舞弊。营私之道，是拿汇来的不说明是《宇宙风》还是《天下事》的纸型费，第一次的作为《天下事》的，第二笔才作为《宇宙风》的。这样一做虽然不过有先后之分，港币不贬值，没有使《宇宙风》损失一点，但我的先私后公、私而忘公是不能否认的，不过因为并不舞弊，所以还是坦然处之。大概就在这个时候吧，我接到林语堂一封信，信上谈到《宇宙风》应该会计独立。措辞轻淡，看似闲文，但我看了却另有感触，我疑心林憾庐向他弟弟告了我一状，很可能诬陷我账目不清，营私舞弊，不然的话，为什么林语堂忽然提议会计独立了？我越想越生气，越想越不能再合伙下去，就写了一封回信，说《宇宙风》以区区五百元资本，出版迄今，已赚了不止十倍的钱，这，在我想来，与处处精打细算不大脚大手有关，如今天要会计独立，明天要编辑有部，请问哪来的钱请人聘员，结论是提出拆伙，或者我退出，或者他退出，不退出者负责偿付现在未付的印刷欠账，此后如有盈余，给予退出者三分之一。我自以为这办法是公允的，提出保留盈余分红，在我是为林语堂着想，因为照我看来，《宇宙风》由他老兄经营，只有亏损的，因为和清先生是不拘细节的诗人之类，但如由我经办，虽然形势已非，可能还能够立足甚至于略有盈余。信去后，林语堂来了一信，这次的信却大发雷霆了，说：谈不到什么你退出我退出。这样盛气凌人的信，我当然受不了，当即拟了一个脱离宇宙风社的声明寄给了他，一方面我也应该说我上次的去信是殊欠客气的。

论林语堂这个人，就对我而论，我要诚心地说：他是一个好人，至少不是糊涂人（鲁迅说他糊涂，恐怕是指他的对大事）。第一，他大概知道他和我的关系不是主奴关系，从将《论语》交付给我起到会计要独立的信为止，他对我从来没有颐指气使呼幺喝六过，当然，这也可能由于他知道自己吃的是现成饭，所以即使心里有许多不高兴的地方也隐而不发。还有，他可能看出我是“穷人大肚皮”，不怀疑我在金钱上作弊。《宇宙风》第一次结账时，两人大数目平分之后，有几十元零数我给了他，他客气了一下，但到后来还是为此送了我两盒雪茄烟。还有两件事，我以为是他对我无恶感的表示。第一件是抗战时他第一次海外归来，经香港逗留几天时，众多访客中有我的友人周新，据他后来告诉我，他亲耳听见他问憾庐：“亢德不在香港么？你没有通知他我回来？”第二件事是我已经“附逆”之后，在重庆的友人吴铁声[1]曾同又回国来的林语堂谈起设法使我到重庆的事情。林说：“政治上我可以负责，你叫他放心来好了。”吴君写信给内人，她写信给其时在东京“研究日本文化”的我。结果我辜负了他们的盛情，没有去重庆，不去的主要原因，是我的迂腐脾气，既已附逆有据，有何面目再见。次要的原因是安家之费无着落，林语堂除了政治上外，在经济上他也是可以帮助我的，但是我知他这个人沾别人的便宜不会有心，要他资助别人他可也无意的。而我呢，虽然已经做了汉奸，还是只赚薪水过活，没有捞到一大票横财，可以离家远走再去抗战。总而言之，说林语堂认为我是一个好伙计，大致不会错误。他有一次去苏州访沈三白墓，在苏州读书陪他找坟的周君问亢德怎么不来时，他的回答是他是讲经济实惠的，哪会做这种无谓之事。他的实际意思是说我是不懂风雅的俗人。

我对林语堂可以说自始至终没有什么恶感。他为人不奸诈不霸道，倒是他的风雅，我却有些反感。他的钦佩沈三白，拜倒李香君和芸娘，特别是爱芸娘，不免使人有些感到所谓肉麻，但是您若细细一想芸娘的为人，再知道一些林语堂夫人，就不难明白。林语堂夫人是留学生，说得一口英语，称丈夫总称为Y. T.，对他的生活等等也照顾周到，例如林语堂的雪茄烟总由她置备。然而这位林夫人绝不是中国书上称赞的佳人，外文尽管好，中国古文恐怕不大行，虽能接待外宾或周旋名公巨

---

①吴铁声（1908–1989），字亮臣，又名岳彦。浙江嵊县（今浙江嵊州）人。1930年进入中华书局编辑所工作。1940年曾与朱雯合办《国际间》杂志，后为日军拘捕，脱险后到重庆，仍在中华书局工作，兼任国立编译馆编审等职。抗战胜利后回到上海，先后在中华书局和中华书局上海编辑所工作。

卿，却不能吟诗作赋，相貌虽非丑陋，却欠妩媚婀娜。总而言之，她不是中国书上的佳人，而林语堂则渐渐地以中国古才子自居。不过他的教育和郁达夫所受的不同，所以才免于闹出风流事来。不敢钟情于活美人，只好寄柔情于古人了。

我并没有把林语堂当作东家或主人，也不能拿他做朋友，他创办了三个杂志，都是我负的责任，我只忠于我的事务，勤于职守。它们的销路在当时说来，都可以说很好，这，应该归功于给它们写稿的有名无名的作家，同时林语堂的牌子和才智也有关系，至于负编辑责任的我，既乏才又无学，说不上有什么贡献。世界上没有编辑学校，我在接编《论语》之前，虽在生活周刊社工作过二三年，做的并不是编辑工作，所以对于编辑之道、怎样做好一个编辑，我没有经过学习，有什么心得诀窍？我只知道要对写稿者恭敬殷勤，不管他有名无名，来稿赶快看，能用的马上通知，不能用的立刻退还，对于未成名作者的文章，我采取先宽后严法，就是文章虽不能说很好很好，但若显露着哪怕一二处好的苗头，例如文字好，有巧思，或者作者的生活特殊，就立刻告诉他可以发表，并希望他源源赐稿。但是对于第二篇来稿如不比第一篇出色，我就马上退还，也不再说仍望源源赐稿了。

我这个编辑方针的好处，是可以鼓励有才华者继续写作，不至于初出手就被冷淡，从此无意动笔。

《自传之一章》

我编《宇宙风》……[1] 是我的生活来源。当时的杂志如能销到五千册就可“归本”，即不亏本，《宇宙风》在我手里每期销数总在万册以上，所以两年之内，是颇赚了一些钱的，而且还有广告费收入，我记得五洲药房登过一年或半载的全页广告，不打折扣，不付佣金，每期五十元十足实收。《宇宙风》印有登广告的合同，请了一位姓杨的通洋文的先生向洋商兜广告，美商电话公司是客户之一，每两期登一次，除去折扣和送给兜得广告者的酬金，实得不会超过定价的一半，所以五洲药房的每期一整面不折不扣付费是我们的一注好收入。我不是跑广告的专家，和五洲药房没有一丝关系，它的惠然赐顾，是靠了我的一位本家的帮助。他名镛号在东，是我的叔伯辈，但陶家堰只是他的祖籍，他本人生长湖南，一口湖南话，乡音已经全无，但绍兴话大概还听得懂，他做过浙江省许多县的知事或知县，最后一任是杭县。就是在他当杭县县长时期，我才闻到他的大名，那时候他的下属中有一个当庶务主任之类的属员，是我的近房堂伯父，每当岁底年边，他必奉了县长之命，带了一二百块现洋回乡，周济族中贫困本家，在一起过了二十夜之

①此处手稿佚失一行。

后，族中贫困者就望在东先生的这位放赈大臣如大旱之望云霓。也是在他在杭县任职的时候，我进过一次杭县衙门，那是一个大冷天，我从西兴坐轿过江到杭州，脚冻得僵硬，简直下不了轿。杭县衙门的景象，只模糊记得进门的一间高大寒冷的厅堂。

我之认识在东先生，是在他交卸杭县在沪做寓公的时期，他在前清中过一个什么，做过什么部的部员，有不少故事可写，他能写又喜欢写，于是烟余之暇写了不少篇很有趣味的掌故给《宇宙风》。他虽生长异乡，但对故乡的情分很不浅，看我这个不学后辈在十里洋场上办一个也可以说是相当出色的刊物，就介绍了我去见五洲大药房的经理项君。他是写的信还是名片我已经记不得了，只记得似乎非常容易，项先生看了一下他的介绍信或介绍名片，提起笔来就签了刊登全页广告的合同。

在东叔有两子，长亚东，次华东。亚东是金华那边的法官，为日寇所害，记得他离沪前夕，来宇宙风社和我相见也是辞行；华东名清，是内科医生，毕业于圣约翰医科，他的医术固然不错，医德也极高超，看病极细心周到。

《宇宙风》出过几个特辑，略值一谈的有日本特辑和关于苏联的一组文章，这两者后来编成集子，一名《日本管窥》，一名《苏联见闻》。

《日本管窥》特辑的作者，是留学日本的前辈作家，周作人当然给写文章，郭沫若好像也有一篇。这一期的封面是张振（正）宇的杰作，不多几笔，画出富士山和神社进口，颜色是红和黑，很有神气，极为触目。刊物出版后过了一个时期，我们收到了从日本寄来的一张相片，前排居中坐着的一位日本人，手执《宇宙风》，刊名也照得清清楚楚。照片反面有一位名林出贤次郎的几句说明。这位先生的汉字写得很好，是日本外务省的“御用挂”，后来我到东京时特为去外务省拜访过一次，那时候他已经是个老人。

关于苏联的文章，不记得怎么组织来的，只记得有许多复制照片（其中有一张列宁的童年，很好看），反面有戈宝权的说明。出这特辑时高尔基逝世不久，一篇文章题目上有他遗像，但印颠倒了。赐稿诸氏中有一位于炳然先生，后来他回国到上海，下榻北四川路的新亚酒店，打了一个电话给我。我跑去拜访了一下，承他送给我一大本画集。在座的似乎有他的夫人，姓李（?）。

我们登记述苏联的文章，原不在于表示亲苏，但当然决不是旨在反苏。然而事有出人意表之外者，《宇宙风》后来在马克思主义者心中似有反苏嫌疑。什么道理呢？那是由于我们刊载了诗人戴望舒翻译的纪德所作的《从苏联归来》一文。

我不知道纪德的政治观，我只读了他的这篇文章，觉得不错，不管他对于对斯大林的个人崇拜有所批评。我对苏联和斯大林无恩怨可言，纪德的批评在我看来是恰当中肯的，我何必有所顾忌而不发表呢。看文章，纪德不是反苏仇斯的，倒可以说他是对斯大林是爱人以德哩。

《宇宙风》还刊行过“别册附录”，以同类文章印成小本子，赠送长年订户，同时零售。记得的有《她们的生活》，作者都是女性，谈她们的生活经验；《鸦片的今昔》，《贪官污吏传》。

我最得意的一着，却是《自传之一章》。

我自己非常喜欢看传记，因此就想使人也看。编《人间世》时，请郁达夫写过自传，他写了几章。《宇宙风》创刊号上郭沫若的《初出夔门》，原是他自传的第一章，可惜没有继续写下去。

《宇宙风》的《自传之一章》这个题目的征文，我还有一个打算，就是想请作家以外的名家写文章。于是有了蔡元培、叶恭绰的《自传之一章》，他们都是政治家。介绍我去找叶先生写稿的，记得是宋春舫，是到他的家里。我想请梅兰芳写自传，叶先生介绍我去看冯耿光，冯先生与梅先生交谊甚深。冯先生告诉我，梅氏现在国外，即将归来，归后再和他谈吧。告辞时我问了冯先生一句："您有没有'南海冯六'的笔名?"我怎么会问出这样一句问话的呢？我在苏州时读的《小说世界》有长篇名《剧盗樊德摩斯》，写他的制服大侦探福尔摩斯，内容惊险紧张神奇莫测，我到现在还想放下任何好书重读它。这小说用文言翻译，极动人，译者名"南海冯六"，我知道冯耿光人称冯六爷，又仿佛是广东人，所以才有此孟浪的一问。他回说不是。[①]

《宇宙风》的传记文章中，最出色的是冯玉祥的《我的生活》和陈独秀的《实庵自传》。《我的生活》是我去信约写的，时在夏季。当时冯氏是国防委员会副委员长，人在庐山。我"好戏作乐"地写了一封信给他，原连回信也不期望有的，更不要说答应写稿了。谁知事出意外，不但马上复信，而且俯允寄稿。信大概是冯氏亲笔，字很大，署名冯玉祥三个字更是大。稿，字迹不一样，字写得很好，但显然不是冯氏手笔，但有涂改处，则明明是冯的大笔，后来知道写稿者是吴组缃。

《我的生活》写得好极了，写那时代当小兵之苦，读了令人酸鼻。那时候林语堂已在美国，我和他商量冯氏自传的英

---

①"南海冯六"应是女作家柯岩（本名冯恺）的父亲冯建纬。

译，他推荐留美学生高克毅君执笔。这计划给陈衡哲先生知道了，曾来信主张英译时太丢中国人之脸的地方要从略。

《宇宙风》还登载了陈独秀的自传《实庵自传》。我同陈先生不相识，也向无交往。那是上海亚东图书馆主人汪孟邹先生拿来的稿子。我和汪先生也不相识，记不起他怎的以陈先生的自传稿给《宇宙风》发表。我只记得他坐在我的左手，打开一卷盖有南京第一（?）监狱检查讫的蓝色图章的稿子，说明原稿要还给他（汪氏）。陈独秀大家知道他是共产党托派领袖，那时关在南京，和一个外国共产党人牛兰。《宇宙风》无党无派，刊载共产党托派头子的自传是否适宜？我接稿在手时当然要考虑，但决定接受发表，我无党派人所共知，陈氏自传又非宣传之作，特别是开头部分，毫无政治色彩。

《实庵自传》从监狱中寄来过二三次，全面抗战作者获释放后去了四川江津，为了续稿，我写过几次催稿信，大概催得过急了，作者发了脾气，记得一封复信上大意说我抗战也来不及，哪有闲空写什么自传。他有脾气，我也有脾气，从此不再去信，《实庵自传》就此中断。发表的不及冯玉祥的《我的生活》多。《我的生活》印过薄薄的两册，销路很好。

不以作家著名的名家中，还有蔡孑民先生也赐稿，后来《宇宙风》汇集《自传之一章》出单行本时，封面书名就用的蔡先生原稿上的字。蔡先生当时是中央研究院院长，林语堂是中央研究院的秘书什么，蔡先生的稿子是林氏所求而得。抗战期间有一个时期，蔡先生住在九龙，1941或1940年，我曾由他的亲戚我的朋友周新晋谒他于九龙寓所。[1] 他给我的印象是

---

①蔡元培去世于1940年3月5日，作者拜访他的时间还要再早些。

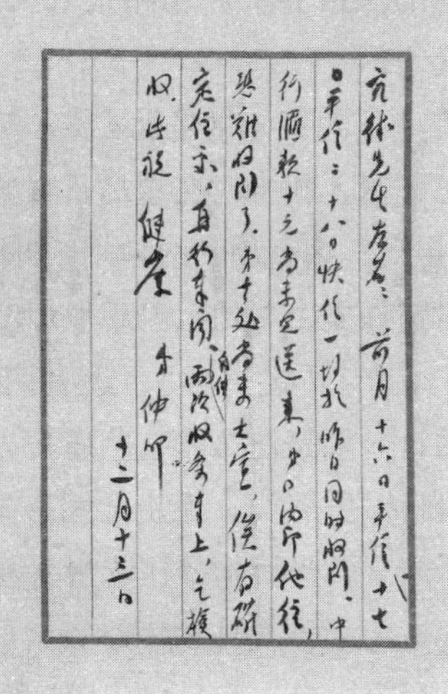

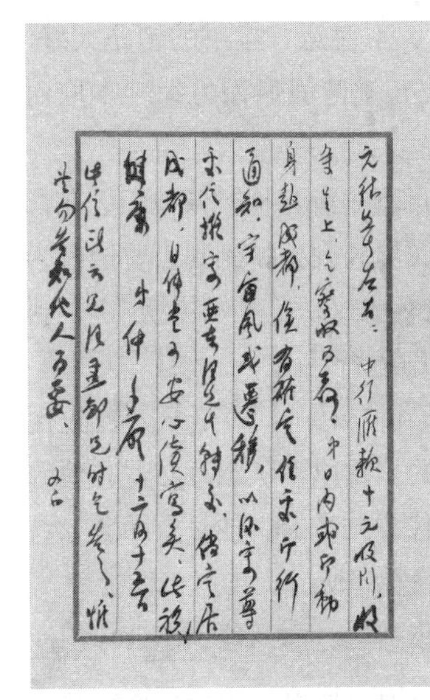

1937年12月13日、12月15日陈独秀致陶亢德信（中国嘉德2013年秋拍）

仁厚、雍容、宁静，面色红润，肌肉丰腴。听说他午饭和夜饭各饮绍酒四两。蔡先生不多说话，我冒昧问起他同鲁迅先生的关系，他只淡然回答在德国时他托过代买几本德文书。他为人圆通，好与人方便，据说请他出封介绍信他从不拒绝，而且请他写被介绍者是他的至亲好友，即使事实上非亲非故，他也无不照写，而因此，他的介绍信也就没有什么效用了。

这天陈衡哲先生也在蔡寓。她经人介绍，为《宇宙风》写过一篇《自传之一章》——《我的舅父庄思缄先生》。抗战期间，她有一个时期旅居香港，当她住在陆海通旅馆时，我常去和她闲谈。她是留美女学生老前辈，出过一本文学作品集《小雨点》，似是新月书店出版，在商务印书馆出过世界史的教本。

她告诉我，王云五有个特别脾气，不愿意一本书的销路太好，她的《世界史》销路很好，王云五就请何炳松另编一本取而代之。

任鸿隽先生是她丈夫，后来也到香港，那时候他们已在九龙住家。我当时在星岛日报馆编《星岛晚报》副刊，曾经有为《星岛》编一周刊的计划，并且已有成议，定名《星期六》，刊名请任先生写的，但后来却没有出版。

《自传之一章》，还有两篇值得一记，一篇是章乃器先生的，一篇是沈雁冰（茅盾）先生的。我原不认识章乃器，他的《自传之一章》，系由邹韬奋先生代我约来的。他是救国会七君子之一，当时拘禁在苏州高等法院看守所。

七君子是沈钧儒、邹韬奋、王造时、章乃器、李公朴、沙千里、史良。我只认识邹韬奋，写信给他请写一章自传，顺带便请他代约沈、史六位各写一章。结果，邹先生自己没有写，别的六位中也只有章先生写了一篇来。七君子在上海被捕后，曾在上海马斯南路的一个法院开庭审讯过，时间却在晚上。我曾闻讯到法院想旁听，谁知不让任何人旁听，连被告的家属也不允许。

救国会是抗战的产物，我不是会员，但也是抗日组织的编辑人协会我是参加的，还算是常务委员。协会出过刊物，不会写文章的我也被拉投过一篇小文。编辑者谁，记不得了。有位姜君辰先生仿佛和这刊物大有关系。我本不认识他，但他离开上海不知到什么地方去时，竟然承他信任，将一只破旧皮箱交我保存。我给他保存了一个时期，实在屋小人多物不少，想把这只皮箱处理掉。怕其中或者藏有什么东西，不得已擅自打开，打开一看，别无他物，只有一个毫无用处的小东西！

另一篇值得一记的《自传之一章》是茅盾的。沈先生这篇文章，字写得工整得很，我曾珍藏至破四旧时才失去。沈先生晚年为诸多刊物写刊名，我曾戏对一位朋友说过：沈先生的字如果价值一字一元，那么我本拥有一二千元。我只在广州和他见过一面。那是他从武汉到广州，我请他吃了一餐便饭。吃饭时他谈到粤汉路上避日机轰炸下车躲避的情景，虽然没有吓得我出了一身冷汗，到底使我更无勇气去武汉了，尽管我是应该去的，即使只为了刊物和本人前途，且不说当时老舍曾三信五函地促我前往，孟斯根的不断促驾。老舍是责我以大义，孟斯根是要我践曾允他编一刊物的前约。

还有一篇《自传之一章》也趁便一提，作者是当时香港舞女李丽。我不会跳舞，也没有在香港任何舞厅摆过“拆字摊”，李丽的写稿是《大公报》记者杨纪的介绍，他其时鳏居，身边只一爱子进出追随，据说他很爱李丽，有娶她的热望，捧她不遗余力。我之允他之请约李写稿，实在并没有醉翁之意，也不以为她可与当时林语堂为文介绍过的美国名舞蹈家、《邓肯自传》的作者等量齐观。我虽不才，舞蹈家与舞女有别不是一点不知道的。我之约李丽写自传，实在是想，像她这样的人，很可能有些特殊的经历，未尝不可以供读者一爽胃口。结果，文章写得不大可读，而且续稿迟迟不来，我只得请杨纪先生转告作者停写（其实很可能是杨君代笔的），预支稿费一百元虽然算来应该退还大部分，实际终于放了汤——损失了。

“黄金时代”的回忆*

1941年中秋节，我从香港回上海。原来的打算，是事务一完就返香港，而且船票也已经买好。谁知日本突袭美国珍珠港，日美开战，沪港交通断绝，使我无法南行，只得留在上海。从此，我就生了根似的长住上海，从此，我一为汉奸，再成右派，劳改（当时原没有劳改这个名目，为行文顺溜乃用此名）而又劳教，吃尽苦头，害透妻孥。等到“事过境迁”，苦尽甘来，我已病入膏肓，气息奄奄了。

1931年是对我一生极有关系的一年，1941年也是对我一生最有影响的一年。前者的影响，可以说是大有利的，使我进了生活周刊社，也就是从此进了文化界，实现了我想做文人的幻梦的一半。十年中名利兼有，所以30年代可以说是我的黄金时代，不过更确切些说，这十年是我的“得马”时代。

《生活》周刊的编者邹韬奋先生，在我进《生活》周刊时还不是伟大的人物，他编辑的周刊却已经是个空前也许绝后的刊物了。刊物之能够这样杰出，当然应该归功于它的编者，这也就是说邹韬奋作为编辑论，是前无古人，后亦恐无来者的杰出的编辑。《生活》周刊的销数超出当时销数最大的《新闻报》，

*手稿原题“沦陷时期”，据文意改。

达十多万份，确是惊人的，尽管太惊人了，使人不能或不肯相信，例如胡适就不肯相信，说据他的友人邵洵美告诉他，《生活》实际只不过每期销三万多份。一个刊物或一本书的销数，自然不能定其价值，甚至也有内容远不及甲的乙刊或乙书，销路或印数倒是十倍百倍甚至千倍于甲刊或甲书的，试举一例：1980或1981年，北京中华书局出版过一本《蔡元培年谱》，只印了五千本，而在1982年春的一天报上，登着近二三年来，《福尔摩斯侦探案》印数达八百四十五万册，真是乖乖不得了呢！

韬奋编《生活》周刊，以“有趣味有价值”为号召，但是所谓趣味价值，到底怎样解释，恐怕也只好说仁者见仁智者见智。如果有趣味是说看了就会哈哈大笑，那么《生活》周刊是没有这种趣味的，价值云云也很难说。照我看来，标语口号不过是标语口号，而且是有些抽象的。《生活》之能从一二千份畅销到十多万份，原因所在，我看是内容的合乎情理，每期刊登的文章，从韬奋的《小言论》到《信箱》，论的说的，都不是什么奇文，但是老少咸宜雅俗共赏。一个刊物要编得好，编者必须心里有个主意，若只想迎合读者，必定劳而无功，因为人心不一，张三爱看这样，李四好读那样，你有天大本领，能够尽如人意？倒是我有我的主意，我写和我选我以为然的文章反好。当然，这里要能我心合众心，不能胡说八道，瞎三话四。我们当时读《生活》周刊，只觉得篇篇可读，读时不会使你拍案称奇，也不会使你皱眉摇头。论韬奋的文笔，不见得怎样不凡，有时还有庸俗之处，不见得语句惊人，但觉得娓娓动听。文如其人，韬奋的为人，假使许我评论一句的话，我说他是温良恭俭让的，当然这只是他的主要方面，或者说他兼有智仁勇。读者读《生活》全部，不是为听伟人的说教、名人的传道，而是为听一个朋友的谈家常、诉近况。

1981年，《参考消息》有一篇略记美国《读者文摘》创办人华雷斯逝世的报道。[①] 华雷斯夫妇创办《读者文摘》，出版之初，只有五千份销路，到他死时，销路在他本国已达一千多万，还有海外版用外文出版的（香港就有《读者文摘》华文版）也有一千多万销数。这刊物我在40年代也曾看过几年，内容并没有凶杀色情，不诲淫诲盗，无惊险幻想小说，只是无所不谈，谈的多有关生活，好像都和读者有切身关系似的，无所不论，但论得和平公正，并不舌剑唇枪。另一特色是将原来的文章，不但缩短，而且改得易读，有一位常被文摘的著名作者其文在我实在难懂，但一经文摘，却明白如话。从这个刊物的惊人销数来看，我们或者可以窥见美国人精神的一斑——不是只讲金钱、男女的。

韬奋看过《读者文摘》没有，我不能确说，但我没有见他带到社里来过，而他是常取材于外国刊物写成文章的。很可能当时《读者文摘》还没有风行海内外，同时韬奋爱惜公家的钱，不是随意乱买价钱很贵的外国刊物。

我的谈《生活》而涉及《读者文摘》者，是我觉得《生活》内容和《读者文摘》有仿佛之处，不过这决不是说韬奋模仿华雷斯，而是两者的都能成为老幼咸宜雅俗共赏的刊物，由于编辑者的精神思想与大众的精神思想正相契合，他俩不是“迎合读者”获得读者，而是以其合乎人情合于民心的内容使读者“一拥而上”。我们可以断言，如韬奋能享华雷斯那样的高寿

---

① 《参考消息》1981年5月9日刊出报道：《美国〈读者文摘〉创办人华莱士逝世》。

(九十多岁),《生活》周刊必能销行几千万册甚至一两亿册。

我识韬奋先生于1931年，见他最后一面是在1941年。地点在皇后大道大华饭店楼下门前。他扶着手杖，慢步走来（他有脚气病的，那时大概在发病），我和他迎面不期而遇，他客气地问我还在写作吧。我对答了一两句，匆匆而别。实际上我这时候已经猜想到他对我早有不好的看法，他出国之前的将我介绍到上海文库工作，多少有些政治思想上的含意，虽然我始终别无用心，绝不反对革命，绝不反对社会主义，但我的性格相当不羁，我的思想有些复杂，1933年韬奋的出国，不过提前促成我的脱离《生活》罢了。

却说1941年中秋节，我从香港回到上海，这次坐的是太古或怡和洋行的船，船在厦门停泊时间很长，使我有机会到了一次鼓浪屿。

到上海是中秋节，天气热得很，我穿一件派力司长衫（所以记这一笔，是因为据说当时上海有一种"汪派穿派力司长衫"的传言，我恰巧别无较好长衫）。在十六铺上岸，妻和大小孩在接。对面停有招徕主顾的出租汽车，估计到我家不过一元左右，比分乘黄包车贵不了多少而快速，所以虽然没有什么行李，就和妻子说坐汽车回去吧。我正要穿过马路，忽然上来一个短健男人，说："我给你拎箱子过去吧。"我说小小手提箱我自己能拿，他却不声不响，用他有力的手使劲一捏我的手腕。我觉得有些痛，再看看这个人的一副凶相，登时想到听说过所谓三十六股党，他们在轮船码头，以给人拿行李为幌子敲诈勒索，你如果"不识相"，就会抢走你的箱笼物件或者动武伤人。我没法，只得奉命遵办，把一只手提箱交给了他，劳他走了一二十步路，给了比车钱还贵的酬劳。

我这次回到上海，正经事务是印刷三种亢德书房的书籍运到香港转运桂林。

我在亢德书房之前，有过一个人间书屋。人间书屋虽然也是我一个人出资出力，但由老舍出稿，所以是合伙的（关于人间书屋，详见另一章）。亢德书房却完全是我一个人的了，出版的书，计划的是译而不作，就是只出外国书的译本，但不译文艺书。我不知从什么时候起，有读遍天下奇书的“大志”，而且有与众共欣赏天下奇书的“宏愿”。其实这当然只是空想梦想幻想罢了，哪里能够遂志如愿。

亢德书房从头至尾，只出了三种书：第一种《西洋杂志文观止》。这书分成四卷，原本是美国《读者文摘》的文选集，厚厚一本，有上百篇文章，我把它一分为四，分请何文介、汪德伟、周霭华三君各译三分之一多。文章的确读来有味且有益。所以名为《西洋杂志文观止》者，自然由于《人间世》有过“西洋杂志文”一栏，“观止”当然仿《古文观止》。第二、三种是《在德军后方》和《在英伦前线》，那是应时的东西，其时正当第二次世界大战中期，作者记不得是谁了，但总是英美记者，内容当然偏英反德的。出版后销路不好，因此想添印若干运到抗战后方，或者可以销去。除了亢德书房出书之外，我还办了《天下事》港刊，“本命星君”的《宇宙风》呢，也添出了一个《乙刊》，《乙刊》由周黎庵君主持，没有称为“甲刊”的原《宇宙风》呢，编辑在香港，但在上海秘密排印，不过不在上海销售，而是运到香港，香港之外，另外销售南洋若干，总的销不多，不够一切开支，挹注办法是拿纸型卖给重庆一家书店，收钱若干。《天下事》港刊也是用这方法，才能入足敷出。购买纸型的那家出版社，记得名叫新生，主人姓戴。两副纸型售价多少，记不得了，价格当然《宇宙风》比《天下事》贵些。新生的来款，不免拖拖拉拉，总要先后分批汇来。就在这个上面，我暴露了我的自私之心。例如新生汇来一笔钱，我若先人后己，应该先由《宇宙风》收入，有余才归《天下事》（实际上来款总是不足而绝无多余，也不是恰好如数的）。那是上、中策，我却采取了下策：《天下事》先收。有时也用中策，但不多取上策。当时在香港不感觉贬值问题，我以为先后罢了，并没有便宜吃亏问题，便觉得心安理得。其实这全是主观，客观上到底不合道理的，何况当时还有人在旁“虎视眈眈”，即使我取的是上策，也不一定能尽如人意。有人存心要找你麻烦，你是无法幸免的。

这人是谁？姓林名和清，笔名憾庐，林语堂的三哥。憾庐实在是个好人，也是诗人（他写过诗）。诗人气质很重，在性格上，和我这个商人是格格不入的。他本在故乡，到1936年林语堂出国之前，才举家迁来上海。他来上海干什么？据林语堂妻子闲谈中告诉我，她这位大伯子是个拆烂污朋友。据说憾庐在为顾客服务时（他似是牙医或钟表修理业者），常常一听到屋里他夫人的一声“和清啊”，他不管三七二十一，应声拔脚就往里走。一般人家，嫂子或弟媳妇对夫兄或夫弟总多不满之辞，何况憾庐身价不及兄弟远甚，难免“刮削”老弟一点，所以我听了只是微笑。不过憾庐对他夫人的爱情之深，却由我眼见的事实为证。例如他常买鹌鹑蛋代鸡蛋以补养她。鹌鹑蛋比鸡蛋贵得多，他不是富翁，她不是病人特需鹌鹑蛋营养。

至于憾庐的诗人气质，即林语堂夫人所谓的拆烂污行为，可举一例。他到上海后办过一个内容近乎思想政论的刊物，初版还没有销到大半，他就再版了好几千份。这在商人的我看来，真是唯恐不亏本的荒唐之举，忍不住进言劝他且慢再版，至少少印一些。但他哪里肯听。这个刊物由三个人编辑，除憾庐自已外，一个姓梁，我不识其人也不闻其名，另一个却是久闻大名如雷贯耳的大名鼎鼎的名作家巴金。憾庐常和他在一家广东店虹庐喝茶，我叨陪末座过二三次，因而才认识了闻名已久的巴金。他给我的印象是沉默寡言而言必忠诚，这显得他的淳厚。我何以说他言必忠诚呢？原来那时候外面纷纷传论我是汪派，喝茶时谈起此事，我自然大为愤激，连声辟谣。巴金说不必激动，以后谨慎小心些就是了（大意如此），话虽泛泛，但态度语气很是诚恳。有一件相当奇特的事情，是巴金从未为《论语》《人间世》或《宇宙风》写过一篇文章，以我的求名家之稿之心的恳切，不会不向巴金索过稿，原因一定是巴金有巴金的主意，不屑为这三个刊物写稿。一方面呢，我的求稿不是死皮活赖的，我是请你的，你既然不肯赏光，那也就算了，而且说老实话，巴金的著名小说《家》，我迄今未曾看完过，在当时，他的作家位置，在我心目中不是前三名，至于他的散文，在我的名单上也不是名列前茅的。我喜欢老舍的小说甚于茅盾。这里我现在想想，大概由于老舍小说的题材别致，他的对话漂亮，写的人物生动。

除此之外，憾庐还办过一个翻译刊物叫《西洋文学》。

他到上海而且举家同来，到底来做什么的呢？听林语堂妻子的口气，分明不很甚至很不欢迎。林语堂没有和我谈过他这位哥哥的性情，但由一事看来，或者也不甚欢迎，甚至不无戒心。这一事就是林语堂出国前的和我补订合办《宇宙风》的合同。我和他办这刊物，各出资二百五十元，我月支薪水一百元，他不取分文；三月一结账，盈利平分。一次分红有个几十元零数，我说不必再分了，归了你吧，他当时并不客气推辞，但后来还是送了我两盒雪茄。

合同早已没有，大意是规定憾庐的职权和月薪。当时林语堂的说法，仿佛是所以补订合同，为了免得憾庐于无意中越权争执，至于若干薪水，只是叫他做点事情的应有酬报。……[①]

当时我毫不怀疑，到现在也不十分怀疑，我认为林语堂对我，从我接编《论语》、代编《人间世》直至合办《宇宙风》，一向没有什么机心，一切由我专断独裁，从不掣肘，在经济上他诚然不见得肯吃亏，但也不曾想占过便宜。我对他呢，固然谈不到赤胆忠心，我不是他的奴仆，只是以诚相待。我尽我心，我尽我力，把刊物办好。我不贪污舞弊，除薪水外，不多拿一分钱。彼此间虽然不能说是肝胆相照，但总可以说并不尔虞我诈。不过我忽略了一点：憾庐是他的三哥，他们是同胞手足，而我之与他，非亲亦非故。据周黎庵在80年代告诉我，林语堂当年去苏州同他找沈三白墓时，就问过他："你看陶亢德会不会是共产党？"我接编《论语》时在上海文库工作，上海文库之前在生活周刊社，这些林语堂当然知道，他还可能看过我在《生活》周刊上笑骂反动派的"文章"，甚至于或者看到过韬奋先生给写的《徒然小说集》序文。《生活》主编邹韬奋、上海文库主持人陈彬龢都不是共产党员，而不过是左派，林语堂当然知道，那么何以会怀疑我是共产党呢？这很可能由于他的推理：一、我的出身和经历；二、正当在白色恐怖吓得他不敢再编《论语》的时刻，我竟敢接编，"蛛丝马迹"，不能无疑。

我上面说过我和林语堂合办《宇宙风》，不揩油不舞弊。

---

①手稿此后佚去一行。

现在想想，这只是主观说法，在客观上，却不是一清二白的。例如以房子论，我有点社家不分，尽管房租照付，多少占了一些便宜；又如社用的一个送信送刊物工人，我总不免为私事差遣他。总而言之，在憾庐看来，我在《宇宙风》独断独行，俨如君主，而《宇宙风》呢，在他看来完全是靠他的弟弟起家的，统治大权应该由他来独揽才是。但要做到这点却不可能，于是他先用内部破坏手段。《宇宙风》于1938年迁广州，社址在盐运西街，我安排布置一切之后，憾庐率几个职工迁来。我在香港星岛日报馆编《星岛晚报》副刊，在港之日多，唯时去广州看看罢了。有一次我去广州，查看账簿，一看大吃一惊：好多天不记一笔收支！管账的是我的亲戚，我问他怎么不记，他竟死样怪气地答曰不记就不记啰。我自然不大高兴，说了他一顿。这时候憾庐袖手旁观，仿佛还莞尔而笑。我居港日多诚然不对，但他人在广州，月支薪水，有责任也有权力管管社务，而竟让一个管账的人多日不记账，我发现了发怒时，他竟视若无睹，冷眼旁观，在我看来，这种态度是极不可取的。不久之后，我们这位管账人员就离职回沪。

现在回想，我的办《天下事》、办亢德书房的思想根源，大概由于意识到不可能和憾庐共事，他如果无经营方针或商业思想，已经很难共事。他有赚美金的弟弟，可以任意拆烂污，我却靠刊物谋生活，一家老小衣食所系，不能不精打细算，而且他若只是不怕蚀本，我还有办法不让他做，但如暗中作怪，那才防不胜防。我所望于他者，自然是为我分劳。不得已求其次，只吃粮不管事也还不妨，但若不管事而坏事，又没有显明行动，只如白蚁的蛀空木头，老鼠的吃粮仓米谷又拉尿糟蹋，我可受不了了。

人与人的相处，一旦互不信任，一定愈演愈烈，终非图穷而匕首现，双方摊牌不可。就在1941年我返沪前后（记不清哪月哪日，在港或在沪了），接到林语堂一信，提出《宇宙风》应会计独立。不言而喻，这是说我在贪污舞弊了，不想可知，这是憾庐媒孽的结果。我虽然不是霹雳火，涵养功夫终究不够，接信后立刻去一信，说会计独立我也知道它的重要，迄今之所以未请一位会计职员者，以本社是五百元起家的小本经营，现在又处战争时期，销路大受影响，维持现局，已感困难，哪有钱来这个独立，那个专管？我的记账法确乎不合现代规格，但可以指天誓日，问心无愧，记账结果，只有忘记了零碎支出吃过多次赔账，没有捞过一文。事在人为，外国的我不知道，但我知道中国的企业厂商公私中，尽管会计独立，出毛病的还是常有，总而言之，我不赞同所谓会计独立，过去如此，现在如此，将来除非有份力量，还将如此。这不是我的存心不良，而是量入为出，不敢铺张浪费。先生明鉴，当可曲宥。不过疑心一起，必生暗鬼，彼此远隔重洋，我又不能拿肝胆寄到美国请你照个明白，为免后患，提议拆伙。你如愿把《宇宙风》办下去，我愿意退出，不谈别的，只求将来《宇宙风》大大赚上时给我一分红利；如你不愿续办，而我愿办者，办法一样；你我都无意愿办下去的话，关门大吉。人欠欠人，双方共负责；如一方愿维持下去，那么人欠欠人由他负责。林语堂接信后，给我一信，口气有些霸道了，大意是什么退出不退出，保留不保留。意思是你要滚，滚就是了，还提条件？结果我退出了《宇宙风》，后来在刊上看到了一个启事，那大概不是出于我的手笔，因为那启事大有免职令的味道。

我的退出《宇宙风》，自然是不是味儿，但和脱离《生活》

周刊有所不同。不过两者都是善始而不善终，都是由于有人从中作祟：艾寒松和林憾庐。不过现在想来，离开《生活》的原因大半要承认咎由自取。而且邹先生的一句“你若要回来可以找毕先生，我已经和他讲过”，即使是敷衍话，也多少表示了他的待人忠厚、感情丰富，即使不是表示他的自觉这一举的不大合乎情理，也是出于不得已。退出宇宙风社却是无妄之灾，而且林语堂的最后一信，有些盛气凌人。

我说我之离开《生活》多半咎由自取，并不是客气话。其时我年纪不到三十，年少气盛，锋芒毕露，又承邹先生格外垂青，竭力提携，明白说我文章比艾寒松写得好写得快（据黄宝珣告诉我），种种原因又使我有些少年得意恃才傲物起来。我的更大毛病，是中过旧小说的毒，以“敢于犯颜直谏”为善，而且又有撑硬头船的坏脾气，别的不说，只说两件事为证。一件事是有次我校《小言论》样，看到一句“我亲自”去什么什么的句子，就对作者说最好改一改，他问为什么，我说我也说不大出来，只觉得有点自尊自大气息，好像旧时代写帝王出战的“御驾亲征”那样。还有一次我不知怎的被引起这样一句怪问：“倘若日本兵用手枪对准你叫你叩头你叩不叩？”但是类乎这些事情，我想邹先生未必怎样介意，不过积少成多，他究非菩萨神佛，久而久之不会不觉得我之可憎。而且我在《生活》两三年，老一辈的《生活》同事之中，只有孙梦旦我觉得可亲，徐伯昕可敬而不可爱，老艾则我只觉得可鄙。虽然与小一辈倒关系很好，我简直成了小人头脑。

还有更重要的一点，是邹韬奋对我是完全出于提携后生培育青年，虽然我在《生活》周刊所得的薪水和稿费，都不是不劳而获，但是我的劳力所得者决不是来自他个人。我和林语堂的关系则不同。在他看来，没有他林语堂就没有你陶亢德。我决不否认他办《论语》有他的匠心，我迄今承认林语堂办《论语》有他的特色，他的名气比我大。然而一个刊物的销数，不能说完全决定于一个编者的名声，牡丹虽好全靠绿叶扶助，我接编《论语》时才用亢德这个名字，诚然是无名小卒（曾经有人打过电话给林语堂，问他陶亢德是谁，但这人可不是匪帮特务），我自己私下里担心《论语》由我接编销售数因而下降。总算瞎子天照应，《论语》销路反而见好。这样，林语堂才能以一期一篇《我的话》坐享几十元一千字的稿费（我已经记不清《论语》的编辑费每月多少，只记得两人平分，而数目中的零数是五十，却不是各得二十五元，而是这个月我拿三十他拿二十，下一月他三十我二十）。

《人间世》林语堂不每期撰文，虽有徐訏同任编辑，但他或者出于谦逊，或者由于是作家之大才不屑于作编辑之小用，老实说，他对刊物是没有出过多少大力的。不过这也可能由于我之生性独断专行（但决非妒贤忌能），不很高兴和我共事合作，否则他怎会在《人间世》停刊之后，丁君匋办《人世间》时肯担任主编（这刊物也拉我挂名，但我由于怕人笑骂冒牌《人间世》而勉强挂名，至于徐訏之起劲，则还可以他拿鲁迅给他的一封信发表于刊物上为证）。后来又出版过《天地人》半月刊或月刊，编者还有古巴孙浩然（孙浩然并非古巴人，我之所以顺笔写了古巴孙浩然者，是由于孙在清华读书时，曾以古巴之名投画稿给《论语》或《宇宙风》，后来在上海遇见他时问他何以用这个别致的笔名，回答是他患口吃，北方人叫口吃为“古巴”。他家在上海，后来听说去美国学经济，而他欢喜舞台美术什么的。1982年我忽在报上见到上海舞台美术设计院（?）孙浩然教授的名字。心想大概就是古巴。他之与徐訏合作，恐怕另有因缘。）后又办过一刊物名《作风》，但都出不了几期就停刊的。

我在上面说，我对徐訏力持己见或有之，绝无妒贤忌能之心，徐訏可能知道，不然的话，我同他共事时间虽不长，他对我的友情却至死不减，或者可以佐证。

徐訏在解放初从家乡来上海去香港，行前曾来看我，并且谈起有人请他在香港编一份画报，问我有意合作否。我还没有回答可否，他就说有一问题，创办人要和国内有联系。我一听口气，觉得他似乎不赞成靠拢，和我主见不同，就回答不去。（我在香港住过，深刻体会到香港这个地方，才是十足道地的半封建半殖民地、富人的天堂穷人的地狱，比旧上海还糟，所以在提篮桥监狱中认识的“难友”赵叔雍[①]出狱后解放前曾劝我离开上海，说共产党是要算旧账的，我没有听他的忠告。我的一个远房本家解放初做“单帮”来往港沪，也曾劝我去香港，还说他可以给我介绍报刊方面的职务，后来有一天我还没有起床，他的大儿子忽然跑来，交给我一张条子，说已经说妥编辑工作，请即来香港云云，还有香港地址。我看了撕碎团拢，说你给你父亲去信时代我谢谢他，我不去。我对于赵的算账说，一时确也思考过，但结论是如我老婆所说的“是福不是

①赵叔雍（1898–1965），本名泰，又名尊岳，字叔雍。江苏武进（今江苏常州）人。张之洞幕僚赵凤昌之子。早年就读于上海南洋公学。后任上海《时事新报》编辑，又在《申报》任经理秘书多年。1940年担任汪伪政府铁道部政务次长，又任上海特别市秘书长等职。1944年接替林柏生出任伪宣传部长。抗战胜利后被捕，1948年出狱，旋去香港。1958年到新加坡马来亚大学任教，1965年病逝于新加坡。工诗词，有《高梧轩诗全集》《珍重阁词集》行世。

祸，是祸逃不过”，何必预为之计，何况我自己检点百下，实在没有什么旧账可算。说得更切实些，我的过去也可以说只为妻孥作马牛，将来也恐怕必如既往。如果我罪该万死，共产党即使把我枪毙了而我的一家九口都得丰衣足食，我死又何恨，人生自古终有死，只求父母妻孥不冻馁就“婆婆万福”了。至于那位远房本家，实在不太高明，他所结交的人物，我虽然并不清楚，恐怕不外牛头马面之流，不是我所能够相处共事，更不用说巴结效劳了。说实在话，我的不去香港，是深知香港居大不易，除非你是富翁或英美留学生，至少能够钻营吹拍投机取巧，当然啰，香港那么多万人，难道个个如此之流？当然不是，不过他们是生根有底的人，不是忽然跑去的。）即在今日，我即使还能健步行动，有人敦请我去香港，我也只有婉辞拒绝。今日的上海，除了房子问题之外，我是认为不但胜于香港，而且胜于任何名都大邑如伦敦、巴黎、纽约、东京，如果你只想享点清福安度晚年的话。

徐訏此番一别之后，从此永诀。到1981年他忽来一信，并曾托人来看望我。但这是后话，详见《我的后半生》的一章。

鲁迅与“论语派”*

刊物销路好不一定就是内容好。黄色作品，下流东西，在旧社会自有一批读者。而且《论语》又的确受过鲁迅的批评（见《全集》书信部分，说不定还见于别的文章），在皇皇巨册的新编《辞海》里还有“论语派”一条，说什么：“资产阶级的文学流派。因创办《论语》（1932–1949）半月刊而得名。主要代表人物是林语堂。除《论语》之外，又陆续主办《人间世》（1934–1935）、《宇宙风》（1935–1947）等期刊。他们自命为‘性灵派’与‘语录体’的继承者，大力提倡‘幽默闲适’的小品文。在民族矛盾、阶级矛盾日益尖锐时，引诱青年逃避现实斗争，起了麻痹人民群众的作用。当时即受到以鲁迅为代表的革命文学阵营的揭露与批判。”我之所以引它全文，是想反揭露一下。要揭露的是它的造谣不顾事实，只想自居于“以鲁迅为代表的革命文学阵营”的一员！我是这三个刊物的负责编辑，我说的话，自不免有文过饰非以至卖瓜说瓜甜的嫌疑，但事实具在，实事求是地说明一下，想来尚无不可吧。

先说《论语》有没有派，如果有的，那么鲁迅倒是一员，因为他曾为初期《论语》写过文章。但是《论语》真没有派吗？

---

*手稿原无标题，据文意补加。

那也不然。《论语》有“论语社同人戒条”(其中一条是相戒不说“我的朋友胡适之”，真幽默)，既说同人，自然有派。而且这个派每周末在中山公园对面的“惠尔康”西餐馆聚餐或聚饮。我没有参加过他们的茶聚或咖啡聚，但从后来看到与林语堂相往来等等迹象来说，可以名为论语派的人(《论语》初创时期)，是邵洵美、简又文，全增嘏或者也可算其中之一，沈有乾要硬拉也勉强可以充数。人不在上海而写稿的，当然要首推老舍了。到我接编之后，本埠外埠撰文画画的有华君武、廖冰兄、姚颖、老舍、老向、何容、钱仁康诸位。这是讲人。至于文和画的内容，鲁迅的批评它流于油滑是不错的，不过他对于《论语》我看不是全盘否定的，不然的话，他何必寄材料给《论语》的“古香斋”一栏，介绍别处不大适宜而只宜于《论语》的讽刺文章。鲁迅之可贵，就在于全面衡量，不人云亦云。

不过鲁迅也有鲁迅的不足之处，他的褒贬，有时候失之于意气，他之不满于《论语》，至少与生邵洵美的气有关。这可于他给我的却写稿信中看到，信上明说“《论语》虽先生所编，但究属盛家赘婿商品”云云，而且我还从他给黎烈文的信中看到过他的我必与邵洵美“参商到底”，至何以这样生大气，原因是邵“拨过”他的下巴。这是一句绍兴土话，意思原指男性戏弄女性，是指邵办的刊物《十日谈》或《人言》中对鲁迅不敬过。(但是拨下巴原信是说邵拨他下巴还是他要拨邵下巴我可记不清了。) 黎烈文是革新后的《申报》副刊《自由谈》编者，却不在申报馆里工作，而在我当时工作的上海文库里和我合用一只双人写字桌工作。黎烈文面团团身长长，时在夏季，穿一件白华丝纱长衫，颇有一些公子派头，为人温文尔雅。鲁迅是新《自由谈》全力支持者，给他信稿从报馆转来，我才有缘看到这信。当时林语堂也应邀给《自由谈》写过几篇文章，我也献过一次血。黎受压力被迫脱离《申报》时，我看他最后一次离开那间办公室，还记得似乎为他惋惜过，他也神色不愉。1981年读《鲁迅全集》中鲁迅致黄源一信，才知道黎烈文认为孟斯根曾经投稿过《论语》，为《译文》译稿最好改名（斯根从此改为十还）。我百思不解何以在《论语》写过稿的人给《译文》译稿要改名的道理。鲁迅也给《论语》写过稿，难道鲁迅不受《自由谈》欢迎了？莫非黎烈文不知道？但也于此可见人心之的确叵测了。

不过总的看来，我看鲁迅对于《论语》的评价，大概会用他的不全盘否定说法，就是一只有些伤疤烂处的苹果，也可以剜掉烂的坏的地方吃它。作为《论语》一个较长时期（1933至1935年吧，记不清了）也正是鲁迅还在世年代的编辑，我不卖姜说姜辣，实事求是地自评自论，我要说《论语》有三类文章。一种可以说是硬滑稽，一种是纯幽默，还有一种是对当时现状的冷嘲热讽，在这方面，我要特别提出署名姚颖写的《京话》。我迄今还记得有一篇文章的题目为《居然中委出恩科》，是讽刺国民党反动派中央委员钦定的内幕。姚颖确有其人，是当时立法委员王漱芳的夫人，但文章系王氏所写。她没有来过上海，只送过我一张两夫妻合拍的照片。林语堂有次去南京访问过她，回上海后和我谈过对她的印象，我只记得一句“她的英文发音相当准确”。《京话》出版过单行本，三十二开厚厚一册，可惜早已无存，否则倒大可以重读一遍，不但可以消闲，或许有些史料。她（其实恐怕也是他）写过《也是斋随笔》。

写到姚颖，想到大华烈士，他倒可以算是论语派中的一员大将。真姓简，名又文，在燕京大学读的神学，做过基督将军冯玉祥的属下，写的先是《西北风》，后来续写《东南风》，材料的确滑稽，文笔也算幽默，有几则我看了禁不住大笑。大华烈士他说是俄文“同志”的译音。烈士面目黧黑，胡须不少，身材扎壮，确有赳赳武士之概。说话常夹英文“you see”，写笑话之外还爱讲笑话。据说他一次出任某地盐运使，原任秘书不知他懂不懂业务，借请示一事测验他。“我实在不懂，但怎么可以回答我不懂呢，他明明是来掂掂你的斤两的。我灵机一动，厉声训斥他道：‘这种小事你还不懂还要来请示我?!’说得他喏喏连声而退。”简又文很有钱，这是他儿子的遗产。世界上只有儿子得老子遗产，他怎么反而父得子产的呢？据说他的父亲认为他是个不孝逆子，把家产给了孙子，这个孙子后来未成年死了，于是乎遗产给了父亲。不过说也奇怪，我还参加过他的婚礼，吃过他的喜酒，也就在这次席上，吃到过全只烤小猪。那一定是他的原配夫人早已去世，这次是续弦。新夫人名字中也有一个文字，他们的住宅就名斑园。这是一座所谓花园洋房，抗战略前他卖给了德国人，与妻子双双迁居香港。他在上海时办过《逸经》半月刊，初任编辑谢兴尧，继任编辑陆丹林，宇宙风社给它发行。这是一个有个性特色的刊物。

以上说的是论语派的正身，《论语》半月刊的事实。若说它是革命性的刊物，当然不够资格，但说它“引诱青年逃避现实斗争，起了麻痹人民群众的作用”，却的的确确言之过火，简直辫子乱抓帽子乱扣棍子乱打“三子主义”了。至于《人间世》，在我看来，鲁迅的厌恶是甚于《论语》的，《人间世》的出版，才引起了以鲁迅为代表的革命文学的围攻。导火线是周作人的两首打油诗和几个人的和诗，实际原因我看不是这么简单。周作人的原作，据鲁迅致曹聚仁的信看来，既然认为不无讽世之意，显然也就无可厚非了，至于说到和诗有的肉麻，遂如火上加油成了众矢之的，我看也有些欲加之罪。《人间世》我早已一本没有，但周作人原诗和沈尹默、沈兼士、林语堂、刘半农、钱玄同的和诗原稿却不知怎的幸免于难，展卷（我曾将它们裱成两个横幅）重读，觉得说和诗有的肉麻当然未尝不可，不过却也未甚于《两地书》。

《人间世》发刊词是林语堂大作，他想把《人间世》办成怎样一个刊物，见于该文。这刊物与《论语》走的不是一条路了，虽然孕育它的是一个人。它明白标明小品文，好像要继承晚明袁中郎什么一派的，其实，林语堂的模范，恐怕与其说是袁氏文章，不如说是美国的《读者文摘》。他给《人间世》特辟"西洋杂志文"一栏，透露着一点信息。以鲁迅为首的革命文学阵营，这次正式兴师动众，大张挞伐，其大本营或阵地就是《太白》半月刊。《太白》主编陈望道，编辑委员十来人。我想必拜读过它，但现在记得只有它那个设计极美的封面：雪白厚纸，刊名的字极古雅，必自什么古碑帖中摘来，右下角一棵白菜红萝卜什么的，彩色印刷。内容没有留下什么记忆，但似有科学小品，这却为周作人所讥讽，在一篇谈什么的文章中，讽这种科学小品为"卫生臭豆腐"式的。

《人间世》出，鲁迅似乎才真生了气，严词斥责所谓小品文，他的笔锋所指，主要为林语堂，兼及周作人。林语堂只有招架之功，还手的倒是周作人。鲁迅斥小品文为小摆设，周作人喻大品文为大型香炉烛台，唇枪舌剑，相当厉害，不过曲折隐晦，不大惹眼。《太白》主编和林语堂好像不无私交，或者为了一件什么事有过往来：我不认识陈氏，有一天早晨去看林语堂，他在餐室里陪一个我不认识的人谈话，这人不久就走了，我看到面相，瘦削而苍白，一问才知道是陈望道。林语堂（或他妻子）对我批评过陈氏，措辞很不好。关于十来位编辑委员，其中有个郁达夫，论事实，身为《太白》编委的达夫先生，给《太白》写的文章不但不见得多过给《人间世》写的，而且给《人间世》的才是他的佳作，其中之一是我特请的自传，写了几篇青年时代在杭州读书的往事。到1982年我读了《鲁迅全集》书信集中的一封致郁达夫信，才明白郁之为《太白》编委原来是挂名的，而且是由鲁迅代他先挂上后通知的，兵不厌诈，贤如鲁迅也不免略施小计。

1982年或81年，我在报上看到天津一个刊物的广告，有唐弢的一篇谈《太白》的文章。文章我没有看到，想来总是谈他与《太白》关系的吧，但却使我想起他与《人间世》的一点关系：唐弢当时还是初出茅庐的一员白袍小将，曾以风子笔名投杂文给《人间世》(说不定还是他的处女作呢)，他的文字模仿鲁迅之工，我说当代第一，虽然鲁迅文笔模仿不难。

总结一句，林语堂当时有些对风雅入了迷，出《袁中郎全集》于前，出《人间世》小品文半月刊于后，诚然有些肉麻，不过袁中郎是袁中郎，不能托生于林。《人间世》是《人间世》，作者是名家，各有各的作风，虽不免稍微作得闲适一点，但总决不会听命于林，冒天下之大不韪，“引诱青年逃避现实斗争”吧。为《人间世》写稿而兼为《太白》撰文的，我想至少有郁达夫和丰子恺两位，我绝对不相信郁、丰两先生给《人间世》的文章是“引诱青年逃避现实斗争”的，而给《太白》的文章则是激励青年投入现实斗争的！不管林语堂的个人愿望或意志想怎么样，《人间世》的文章内容既不是他一手包办而是由各家集合而成，当然不会尽如他意。

而且林语堂之爱袁中郎讲性灵写语录体，在我看来，实在不过换换口味。他曾对我说过，吃了几年牛排，就想吃吃炒虾仁，吃了一二年炒虾仁，又想吃牛排了。他之欣赏袁中郎，不过换换口味，或者只是“少见多怪”。鲁迅之笑骂小品文呢，我看也有些“醉翁之意不在酒”，觉得“老朋友”和“老弟”太放肆了，想棒喝一下，不过既然是写文章，就不能不“振振有词”，以示师出有名，不过到底是硬装的斧头柄，文章不是无懈可击的。鲁迅的杂文自有其不朽的可贵处，然而也有偏锋，不无霸气，特别是有些“爹死哭娘”脾气，总而言之，他的文章有些是发脾气之作。

林语堂搞晚明小品什么的，我一则不懂，二则只为衣食，一不问二不闻，只知道刘大杰是员大将，阿英在购买古书上也加顾问。刘大杰这个人，我听到过一些不很好的批评，如一个姓吴的说刘曾与周佛海有来往，因而在一次运动中曾跳黄浦江，跳水之前，却把鞋子脱下端端整整放在岸边。我说怎不淹死呢，吴说他是留日学生，总会游游水的。有一次在林语堂家，同座记得有谢六逸，这时刘刚离开四川大学教职回沪，大谈蒋先生视察学校，谈得津津有味，谢氏对我摇摇头皱皱眉，颇有嗤之以鼻的意味。刘是多才的，译过杰克·伦敦的《野性的呼声》，写过《中国文学发展史》，据识货朋友讲，那是一本好书。对于当时的他，我也有点觉得浮而不实，尽管承他不弃，赠我过蜀锦一段（我做了被面，被在香港时用，香港失陷，当然不知去向了）。

鲁迅之对林语堂，后来近乎憎恶，这也是林语堂咎由自取，谁叫他写《我不敢游杭》那样文章的？当时林的文章，确常嘲骂左派，但实骨子这只是他的别人怕左派我偏不怕的一种表现，他对鲁迅实在是尊敬佩服的，曾经对我说过“鲁迅的观察深刻举世无双”这样的话，不但对鲁迅，对韬奋他也尊崇。《论语》开卷有“半月要闻”一栏，刊些可气可叹可笑可悲的时事新闻，短短几十字或几百字，《生活》被禁止邮递只好停刊时，“半月要闻”就有一条三个字的要闻——“《生活》死”。那是林的手笔。韬奋海外归来之后，林曾要我和邹说说想和他谈谈，我受人之托忠人之事，虽觉得未必能够如林之望，但仍转告了邹先生，果然他婉辞拒绝了。生活书店初办时，出版过林语堂的《大荒集》，用中国纸印线装，系照林的要求。该书的出版，搭桥的似乎是我。如此如此，这般这般，依我看来，林语堂其实不是反左的，不过他自视不低，不肯服气，“矫枉不免过正”，他就越来越僵，所以本来打算与郭沫若争论的一篇文章，文章未写而题目已定为《我偏要看月亮》。鲁迅逝世后我写信请他写文纪念，他寄来一篇匆促写成的短文，好像也谈到鲁迅生活的太过严肃紧张。这篇文章的确写得不好，但所以并未收入后来出版的纪念鲁迅文集者，原因恐怕另有所在。鲁迅是了解林语堂的，在《两地书》中，在致曹聚仁信中，都可见一斑，但鲁迅是容易发脾气的，脾气一发就决不“费厄泼辣”了，两人的个性自然不相同。林语堂的“笑笑人家也给人家笑笑”，很可能有些自欺欺人之谈和阿Q气，但即使自欺也总有些刹车作用，鲁迅决不然，他是决不肯被人笑的。据说鲁迅对阿Q是哀其不幸而怒其不争，事实上你叫阿Q怎样争去呢？我对鲁迅是哀其不幸，悲其硬争。

鲁迅对《人间世》是讨厌的，但我偏不识相。出于生意眼，我和徐訏商量，来一个作家访问摄影，给作家在书房里和他的妻儿共摄一影。徐訏对我的提议不表示反对，我就写一信给鲁迅，请求访问摄影，他是中国作家第一名啊。谁知道他大为冒火，回信狠狠说了一顿。这在我当然很不愉快，迄今还觉得鲁迅欠讲文明礼貌。人家有此请求，尽管出于生意眼，到底无损他的毫发，你不高兴自己被利用，拒绝好了，何必大动肝火？何况说到利用，他的文章也是被利用被当作商品的。鲁迅给《人间世》介绍过闲斋的《泥沙杂拾》。我接到稿子时看字迹似鲁迅，笔调思想也有几分像，但想决不是鲁迅之作，因其没有鲁迅的爽利。他为什么要介绍这篇稿子呢？这和寄《论语》以“古香斋”材料意义不同，也不同于介绍稿子给《论语》，想来想去，恐怕闲斋的文章如给《太白》之类未免太那个了些，给《人间世》比较“人地相宜”。

《人间世》无论怎样有欠积极，到底不是御用刊物或下流杂志。至于《宇宙风》，它与《论语》不同，与《人间世》也两样。为了“小品”已经成了罪状，我特为标出“散文半月刊”以示求饶。林语堂其时大概在专心写作《我国与我民》，打算风行世界，对《宇宙风》更加由我独断独行了，他只从字帖中剪下“宇宙风”刊名三个字和叫作“姑妄言之”一栏的四个字制锌版，选了一本受萧伯纳赏识的英文书名《流浪者自传》交黄嘉德翻译。《宇宙风》《人间世》和《论语》刊名的字，是一个人的手笔，系剪自字帖。《论语》剪时我不在场，《人间世》和《宇宙风》我却看见他的剪帖，字是郑孝胥的，帖当然是他的啰。其时郑孝胥还只是遗老而非汉奸，林语堂欢喜他的字而敢剪用，他的毛笔字写得有些像郑字。鲁迅其时大概已在病中，我只记得看到他逝世噩耗的报纸那天上午，曾去万国殡仪馆转了一转，宇宙风社离万国殡仪馆不远，可以安步当车前往一吊，后来在《宇宙风》工作时刻，隐隐听到鲁迅出殡的送葬群众的口号声。

啰啰嗦嗦杂七杂八地写了不少，而对方只及鲁迅一人，没有涉及以他为代表的阵营中的人物，因为我不知道以他为代表的阵营中的人物究竟是谁。按当时实际情况，双方阵营还不十分分明，有些人其实还是脚踏两头船的，到现在当然人以自居是那个阵营中的人物为荣，而羞于与《论》《人》《宇》为伍了。这是大势所趋，正如季节之有冬夏炎凉。归根结底，总而言之，《辞海》的“引诱青年”云云定论，如《鲁迅书信集》未定稿的判决词一样荒唐。

那是1980年和79年了，忽然有两位素不相识的女同志见访，说是上海师大中文系专管鲁迅部分书信注释的，有几件事问我。我与鲁迅通信，主要是编者与作者的关系，信有十多封，鲁迅逝世后大概应征集而自动献出过若干封，解放后某年月日，接到周作人一信，说有位王士菁（?）去看他，说知道我有鲁迅信札，希望捐献云云，他说特此转达，请予考虑（大意如此）。我对这类物件，虽也珍贵，但不一定如《红楼梦》中石呆子的宝藏扇面，生不带来而死不带去，既然来要，就奉上吧，就全数（其实不全了，记得曾有一位乡下亲戚问我讨去过一封）寄给了周作人，由他转交王同志。事情在我就此了结，正是事如春梦了无痕。后来在北京的女儿看到《鲁迅书信集》，写信问我出版社送过我该书信集没有，又有一位上海一所中学的一位语文教师（是我第三个儿子的同学）也来信问起与鲁迅书信往来的一两件事情，这才想起献信一事，觅得《鲁迅书信集》来一看，不看犹可，一看颇不愉快，因为信后有注“某某，堕落为汉奸”云云。这倒本是事实，丑名早已远扬，决不幻想誉我为忠臣封我为烈士，但是为了捐献书信，不但未得赠书，连已经刊出了也未通知一声，反而使我的恶名随鲁迅书信之不朽而遗臭万年，想想觉得也真太辣手了！然而除了悔不该与鲁迅通讯，悔不该听周作人之劝拿出信去之外，还有什么办法呢？何况骂骂又不痛，自作该自受，不过几天就又事如春梦了。现在又有同志见访，老实说有点提心吊胆，很想说无可奉告，恭送出门，不过这当然是势所不能。而且这两位同志很为客气，年龄较大的一位（我都没有请教尊姓大名），还似乎怜我衰老，说到赵家璧年龄和我相仿，但健朗得多，王映霞还有丰韵，金性尧[①]怎样连声告诉她们他的事情已经解决。她们的提问并不难答，只有一点却相当困难，鲁迅在一封信上有所求三事不能遵命[②]云云，问我哪三件事。我想来想去，想大概是请求访问于书斋，与夫人公子合摄一影的事，就据实回答。她们似不相信，年长的一位说我曾在《新民晚报》写过一篇类乎纪念鲁迅的文章（那篇文章我未剪存，写过算数早忘记了），其中有一句说“我脸红了”，问我何事脸红。我说大概是接鲁迅措辞严厉的拒绝信后，觉得讨了没趣，面皮欠老，所以脸红了。她好像还不相信。这使我火了，我对她说，我同鲁迅通信，全系编者与作者关系，除了那个没趣之外，我一不向鲁迅借钱，二不向鲁迅偷稿，三不曾借鲁迅之名招摇撞骗，没有

---

①金性尧（1916—2007），号星屋，笔名文载道。浙江定海人。早年即在报刊发表杂文、散文。青年时代曾参与校勘《鲁迅全集》。抗战爆发后，曾在“孤岛”参加《鲁迅风》等杂志的编辑工作，是“鲁迅风”杂文的代表作家之一。上海沦陷时期曾编辑《文史》杂志。中华人民共和国成立后，在上海出版界工作，历任中华书局上海编辑所、上海古籍出版社编辑，参与编辑了大批中国古典文学读物。著作编有《金性尧全集》《金性尧集外文编》。

②鲁迅的原话是“雅命三种，皆不敢承”。

别的什么不可告人的事。事隔若干月后，那位年纪较大的又来看我，出示书信注释油印稿，说她要去北京交稿待定，问我有什么意见没有。我一看注释有《论语》《人间世》《宇宙风》为国民党反动派粉饰太平云云，至于对我，那更有案可查更可判决了。我却乘机发作了一下，我说：对我个人，怎么说我都不管，但对刊物的定谳，却希望慎重。我想问您一句，你们看过这三种刊物没有？她说：看是看过的。我说：那么就不该这样判决，特别是《宇宙风》。诚然，周作人和林语堂都在三刊发表过文章，林还是挂名编者，但终究不是他们两个人双手包办三刊物的。据我记得，郭沫若、老舍、郁达夫、丰子恺，甚至鲁迅、茅盾都曾写过稿，您能说他们为国民党反动派粉饰吗？还是说他们同林语堂、周作人共同合力为国民党反动派粉饰？您的处境我能够理解，不这样一下不成，但请转告定稿者三思而后定，不要污蔑了鲁、郭、茅、老诸位。我对于《辞海》的信口胡说，也就只能哀其有眼无珠，悲其顺口接屁罢了。

《论语》《人间世》《宇宙风》三个刊物纵有千错万不是，可也有它们的一定的业绩贡献。这些贡献影响之大，我在前半生是意想不到的。例如humor一词的定译“幽默”，尽管当时有李青崖的据理力争拟译“语妙”，钱玄同的戏译“酉靺”，结果还是林译“幽默”获得最终胜利，流遍到全国沿用迄今，如无大故，大概可以不朽了的。此外贡献了老舍和《骆驼祥子》，华君武，黄嘉音。老舍与他的祥子一言难尽，另节详谈，这里只顺便谈一谈华、黄二位。

华君武，《论语》刊载他的漫画时，还是一个青年，在一家银行里工作。他不是美术学校出身，画漫画是游戏笔墨，仿佛学的一个在上海英文日报《字林西报》作画的西人萨帕乔，不但画学他，连签名也模仿似的。他投稿《论语》，我不懂画的技术，但略知画的意思，觉得这位作者的巧思妙想，高出当时一些已经知名的漫画作者之上（直到现在，我看他的技巧依然故我，意思还是费过心血，出类拔萃），因之每稿必登，往往整面一幅。到1940或39年吧，我在星岛日报馆编晚报副刊，他晚上来访，给我带来衣服之类。他是到延安去了，一别四十年，从此连音讯也不通了。在我编《论语》时期和他熟得很了，后来他离沪到延安时到我家通知我妻，连我岳母也知道了，但老太太不明白这是步上革命征途，只知道他将远行，照老套祝他“一路顺风，发财发财”。还在抗日战争之前，有一次他同我去杭州，住在西湖一个庙里。那是我事先请托丰子恺先生为我定妥的。丰先生那时候寓杭州田家巷十号。华同志同我前去拜访，因而认识了丰先生。他们是同行，介绍人却是我这个漫画外行呢。

至于黄嘉音，在我接编《论语》时，他正在圣约翰大学读书，与林语堂却已相识，他们同是福建人嘛，而且已有漫画登过《论语》。论技巧，黄嘉音也是未学过基本功的，大概还不及华君武，画意也不及他的有意思。两人同为青年，黄嘉音可不及华君武的聪明漂亮。不过你不能小觑寡言少语的黄嘉音，他是一员足智多谋的小将呀。到他与其令兄嘉德编《西风》，他的才能就显出来了，到他独自经营《家》杂志，更见得其才不凡了。他在1957年被划为右派（不知是划错的还是划对的），他的爱人也是右派。她与我同在新知识出版社当编辑。她成右派，并不出人意表，听她哗啦哗啦批评张三笑骂李四，57年她如不被划为右派才怪呢。但是黄嘉音竟也成了右派，却使我听了愕然。这个人呀，我一向认为少年老成锋芒不露，保险平安的。后来才知道他专心于神经病或者精神病的心理或精神治疗，且已开业，门庭还不车马稀，正当大有可为之际，人民政府为了保障人民健康，不许什么玄妙奥秘的心理或精神治疗，吊销了他的开业执照。“利令智昏”，向来小心翼翼的人，也一反常态，大放大鸣起来。于是乎请君入派，放郊区劳动。稍后出版界号召支援边区，凡愿到宁夏西宁市者，一家家具也可免费全运。嘉音爱人是右派分子，当然响应号召，举家前往，连在郊区劳动的爱人也带了去。这在当时是知机之举，不然的话，黄嘉音不免要去安徽教养教养。后来听说凡有问题和划为右派的分子，只有两条路可走，一条是响应号召前往西宁，一条是送往安徽劳动教养。这有事实为证，大概并非污蔑。我在工作单位听了社领导的动员报告之后，极有意响应，因据说那地方有塞外江南之称，物产丰富，生活优裕，你去了还有工资可加。回家同爱人一说，她的回答是斩钉截铁的：“你要去尽管去，我是不去的！”叫我一个人去，我可也不去了。去宁夏与去安徽哪个厉害呢？很难说。论名声，支援边疆比劳动教养光彩得多，劳动也轻得多。例如有一位也是编辑的去西宁，工作是看门，不费吹灰之力，比我这个蒙予编入老弱队的劳教人员最轻的劳动还要远行几十里扛柴火十多斤轻松得多。不过话也难说，以生活论，支边不一定优于劳教，若论生死，更加有命了。无论怎么说，我是活着回家又蒙改正了的，而黄嘉音呢，却听说早在60年代就自杀了。他的爱人也还在流离中，想回上海而不可得，因为户口报出容易报进难啊！

当然啰，老舍、华君武是正面人物，说是《论语》的贡献是通的。若黄嘉音，则至多是个不反不正的人物，《论语》出了他，也可以说放了毒害了人呢。而且老实说来，老舍和《骆驼祥子》，华君武和漫画，原不是我们的有意种花，而不过是无心插柳罢了。

我认为韬奋无我，无损于韬奋；林语堂无我呢，自然也仍是林语堂。《我国与我民》，《生活的艺术》，一定还是畅销美国，得誉世界，但至少要少得几千元编辑费吧。我决不是说我使林语堂得了好处，而我一点不沾他的光（他的号召力、刊物设计），我是说我不辜恩，林实负德。邹韬奋实在也有些负我，但他似乎知道这点，仿佛内疚于心，所以才说你在《生活》没有发展前途了，为我介绍工作，还说如要回来可找毕先生云云。林语堂呢，《宇宙风》是两人合办的，我提散伙办法，不能说不合情理，但他俨然一副主人面孔，等于说你要走滚你的蛋就是了，还要提什么办法。当然，提拆伙的是我，但他不想想提会计独立的是他，本来，我未做贼，并不心虚，问题是要独立必须请人来做这工作，而《宇宙风》当时已经入不敷出，勉强支撑，再来扩大组织增添人手（请一位会计月薪不能只要几元钱），那是在开唯恐不亏本的玩笑。他赚美金，蚀点本大概不在乎，他的三哥呢，本来是个拆烂污朋友，很可能以亏本为乐，我可没财力奉陪。但我也很难责怪林语堂，一个人一生了气，做事说话就难免糊涂，何况他一向糊涂，经济上他倒未必马虎，但钱一多也会得糊里糊涂，例如他先付五百美金给郁达夫（时在南洋），作为请他翻译他的英文写的小说《瞬息京华》的部分稿费，他不想想郁达夫是不是肯为你林语堂的小说作译者。这点他或者也曾想到，不过可能以为重赏之下必有勇夫，还可能他的出此厚酬原也有些肉痛，不过他也许有他的打算；自己的小说由郁达夫翻译，借郁大名增己声价，是有利的。结果呢？郁达夫终究没有译出来。

再记离港返沪事*

且说我离港返沪之前，自不免有一番事务上的安排。《宇宙风》有林憾庐在，实际也没什么印刷之类事情，《天下事》我托了屠仰慈[①]，译稿则烦了周新，同时我还打算从上海寄些稿件去。周新完全是朋友帮忙，译费之外不给报酬；屠则作为编者校者，必须奉以酬报，他家眷在沪，言明交他妻子，她把这个仿佛当作欠她的债似的，催索很紧。这里有一个事须记。屠仰慈认识陈布雷，陈布雷的弟弟陈训悆当时是香港一家印刷公司的经理，屠说《天下事》印刷费用可以记账，由他去办，他也认识陈训悆的。这里边有点领津贴味道，我虽然不很愿意，但想一时权宜。只要刊物收支相抵，还清印刷账就是了，就也含糊说好。不久日英宣战，《天下事》停刊，它和那家印刷公司的一笔账到底怎样，我后来没有问过屠仰慈，他也没有和我

---

*手稿原无标题，据文意补加。

①屠仰慈（1910–1969），原名乐曾、乐真，又名仰之、仰慈。浙江海宁人。早年为杭州文化印刷所工人，1925年加入中国共产党，曾参与建立海宁最早的党组织中共硖石支部。1927年四一二事变后，在湖州坚持斗争，后到上海《时事新报》工作，担任该社中共工人支部书记，后因参与托派活动被开除党籍。此后参与上海报界工作。抗战爆发后到香港，1941年帮助陶亢德编辑《天下事港刊》。后到安徽屯溪《中央日报》工作，抗战胜利后，随该报迁往上海。中华人民共和国成立后在北京《工人日报》工作。

说过。照我估计，欠人是不免的，但为数不会大，刊物到底也有些销路，即使入不敷出，数目不至于太大。不过事情不经我手，到底怎样就难说了，而我之所以不问一个底细，是由于问的结果，总是一篇欠账，我已山穷水尽，哪里还有力量，即使对方报的花账，我又无从指出，无可奈何，只有再做一次阿O（没有了辫子的阿Q）。

在上海把书印成运出之后，到10月底边去上海银行附设的中国旅行社定了到香港的船票，照例先付了钱后去拿票。船是11月初开的，到时去拿船票时，旅行社的订票工作者（记得姓王，女性）同我商量：有位客人急于赶往香港，你能不能延迟一班船走，将船票让给了他。我想我早去几天迟去几天毫无关系，乐得做个惠而不费于人有益于己无损的好事，一口答应延迟一班船期，将原订船票让给了人。谁知这一让啊，让得我从此沦陷在上海，“堕落成为文化汉奸”！原来这时候日美谈判陷于僵局，太平洋上战云密布，开往香港的船只，已经不再开来上海，早些时候开去的也不来了。我让去船票的那条船大概已经是最末一条了，那位我让与船票不知姓名的先生，可能不是所谓有什么急事，是消息灵通，赶先成行。

日本对美英宣战，在上海收拾停泊在黄浦江上的一艘英国炮艇，是早晨的事，我正坐在马桶上，只听见轰隆一响。接着有人来说日本军队已经进了租界。上海早已成了孤岛，上海人久矣乎无异于瓮中之鳖或笼中的鸡。日本兵进租界也好，不进也好，大家，至少在我是麻木了的，听了没有什么，第一决定，是将《天下事》和《宇宙风乙刊》停刊。这很容易，困难的是一家老小的生活问题。这时候我的一些现金已扫数投资在重印书上，所剩的只有那张预订的船票的一百来块钱。这时候住在我家的岳母说的一句话，我一向觉得有些贾母口气，迄今未忘，她那句话是：想不到你们只有这点子钱！

钱其实不只这点，但因我是个乱世之饭桶，尽管在这三五年里月入不少（有一年的一两月月入多达七八百元），妻子又是勤俭持家，简直可以说一钱如命之徒，连孩子的雨具也不肯买周全。我虽不那么俭省，但也究竟是穷出身，深知贫困之苦味，所以也不能说怎么挥霍浪费，苦只苦不会长袖善舞，有钱只知存进银行，什么零存整付、整存零付、整存整付、教育储金、人寿保险等等等等，银行存折有好几个，存款合计起来，恐怕也有三千五千。

说到银行存钱，说也笑话，我实在也视同冒险，常常怕银行倒闭，所以存的银行要加以选择。其实这也是空话，我哪里知道哪家银行殷实可靠呢？不过我不会理财，不会做生意，虽然觉得钱存银行有点汗毛凛凛，也只有存去，而且多是零存整付或者定期，那是我有一个打算：到了年逾不惑，腰缠几万贯时，我就买几亩饭米田，造三间小平房，归隐于稽山镜水之间，虽然上海滩上汽车放出来的气，不知怎的我很爱闻，但是做腌菜的白菜晒过太阳后的一种气味我更爱闻。

退船票取回来的一百来块钱，怎么省俭也不够一个月的家用，单是房租一项，就要一百零五元。其实我租住的只是一层假三层楼，低得很，而且不是方方正正，而是东凹西凸，但是有它的几点好处：闹中取静，离静安寺很近，交通方便，寓楼前面的街上却无车马喧；三楼也有卫生设备，可以一家独用；前面离街路有几丈，中间有个园子，虽然要去时须经过人家房间，极不方便，好在我不会种花植树，这园子又是一片荒芜，倒是右邻谈家的才真弄得像个花园，足供我凭窗斜望，欣赏花木，特别是一棵叶赭像是枫树的灌木。这房子两面有窗，从北窗外望，对过一家是名医之家，草地如茵不怎么引人注意，倒是一株棕榈树很值欣赏，使我常常注视半分一分钟。上海的弄堂房子总是相离极近，彼此无嫌可避，我住的虽然也是弄堂房子，因有花园，甲弄和乙弄相隔至少有两三丈，这就使人无狭仄逼人之感。弄堂共有三条，房子结构式样内外都是一样。我租的是第一条，前面是街路，到夏日街树成荫，就是蝉鸣不已，刺耳闹人，我曾戏称之为百蝉争鸣，因为听起来它们仿佛在竭力高叫，想比个谁响谁喑，不惜叫破喉咙。

对于衣食住行，我一向衣穿不讲，吃有些挑剔，住却不惜房租。初居上海时，租一间客堂间租金每月二十五元，约占月入的四分之一。现在大概超过这个比数了。我们可以节衣缩食，但无法减少房租，退掉一间吧，不但不够用（一家七人三代同堂），即使勉强挤一挤，三代同房，二房东也不肯答应的，她要出租一间收五十元房租恐怕不很容易，因而很可能提出我无法做到的一着——要退全退。在这困难时刻徐訏帮了我一个忙，介绍他的友人魏友棐为我到新华银行用存折通融了一下，支得四百元。当时好像已经通用汪伪储备票，不过虽说伪币，倒比法币高出一倍，就是我的存折上的法币数要打一个对折。假如存折上存的是两千元法币，现在给你折合为一千元伪币。支了四百，实存六百，这就使我的两千块存折上只变成六百元了！现在想想，如果当时把所有的存折全折合成伪币支了出来，还是大占便宜的事情。可惜当时计不出此，反而有些懊恼，到后来币值越来越跌，本来说可以支付从小学到大学的六七百元一次存入的教育储金（交通银行办的，我为大二两儿子存一笔），到儿子进小学去取来的钱，连一支铅笔也买不到了！

魏友棐是徐訏的同乡，一家钱庄的协理或襄理，虽是银钱业中人，却有很高文化，写得一手好字，给一些店家写过招牌。我后来到过他家几次，健谈而谈得很有风趣。不幸患有肺病，中年下世了！

我跟魏君去新华银行（似乎现在静安寺新华书店店址）“借”款时，全市银行正在暂定营业期间，大门铁将军把门，我们走的后门或侧门，少数工作人员在台灯下工作，一片阴暗之气。

这四百元钱在我不能算是小数，当时物价好像还不飞涨，这一笔钱大概可以维持三四个月一家生活，因为除房租不能少一分之外，虽然饿肚子办不到，吃素菜淡饭不难做到，米，当时似乎大家在吃户口米还搭玉蜀黍粉，这个，老丈母和妻子可以甘之如饴，小孩子也能吞咽，即使不能如狼如虎，我呢，也不至于食不下咽。我喝酒，我抽烟，还经常吸的高级烟，平常一月烟钱超过饭钱，当时怎样了，已记不清楚，但一定不会吸前门牌以下的烟；酒，比烟易戒得多，可能暂时停杯或者少喝一些。不过无论如何，四百元钱救燃眉之急有余，做半年一载生活之费却绝对不足，何况看局势，一年半载也不能化干戈为玉帛永庆升平的。

那么怎么办呢？三十六策走为上策。上海自从十九路军在沪抗战失败之后，早已成了孤岛，身居英法租界的中国人，早已成了俘虏，做了鸡棚中的鸡。不过总算侥天之幸，日本还没对英美翻脸，还没有要杀棚中之鸡，随意随手捉一只来杀杀。到对美英宣战，脸皮既已撕破，自然就任意随心，为所欲为了。我之于1938年初前去香港，迁《宇宙风》到广州出版，目的原在于尚知自爱矜惜羽毛。现在沪港交通已断，要走自然只能走内地了。但是说说容易做做难，从上海到内地是要通过日军封锁线的，通过的人恐怕多到成千上万，自有路道可通，但我实在不知道这个路道。但这还是小事，最大的困难，我一无川资，二无安家之费，要我闭目想象一下父母妻子啼饥号寒也会使我不寒而栗。本来我如果能屈能伸能变能化，在上海也不是不能够不进染缸而生活的。当时我书籍足有两木箱，放在楼梯角上，虽然没有什么珍本孤本，摆个地摊卖卖是不愁无买客的，而且我们弄堂口的人行道宽而且静，摆个书摊相当适宜。但却不屑为之。

正在留不甘心去无钱的两难之际，有一天徐訏来了。他说他就要离开上海去内地。我问他到了内地做什么，他说他父亲是中央银行的挂名秘书（他自己好像也有名义），不愁没事做。他问我要去内地么。我说求之不得，只是经济上大有问题。他是知道我的经济状况的，说：旅费我给你想想办法看。他走后我这个“精打细算”的人写了封信给老舍，信先寄到武康一个布店主人的远房本家，请他转寄重庆。信之所以不径寄重庆，当然是避免日方检查，其实这是自骗自，日方对于寄浙江内地的信不会检查吗？信上是请老舍设法找一工作。我为何不求别人而只求他呢？一则，他在汉口时曾几次写信给我劝我离沪去汉；二则，最主要的一点，我自以为对老舍不是不帮过忙的，他去内地后曾有一信给我，说妻儿生活赖我帮忙。当然，这是指多算和快算一些版税，并不是求我布施。我是不负所望尽力而为之的，现在我处困境，他回帮一个忙也是人情之常。他回信是给的，寥寥几字，口气冷淡，“无可设法”之类。这当然极可能是实情，但我却有寒天喝冷水的感觉。

徐訏又来了，说已经给我设法借到两千元钱，说这大概够作旅费了。我说我一到重庆不一定能够立即找到工作，一家老小的生活之费不能不安排一下，你能不能再为我设法一千元。他说好的，让我试试看。谈了一回闲天之后他走了。此后我天天盼望他来给我好消息，谁知左等不来右等不来，我是急性子，就和妻同到原法租界他的寓所看他。一走进门，他的一个多年老仆妇在他房门口的走廊里拿什么东西低头弯腰放进一只木箱里，听到我们脚步声，抬头一看，见是我俩，就说“先生已经走了”。我一听为之一呆，木立片刻，简直有些凄然泪下，辞谢了那仆妇招待坐一坐的盛意，回身就走。一路上最初的感觉，自然是怪徐訏的不告而别，但是过后思量，又觉得情有可原，甚至于理所当然：他有理由怀疑我无意离沪，否则怎能得寸进尺，给设法借了两千元不够要借三千元呢？所以衡情度理，是我对不起徐訏而不是他对不住我，证之以后来事情，尤其如此。至于老舍，用后来的事实来看，完全与徐訏不可同日而语。然而无论如何，我总要朗诵沈尹默和周作人打油诗中的一句——“莫怪人家怪自家。”

我之不与徐訏同行，没有一点安家之费是一大原因，但还有另一个原因，说来却实在令人可笑。我当时有个怪病，常常在吃午饭或吃完时，忽然左眼睛的左角跳动，接着剧烈肚痛，非立刻泻一通不可，泻时脸色发白，额角出汗。请教过医生，劝我吃饭吃得慢些，细嚼缓咽，遵嘱照办，还是无效。几年后碰到学过医学的陶晶孙，他说这是“迷走神经”，好像无药可治的。这个小毛病，没有同病的人是难以想象病人的痛苦的。我，自病自得知，就不免设想如在挤得水泄不通又不能随我之急停车的去内地路上的不正常的公共车辆中发起这个病来，叫我如何是好？这样的恐惧忧虑，应该说是“杞人忧天”，但我却确实有这心理，而且譬解不开。当然，这很可能由于走不成而更加增重了这个恐惧，好像为走不成做解释：反正我担心中道崩殂，也很可能不想走而越想越怕。

徐訏走了，老舍回信来了——一口拒绝——这在我仿佛到了山穷水尽地步。左思右想多日之后，终于想出一个办法来——一个等于自尽的办法：打个电话给朱朴之。

朱朴之名朴，无锡人。本不相识，是在我离沪去港之前，《宇宙风》接到他的投稿，题为《记张发奎将军》。内容并不很好，有些空洞，但张发奎是有名军人，又值抗战期间，文章虽欠充实，却也不失为应时之作，而且文稿字迹用钢笔写的，写得也不坏（我有一个怪癖性，看稿时相当重视作者的字，假如一篇选用的稿是一百分，那么字至少占到三十分），于是就拿它发表了，而且还把它的题目列入要目刊登封面。作者的通讯处是香港《南华日报》。我到香港之后，感觉人地生疏，颇感寂寞，和陆丹林不大合得来，简又文住在九龙，不常来大风社，即使来了也没有什么可谈的。但和朱朴之却很投契。我一到香港就去《南华日报》找过他，报馆白天少人，又听说他不常去。我之找他，当时原无目的，不过觉得初到香港，人生地不熟，认识一个人总不是坏事，或者也能请他写些适宜于刊物的文章。往访未遇，我就留了一个地址。他就来看我，一同到外面喝了一杯咖啡。他原籍无锡，又说的上海话，语言无隔阂，就谈得投机了。人之相识相熟，恐怕真有所谓“缘分”。陆丹林是个好人，但我总不觉得可以亲近，他的相貌，他的谈吐，甚至于他的声音，我都有些异样感觉。这会是由于我是浙江人他是广东人之故吗？

据朱朴说，他是《南华日报》的副社长，但毫无实权，徒拥虚名，一切由社长林柏生一手抓，所以他不天天去报馆，空闲得很。我与陆丹林合编《大风》，工作也不忙，而且他又争先从事，我更空闲得很，于是就和朱朴常常同去喝咖啡，也常到他家里。他住的房子以地段和面积论，只好说是中等。门户和卧室之间有一小小地方，一桌几椅，算是客堂，但有浴室抽水马桶，租金相当昂贵。他有一妻二子一广东帮工。夫人姓沈，是上海一富家女儿，人极和气，身体高大壮健。朱朴并不矮小，但像个文弱的白面书生，对于这个不是窈窕淑女的妻子他是否爱她，他从没有说及过，我也从来没有问过，不过旁照一般男人娶妻娶色的心肠，他大概不会满意的，但他并无外遇，平时行动中也无好色猎艳的表现。

朱朴家里的常客，有个孙寒冰，这人是留美学生（似是哈佛毕业的），复旦大学教授，主编过开风气之先销路很好的大型文摘月刊《文摘》(后来胡愈之、邵宗汉编的《月报》是仿它的)。他头发似是天生的卷发，身材颀长，仪表不俗，西装整洁，行路时手拿司的克，风度潇洒。据说他的饮食起居很为讲究，经济却不宽裕，因而使他的夫人应付为难（她，据说是唐绍仪的亲属)。他之和朱朴相熟，听说是他们的夫人是极亲密的同学。

我本不认识孙寒冰，但在朱家多次遇见之后，就一次生二次熟了，我又不管张三李四，说得来的就高谈阔论，因而他曾说我：有你哗啦哗啦，一座就热闹了。他曾在广州旅居过，日机空袭，炸弹正中他的卧室，幸人外出，得免于难，所以大家说他大难不死必有后福。谁知后来在重庆防空洞口远望日机轰炸，弹片飞来，击中殒命！

不久，朱家的常客中又多了樊仲云夫妇和梅思平夫妻。樊仲云我在上海时就认识了，虽然说不上是朋友。抗战后上海有一个组织叫编辑人协会，他是常务委员之一，我也是，常委之中记得还有谢六逸。真正主持这个协会工作的似乎是一位姓姜名君辰的，这人八一三战役之后就离开上海，行前交给我一只破旧皮箱代他保管，我接受下来之后，一直原封不动放在房间里，及至要到香港去了，才打开一看，里面没有别的东西，只有一个毫无用处的小东西！

樊仲云颇有些书生气，言谈举止，都显得文弱，他妻子说话自然声音洪亮，身材比丈夫阔大，衣着朴素，可以归朴素大方或粗花大叶一类女性。梅思平我不认识，连姓名好像也没有听说过。他的容貌言谈举止是另一路的，仿佛有安邦定国之才，一副英明精干相，他的妻子也和别的几个不同，比较会打扮，说话行动，有些娇滴滴。

樊、梅的连袂来港，是有所为的，这时候朱朴似乎也忙起来了，据说办了一个蔚蓝书店。不过这书店不是专营出版或出售书籍的书店，但到底干什么的，我没有打听问询的必要。它设在皇后大道一所房子的楼上，我不记得去过，参加它的好像济济多士。有一次它在一个胜地举行一个联欢或园游之类，朱朴拉我去参加，到者男男女女有一二十人，但我十有八九不认识，听说其中有后来大名鼎鼎的高宗武，但我也不知道是长是矮或瘦或胖。

樊仲云、梅思平常到朱家，有时打打麻将。自樊、梅来后，林柏生也偶尔光降朱家了，但真正是偶尔，而且话也不多，坐也不久，仿佛是出于不得已的应酬行动。这个人个子矮小，但身胚结实，一副精力充沛样子。他是汪精卫门下仅次于曾仲鸣的一员大将，据朱朴说，他很受他的排挤，甚至造他吸鸦片烟的谣言，并引他的齿黑为证。朱朴的牙齿的确不是洁白的，但他的确不吸鸦片，齿不雪白大概天生如此，正如有人的肌肤雪白，有人的却不洁白，他更决不会不擦牙齿。无论怎样，在我看来，林是可充鹰犬的一类人物，朱可作鸣禽之类。

我虽厌问政治，因而对政治患伤风病，但从耳闻目击和种种迹象看来，也不难略知所谓蔚蓝书店者，大概是汪精卫的《南华日报》之外的第二机关，但它究竟干什么的，我不想问，因为我想政客总只知道千方百计争权夺利，蔚蓝也好，鲜红也好，不外乎为权和利兴风作浪玩阴谋使诡计罢了。朱朴呢，我不问当然不谈，我和他虽然看来交往甚密，但实际只是闲谈天气，并不推心置腹，实在就是俗语所谓的酒肉朋友之类而已（实事求是说来，只能说是茶点朋友，因我们只上咖啡馆，不上酒楼饭店）。不过旁人不察，难免认为我和他沆瀣一气是个汪派了，而且说不定汪之密谋与日本言和，外间已有传言，这样一来，成了汪派就十恶不赦了，我疑心胡好的要我去桂林当《星岛日报》特派员，根源就在于此——调虎离山，不使《星岛》有汪派人物。

我离开星岛日报馆之后，在香港实际已经没有多少事做。《大风》早已拆伙，《宇宙风》虽然广州沦陷后迁到了香港（先在摆花街租一楼面），但印刷既不在香港，编辑也不全在香港，有林憾庐在，足以应付零星杂务。我就常在上海。事情是偷印《宇宙风》，印好运香港，出《宇宙风乙刊》，创刊《天下事》月刊，还办了一个大兴公司，经营发行业务，还代发汪、叶二青年办的学西风社出版的《西书精华》丛书一类。大兴公司是和印刷我们书刊的中国科学公司的一个或几个熟人合办，办公处就在科学公司一职工曹君家的客堂。

在这之前，有一事足记，那就是大可以证明我是汪派的丑事。年月日都已忘记，只记得我在上海时，有一天朱朴之忽来我寓，说有事相商，约我到旧辣斐德路一所沿马路的弄堂房子楼上密谈。他来上海出版一个刊物，想印刷精良，托我介绍中国科学公司承印，并请我做编辑。刊名《时代文选》，稿子他带来了。他从皮包里一篇一篇地拿出来，有郁达夫的《毁家诗记》，有胡适之的一篇什么文章，有一篇揭露蒋日和谈过的秘密的《举一个例》。文章都是选来的，但主要目的不言而喻是宣传汪精卫投降主义的。我当时虽然已经离开《星岛日报》，《宇宙风》只能勉强维持，但并不到山穷水尽地步，也没有日暮途穷之感，不，我还雄心勃勃，创办《天下事》，搞亢德书房、大兴公司，还做过影印两书的生意（其中有一本《洋鬼子在中国》，但生意不好，只做了一次），没有堕落做汪派或汉奸的迫不得已。这时候汪精卫的木人头戏已经在布景，他已经飞往河内，曾仲鸣被暗杀，脸皮已经撕破，一不做二不休了。我不是猛张飞，行事不是太孟浪的，何苦为木人头火中取栗？依常情论，《时代文选》的编辑我固然不屑为，介绍印刷我也何苦来？然而我竟给介绍了（好像是写了个条子交朱去自己打交道），这个荒唐透顶的原因到底何在呢？一个可能是我对抗战到底打败日本无信心，因而赞成和平。但这个不会，因按当时形势，尽管赞成和平的人朝野都有，但敢出头露面见诸行动的，除利欲熏心的汪及其徒党之外，是没有的，我虽然可以说“本无毛羽堪矜惜”，究竟自视不低，与汪又素无瓜葛，与国民党有怨无恩，怎么甘心附逆，即使赞成和平，放在心里就是了。第二个可能是对朱朴之友情难却，但这可能也不大。第一，我对他或他对我都不是肝胆相照可作刎颈交的，何况事情不算严重，我不至于不顾利害不加权衡，贸然允许。第三个可能是我得了他经济上的好处，贪饵上钩，摆脱不了了，这最可能。因为我记得正在那个时期，我有一次夜里和几个同业及一个印刷所老板赌“沙蟹”，输了一百多元钱，无处筹措，向朱朴借了。

介绍《时代文选》到科学印刷公司排印，我虽然不曾亲自出马，但科学公司不但不能代我否认，而且一定一口咬定是我介绍，因为《时代文选》这种刊物，科学公司如果无熟人介绍而竟承印，那就太损害它的声名了。这样一来，我自然受人唾骂，虽然我没有看到过指名道姓的文章，也没有人当面指责我过，但我知道一定为清议所不容，又曾接到过一封匿名信，一张纸条，上写八个大字：“卿本佳人，奈何从贼!”尤使我问心自愧，悔恨不已。

幸而泥足初沾烂泥坑，拔出脚来还来得及，而且这时候朱朴也不再光降。于是我专心致志于《宇宙风》《天下事》两刊物和亢德书房的出版工作，整天坐在大兴公司办公。记得有一天忽然接到一个电话，一听声音是朱朴，他叫陶亢德听电话，我说他人不在，接着就挂上电话。他不会听不出我的声音，不会辨别不出我的拒不再往来的意思，从此不再来电话也未来看过我。其时汪已“还都”，我在报上看到过朱任伪交通部次长之职的新闻。

到南京去

我打电话给朱朴之，拨了号码之后，心头起了一个愿望：但愿他人不在。谁知接电话的就是他，邀我就去谈谈。

他在上海总是住在岳家。我之打电话给他，原有我的“如意算盘”：向他借一笔钱离家去重庆，尽管我并不知道怎样走法。他在岳家的一个厅堂上见我，那是老式布置，大而且黑沉沉的太师椅和茶几，厅内光线阴暗。我还只说了开场白：出于意外，被阻沪上，很想离沪，但无办法（意即没钱）。他好像已经洞见我肺腑似的，诉他的苦境：妻子和大儿子死在青岛，交通部次长一职早已交卸，现在在什么全国经济委员会挂一委员名。接着为我设想，说仲云、柏生、思平你都认识，不如到南京去走一趟。我说自从抗战以来，我连过苏州河的桥也没走过，现在怎么能到龙蟠虎踞的南京去。他说他明天夜车正要到南京去，可以和他同行，保我平安无事。“你如果决定去，那明天夜饭后到我这里来。”我说我如果去，当在下午七时以前来。否则……

去南京一次还是不去？这在我头脑里当然起过剧烈斗争。我不算是个轻举妄动的亡命之徒，即使不讲什么失节事大饿死事小，只为爱惜羽毛略顾声名，也不该自投泥坑，但我有我的如意算盘，一厢情愿我计得售——借到一笔钱离开上海到内地去——那倒是衣沾不足惜但使愿无违，去一趟南京又何损于国、何害于民？

在一个晚上，我和朱朴同坐一辆汽车，从他岳家出发，前往北火车站。车过天后宫桥时，有日本兵来检查，出示了一个什么证件，也就无事过去。上火车时的经过，一点记不得了；只记得我们上的一节车厢，没有平常旅客，一车厢仿佛都是一路人，大家高声谈笑，仿佛就是所谓“乐不思蜀”。这一厢人我一个也不认识，朴之介绍了没有也忘了，只记得其中有一个姓李的“次长”，好像曾闻其名，似乎原是律师，倒也不是无名小卒。车到南京，城门口有些日本兵，汽车停下来，恭候检查，也是出示过什么证件，平安放行，进了城门。我是有生以来第一次到南京，在耀眼的强烈灯光中，看看这个古今名城的城门城墙，的确有些雄伟气势。进城之后，我想日本人到底不怕辛苦，事必躬亲。其实何妨把检查的事交托给了“共存共荣”的汪政权，自己至多在旁或在后协助就是了，现在不惮烦劳，身先士卒，使也是号称“国民政府”的堂堂次长级官员进入本国首都而要受异国士兵检查，是使人感觉到共存共荣之乐呢，还是叫人觉得亡国之痛呢？我们说汪精卫是可怜虫，日本人是大呆虫，其实汪之所以像软骨虫，日本人之所以像大笨伯，都由于利令智昏，或者是由于有所贪图，才不辞弱相霸道。

到南京住在朴之家里。他在南京办着一份小型晚报，名叫《时代》。南京城里比较空旷清静，有些地方还有点乡下野景，不像上海的挤挤挨挨杂乱喧嚣，只有人、车、木石、钢铁。

到后第一天，由朴之陪同先去看了樊仲云，他当时是中央大学校长。他好像事先知道了我的来意，说他无力帮忙，但学校不久要出版一份学报，打算去上海印刷，或者可以请我在编校方面帮一点忙。这份学报后来出版了，名《真知学报》，内容是纯粹学术性的，有朱起凤、陈钟凡等老学者的著作发表。发刊词是古文，出于纪国宣之手，纪君笔名果庵[1]，年龄不大，北方人，和尚头，又很高大，博古通今，但非书呆子，是樊仲云的得力主将。北方人，不知怎么到南京助樊仲云主持校务，后来成了我的熟朋友。抗战胜利后与龙沐勋同被关在苏州监狱。“文化大革命”时自杀。待在《我的后半生》稍加详述。

《真知学报》由樊的在沪女友陈君代理印刷，我除所谓编辑，其实不过把陈君转来的文稿凑成规定篇幅之外，还做校对。这项工作实际不能说是为非作歹，但到底是伪大学的伪学报，我不免总有些“做贼心虚”，记得有一次有一个朋友来看我，正在闲谈，忽然楼下一声“校样”，使我胆战心惊，大为慌张。

第二个去看的人是梅思平。他是“实业部长”又兼管粮食之类，是个有权而又缺肥的人。如果要遂我之愿，他是对象。但一则我和他不熟，不足开口借钱；二则向南京权贵说借我钱让我到重庆去，不很容易开口。但既来了，就去一访吧，去时近午，等了一会，主人回来了，承蒙不弃，请我便饭。他漂亮得很，自动说每月送我一千元钱，什么名义也不用担，如果想出刊物，他可以另外帮忙。此行算是不虚，只有一点使我不满——吃饭时并不劝酒，尽管餐桌边的一个地方，摆着不少瓶酒。

---

①纪果庵（1909–1965），名国宣，改名庸，字伯庸，号果庵。直隶蓟县（今属天津）人。毕业于北平师范大学，后在北平、宣化、滦县等地担任中学教职，业余向《宇宙风》等杂志投稿。1940年到南京，担任伪中央大学总务主任，后负责伪中大附属实验学校校务。抗战胜利后，在上海、苏州等地任教。1950年在苏南文化教育学院任教，高等学校院系调整后，该校并入江苏师范学院，担任该校教职。反右时被错划为“右派”。1965年在苏州上方山石湖投水自尽。著有《两都集》等。

最后一个是林柏生，他，我实在不想去看，我同他不熟，而且不大喜欢他的神气，况且梅思平既然答应无条件月送千元了，何必再去看林。他，即使我苦苦哀求，恐怕也不一定帮一点忙的。但朱朴说已经看了樊、梅而不去看林，不大说得过去，不妨去一下，稍坐就走就是了。这也言之有理，而且我还想到：林、朱原有矛盾，这次朱陪我去看了樊、梅，如不去看林，可能林要误会怪朱。于是去看了林柏生，他的住宅很好，地点也似在郊区一般，很有一点野趣。他倒很有兴致谈话似的，我可没有什么劲儿，稍坐就告辞了。我之不愿意和林柏生接近，除了他有一种逼人气势之外，主要原因是他是“宣传部长”，而我当时的主意，是暂不与文字结缘。所以连梅思平的答应办杂志可以帮忙的话，我也不接口。

在南京不到一周就与朱朴同回上海。火车上朱朴就和我谈他要办一个杂志，连刊名也想好了，叫作《古今》，他要我做编辑，说至于经费，思平既然答应了，当然没有问题。我说，我编了好几年杂志，落到今日地步，而今而后，我决不再做这种事情了。他反复劝说，我再三拒绝，最后介绍了周黎庵给他。他们倒很合得来，周君又原毕业于东吴法学院，就又与金雄白[①]共从事于律师业务，也合作得很好。后来我虽然却不过

---

①金雄白（1904–1985），原名烯民，笔名朱子家、金不换。江苏青浦（今上海青浦）人。早年入上海《时报》任校对，后升任助理编辑、采访部主任。1930年任南京《中央日报》采访主任。后在南京、上海办报，兼执律师业务。抗战爆发后，1939年任伪中国国民党中央委员，1940年起任汪伪政府法制、经济等多个部门要职，又创办南京兴业银行，任南京《中报》总编辑，创办上海《平报》《海报》。抗战胜利后被捕，1948年出狱，不久移居香港。后仍从事新闻事业，来往于香港与日本之间。著有《汪政权的开场与收场》《记者生涯五十年》等。

朴之坚邀，也在《古今》上挂了编辑的名，但一切不问不闻，偶尔去古今社一次，也完全像个客人，坐也坐不多久。

这次南京之行，好像大有所得：月得千元，而不用出怪露丑，甚至于连暗中也不要任伪职挂伪差。然而实际上是得不偿失的，当时（1942年）的物价怎样，我无账可查，但一家九口，尽管省吃俭用，好像没有多少余钱，虽然一千元这个数字，听听倒也不小。简而言之，要想从这不劳不臭而获的千元中省出一笔钱来，既可作旅费，又能作家用，那恐怕等到“爷爷胡须白”也办不到的。怎么办呢？我这个贪图安逸只愿苟安的人啊，就有这么一个想法：有什么办法呢，能够青菜淡饭隐姓埋名熬几年不冻死饿死也就“婆婆万福”了。这个想法且不说无志气没出息，实在也是“空思想拜堂”，一厢情愿，不知道“赵孟之所贵，赵孟能贱之”。梅思平的月致千元，送了两个月就停止了。这是大出我意外的。我这个呆虫，以为既然送了就自然送到底，现在突然无缘无故地中断（梅思平政治上并不倒霉），实在使我惊奇。到底为了什么？多年之后有人说官场中白送钱给人，向例只送两个月。或者如此，但我却不是这样看，而疑心与《古今》之以周佛海为后台有关，因据朱朴零星闲谈中，《古今》他原以梅为后台，后来才转入周门的，梅、周是一派的，但小嫌隙随时可以发生。我想，是不是有这可能：朱原与梅讲我想办刊物，由梅出钱由朱经办。梅之答应我月送千元，真正意思是叫我办杂志去，一千元不够，另外再给。碰着我这呆虫，人家客气当福气，一口说明不想办什么杂志。这在梅思平当然不高兴，你陶某何德何能，每月白拿一千元钱。在朱朴呢，可能本想做个中间人，现在梅思平直接给我钱了，我又坚决不编《古今》，使他不能如初愿，连补救余地又没有，因而转向周佛海，这么一来，梅思平可能认为我在调他的枪花，或者恨朱朴的跳浜，遂愤而停止送我钱。不过这都是我的胡思乱想。最好的解答梅思平为什么停止送钱，不如想想为什么他要送我钱，如果说他之送不过出于一时高兴，那么他之停送可以因为一时不高兴。若说他之送原有目的，那么他之停送只能怪我的不探明他的目的尽力如他之愿，而竟天真得如杏花倒开，好像这个非亲非故的人应该送我吃用似的。

朱朴通知我梅思平停送我钱时，给了我一只他的俸给袋，说你拿去用吧。朱是闲官，收入尽管不全靠什么委员闲差，但总远不及梅的权大位尊财源茂盛，不论彼此相交有年，我可不能“无功受禄”，何况安知他不念我几年前的挂断电话，不久前的坚不答应编辑《古今》。即使我不顾一切受了下来，谁知道他能送我几个月，难道他是傻瓜，背了恶名得来的一些钱肯一直白送给人？当时我其实没有这样考虑过，只是反射性似的说我不能拿，眼前生活还不成问题。眼前还不成问题，这是实情，但以后呢？不要说儿女，我自己也还只有三十多岁，离不用衣食的日子也还远呢。为今后计，我做了一家饿死事大、个人失节事小的决定。这个决定尽管出于万不得已，但也足以表现我的缺斗志乏闯劲、只想苟安偷生的为人。按我的主观，我在当时实在别无出路，我从十五岁离家到苏州学生意到现在，一向赤手空拳单枪匹马，总算“瞎子天照应”，虽未立业却已成家。我既无好亲好眷照顾，又无权朋贵友可以依靠，也可以说茕茕孑立形影相吊。何况我生平有一大病：不肯怎样求人（这毛病源于我是独子，幼时要什么大都由母亲揣度我的意愿，自告奋勇千方百计办去，我至多曲曲折折地暗示罢了），何况当时在我看来也无人可求。反面人物另有本家幼笙、孝洁父子，但幼笙我未见过一面，孝洁为人胡帝胡天，我很害怕。还是我在《生活》周刊的时候，他在上海跟一个姓王的和交涉淞沪停战协定有些关系，一天忽来看我，在办公室隔壁的会客室里大谈他有办法使《生活》解禁，声震屋瓦，使我简直想上去掩住他的吹牛嘴巴。另一次是上海已有维持会之类的时候，他打来一个电话，说到了上海，住在旅馆里，约我去看他一下。我去了。那是家中下旅馆，房门前摆着风炉之类，他是自理伙食的，房间里堆着日文报纸。彼此敷衍了几句我就走了。看情形，他此来是有所为的。此后情形不详。他的过去我也不甚清楚，虽说是同族而且同在一乡，不过我幼时是个深居简出的孩子，父亲就是不管闲事不与人来往的，母亲尽管与父亲的脾气大不相同，但一则孝洁他们与我们是远房本家了，住处又相距较远，所以也无来往。正面人物呢，有一个堂叔在兴业银行，有两个堂兄在绸缎庄，都是小职员，不可能帮忙，还有一个在绢丝厂做厂长，我估计也难请他想办法谋工作，因为我是“文人”，难于安排的。倒是《西风》月刊情况不坏，我是前股东，创办人之一，似乎可以请求一下吧，但我是因《西风》主持者不听我的劝离上海之请而一怒退股的，还有托大兴公司代理发行的一种类乎《西书精华》刊物的创办人（?）叶绿，据说曾写文章在一报上骂了黄嘉音，嘉音曾和我当面谈过，我回答得很不客气，说：我如果要骂你，也何必化名！即使全无这些嫌隙，无论我怎样卑躬屈节，也难以挤进西风社的，哪怕我甘当仆役。要不求人而谋生，拿出所有旧书摆个地摊是一法，但这个我又不屑为之，此外，黄包车我不会拉，实在没有别的生计了。

我想来想去，只想出了一个没办法中的办法，下策之中的上策。我对朱朴说，你与周佛海关系不坏，给我在他做“总裁”的储备银行里弄一个饭碗吧，职位越低越好，抄抄写写什么的，我还会珠算的加减乘除，做一个小职员，不出名，不出声，赚薪水，过生活。我的主意还是一厢情愿——出淤泥而不染。

朱朴受我之托，忠我之事，不多几天就说事情已经弄妥，但这事情却不是我想做也不是我能做的：编一小张一周一出的《经济周刊》。我对编辑一名这时候听了见了就头疼心烦，何况又是我一窍不通的经济。我老实而坚决地说明，他倒也能谅解，几天之后，他对我说事情已经解决，不编《经济周刊》，改任调查处专员，这完全是吃粮不管事的挂名差使，连签到也可以听便，薪给不多，但足以解决我一家的青菜淡饭生活了。

我于是当上了伪中央储备银行调查处专员，行在外滩，“办公室”很大，我“上任”时专员寥寥无几，至少来坐坐的人不过三五个，其中一个比较常来的专员姓祝，浙江硖石一带的人。我已经是汉奸了，但实在我还是一个小百姓，并无什么特权。例如当时小百姓有“站岗”义务，几天一次，手执一短棒，站在寓所弄口，时间一次半小时或一小时，我无手表，执棒木立，无聊之极，只管遥望经过南京东路西端的电车辆数，约略知道已经站了多少时候，快交班了。站岗的作用据说是防“坏人”，其实有什么用，徒苦我民罢了。

记不清在进储备银行之前还是才进去不久之后，有一天上午忽然来了三五个素不相识的客人，他们是《新中国报》的人，奉老板袁殊[①]之命，来请我出任一份名叫《杂志》的杂志编辑。我一口谢绝了。但我之不编《杂志》，倒不是为了怕担恶名或是别的，完全是为了怕吃力不讨好。《杂志》是已经存在的刊物，厚厚一册，内容可以说是丰富多彩，出类拔萃。来客说袁先生请我接编，是要把《杂志》更加办得出色超群。我自知没有这个大本领，与其日后使对方失望自己没趣，不如事先谢绝免得出丑。这一拒绝可能使袁殊不快，从此没有来往。

袁殊也是一位神出鬼没的非凡人物，论伪职，不过一个江苏省教育厅长，但他似乎独树一帜，因似有日本后台，拥有气势不小的《新中国报》，左右又济济多士，听说还有革命阵营中人士。这很可能，因他本来编过革命刊物的《文艺新闻》。我不认识他，只在30年代初的一个晚上，朱雯同我进一家广东店吃粥，他和一个也在吃粥的人招呼，告诉我这人是谁，什么刊物编者。我们吃完了，朱雯付的粥钱，还给袁殊吃的也代付了，朱雯告诉他，他还埋头在吃，听了只略一抬头，店里电灯又暗，我始终没有看清楚他的面貌。

日本对英美宣战之后，不久攻占香港，在香港的朋友，有的往内地去了，有的来上海。来上海的人里面，有一位柳存

---

①袁殊（1911–1987），原名学易，化名严军光、曾达斋，笔名君匡。湖北蕲春人。早年就读于上海立达学园，后赴日本留学。回国后投身左翼文化运动，1931年在上海创办《文艺新闻》，同年加入中国共产党，又先后打入国民党“中统”“军统”。1935年一度因“怪西人案”牵连被捕。上海“孤岛”时期，曾受中共的委托创办《译报》。沦陷时期，依托日本驻沪总领事馆岩井英一，进行“兴亚建国运动”，后加入汪伪政府，主办《新中国报》和《杂志》，又任伪江苏省教育厅厅长。抗战胜利后脱身北上，先后在苏北、山东、东北等解放区工作。1949年调往北京，在有关部门工作。1955年受“潘扬事件”牵连被捕，1982年平反并恢复党籍。

仁[1]，是个极熟的朋友，本在北京大学读书，抗战后借读光华，幼即多才，十几岁就写了一本《中国文学史》之类。年纪比我轻，世故比我深，个子矮矮的，但一副老成相。对人彬彬有礼，写字整整齐齐，就只有一个毛病（在我看来），有些热中。他原在香港邮局工作，吃了热中的亏，无缘无故地与在港的进步人士为敌起来，还形之于笔墨，几乎闯出小祸来。我和周新、屠仰慈都劝他要多多思考，不要为人火中取栗。他从谏如流，不再多事。香港沦陷之后，他很吃了一些苦，后来与同为广东人的林柏生手下人搭上关系，因而能举家离港返沪。

他到上海我并不知道，后来有一天他忽来我家，这才知道。他到上海后已在中华日报馆挂了一个主笔名义，改名雨生。当时凡是附逆什么的人，十九改名。我却"坐不改名"，这是老伴后来责我笨的证据之一。老实说来，我之不改名，也有我的打算：人污泥而不染在客观上是空话，但我总想不要如无缰之马，能够尽量不作恶为非，不改名似乎也是控制的一法，就是说我怕一旦化了名，极可能更不知检点随便胡作妄为了。这也许是非非之想，但我当时是确作此想的。

柳雨生的来看我，是《中华日报》想叫我编辑该报出版的《中华周报》。如我答应，他去约《中华日报》的实在主笔梁

---

①柳存仁（1917–2009），字雨生。山东临清人，寄籍广东南海（今属广州），生于北京。1935年考入北京大学，抗战爆发后寄读于上海光华大学。1940年赴香港，香港沦陷后回到上海参与文化活动，主办《风雨谈》杂志，并参加了全部三届"大东亚文学者大会"。抗战胜利后被捕入狱。出狱后，到香港参与教育工作。后获英国伦敦大学哲学博士学位。1962年赴澳大利亚国立大学任教，历任该校中文系主任、亚洲研究学院院长。是澳大利亚人文科学院院士。对道教史、明清小说和中国文史研究有突出贡献，有《和风堂文集》《和风堂新文集》等行世。

式[1]和我谈谈。我说可以考虑。

在雨生家里和梁式见面。他代表《中华日报》请我编辑《中华周报》。我说可以，不过有一条件，就是内容要完全由我做主。他说这个没有问题。事情就此决定。

我不编《古今》于前，不编《杂志》于后，何以竟肯编辑《中华周报》了呢？莫非《中华日报》给我厚酬？不，报酬可以说少。那么难道《中华周报》享有盛名，做它编辑使我身价十倍？决不！《中华日报》是汪的直属机关报，只有臭名。然则我之答应编辑，究竟所为何来？这又是我的一厢情愿。《中华周报》不见于报摊，销售一定少得可怜，我没有看过，它的内容却不难猜想得十分准确：不外乎共存共荣同生共死的一套。我的一厢情愿是把它的臭内容改变得略有人气，将它编成一个谈人生或谈生活的刊物。我是按我的想法组稿的，虽然谈人生讲生活的文章并不容易写得好，也没有什么人肯用心写；而且也不免偶尔登一两篇译自日文的战争纪事，以免太不涉及时事，引起日本方面的注意，虽然译稿竭力避免为“皇军”扬威。

在《中华日报》，我认识了几个曾经闻名而未见过面的人。报馆编辑人员，原多夜里才来，但非编辑新闻的编辑如编副刊的，也有白昼上班的；至于主笔、资料室人员，更是日间工作者多了。《中华日报》的实在主笔姓梁名式，他年龄不小了，一副老成持重的神态，实际也博学多识，写给副刊的三五十字一

---

①梁式（1894–1972），名君度，又名康平，笔名何若、尸一。广东台山人。毕业于广东高等师范学校。曾任黄埔军校教官，兼任广州《国民新报》编务。1927年鲁迅到广州时，曾多次拜访，并向鲁迅约稿。上海沦陷时期任伪《中华日报》主笔，抗战胜利后被捕入狱。出狱后任上海启明书局编辑。1954年随启明书局并入少年儿童出版社，仍任编辑工作。

条的随笔，总名“纸片”的，颇多佳句。他是广东人，认识许广平，鲁迅在广州时接见过他，据说鲁迅曾经问他怎么取了个笔名叫尸一，他回答道，ㄕㄧㄕㄧ就拼成式了。另一个也负实际笔政的是钱锦珊，原名公侠[①]，性情温和，仿佛原为中学教师，也向《人间世》投过稿，他有一个年龄比他大辈分比他小的侄子钱芥尘[②]，大概和《中华日报》大有关系，他之进《中华日报》，一定由他拉拢。钱芥尘也是一个神出鬼没的非凡人物，在当时，他各方面都有关系，我就亲眼看到过红帮头子在他家里，日本驻上海副领事福间和他在一家茶室品茗。他办的杂志名《大众》，不但汉奸气极淡，甚至有曲折委婉的抗日诗文。这类貌似出淤泥而不染的刊物，还有一个《万象》，编者柯灵，老板是上海名人之一平襟亚[③]。不过实事求是，平襟亚比钱芥尘要单纯一些，或者说更聪明一些。钱芥尘不少人尊称之为芥

①钱公侠（1908–1977），又名锦珊。浙江嘉兴人。早年就读于光华大学。毕业后，曾在浙江南浔中学、上海启明女子中学任教。上海沦陷时期从事编辑出版工作，1944年曾主编《语林》杂志。抗战胜利后任上海启明书局编辑。1954年随启明书局并入少年儿童出版社，仍任编辑工作。

②钱芥尘（1887–1969），原名家福，改名芥尘，号须弥，笔名行云。浙江嘉兴人。清末秀才，后就读上海法政大学。曾在蔡元培创办的《警钟日报》工作。辛亥革命后，参加章太炎组建的统一党，任上海《大共和日报》总编辑。后在上海、天津、沈阳等地办报，曾被延聘为张作霖、张学良的顾问。抗战爆发后留在上海，1942年曾主办《大众》杂志。中华人民共和国成立后任上海市文史研究馆馆员。

③平襟亚（1894–1980），名衡，号秋翁，笔名网蛛生。江苏常熟人。早年为学徒，后在小学任教，不久到上海以写作为生，开始经营出版事业。1927年出版小说《人海潮》，又参与创办中央书店。1931年考入上海法政学院，后兼执律师业务。抗战爆发后一度被捕，1941年创办《万象》杂志，由陈蝶衣、柯灵先后主编，风行一时。抗战胜利后主编方型周刊《海光》。中华人民共和国成立后任上海市文史研究馆馆员。

老。只叫芥老而又叫得相当热情的，是《中华日报》资料室主任周越然[1]。

越老，我们有些人这样叫他，大家知道是商务印书馆英文部的老编辑。他的进《中华日报》，恐怕也是钱芥尘的拉扯，他没有改名，资料室是有的，但他的主任实在只是名义，除了给买到一全套《东方杂志》以外，好像没有做过什么事，只是常常在下午三四点钟来转一转罢了。他人极风趣，能喝酒，善觅书，我曾请他买到一部黄公度的《日本国志》。大家知道他以《英文模范读本》发财。据他说，当时他编这套读本，原来只想卖三千元，但是商务不肯出此重价，只肯抽版税，谁知后来所付版税要多到三千元的百倍。于是乎他坐汽车，造房子，买中外奇书。讲到坐汽车，他说过这样几句话："当时我坐汽车从商务印书馆经河南路向东开往闸北家里时，有时天落雨，南京路河南路口却有许多人撑着伞立在雨中，我不知道他们在干什么，现在才知道是在等电车。"他和我讲这几句话时，地点就在南京路河南路口的电车站，时正小雨，一辆汽车疾驰而过，溅得他我不少泥浆。他藏书很多，但当时已所存无几，书不论古今中外，大都是奇书，我曾到他府上浏览过一下，其中有一本英文书，有李鸿章与机关枪发明人的通信什么的，曾请

---

①周越然（1885—1962），名文彦，字越然，笔名走火。浙江吴兴（今浙江湖州）人。清末秀才。早年曾执教江苏高等学堂、安徽高等学校和上海中国工学。1915年起任职商务印书馆编译所英文部，编译英文教材多种，影响力颇大。业余搜罗中外古书，是当时著名藏书家。上海沦陷时期任伪《中华日报》主笔等职。中华人民共和国成立后在上海水产学院工作。著有《书书书》《六十回忆》等。

人译出，后来登在我编的最后一个杂志《好文章》上。[①]

我凭一时空想，接编了《中华周报》，没有想想中华日报社长林柏生和朱朴本有矛盾，朱再三要我编辑《古今》，我再四拒绝，而属于林的《中华日报》一请我编《周报》我却爽快答应了，这在朱看来，当然要深感不快，何况还有我不知道的林柏生与周佛海之间的派系之争。为了进入《中华日报》，朱朴对我说过什么不满的话，我记不得了，但从我之答应在《古今》挂一个编辑虚名，可见朱朴很可能对我说过什么。但我在《古今》挂名之后，也曾要求《古今》出版一个由我编辑的刊物《东西》。这刊物也是我的理想之一，内容是译东西书刊文章，介绍东西文化。我对《西风》的内容始终觉得近乎庸俗，限于刊名，又只译载欧美（其实只是美国）文摘杂志的文章。但十足道地"志大才疏"的我，单枪匹马，怎能编得好，而且当时当地，你编得再好也不会有多少读者的。《东西》大概只出了两期就停刊了，只记得我译过日本文化评论家谷川彻三的一篇文章登在第一期上。

我既在储备银行领干薪，又在《古今》半月刊上挂虚名，可以说是周佛海手下的人了。但我只见过周氏三次，而且可以说不是夤缘得来有所乞求的。一次是在赵叔雍家里，赵是常州人，上代做过官，在南洋路有所住宅，是所"花园洋房"。一天不知是谁做东，在赵宅请人喝茶，到的人有陈公博、周

---

①作者这里记忆微误。这篇文章其实刊载于他主编的《东西》月刊创刊号（1943年4月出版），题为《与李鸿章论基督教》，署Sir Hiram Steveus Maxim所作。

佛海、朱朴、杨荫深、金性尧、何永康[①]、周黎庵和我，大概还有冯和仪、柳雨生，临散之前还合拍过一张照，在闲谈时，金性尧问过周佛海一句话："你们怎么会想到同日本人谈和平的？"其时日本败局已定，所以金有此一问，周的回答是："想不到日本会对美宣战的。"另一次是在东京，周来开什么大东亚会议。蔡培邀我和他同去看周，他下榻一个什么日本阔人的住宅，时在早晨，我们在客厅里等待，客厅里有几个玻璃门的书橱，精装巨册的书满满的，我正在看书脊上的金字书名，周进来了，蔡培照例给我介绍，我说了句我还想在日本留一个时候，他说没有关系，行里的位置没有问题。

最初一次是在上海，大概是愚园路1136弄汪居所中的一宅，引去的是朱朴，同去的有周黎庵。我和周隔茶几坐着。我并没当他高不可攀的权贵，因为我个人无求于他，所以说话不觉拘束，不卑躬屈节，他倒也平等待人，并不颐指气使。他说到袁殊的文化势力可不小，尽管他只是一个厅长。他指的大概是《新中国报》。当时上海有四大伪报，汪的《中华日报》算老大，代表官方；另一家是袁殊的《新中国报》，袁以自有后台，同时用人有方吧，这报纸办得有些特色有些生气；再一家是周佛海的《平报》。它的平可以说平淡的平，因为他所托非人，主持其事者虽为老报人，但这个人是吃豆腐朋友，此时此地办报，除了得些好处之外，还有什么别的？另一张是李士群的《国民新闻》，也是日出一大张，满张有黑字的东西就是了。

---

①何永康（1915-？），笔名浑介、何文介、实斋等。浙江余姚人。早年就读于苏州东吴大学，1936年毕业后，曾与海戈（张海平）、黎庵（周劭）编辑《谈风》杂志。后就读于上海东吴法学院。此后从事书稿翻译工作。中华人民共和国成立后在上海师范大学任教。

周谈起文化界，我想起一件事来和他商量。我说听周越然讲起，商务印书馆要再版《辞源》而没有钱，周先生能否帮一个忙借给商务一笔款？他说可以，要多少，什么时候要，你写信到南京就是了。谁知道我还没有向周越然说明请他去问商务印书馆，外间已有流言蜚语，说借款成功之后，我可以得酬劳多少云云。我一怒之下，写信给已去南京的朱朴之，告诉他谣诼难受，请他转告周佛海商务借款事作罢。其实此举恐怕也是多事，这种“大人先生”，你不向他三催五追，他对于自己许诺过的事情，十有八九是会忘记得一干二净的。

我由周越然介绍，认识了钱芥尘。他人很高大，常戴墨晶眼镜，对人极为客气，还赠送一些本子极小也极薄的小册子给人，什么书呢？百分之百的黄色书，有一本还摘译自佛兰克·哈利斯的自传。专印这种书送人目的何在呢？我想不出，大概只能说是“嗜痂成癖”了。钱芥尘的大名，其实我早已久仰，那还在北伐之前，东北军势力远达上海时代，上海有张小报叫《晶报》，常有钱的讲些东北军轶事的短文。到后来我向一直在东北办外事的一个本家问钱的情况，他的回答对钱大为不敬，说，他么，他是给张学良拉马的！我这位本家是个糊涂虫，他大概只看到钱的表象。

《中华日报》的主笔之中，还有一个予且[①]，他的样子一副

---

①予且（1902–1990），原名潘序祖，字子端，号水绕花堤馆主，笔名予且。安徽泾县人。早年于圣约翰大学、光华大学就读。毕业后，入光华附中任历史教员，又在中华书局担任编辑。抗日战争全面爆发后，一度携全家离开上海，1939年回到上海。沦陷时期，在各报刊发表通俗小说，创作力旺盛。曾三次参加“大东亚文学者大会”。中华人民共和国成立后，在上海沪光中学任教。著有《予且短篇小说集》等。

潦倒相，常常胡须满面，一身不整不齐的旧西服。特别是一双快要露出脚趾来的破皮鞋，使我每次看到了不禁想起卓别灵来。但日本一投降，我被雨生（他和予且有师生之谊）拉了去他家，看光景并不怎样困难。

《中华日报》的挂名主笔，还有几位，但有的难得驾到，还有的永不露面。

《中华日报》主笔的报酬，比起储备银行专员来菲薄得多了，所得无几的伪职臭差尚且有人肯屈就，待遇优厚的肥缺当然人争趋之如蚁附膻了。储备银行的好处，除薪水较多之外，还有米煤（米一般有户口米，但搀杂粮，很难吃，煤球一般不容易买）配给，更有一个生财之道。怎么回事，不记得了，大概是当时现钞缺乏，向银行取现有限制或不许，储备银行对本行人员却不限制，于是你如有熟人有支票交你存入，隔天即可取现，如系储备银行的拨款单，随时可以支现（外人是只能作支票用的），这样一代劳，你就有公开合法的贴现什么钱可得。我虽无工商亲友，但间接的交易也每天常有，尽管为数无多，实在也不无小补。

我进储备时，专员似乎不过“小猫三只四只”，至少来一来的寥寥无几，到后来人数越来越多，经常来坐一坐的就有一二十人，不出头露面的人不知鬼不觉的还不知有多少人。这批人不是和总裁有关系，就是与副总裁有瓜葛。其中有叔侄两人，据说是由于他们家和一个京剧女演员有关系，而她则与周佛海有关系。许多人中只有一个是学生派头，他姓甲名君实，曾问我借去过一本英文书《化学的故事》。后来听说去美国学化学了。

储备银行专员还有一条发财之路：外放作支行经理之类。

我自己没有做过这个梦，但曾为人促成过这件事。有一个专员张国祥，据说银行出身，完全商人派头，在专员中恐怕要算他最最十足小商人气了。他之进储备银行，似乎是沾了周佛海曾经是个共产党员的光，因为据说他的妻子是陈独秀的女儿。她叫陈子美，外貌相当斯文，也还俊俏，但谈吐却缺乏语言美。有一次她请我代起一致周信稿，说张精通银行业务，能否给他一个实缺。这是不费之惠，乐得成人之美。信稿拟就之后不多几个月，张国祥就调任泰县储备支行经理了。他发了多少财，我不知道，但我没有得过什么好处。后来张夫妇反目，不时大吵，据张说来，陈行为不检。张后来另要了一位夫人，又长又大，不俊不俏，语言无味，面目可憎，但夫妇之间似甚相得。

到日本去

进储备银行之后，生活不再成问题，兼编《中华周报》后自然更觉宽裕了些，虽然和“附逆”之前的生活比较起来，是不及而不是过之，还是薪水阶级，只是这薪水不劳而得。物质生活不怎么舒适，精神上的不快更甚。我能喝酒，也爱打牌，未尝不好色，但怕负一笔风流孽债。不过一天二十四小时，总不能完全沉湎于酒牌，总有清醒的时刻。说老实话，这时候我已经没有离开上海到内地去的念头，这倒不完全由于此间乐不思蜀，部分由于无颜见江东父老，当然也还由于经济上的阻碍：尽管走为上策，却不能一走了之。事情说来奇怪，我一方面断了去内地的心，一方面却起了到日本去的念头。

对于日本，我不知怎的有一种异样的情感。早在沈阳时，我还没有学过日文，一天在地摊上看到一本日文的《中国游记》，就买了下来。后来进生活周刊社，邹先生鼓励我读日文，恰巧蒋君辉先生在中华职业社开日文补习夜校，我报名入学，读了三个月吧，就大买日文书，还斗胆译了鹤见祐辅的《莫斯科·柏林·罗马》由长城书局出版。后来编《宇宙风》，还出过“日本与日本人”特辑。细想一下，我之与日本有缘，大概由于我之接触新文艺，读新文学作品。首先是创造社的郭郁两位，后来是周氏兄弟，他们都是留日学生。日本人是可憎可恨的，但也可敬可怜。所以可恨可憎，人皆知之，不必我多说，可敬呢，他区区一小邦，竟敢与英美作战，不惜以举国和全民族作孤注一掷，若置成败于不论，日本人是有勇气的。怎么可怜呢？我目击过两件琐事。一，九一八后不久我随亲戚南归，坐南满铁路车从沈阳到营口，车上来两个日本宪兵查录什么的，碰着了一二个臂缠英商或美商慎昌洋行臂章的华人，神气十足，哗啦哗啦地使宪兵脸发红默然退避。还有一次我看见两个日本人坐在愚园路庙弄的人行道上，向小贩买两个黄金瓜解渴。中日携手合作是应当的，但是日本人的“共存共荣”，是要以我们的人力供他奴役，我们的物力使他挥霍。日本人看不起中国人，却不知道中国人更看不起日本人。就在日本进占上海租界，日本军人挂着指挥刀耀武扬威之日，中国人何尝看得起他们。我曾说过笑话：在国际饭店这种场所的侍者，对像煞威风凛凛的日本军官，尽管表面上笑容满面鞠躬如也，心底里是在骂他妈的，而如果光临了一个英美军人，那才心悦诚服侍候唯恐不周呢。凡此种种，当然是日本人的孽由自作，谁教他多少年来欺侮侵凌了我们多少次又多么厉害！解放后70年代起的中日关系，展开了新页，但愿彼此真能相见以诚，推心置腹，永远亲如兄弟，勿图一时利益，为中日两国计，也为东方以至全世界着想，都是大计。

我为什么想到到日本去呢？难道我觉得附逆还不够，非做个汉奸不可吗？当然我不至于愚不可及到这个地步。我只是有个怪想，日本，到底有些什么不可及之处呢？

《中华日报》的薪给虽低，但有白食可吃，社里常常宴请日本和本国的来沪人士，虽不是三日一小宴五日一大宴，也不是每宴必请我作陪，但一月一二次叨陪末座是有的。就在一次请一个日本人的席上，决定了我的日本之行。客人姓黑田，名忘记了，是日本国际文化振兴会的专务理事，据说是伯爵，到法国留过学，这会的会长还由皇族挂名，原是对西方的宣传日本文化的组织，“大东亚战争”发生后，由西转东。这天报馆请客，共有两桌，柳雨生和黑田在一桌，吃到一半左右，雨生来对我说，黑田问起有没有人愿意去日本研究日本文化，国际文化振兴会极为欢迎，愿尽招待供应之责，他问我怎么样，我说很好。他当即转告黑田，黑田过来和我应酬了一番，他穿的西服，脸团团的，神气不像一般日本人的僵硬，法国留学生嘛。

怎么去日本，问题不大，倒是到了日本后的生活特别是吃的问题，倒使我有些感觉为难。我在上海吃过几次斯基约基(炙牛肉片)[①]，不难吃，但这是请客的名菜，日常不能老吃它，而且如果餐餐吃天天吃的话，我也一定受不了。我只知道日本饭食很难吃，怎么办？还有语言问题，我只学过三个月日文，又最怕说错，口语程度极差极差。我之想去日本，原是苦闷之余的穷思极想，本无什么志向，怎肯跑去吃苦？后来这问题也解决了，这时驻日伪大使正在新官上任旧官请进之际，是樊仲云吧，介绍我去看新大使蔡培，谈妥我留日期间，食宿于“大使馆”。

去是作为“大东亚文学代表大会”的代表而去的。这会已经开过一次，第一次的代表中有柳雨生，第二次还有他，此

① “斯基约基”即すき焼き的音译。日本近代食肉风气兴盛以来确定的菜品，在浅口平底铁锅内以酱油、砂糖、酒等调味料烹饪薄牛肉片，多搭配葱、豆腐、茼蒿等食材。今日汉语圈多取“寿喜烧”之名。

外是周越然和我,《新中国报》的鲁风同邱石木，上海另有两位代表，到临行前夕的饯别宴上才知道：女士关露和老作家章克标。关露过去在一次抗战什么会上看到过一次，但不能说相识，她的特征是矫正过形的鼻梁，为人文雅，当时在编日本人办的一个杂志《女声》。章克标呢，据说曾与郁达夫争夺过王映霞，战败之后，著有小说《银蛇》一本，封面画一条蛇，印成银色，内容写些什么，我虽买过书却未读过，故不知。他还有一本名著《文坛登龙术》，连史纸线装本。他和邵洵美大概很友好,《银蛇》和《文坛登龙术》都是邵洵美办的金屋书店和时代图书印刷公司出版的。他的面孔有些滑稽相，行动恐怕也有些特别，他之出席“大东亚文学代表大会”，似乎是部派的，他在伪宣传部做事嘛。他是留日前辈，精通日语，专业大概是数学，开明书店出版的《中学生》杂志或书籍中有过他的大作。他要进伪宣传部，以他的资历，可以说易如反掌，但事实上据说是应考考进去的，改名换姓为许竹园。我虽和他不熟，见总是见过，及见到他也是代表之一，不觉暗暗吃惊。代表团团长是越老，上海去的一批人中还有来自广东和来自宁波的两人。华北另有一批，从北京出发，经朝鲜到日本下关同上海去的一批会合。

上船在夜半时候，第二天就到了长崎。这地方仿佛是个偏僻小城市，没有给我异国风光印象。在长崎一天吧，只记得受招待吃了西瓜，吃时第一次洒一点儿盐在瓤上增加甜味。吃饭时初尝味噌汤，确如郁达夫在一篇文章中所说，滋味可口。后来出去闲步，在苍茫暮色中看到一个小摊子，出售竹制烟嘴，并可刻字，买了一枚，现已不知去向，另刻一圆形图章，迄今还在用它。

我们不从长崎径去东京，还去一个大概是名胜之地的松之岛宿了一夜。地方很冷僻，松树成林，一阵风来，声音不小。第二天吧，乘车去东京，在下关或门司上来华北代表，领队沈启无，队员中有陈绵，还有一个青年姓徐的。

到东京后先去见“驻日大使馆”作礼节性的一行，接下来就受招待和开会。住的是帝国饭店黄色石头建筑，据说可以防震。吃的西菜，相当丰富考究。开会时见到蒙古代表，穿的所谓民族服装。开会分组，讨论这个讨论那个，大家只如小和尚念经，有口而无心。日本人中有一位翻译汉语的，他的北京话或国语，实在比我们大多数中国人说得好。这人叫鱼返善雄，患有肺病，原是室伏高信的女婿，但已离婚。柳雨生和我去访问过他一次，看他在译一本基督教传教史之类的书。看他面色苍白，不时咳嗽，觉得有些凄然，劝他不如休养，何必抱病译书（报酬极少），他说倒不是为了稿费，而是认为这书有译出的价值。

日本文人中通汉文会华语的不少，有一次许多通汉文文人邀宴，我和吉川幸次郎同席，我给他斟酒时，他说了句：“岂有此理!”我带着几分醉意，对他说道：你的意思原在没有劳你斟酒的道理，但是你说的腔调，却有指责我不该的味道。说一国语言的难处，不在文法如何无误，发音怎样正确，而在于腔调口气。同样一句“岂有此理”，可以算是客气话（其实我们说“岂有此理”时往往是指责的意思），也可以意在指对方无理；又如“你再来”这一句，说得婉转是请对方再光降，说得生硬就成了含有“你若再来我就打断你的腿”意思的“你敢再来”了。吉川是京都帝大教授，要算日本汉文学研究者中的一流人物，后来我在离我寓所不远的一家旧书店的橱窗中看到陈列着他译的《元曲金钱记》。我在日本滞留时，他曾约我去东京帮助《鲁迅全集》(?)译述事。时在岁暮，我怕冷（大使馆有暖气），又怕饭食不惯，语言欠通，婉辞谢绝了。

开完会后，代表们受招待游览奈良、大阪、京都、名古屋等地，我对于名胜古迹的走马观花式的游览没有什么兴趣，只在所到之地的旅馆里买了买得到的明信片，一共买了百来套，粗劣的多，精致者少。此外还有些土特产品出售，但其实日本已经民穷财尽，没有什么引人的东西了，记得只买过几只碗不像碗碟不像碟的漆器和几只用草编成的钱包。

除集体招待之外，也有几次私人酬酢。一次是菊池宽请吃西餐，极为丰盛，我只吃了两道菜已经饱足。这是黑市供应，并非公开饭馆，据说价很高昂，只有菊池宽这类发财作家才吃得起，而且除钱之外，还要有门路。此外的个人来往，有河上彻太郎和小林秀雄，前者是音乐评论家，后者是文学评论家吧，两人似是知交。请客吃饭在河上家里，家有钢琴一架，可见对音乐不是外行。小林这个名字，多年后看到的一本《田中角雄传》对他恭维备至。这两人相当上品。河上嗜酒，有一个晚上我和他吃了几处酒，吃得酩酊大醉，不知怎的宿在一家日本旅馆里。其实东京有一家中国菜馆，不记得是地点名叫“洗足”呢，还是店名洗足，因其特别，迄今不忘。

菊池宽、河上彻太郎、小林秀雄都是日本文学报国会会员，和他们的会外往来，到底和文学有关，但是有一天我却应了一个人的邀请，而这人并不是文学报国会会员。此人叫名取洋之助[1]，同去的有关露、柳雨生。来约我去的是柳君。他是不是受名取之托，如果是的，他又怎样认识他的，我都不知道。名取家离庆应义塾不远，它是日本的有名大学，经济界人物多出身该校。名取住宅是完全西式的，门口钉有一块铜牌，上面有钟渊纺织公司什么的字。据说名取的父亲是德国留学生，母亲也留德，那天这位老太太也在场，样子很端庄，名取却是妈妈妈妈叫得很像稚子。他的妻子呢，没见到，后来才知道是个德国人，在上海时名取虽有房子，而这位德国太太却住在华懋饭店里。名取洋之助剃的平头，脸圆圆的，脸色红润，和一般日本人的铁青不同，举动活泼但不轻浮，据说到过美国和德国，擅摄影，是美《生活》画报的特约摄影记者。吃的是西菜还是日本菜都忘记了，似乎不怎么难吃也不很可口。谈些什么呢，他讲的英语，由柳雨生应付，关露好像也“也是也是”地应答过几句，我呢，只能勉强听听而一言不发。这次访问给我一个极深印象的，是走过一个窗明几净床铺整洁的小房间，床头搭出一个书架，满架图书，它，据说是给我们端茶上菜的一位年轻女佣（上海人所称的大姐）的卧室，我们走过时不知怎的门恰好开着。

集体到京都后两三天解散，我没有参加解散宴，和姓徐的

---

①名取洋之助（1910—1962），日本东京人。早年就读于庆应义塾，后留学德国学习美术，渐对摄影产生兴趣。1933年设立日本工房，翌年解散后重张，又创办《NIPPON》杂志，对海外宣传日本形象。1937年到上海，与日本军方密切合作，从事战场报道工作。后把日本工房改组为国际报道工艺株式会社，又开设名取书店。太平洋战争爆发后，被委派经营上海太平出版印刷公司，是太平书局的幕后老板。1946年回到日本。1950年与岩波书店合作，创刊并编辑“岩波写真文库”。1956年曾再次访问中国，并拍摄麦积山石窟。

青年回东京，中途还在一个叫伊豆什么的小名胜转了一转。这地方很小，极僻，我心境凄寂，兴趣毫无，但旅馆设备不错，楼上的一间小小餐室之类，就旁有电话，可以随意拿起耳机来叫添酒加菜。

到东京后我径去“大使馆”，姓徐的青年大概送我到使馆之后管自去了，从此没有再见到过，只听说他也是留在日本研究文学什么的，他能讲日语，年龄又比我小，成就一定不小，可惜我连他的大名也忘记了！[①]

“大使馆”给我的住处，是一间大房间的侧面一小间，形如六角，那大间光线幽暗，只放着一张乒乓桌，我的六角亭倒是光线极好，大小呢，一桌一床之外，很多回旋余地，也就是说够宽敞的了。蔡培是好好先生一类人物，但与我非亲非故，照顾是不够的。我无被褥，光光一只小铁床，大概久无人睡，臭虫饿瘪了，我睡了一夜（大概借的被褥），给它们咬得要命。第二天去帝国饭店自费开了一个房间，偏偏那房间靠外边，夜里只听得外边高架电车（?）轰隆轰隆之声不绝，睡不好觉，勉强住了两天，也因为房价不廉，只好仍回“大使馆”喂臭虫。不久配给到一床绸（?）面的薄被，从此不再他宿。其实日本似乎除书籍之外，什么东西都是配给，织物食品之类特别紧张，区区一被，还是以大使馆顾问名义才配给的。为了配给衣食之类，“大使馆”给我一个顾问虚名，实际当然它也不要我顾，我也不想问它，只有一次蔡培要回答一个日本报纸提出的空洞问题，叫“使馆”职员拟答，他觉得不满，请我代拟，我胡诌了三言两语，他竟大为称赏，当然很可能是外

①此人叫徐白林。

交辞令。蔡据说曾经留学早稻田，与宫内省大臣同学，据我看来，他的宜于做“驻日大使”，主要倒是在于他会做做旧诗，写的字也不坏，可以常为日本政客军人挥毫。还有一个长处是他很讲究吃，常常设盛宴款待日本的政客军人。日本人爱吃中国菜，特别是在主副食品都极缺乏的当时，有鱼翅、醋溜血之类的佳肴可吃，又有绍兴老酒可喝，一张请帖过去，绝无不来之理。大吃大喝之后，很多人丑态毕露，倒在长椅上睡觉。“大使馆”请客时如座有虚席，我也叨陪过几次末座。蔡培的厨子我没有见过，也许临时请来，那只鱼翅的确烧得不错，不要说日本人，就连我这个不是没有吃过好菜的中国人，也实在想把整盆独占。“大使馆”平常饭食，虽然是中国饭食，却实在很差，饭，不是纯米饭，夹煮山芋之类，菜也都莫名其味，蔡培是不与属员同餐的，连“大使馆”里的高级职员也不同桌，大概他们有比特别配给或别有路道可以吃到佳肴美食。我的配给品中有三样物品，迄今犹有余味：一是牛油，配给量似乎不少，我记得曾拿它放在一只平锅里煎面包吃；二是一种梨，名称国光，甜嫩多汁；三是西式点心，一月大概配给一二次，味道极好。我吃着这些好东西时，常常可怜日本人，从他们嘴里强夺下来供给我这种食客享用。当然我也想到他们不但活该，而且罚不抵罪。试想想他们的侵略我中华，残杀我华胄，就是统统饿死了，也还“死有余辜”呢！

“大使馆”在麻布区的一条什么路上，斜对门是苏联大使馆，那里终日停着几辆汽车，据说那是日本情报机关的，只要苏联大使馆里有人出去，立刻就开车尾随其后。

我虽然拥有“大使馆”顾问名义，但除食宿之外，不受半文钱的报酬。但是我有每月二百元日圆的收入，那是国际文化振兴会给我的“研究费”。不过当时的日本，像我这种异国生人，钱简直没有什么用处，于是我就买书，凡是书名上有“日本的”这三个字的书，不论看得懂看不懂，我一律买下一部，包扎好了寄回上海。此外钱的用处是每月付一位教我日语的老师的贽敬。

我由于日语太差了，连按理说应该常去的国际文化振兴会也不敢去，而由它有时候派来一个姓菊地的人来问问我的近况。国际文化振兴会还请了一个叫实藤惠秀[①]的人做我的日本文化研究的指导。实藤是早稻田中国文学系出身，会讲中国话，但讲得不很好，曾经请我到他在东京郊区的家里去过，送我一本他和竹内合译的黄公度的《日本杂事诗》。就是他，介绍给我一位教我日语的老师，名安藤彦太郎[②]，也是早稻田中文系的，是他的学生。安藤住在外地，大概离东京不远，每周来教我一次（或两次），每月束脩十五元。第一个月送钱时，实藤告诉我不能赤裸裸给钞票，要封在一种特制的信封里才不致失礼而表示尊师之道。从这种地方看来，中日似乎确有同文之雅：都崇尚虚文。在安藤教我日文期间，恰巧我家里寄给我

①实藤惠秀（1896–1985），日本广岛人。早年就读于早稻田大学文学部中国文学科，并参与中国文学研究会的活动。1938年受聘为日本外务省文化事业部特别研究员，曾到中国活动。1949年起任早稻田大学法学院及教育学院教授，1967年退休。长期从事中国语言文学及近代中日文化交流史研究，著有《中国人留学日本史》等。

②安藤彦太郎（1917–2009），日本横滨人。早年就读于早稻田大学政治经济学部，1941年毕业后在早稻田高等学院教授中国语。在陶亢德于日本逗留时教授其日语。1946年参与创建中国研究所，后一直任教于早稻田大学。历任日中学院院长、日中友好协会理事等职。多次到中国访问，并曾应邀担任《毛泽东选集》日译本定稿工作。著有《中国語と近代日本》等。

两件青年布制的衬衫，我送了安藤一件，久久不见他穿，我忍不住问了个为什么，他的回答是别人都穿得破破旧旧，自己不好意思穿着新的。

我的日语始终学不好，主要原因恐怕在于我的怕开口，所以安藤的来教，实际上只是成了他讲中国话的练习，我只请教读日文书碰到的一些文法上的疑难，以及有些字是汉字意却不明的词儿，如“契機”“揚棄”之类。记得当时我正在读长谷川如是闲的《日本的性格》和小泉八云的一本什么书。

我在“大使馆”独占两室，终日读书之外，也只到街尽头一家书店去看看有无新出版的书籍。所以可以说是寂寞无聊得很，幸而有两个年轻人常来看我，有时打打乒乓，更有时出去走走。一个姓何名大雄，是上海《新申报》的驻东京记者，年纪最小，看上去有些轻浮相，实在相当忠厚，抗战胜利后不知消息，不知到哪里去了。另一个叫吴玥①，年纪比何大雄略大，但老于世故多了。他毕业京都帝大后，来东京据说想入东京帝大不得。他日语说得很好，字也写得不坏，人矮矮胖胖的，一张孩儿脸，说一句话带一声笑。他在东京靠什么生活，我不清楚，仿佛同一个什么文化机构有些关系，他穿的学生制服，不吸烟不喝酒，生活简素也就不会太困难了。他是学生，但比新闻记者的何大雄能交际会应酬，日语精通，笑容满面，日本人

---

①吴玥（1918–1996），原名玥，后改名杰。江苏上海（今上海市）人。毕业于大夏大学。1939年留学日本，1942年毕业于日本京都大学经济系，1945年4月毕业于东京大学法律系研究院。曾在汪伪政府驻日本大使馆任三等秘书，又任伪《申报》主笔。抗战胜利后被通缉。1951年起先后在复旦大学外文系、经济系、历史系任教。1961年调复旦大学历史系历史地理研究室工作。1980年后历任中国日本史研究会副会长、中国日本史学会名誉会长等职。

右起：实藤惠秀、安藤彦太郎、陶亢德、□□、吴玥

例如有时来看看我的菊地、实藤对他也有好感。我的和他相识，始于开会期间在藤山爱一郎家开园游会时有几位留日学生来给我们做义务译员，他是其中之一。

我在留日期间，访问过几个日本人。第一个是林出贤次郎，他就是手执《宇宙风》“日本与日本人”特辑和不少日本人合摄一影寄赠的人。他是日本外务省的“御用挂”，年事已高，我是到霞关外务省访他的。那一次有没有请吴玥陪我同去，记不得了。但后来的访问岩波书店主人岩波茂雄和作家长谷川如是闲，却记得请他作伴。岩波接待我的房间很大，不像会客室。壁上挂有人的放大照片，其中之一是孙中山。岩波穿的不是西服也不是和服，仿佛是短装，样子是精力充沛，有些上海内山书店老板内山完造的样子，我和他没有多谈什么，由于岩波东洋思潮文库（?）有一册郭沫若的《天的思想》什么的著作，我问起郭先生情况，记得他告诉我郭先生有一个儿子，研究化学很有成绩。岩波对于日本的侵华战争，颇带些不满口气。

访问长谷川如是闲也是请吴君同去。这一次幸而有他，否则恐怕不能达到目的，因为长谷川如是闲的住所在郊外，似乎很隐僻，由吴君多方问路才好容易找到。我之所以要去访他，是由于过去读鲁迅一篇《狗·猫·鼠》(载《朝花夕拾》）讲到他有钦佩之意，我曾写信给鲁迅，请教他长谷川的著作，回信说长谷川正在出版全集，不过他的文章很晦涩，不容易看懂。后来我在内山书店买到过全集中的二三本，还译过一篇容易看懂的文章，题为《孟子的不劳而获》，投稿给潘光旦编辑的《华年》周刊，它不接受而劝我改投《论语》半月刊。

长谷川如是闲人相当长，谈了些什么只记得一句：劝我去访问一下幸田露伴，说他的汉文学造诣极深。但我没有应命。临走时他送我一帧穿和服的全身照片，那天他穿的是和服。长谷川如是闲全集早已不知去向，但他的《日本的性格》倒仍存在，还有《续日本的性格》也曾买到过一册旧书，两者都是岩波文库本。

在留日青年中，后来又认识了一个赵华新①，他是赵正平

---

①赵华新，应作赵华星（1921—1966），后改名志华。江苏上海（今上海市）人。日本京都帝国大学毕业，获经济学士学位。曾在汪伪驻日大使馆任主事。1947年入美国德克萨斯大学音乐系和新闻系，曾考入美国奥斯汀交响乐团任第一小提琴手，1949年转入波士顿音乐学院学习。回国后，任上海乐团交响乐队演奏员，并任教于上海音乐学院。“文革”爆发后，开煤气自杀去世。

的儿子。赵正平并不出仕汪伪，但恐怕不能说毫无关系。华新和吴玥同是官费留日，同毕业于京都帝大，是极要好的朋友，但两人性格不大相同，华新更像一个学生，比较天真老实，一足有些跛，少年时期骑自行车跌断过腿，经西医敷石膏，又经有名骨科中医石筱山医治，幸而不至于截去一腿。他酷爱小提琴，没有琴在手上时，左右两手也会作拉琴手势不停。后来他进了“大使馆”，名义是随员吧，实际只在于食宿不必自理罢了。他一进“使馆”，吴玥就更常来，常常谈到深更半夜，华新不善饮而嗜饮，常说怎样才能弄些酒来喝喝才妙。

从国内来日本的人物自然常有，但有的不来“使馆”，有的来了与我无关不曾见到。但也有几个人尽管与我无关，我却见了面。一个是老新闻记者秦墨哂，像是北方人，身材魁伟，面色苍黑，年纪不小，约在五十开外。另外是查士骥或查士元或两人一起，他们是海宁人吧，留日学生，早先译过日本文学作品，过去曾闻其名未曾识面，也从不听到附逆。他们和秦墨哂籍贯不同，年龄不同，职业也不一样，怎么会同来日本的呢？也许是我记错了。但我分明记得查氏、秦老和我同到一家日本妓院，查，或者还有别的我不认识的人上楼去了，我和秦墨哂在楼下恭候。坐着空谈，我问他怎不上楼，是不是同我一样怕染上花柳病？他的回答很妙，说那倒不怕，我也算得嫖界老手，自能防患未然，而是由于这样的急急匆匆，没有意思，因为我起兴很慢杀兴也不快。

另一个人物是华北伪要员，北洋老官僚王克敏。此人戴一副墨晶眼镜，双颊深陷，有些像猢狲。高谈阔论，大谈女儿在重庆如何如何。当时已有一种表现，就是伪官们欢喜谈自己和重庆有某种关系，大概当时的日本当局眼看形势不利，更想媾和，极想有人牵线搭桥，像王克敏这种老官僚，当然是他们的人选。在伪官方面呢，更明白冰山将倒，急想捞根稻草。

来日的人物中我所早认识了的，是陈彬龢。他的来到日本，不知是何大雄得的消息，还是吴玥有了情报。我记得的是同吴玥前往火车站迎接。

列车进站停下，乘客纷纷下车出站之后，车厢里走下一个人来，也在月台上的新闻记者纷纷上前，拿着照相机。那人把一件夹大衣在左臂上一搭，摆出一副待拍照的姿势，谁知道众记者这时反而后退散开，后来知道他们来迎接的是位泰国上宾，不是这位中国贵客。这位贵客是名噪一时过的《申报》主笔，曾以进步著称的陈彬龢。他也是一个神出鬼没的人物。日本偷袭珍珠港之前他在香港，做什么呢，传说在做日本间谍，还听说给上海三大头目之一的杜月笙打过耳光。我在《星岛》时，他常常请一个短时期内名为该报主笔的樊仲云吃饭，我和周新也在被邀之列，美酒佳肴，叨扰过不止一次。他请客师出无名，目的何在呢？我想不出。他也不过是一个“文人”，香港生活不容易，他的住处已在中上，房租已非一般寒士所能负担，怎么还要无缘无故地设宴请客，而且常常请。（后来金仲华正式任《星岛日报》主笔，陈彬龢也常请他，但不知他应邀与否。）若论为做间谍而请客，从樊仲云身上哪有什么情报收获，我也没有听到过他问过可疑的话。吃饭时他的妻子常在座或招待，她不美丽，但极时髦，例如穿短服和西装裤，在当时就是在香港也要算奇装异服了。还有一个中年男人，摆碗杯箸放椅子是他的事，吃，却没有他的份，但又不像仆役，后来知道是主人的哥哥。有一次我从香港返上海，上轮船时迎面遇见了陈彬龢，招呼之后，他对我说是送一个朋友。这是常事，不足为奇，谁知我找到我定的舱房铺位时，看见他的哥哥正躺在我铺对面的一个铺上（这舱有两个铺位的）。真是无巧不成书，陈彬龢的送朋友原来是搪塞谎话，当然，也不能贸然断定他没有回上海的朋友在同一船上，只是在别的房间。开船之后，这位不期而遇的陈先生取出一瓶酒来喝，过了一会儿又打开一只小手提皮箱，取出信来看，信有好几封。他喝酒时原邀我同喝，如果我不推却而有意灌醉了他的话，大概可以看到他所看的信件内容，这位先生似乎不知道机密的，本来我还不敢断定他做的定是不可告人之事，尽管陈彬龢谎称送朋友，但是这位先生好像唯恐我不起疑，或者误以为我和他令弟是同路人（说不定陈彬龢在家人面前说他请的客人都是他的同伙）。船将到上海时，他和我说他弟妇在码头上有汽车接他，可叫她用汽车送我回家，我婉言谢绝了，他又说那么请到国际饭店来玩玩吧，我弟妇住在国际饭店的。这个盛情我也谢却了。我若真个想去，恐怕他也不知道她住着几号房间吧。

香港沦陷之后，陈彬龢到了上海，在上海和他见面，是在周越然请他的席上，周越然说是回请。这次陈彬龢带来一个女人，年纪很轻，相当漂亮。此后我又叨扰了他的盛宴多次。他住在迈尔西爱路的一座高楼大厦上，这时期他用心力结交的有两个人，一个张一鹏，一个闻兰亭。张一鹏是要组织“老子军”的张一麐的弟弟，闻兰亭是上海三老中的大老，都可以算是赫赫有名而与国民党没什么关系的社会贤达。日本人呢，不知他勾结哪个，这次的到日本来，大概是来靠后台的。后来听说他是靠头山满。

他到日本来时，据说带来不少幅国画，打算分赠日本人士。他也为我带来一件绒线背心，但说找不到了，不知是匆匆出发，忘了带来，还是路上丢了。结果是他从此再不说起，我也不便为此小事多问这位大人物，只怪家里有眼不识泰山，托人托了王伯伯。

陈彬龢在日本时，吴玥当了他的翻译。后来吴玥回国，陈彬龢已经据有《申报》，正要大展宏图，吴玥就正式为他服务了。只是日本投降得快了一些，据说其时陈彬龢已经内定为伪行政院秘书长。

陈彬龢据有《申报》时，曾经邀我做《申报年鉴》编辑，我以不知年鉴编法，介绍了编过《文艺年鉴》的一个朋友。

我在日本时认识了方纪生①兄。他是在东京做管理华北留日学生事务的。北平的伪政权和南京的分门别户，各自为政，虽然不另设使馆，一切与日本有关的事情，总是自顾自的。方君不属于伪驻日使馆，但有时候也来走走。他精通日语，娶的日本夫人，与日本文艺界有所往来，编过一本日本文学家写的关于周作人的文章的集子（似为纪念周氏六十岁），承他送我一册，记得内有谷崎润一郎的一篇，说周作人有些贵族气息，和鲁迅不同。1944年春节吧，我到过方君家里，吃了一碗日本人过年吃的赤豆汤之类。有一次他陪我去访日本老作家武者小路实笃，武者小路住在郊外自宅，记得客室里挂着一幅倪云林

---

①方纪生（1908–1983），字念慈，笔名为佳。广东普宁人。毕业于北京中国大学预科，后赴日本留学，回国后任教于华北大学。1936年曾参与顾颉刚发起的风谣学会的活动。北平沦陷后，与陆离共同主编《朔风》杂志，又在伪北京大学文学院任教。1940年被任命为伪华北政务委员会教育总署驻日办理留学事务专员。抗战胜利后被美军逮捕，回国受审。1949年与周作人同时被释放，前往上海。中华人民共和国成立后在北京市新生女中、河北北京师范学院等校任教。1980年旅居日本，后任京都大学人文科学研究所聘请外国人学者，1983年病逝于日本。

的画，他也爱画善画，送我一幅临时画成的番茄图。那番茄画得怎样我不能说，只据方君说来，武者小路不大多画，送我的一幅价值百元以上。这天晚上，方君在东京一家中国菜馆请武者小路吃饭，还请了也是白桦派的老作家志贺直哉。这本该由我做东，但由方君破费了。

1944年的一天，名取洋之助忽然来“使馆”访我，说他才从上海来，柳雨生介绍他来看我，和我谈在上海开一家书店的事情。我没有接到过柳君的信，不知道怎么一回事，含糊回答他：等我回上海后再说。

回去开书店我没有什么兴趣，但他这一来却动了我的还乡之念。我之来日本，实在是在国内身陷沼泽满目疮痍，无可排遣的极计，研究日本文化完全是句空话，不要说我的日文蹩脚学无根柢，即使不然，当时的心境也决不是研究什么的心境。当时日本物资的缺乏，比中国更甚，这里举两个例子以见一斑：有一次安藤请我在银座吃饭，仿佛是西菜，但只有一块肉，有酸味，不像牛排也不像是猪排，后来知道是马肉；另一件事是在东京旅游时逛夜市，我看见一家店铺陈列着糖果，大喜过望，抢前争购，谁知是只配给儿童享受的。不过话虽如此，实际上恐怕也不完全一无所有，例如我们在名古屋时，通日语的章克标就买来过很可口的点心，还有如上文所说过的发财作家菊池宽请吃的丰盛之极的西菜。

然而一般说来，日本的“大东亚圣战”的确是弄得筋疲力尽民穷财竭了的。有一次我同“使馆”管理留学生事务的两位馆员去游日光，那里有一座算作名胜古迹的印上风景明信片的桥，它的铁栏杆已被拆去熔化造兵器，其实这座桥很短很短，真所谓用之如泥沙，取之尽锱铢了。

日本可以旅游的地方不少，但我只游了日光一处。

我在日本不过半年多，又是索居伪使馆，少往外走，对于日本的民情社会风气，没有什么见识，只觉得地方很为清洁。有两件琐事，给我这个少见多怪的人留下很深印象，迄今难忘。一件事是一次去一戏院看戏，中间休息出来时，我几乎本能地把原先放在椅子反面帽插上的呢帽带了出来。到外面忽然觉得奇怪起来，日本人个个光着头皮，难道他们都没有戴着帽子来的吗？及至再进池子，这才恍然大悟，他们的帽子不随人走，一顶顶仍旧插在座椅下面的帽插上。另一件是我去配眼镜，店伙只有一人，柜台很近街路，他要上楼去给我另找镜架时，柜上散放着不少镜片镜架，我忽然大发善心，请他先收拾放好了再离开，他却说没有关系，不怕什么。

1943年冬，日本尽管还没有一败涂地弃甲曳兵，但是形势已经不利，海军“英雄”山本五十六已经由人画像在帝国美术馆陈列供孺子妇人瞻仰礼拜了。有一天我看报纸，看到一篇难得一见的“灭自己威风”的文章，叙述日本飞行员的怎样艰苦奋战，连续一两天没得休息，而美国的呢，几小时一换班，飞机如被击落，飞行员可用降落伞跳海，一到海里，伞立刻变成船，又立刻用什么粉一洒海面，立刻一片红色，使正在寻觅失踪人员的飞机知道踪迹所在，立即设法援救。

我既动归国之念，就恨不得立刻动身。这时海路走不得或不许走了，陆行则到朝鲜要过海峡，说是也不安全，那么只能坐飞机了。但是飞机都是军用，不是民航，票子要从陆军省得来。总算靠了“大使馆”，弄到了一张票子。行前向蔡培告辞，请他借一辆汽车送我上飞机场。承他慨然允诺之外，还蒙厚贶，送我一包人丹，在飞机上吃吃以防头晕。实藤本来说要送我的，隔夜来一电报，说孩子有病不能来了。

我本少行李，一些衣服和零星物件拿拆下的被面做了包袱一包，连一位日本人送我的一个很好的人形，嫌它大了也弃置了不拿。同车到机场的是吴玥，大概还有何大雄。在等候上飞机之前，发觉身上还有二百多元日金，带它们回上海没用处，于是拿两百元给了吴玥。后来说起，他却否认拿过这钱。

太平书局与沦陷上海的文化情况*

回到上海之后，柳雨生和我谈开书店的事，那是名取的资方，不过日本人开中国书店不像样，他又好像郑重其事，真想做一番出版事业似的，想同适当的中国人合作。对于这个“事业”，我“老谋深算”，没有什么可为，明白告诉雨生，说我不干。但他雄心勃勃，而且又怕给人抢了去似的，对我说潘予且他们正在进行，我若不允，好好一个机会就要落到别人手中去了。他又对我说，出面合作的不用名取名字，而由一个中国人出面和我们合作，出版什么，名取完全不管。我知道名取在日本办有一个名取书店，出过一二本趣味还不怎么低级的消闲读物，在中国也开着一家名为“太平”的书店，可不知道出过一些什么书。至于名取这个人，看来是资产阶级，不过在中国开书店也好，开饭店也好，没有军部关系是谈不到的。但我尽管终于应允了雨生做书局经理而不管编辑，对于名取到底是什么路道，始终不曾问个明白，直到解放以后，才知道他是属于日本海军报道部的。

我接受太平书局经理一职时，太平的店址已经顶下（福州

---

*手稿原无标题，据文意补加。

路原面店四如春店面），并且已经装修完竣。这事情是代表名取出面的一个纸业商人的大作，这人小小个子，十足市侩，能说几句英语，紧跟名取，想来在顶房子和装修门面上获利不少。名取的书局资本是纸张，先是说有五百令，但迟迟不见货，我三催四逼，运来了一部分，并不是好报纸。这些都可不必计较，最不愉快的是门面完全日本式，太平书局是原有的，职员中有个日本人叫绿川。门面日本式，内部还有日本职员(做会计的)，我这个经理太那个了，总算雨生有办法，和名取交涉，辞退了绿川。还有两个学徒之类和一个女的司账员，也是老太平旧人，我们都照收了。择吉开张之际，还登报声明我们的太平书局由我们负责，和旧太平书局无关。

我如有能力或决心，要把日本式门面改装为中国式也不是办不到，但我素怕这类事务，又想到事实总是事实，靠门面何济于事，失之东隅，收之桑榆，还不如门市出售的，本店出版的书籍，全都是挑选些好的，于是门市部向开明、北新等书店批进了一大批书；出版呢，除雨生编辑的期刊《风雨谈》外，前后出了十来种书，不是卖瓜说瓜甜，期刊也好，单行本也好，都不能算是坏书，可惜现在我已经一本也没有了。

所出的书，还记得的有周越然的《书书书》、梁式的《何若杂文》、纪果庵的《两都集》、杨光政的《狱中计》[①]、秦瘦鸥的《二舅》、徐一士的《一士谈荟》、瞿兑之和文载道的随笔集、周作人《立春前后》[②]和《苦口甘口》等等。

太平书局从1943年秋（?）开张到1945年抗战胜利被劫

① 《狱中计》，应为《入狱记》，1944年8月初版。

② 《立春前后》，应为《立春以前》，1945年8月初版。第436页同。

收止，前后不过一年左右。我和雨生如能多动动脑筋，很可以发一笔小财而博得个抗日美名，把太平书局的所有卖掉，席卷之往内地一溜就是了。但我们都计不出此，一方面由于苟安怕事，一方面也多少以为没有做了什么不可告人之事，问心无愧。事实上去内地和在上海还不是一样。在当时，在上海混了一阵，从日本方面领了配给纸张，然后变了现钱往内地抗战去的人也不是没有，还有的表面上像煞抗战，暗地里拿汉奸之钱的俊杰也不乏其人。总而言之，戏法人人会变，各有巧妙不同，不识相者吃辣火酱。

在这个时期的上海，虽说没有什么文化出版可言，但是也不能说荒芜如废墟寂寞像水。不过我尽管被定为文化汉奸，对于汉奸文化却不但底细不明，就连表面现象也不曾留心观察，这由于我向来怕管闲事，不喜欢刺探人家短长，特别是当时的心境异常，更无闲情管人家内情。您想，我连太平书屋的“老板”名取是什么人物尚且不知不问，可见一斑了吧。现在，事隔四十年，连那时所见所闻的一些现象，也记忆不清。不过有一点可以指天誓日，保证对于和我差不多的，决不涂脂抹粉，对于似乎抗日好像前进者，决不抹黑泼污。

先说日报。十足汪伪的四大报——《中华日报》《平报》《新中国报》和《国民新闻》，以新闻报导论，自然一无足取，但《中华》和《新中国》的副刊，还可以说不是一无足观。除这四大之外，还有半清不白的两大——《申报》和《新闻报》。《申报》已经被陈彬龢攫取，《新闻报》也难免遭殃，它在抗战之前，据说已在史量才掌握之中。陈彬龢的办《申报》方针，大概是竭力想打扮成不与汪伪同流合污，自树一帜，像副社会贤达的样子，它的言论就有这种腔调。同时与一个也仿佛与军部不同调的日本人吉田东祐狼狈为奸，这个吉田会说中国话，常写些别唱一调的社论之类，就是仿佛在评论日伪行为的不当。《新闻报》的挂名社长是北洋时代的老官僚李思浩，实际主持编辑的人员是《新中国报》系统的人手。它，应该算是准日伪报吧。另有一份小报名《铁报》[①]，是《平报》派生，但它销路很好，大概可以自给自足。内容呢，当时博得彩声，但若仔细分析起来，恐怕也有些可骂之作吧。

再说期刊。当时莫测其高深的一个是《万象》。老板平襟亚，别号秋翁、网蛛生，是上海小报界两把刀之一（另一把是唐大郎），又是位律师，名平衡。平襟亚据说人极恶毒，我认识他，也可以说相当熟识，我的认识是他这个人平常对人不但不恶毒，而且简直可以说是懦弱，但到必要时，大概可以说是要如蜂之蜇人蛇之咬人，非来一个你死我活不可的，这一点可从他的毒骂张爱玲一事窥见一斑。张爱玲是当时抛头露面的女作家之一，她的确有才，不愧作家之名，不但在日伪时期，无论在任何时期，她的作品总不愧为作品的。《万象》后来据说是刮刮叫的抗战刊物，有好些老作家化名写稿，但是无论您怎么说，当时看《万象》的人，大概多爱读张爱玲的作品，换句话说，《万象》的销路，借张爱玲之作不少。不知怎的张爱玲忽然与平襟亚闹翻了，于是乎平氏挥其如刀之笔，把张爱玲的祖宗三代也骂到了。

《万象》编辑是柯灵，原名高季琳，浙江绍兴哨唫人[②]，是由他的一个本家高天栖带到上海来的，先在《大晚报》做些小

①应为《海报》。

②柯灵应是绍兴斗门人。

事情。他和平襟亚宾主很相得吧，没有中途分手，这，在我看来，与其说平襟亚有驭人之术，不如说柯灵对平襟亚有方。柯灵这个人我看有一特点，即阴沉。我对人是哗啦哗啦似乎无事不可对人言的，他们呢，尽管十个有十个不是心直口快的，但至少可以听到过一两句使你能略窥其肺腑的话语。柯灵则不然。我诚然和他少来往，但也见过几面，只留下一个他露着门牙作微笑的印象。

我和他其实还可以高攀一下，算作亲戚。原来他在乡下时曾经到我们族立的一所小学“浔阳小学”当过教师，他做教师时浔阳小学竟有女生，她名大瑛，是我的远房侄女，她其实貌不出众才亦平庸，柯灵大概只讲爱情不论才貌，热爱了她，大概要和她自由结合而她不从吧，热情的恋人竟写了血书求她。结果她随他私奔。我在乡下时只认识她父亲和叔父，没有看见过她本人。这云云都是后来柯灵要和她离婚时，她在气愤中告诉我妻子的。

大瑛为了离婚的事，曾经来请教过我——离还是不离。我主张离。我的意见是既然要讲女权什么的，必须女人先有不靠男人的意志。我说尽管柯灵现在略有微名了，即使名声大得胀破地球了，我也劝你离，因为他既要离，尽管你硬不肯离，他的光荣恐怕你也享受不到，何况他也不过如此。你有本领，你也可以凭努力争取名声，现在不是古代，只有男子才可以状元及第金榜题名；你若无能，倚靠丈夫能得凤冠霞帔，他做一品官你得封一品夫人么？她一时决不定，据说曾经和做律师的柯灵朋友周黎庵商量过，周君从律师角度，主张提出赡养费黄金若干两。结果大瑛离了婚，拿到了赡养费没有，我不知道。

大瑛在离婚之前，常来我家，和“亢德婶婶”很谈得来。

但自离婚之后，就不再来我家，虽然彼此住处相距不远。我很疑心她对我的主张离婚，心怀不满，因为在她看来，这一离婚对她是个极大损失，柯灵的“地位”越来越高，她沾光不到分毫。我还怀疑柯灵在他离婚事件对我也有不满（从有些蛛丝马迹上看来），因为大瑛一定提出过数目不小的赡养费，而提出的时刻，不会说是周君意见，当然她大概也不会说是我的授意，但柯灵却很可能疑心是我出的主意，因为他知道大瑛常到我家，关于离婚一事，她不会不和我商量。如果他没有出什么赡养费，已经难免怪我出于他不利的坏主意，如果他是付了若干赡养费的，那就更要恨我破他的财了。他哪里知道事实真相。当然，我的怀疑也是查无实据，只是疑心生暗鬼罢了。很可能大瑛本来是普通一人，你若想她有事有人无事也有人，是你有眼无珠，看错人头了。

《大众》是钱芥尘办的刊物。钱是“路路通”，他大概三教九流青帮红帮都有交往，这类人大抵是“老奸巨猾”、行踪诡秘、不露真象的，但他似乎是反其道而行之，例如竟在顾客满座的茶座和日本驻上海副领事福间一桌喝茶谈天。一般而论，除十足道地的汉奸之外，人们非不得已总不愿在大庭广众和日本人共同示众的，钱芥尘不算是汉奸，为什么要同福间这样亲密地示众呢？如有事情商谈，也何必在茶室里公开举行，他是不是故作亲日的假象以遮掩他抗日的真相？或者是以为人们会作此想，以掩盖他的实情呢？他办的刊物《大众》的内容也不明不白，有国学家胡朴安的《病废闭门记》，内容谈的是四书五经，有张恨水的长篇小说，还有一两首颇有抗日气味的旧诗词，但你不能说《大众》是抗战阵营的刊物。他也曾请我写稿，我虽不会写文章，但盛情难却，译了一小篇讲日本神社的文字，聊以敷衍，谁知他对这篇应酬之译在编后记里竟大加吹捧。我想老练如他，不会不明白我的意在敷衍，所以过分赞扬，只是他的习惯与捧场罢了。

只能说是汉奸阵营中的刊物，首先要推《新中国》系统的《杂志》，这杂志出版较早，二十五开（?）厚厚一册，内容五花八门，也可以说丰富多彩，编者不知是谁，我只知道出面约稿的人名吴江枫[①]。《杂志》的内容不能说它香喷喷，但也不能骂它臭烘烘，可以说介于不香不臭之间，如果细加分析，不难

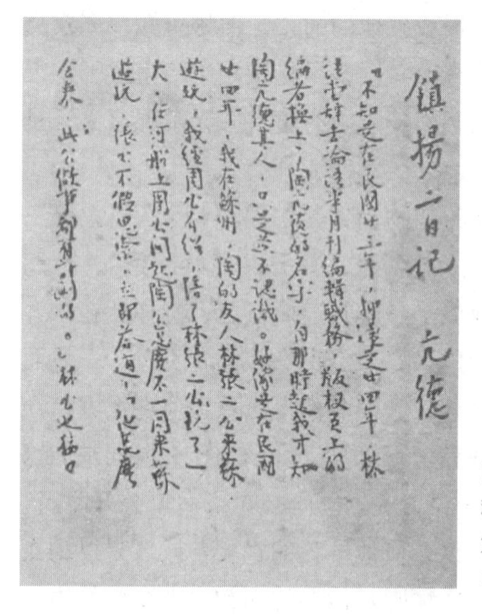
镇扬二日记　亢德

“不知是在民国廿三年，抑是廿四年，林
语堂辞去论语半月刊编辑职务，版权页上的
编者换上了陶亢德的名字，自那时起我才知
陶亢德其人，但并不认识。好像是在民国
廿四年，我在苏州，陶的友人林张二公来苏
游玩，我经周公介绍，陪了林张二公玩了一
天，在河船上周公问起陶公[illegible]不一同来苏
游玩，张公不假思索，立即答道：‘他是[illegible]
公来，此公做事都有计划的。’林公也插口

陶亢德《镇扬二日记》原稿手迹（《杂志》第十三卷第五期，即1944年8月号，1944年8月10日出版）

① 吴江枫（生卒年不详），又名之英，笔名梅蔼、霜庐。抗战前即与袁殊相识，上海沦陷时期应邀参加《杂志》的编辑。抗战胜利后仍在上海新闻行业任职。中华人民共和国成立后在新美术出版社（今上海人民美术出版社）从事连环画脚本编辑工作。

口诛笔伐，但若随便看看，也还不很刺眼。我看报刊一向随便翻翻，现在又不是秉史笔定它们的功罪，何况已无实物在手，只能印象地说说罢了。

《古今》编辑有我的名字，但实实在在我不与问它的一切的一切，譬如说它向周佛海领多少钱一月，周黎庵拿多少钱一月的编辑费，杨荫深、金性尧两大校对月得报酬若干，刊物每期销多少，等等等等，我全不知道，也不想知道（即使想知道也一定不会让我知道）。编者周君虽然因与金雄白（《平报》社长）共办律师事务，对刊物似乎还是分心的，内容倒很有几篇可读的文章，例如周作人的《我的杂学》和龙沐勋的《苜蓿生涯》。就是周佛海的怀旧之作，倘不以人废言，也是可以读得的。

《古今》是周佛海的玩具，《天地》则是陈公博的玩物了。这刊物的编者也是力促其出版者，是当时的所谓大胆女作家之一的苏青[1]。她本名冯和仪，曾经投稿过《宇宙风》，还做过短期的《宇宙风》校对。冯和仪能写文章，不过后来好像故意写得黄色些，实在是弄巧成拙，反而蒙了一层尘垢。据平襟亚一文所述，苏青和陈公博，有种非常关系。她出版《天地》时我在东京，来信约稿，我勉强胡诌了一篇《东篱寄语》以敷衍。《天地》是与《古今》对擂的，《古今》有周佛海的怀旧之作，《天

---

①苏青（1914—1982），原名冯和仪，字允庄，笔名苏青。浙江鄞县（今浙江宁波）人。肄业于国立中央大学，后在宁波、上海等地任教，业余为《论语》《宇宙风》等刊物投稿。上海沦陷时期，曾在电影公司任编剧，一度在汪伪上海市政府任专员，业余撰写散文、小说，影响颇大，在当时海派女作家中，声势可与张爱玲相埒。抗战胜利后，仍撰文为生，兼办四海出版社。中华人民共和国成立后，为各越剧团、锡剧团担任编剧。著有小说正续《结婚十年》、散文集《浣锦集》等。

陶亢德、纪果庵、柳雨生、冯和仪（《天地》第七、八期合刊，1944年5月1日出版）

地》也有陈公博的回忆记述，但它的寿命不及《古今》长。

苏青除办《天地》之外，还自费出版过《结婚十年》，因写得无所顾忌，销路很好，后来又出了《续结婚十年》。

柳雨生编的《风雨谈》内容不坏，但没有什么特色，写稿的人限于这几个，尽管都是能手，到底翻不出什么花样来。

以上各种刊物，概括说来，都是散文随笔的杂志，曾经沧海难为水，我不容易赞扬备至，但有一点必须加以肯定，它们的编者都是力争上游，很想出淤泥而不染的，尽管细细分析之下，很容易找出许多污点，更不用说存心求疵了。

另外还有一个樊仲云办杨光政[①]编的刊物《国际周刊》，顾名思义，它的内容自然是论述国际时事的了，此时此刊，不带“大东亚”色彩是不可能的，但是不能说它的论调一面倒，因为它有不少文字译自英美报刊。

《申报》在抗战以前出过《申报月刊》，《申报》成为陈彬龢掌中物之后，《月刊》有没有复刊，记不清楚了。

日本人在上海办的日报，有《新申报》，刊物有《华文大阪每日》和《女声》。我给前者写过一篇东西，谈英美派。那时候我这个本来不会写文章的向来藏拙的人，实在很不愿意，但是有时候却也胡乱写了发表，有的是编者坚邀盛情难却，如为《华文大阪每日》写的一篇，就由于该刊编者周班公[②]虽系初识，但却不过他的殷殷约稿。还有的是因为仿佛有话要说，不说不快，像给《中华日报·星期评论》写的一篇《有话大家说》。我在1942到1945年中，先后写的东西大概也有十来篇，我对它们都当作浪费笔墨的狗屁，决不视为自珍敝帚，所以尽

---

①杨光政（1910–1993），名晋豪，字寿青，笔名杨光政。江苏奉贤（今上海奉贤）人。1929年就读南京中央大学法学院，在校期间曾加入中国共产党。1932年因开展地下活动被捕，旋与党组织失去联系。后任上海北新书局编辑，1934年后曾编纂文艺年鉴多种。八一三事变后，在上海任教中学，仍投稿作文。上海沦陷时期，参与汪系文化活动，任伪《申报》编辑。抗战胜利后被捕入狱。中华人民共和国成立后在上海师范学院任教。

②周班公（1917–1998），原名班侯，后改名炳侯，笔名班公。江苏苏州人。早年就读于清华大学外国语文系。抗战爆发后，一度到昆明西南联大，后返回上海。上海沦陷时期，曾在伪中华电影联合股份有限公司（伪“华影”）剧本组任编剧，后又任《华文大阪每日》编辑，主编《小天地》杂志。中华人民共和国成立后，在新知识出版社、上海教育出版社等社从事编辑工作。

管有人怂恿我编集出版，我都婉辞谢却了。

文化当然不限于报刊，教育、宗教、法律等等也是文化，只因我是编辑“出身”，当时又身在报刊业中，稍有接触略知一二者局限于此，其他各门，既是门外汉，又从不关心，自然无从谈起了。

除了各不相关的报刊之外，当时有没有团体组织呢？我记得的而且参加过的，有一个所谓中日文化协会。这是个真正徒有其名的组织，不过倒也颇具规模，例如有会址，有主持人，有工作人员，会员更是网罗尽各界知名人士，例如梅兰芳就是会员。抗战胜利后在审理文化汉奸时，有一个汉奸的罪状之一，就是身为中日文化协会会员。这个会员抗辩道，中日文化协会会员吗，梅兰芳也是呀。法官驳斥道：梅兰芳管梅兰芳，不能因为他也是中日文化协会会员而你就不是汉奸了。梅兰芳据说在日伪时期蓄须明志誓不公开演唱而大受赞美，这诚是可以流芳百世的佳话，梅氏之为人，实在令人钦佩得五体投地。不过有一点不妨一说，汉奸之中，汪精卫辈当然是卖国求荣的大奸大恶，小汉奸中也有认贼作父甘心附逆想做官而发财的，然而更多只是不遵饿死事小失节事大的古训而实践了饿死事大失节事小的糊涂虫。在当时，最幸福的人是像梅兰芳这样的大人物，这类人只要不自愿做贼甘心附逆，是可以生活优裕、声名清洁的，因为这种人，日本人不一定力逼出山，因为于“圣战”成败无甚关系，而且他们有的是靠山保镖，足以庇护。就以梅兰芳为例，他的靠山之一冯耿光，谁能说他一清二白呢。总之一句话，那时候如有大力者庇荫，不但生活可以无忧，还能博得个坚贞不屈的美名。香港沦陷之后，由日本运到上海的不少第一流名人，你能说他们个个是无瑕白璧吗？

除了中日文化协会之外，我还记得有人（大概是林柏生方面）想组织过一个协会，它，范围很广，因为我记得一次筹备或成立大会上，有一位丁福保先生出席。他是佛学、国学和医学界的老先生。这会似乎没有成立或瞬即夭折，我记得在那次会上有人提议向汪发致敬电或信，我加以反对。我为什么要反对，自己也说不清楚，但不会是由于反对汪精卫这个人，而大概是由于觉得肉麻，你不发讨汪电也够了，发致敬电似乎太过分了吧。散会后梁式、柳雨生和我一起喝茶，梁式还劝我不必多事。

各杂志虽无组织，却有过一次联谊会或游艺会什么的，我之所以还能依稀记得，是这次会上有一个“精彩”非凡的节目，“考试院长”陈群的登台讲话，他讲了很多淫词猥语。汪记的考试院长当然不值钱，陈群在政治上又本是垃圾，但毫无必要地来大庭广众之间讲些下流话，实在有些令人百思不解。难道此人有一种非出丑不能过日子的特种疾病吗？不过说也奇怪，陈群这个在政治上是十恶不赦，在行动上有这种恶疾的人，却据说很有藏书癖，据唐弢《帝京十日》一文所记，北京出卖鲁迅藏书的消息，就来自陈群，这大概是做书生意的人知道陈群有搜罗好书的癖好向他兜售的吧，不然何以有此消息。此外他搜购珍本或较好旧书的事情，大概也确有其事，抗战胜利之初，上海出现过整套旧籍的零本，据说就是劫收人员糟蹋陈群藏书的结果。陈群在日本投降、蒋帮还没有归宁的时候就自杀了，据说他自知无论如何不能免于枪决，因为蒋决不肯放过他，不但如此，他还分函友好即同伙如陈公博、梁鸿志之流，并附自杀毒药，劝他们趁早自尽，莫待蒋来枪毙他们。从这一点看来，这个牛鬼或蛇神倒也不无先见之明。

太平书局设在四马路，我既然身任经理，尽管事实上没有什么事情可做，也总得每天去转一下或坐上几小时，如在下午，也偶有人来闲谈。我之当太平经理，一则却不过柳雨生的三请四邀，同时也不能说没有些利欲熏心，我决非圣贤，怎能见利而不忘义呢？糟糕的是我虽有心图利却不能对利下手，假如我有本领或手段，即使不能完全变卖掉太平资产（上百令报纸）而后腰缠若干贯扬长赴内地去做抗战人士，至少也可以变方设法，实现我当初去看朱朴的打算。该死的是我有种“无颜见江东父老”的封建思想，觉得既已失足，怎能再充好汉，但求不胡作非为，能做到无愧我心就是了。这里有一件事我想顺便一提。我在东京时接到过家里一信，说吴铁声君向回国来的林语堂谈起我的情况。林说叫他来啊，政治上我可以代他说话不成问题；至于经济上，则林说没有办法。而吴君是知道我之沦陷上海完全由于经济问题的。

总而言之，太平书局之于我，可以说是羊肉没吃着惹得一身羊臊气，而所以致此，完全由于我之怕风怕水的性格使然。

1945年秋，日本投降了。日本投降之后，储备银行解散，《中华日报》苟延，但我也不再去，身上的包袱就是一个太平书局。日本投降不几天，屠仰慈到我家来看我。日军攻占香港时他在香港，后来也回到了上海，后来办了一个商业通讯社，社址在一所大楼的一个底层的一间光线不好的房间里，和他同事的是一位姓李的。看情形，这个通讯社不像能使屠君养家活口的，但我不知道他和日伪有什么瓜葛，也没有听人说起过，日本战败后他来看我时，说他刚从屯溪回来，本来要去重庆，听到日本投降，因而折回上海。他来看我的事情，是问我能否将太平书局让给冯友真。这些话是在吃午饭时谈的。他的措辞当然要婉转得多，但我听了却跳了起来，一是喝了几杯酒，一是我对于冯友真之流不知怎的总有反感。我说，《红楼梦》里有个石呆子，贾赦要买他扇子他不肯以致家破人亡，我倒情愿做石呆子第二，太平如要没收尽可依法办理，出让非我所愿。我越说越激昂，也就是越说越不礼貌，忘记了即使对于一个熟人，也必须知道分寸。

仰慈是有涵养的，他说他是为我着想，不是为冯友真来做说客，既然你不高兴，事情就此结束。临行，我送他到楼下分手时，他说我明天再来看你。第二天他没有来，第三天我到他家里，人不在，从此他不来，我也不再去。同时柳雨生告诉我，有一位姓张的曾去访他，问太平书局能不能让他来经营。这位张先生我不认识，但听说他在上海曾经混过一下到内地抗战去了。对于这类人物，我是很难敬重的，因此我明白说我不同意。我既不答应屠仰慈的建议，又不同意柳雨生的商量，是不是胸中自有妙计呢？实在没有。我明知觊觎太平书局的人一定不少，我又实在没有办法抵挡保全，比较好的办法，是找一个比较好些的人来。正在我日夜不安计无所出心神不宁的时候，看报知道朱雯作为上海副市长吴绍澍的机要秘书出现了。我曾经请他编过《天下事》，后因看到报上说他是三青团中人而辞退了他，这个，我想他是不会愉快的。他曾被日本宪兵队捉去过，他的夫人罗洪来托我营救，但我实在没有这个力量，无从应命，后来他平安脱险离开上海去内地时，曾和夫人一同来看我告别，他在狱中双手上过电刑，手指弯曲不能伸直。现在他来了，虽非一等大人物，似乎也不次于姓冯的，高出于姓张的，而最重要的一点，到底总算是老朋友，我想去找他，但又不想去找他，“趋炎附势”不是善行呀。正在犹疑不决之际，一个晚上他忽然光降，说是坐汽车来的。吸烟时袋里摸出来的烟盒和打火机，都似乎金碧辉煌，炫耀人眼。我和他谈起太平书局，意思是让给他，但要为柳雨生和我留下一部分。没有谈到具体办法，他就说要去看人，兴辞而别了。

记得是胜利后上海第一任市长钱大钧到达上海的一天，我因患感冒在家休息，太平书局的职员张君忽然来到我家，说书局已有市政府的人员来接收了。我和他赶往书局，这一天因为市长驾到吧，全上海交通有了限制什么的，我们东绕西弯才到四马路。一进店门，看见正有人在检查卡片，似乎在校对或盘点存货。我问他的来路，也说市政府之类。我想同他多说反正白说空谈，不如去找朱雯。我和雨生坐了人力车到来接收的人开示的地点，找到了朱雯，对他说竟然有人去接收了，到底是怎么一回事？这地方人多声杂，乱哄哄像个蚂蚁窠。朱雯的态度又相当冷漠，又像有许多人要他吩咐似的，只说待他空了查一查。这时候我已经恍然大悟，只觉得嘴巴又干又苦，话也说不出来，与雨生回身就走。这一件事，我想雨生至少要怪我轻易信人，甚至于疑心我与朱雯串通了使他吃亏，而我却在暗中得到好处，因为让太平给朱雯是我的主意，他诚然没有反对，但他决想不到朱雯的有此一手。在他看来，太平的结果，比让给张三李四或王八陆七都坏。我呢，不怪人家怪自家，谁叫我见机不早，没早把太平的纸张卖掉（日本投降之后，曾经想卖掉部分但未成交）变为黄金美钞然后逃之夭夭，谁叫我看人失眼。不过我自称阿O，也能自解自慰，太平书局即使有天大财产，反正不是我的劳力结晶，得失大可不必萦心，只求失了书局的太平，获得身家的太平，也就谢天谢地了。

在提篮桥

抗日战争胜利之后，报上登出过惩治汉奸条例，我看了“研究”的结果，自以为不够惩治的资格。这时候熟人之中日常见面的只有一个柳雨生，一天在他家里，他的继母建议要不要到她的一个常熟的亲戚家里避一避。我不愿意。有一次去看何文介，承他好意，愿在他的斗室中让我一席之地，我也不要，我说我在这里躲避的话，一听到楼梯声响，一定使我心惊肉跳，这，偶尔一次自然能够忍受，但若天天如此而又一连几周或几月，那我情愿被捉去坐牢也好枪毙也好。还有一个冯和仪，她在霞飞路的一家旅馆开着一个房间作住处，也叫我不妨在那里避一避，但我既要避客观上难以解释的嫌疑，更因为这样的躲来避去太使人心神不宁，而且也不保险，所以谢绝了。

这时候我和妻去拜访了大瑛夫妇一趟，高季琳还没起床，不知是生了病还是怎的，稍坐告辞。我还和柳雨生同去访问了一次予且，柳君和他有师生之谊，才知道他的住处。予且仍是一副笑容，我们到时他家里正有裁缝裁剪衣服，料子是呢绒，还有簇新的自行车，看光景，予且的经济不一定像外表那么困窘。来我家看我的有过吴江枫，他告诉我他们的袁老板已在前几天就去苏北了，不言而喻，过去听说袁殊是奉命来的的传言是所传非虚的。

国民党回到上海之后怎样部署捉汉奸，我当然不知道，但不是一到就捉则是事实，所以你如有些办法，足有时间漏网脱身。怎样脱漏法呢，我当然也不明白，但拿以后的实情来看，仿佛有几种。拿报刊方面的人来说吧，朱朴是一个理在必捕的，因为他还是伪官，但他得免于难，因为他在日本投降之前或刚投降时溜向北京，住在一个旧东北军人家里，待风暴过去，向香港一跑。《申报》的陈彬龢也没有被捕，据说上海复归我国之后，他还徜徉于北四川路，那时有日本保驾，国民党不能下手的。《中华日报》有两个副社长，主持编务的许力求被捕了，管行政的颜加保却无事，据说是花了不少金条买放的。《新中国报》的袁殊已去苏北，《平报》的金雄白却锒铛入狱，此人不是傻瓜，钱也不会太少，何以不免于难，使我有些费解，他难道不及朱朴之能见机而行么？报社社长以下人员之被捕者，只有《中华日报》的梁式，而他之倒霉，据说是由于林柏生系统的冯节的检举，据说冯早和军统或中统有了勾结，他一共检举了六个人，结果他自己也身在缧绁之中。刊物编者没有一个被捕，柳雨生算是例外，《古今》的周黎庵还正式挂牌做律师，为汉奸做辩护人，《天地》的冯和仪则似乎更有神通，《国际周报》的杨光政的被捕已在大捕之后，仿佛是追补的，此外我认识的人如周越然、钱公侠、吴江枫、周班侯、吴玥等等，没有一个被捕入狱。是他们各有神通各有路道呢，还是这类人本来可以豁免，至少不算是要犯。那么我之不免，是由于太平书局还是别有原因呢？假如我拿太平奉献给了冯友真或者让给了那个姓张的，是不是可免了牢狱之灾呢？从来捉我的就是那位张先生这点看来，似乎我之被捕，就为了不肯将太平让人，但是也可以说即使出让了太平，恐怕也不能幸免，或者还正因为出让而出事，因为如果不拿我捉了当汉奸法办，怎能拿太平书局作逆产而接收呢？由此推论，假定决定要不要捉我时投票表决而投票人中有朱雯一个的话，他大概是投赞成票的。

在我被捕前几天的一个晚上，在孝洁“写字间”里吃碗闲饭的寿松忽来看我，他说，已经在捉人了，我听见他们说要捉三老了，你要当心点！我说，我不是三老之辈，没有资格吧。我说是这样说，心里却自然有些惊惶。

寿松姓陶，但不是陶家堰人，也不知道他的辈分比我大还是比我小，所以只能说是“同姓不宗”。一脚有些跛，已过中年了而未结婚，住在南京养着一条狗，他到上海来时据说那狗一定送他上火车。他的来上海大概只是换换环境，食宿在孝洁的“写字间”，他对孝洁的用处，大概在文牍事务上可以效一些劳，但双方似乎不十分投契。

孝洁这个人，在我看来是个荒唐人物，然而这是我的管见，从种种方面说来，他实在是一位时势英雄。他是日伪时代的最后一任宁波专员。他为了给他母亲做六十或七十大寿，在宁波一个寺院大做佛事，请我和一位姓王的同去宁波和奉化一游。我没有到过宁波，欣然应邀。在上宁波轮船时，他就演出一戏，请了一位也是姓陶曾在早前英租界捕房做过什么事情的人，穿了雪白的制服，拿着一根手杖耀武扬威地为他做开路先锋，使旁人看了不知道是什么特别人物。轮船将到宁波靠岸时，码头上又有军乐队奏乐相迎。第二天坐汽车去奉化，汽车踏脚板上有人持枪站着，后来听说从宁波到奉化路上可能遇上游击队。他请我和王先生到奉化的目的，是要请我们看看日本派遣军总司令冈村宁次献给蒋介石母亲墓上的花圈。蒋母墓上的确平放一个很大的花圈，下款的确是冈村宁次，不过一定风吹雨打过不止一次的花圈，实在并不雅观。看了蒋墓之余，还看了一下蒋宋的下榻之地。这些既非名胜又非古迹的地方，毫无使人流连忘返之处。不过从这里可以看出孝洁这类人决不是书生眼中的草包或荒唐鬼，而是胸有经纬心有城府的识时务的俊杰，同时可以窥见当时日帝国主义者的日暮途穷求和若渴的窘相。当然，日本军人也可以这样想：一只花圈值什么，能起点作用固然好，不起一毫作用又有什么损失。后来听说孝洁就是在做宁波专员任内，同蒋帮一统（军或中）勾搭上了，日本一投降，他把"写字间"让给统方人员，并且供应一切食用。对此，他对我说过这样一句话：过去我请日本人吃用，他们还说一句谢谢；现在，好像我是应该孝敬他们似的。

当然他的供应哪里是他的毛发，不过是民脂民膏罢了，日本人说谢谢他，只是日本人的虚伪，蒋帮的不说谢谢，倒是蒋帮的老实处。孝洁的生财之道一定多方，主要大概是伙同日本人巧取豪夺做生意，他自称熟识日本宪兵队司令，连周佛海方面的人被捕了也要请他想办法，他说他的正式职务是华中铁道什么机构，这机构的挂名头儿郑洪年就是他推荐的。郑洪年当过孙中山秘书、暨南大学校长，抗日战争胜利后为此关进提篮桥。这位老先生是个矮子，说话很风趣。

我在被幽禁南市时，听人说孝洁和戴笠同机遇难了，后知不确。但他的逍遥"法"外，一定是勾结军统的报酬，或者还有检举之功，我就怀疑郑洪年的被捕，很可能是孝洁作的孽。他还作为汉奸免捕的生意，据说他曾在北京向陶尚铭女儿拍胸脯，说只要十根金条，保证他平安无事。结果她们千方百计只凑得八根，交给了他，从此人影不见，而陶尚铭却被捕不贷。

捉汉奸劫收逆产等等大事完成之后，孝洁这位宝货带了一个女人溜向港澳，据说还当了什么大学的教授，但结果听说还不是圆满，自杀于天津。这是后话，后文再说。

一天早晨，柳雨生急匆匆跑到我家，说冯和仪在他家里，有事情叫我去。我问她为什么不来我家，说是怕有人盯梢。我就和柳同去。出庙弄正要过马路，冯和仪已在延年坊口（柳家在此坊）高声大喊陶公陶公，好像叫给人听似的。到了柳家，她也不过说要当心些，没有什么特殊事情。

就在这天夜里，大约九十点钟我还没上床之前，来了三个人，为首的自称姓张，说奉警备司令之命，来请我去谈谈，还对我的惶急不安的妻子说了几句好听话，什么陶先生是知名人士，决不会亏待，明天准能回来，但又说不妨带块洗面手巾和牙刷牙膏备用也好……我情知怎么一回事，说，好，让我去厕所小便一下，他没有不许，但敞开一些衣襟，露出手枪枪柄给我看，又歪歪嘴示意两个粗眉大眼的丘八式随从，意思大概是看住我。我临走写了一张条子交妻送给朱雯，意思还是想他能否帮一个忙。糊里糊涂地出了弄堂，由那两位丘八式东西前领后跟上了一辆汽车，开到柳雨生家后门，叫开了门。柳君已经睡了，他父亲正在生病发热。汽车开到一家姓蒋的人家，请走了主人（后来知道是伪税捐局长），在蒋家没有看到姓张的领袖出面。后来知道我寓弄口停有两辆汽车，姓张的大功告成，自己坐上另一辆管自去了，那辆车中还坐着冯和仪呢！

汽车东转西弯，终于开到了一个大铁门前，门开车入，在一个停着好几辆汽车的院子里停下。下车前行，到了一张半桌前，一个人坐不像坐站不像站地斜着身子，似笑非笑看着我们，面前放着一本簿子，口里叼着半支香烟。接着是把我和柳、蒋分开，送我入一间约有十来个平方的房间。接着搜身，我随身只有一方半新手帕，也被当作胜利品或违禁品没收或接收去了。

这个房间里已有一人先我在，他穿的很好西装，躺在地板上，拿呢帽枕头。门开时他坐了起来，但不开口，等到那押我进房拿走了一块手帕出去，把门砰的一声关上之后，这才和我说:“怎么你也来了?!”

这人是伪司法部长吴颂皋，我同他不怎么熟，但和他却有一种关系。还在我进生活周刊社不久之后，周刊辟了一栏“显微镜与望远镜”，作者署名冷观，真名吴颂皋，苏州人，很有学养，这专栏虽说是旨在深刻批评政治社会不良现象，但既是苏州人又是世家子弟的冷观这支笔却不如刀，文章温和平稳，后来他到外交部（不是汪伪的）当司长去了，“显微镜与望远镜”一栏承韬奋先生垂青，命我继他撰述，这其实不是我所能胜任的，只知道冷嘲热讽，乱写一气，虽然一直写到我离开生活周刊社为止。吴颂皋此后不知做啥，后来只知道太平洋战争爆发前些时候，他在国外，奉命返国到香港主持一家大报（似是《星岛日报》）的笔政，不久日本对英美宣战，香港陷落，他来不及事先离港，结果同一些知名人士同被运到上海，他的儿子与周佛海的女儿结了婚，他就逐步出头，终任伪司法部长。

在“牢房”里，这位先生还是书生气十足。他跑到门前，从不到一个半尺见方的门洞大声叫喊看守，向他索还他带来而被没收的香烟。结果，当然只挨了几句骂。他对我说:“真正岂有此理，我来时带来一听三炮台，他们拿了去，不肯还我!”他又告诉我，他原来没事，照常在霞飞路上散散步喝喝咖啡。“是戴笠对佛海说叫我去谈一下。佛海也说去谈一谈了此一笔账是上策，我才去了，戴先生说先来这里转一转，从此结束这重公案。我想明天一定能出去了，只是没有烟吸很是难受。”我听了只有摇摇头苦笑一下。他后来结果如何，没有听到。

吴颂皋尽管在外国多年，可迷信得厉害。他初审被判无期徒刑后，曾经说过了冬至节有喜讯，过了冬至，他的上诉被驳回，维持原判。但他又相信了立春会得逢凶化吉。此人结果如何，我不清楚，但可以说是凶多吉少无疑。迷信的人其实何止吴颂皋一人。对面囚房里关着一个姓邵的，资历很深，而且不是汪伪的，会算命，请教者众，使他应给不暇。在我同室囚居的人中（吴颂皋后来迁到别处去了）有一个忘了他姓名的酱园老板，这人很天真，据说续娶不久，被军统毛森骗去开会送来拘禁，讲到新婚夫人，一个欲哭无泪的样子，讲到他的新发明时，却笑嘻嘻地得意忘形起来。所谓新发明，其一是天气入冬之后，睡地铺觉冷，他除盖上全身衣裤之外，还用带子扎紧脚边的被头；发明之二，是取来的自来水，让它在盆中放一些时刻，据说就比较温和了。他是迷信的，天天坐着念不知多少遍南无阿弥陀佛。他是商人，遇此灾难，迷信还有可说，另一位却是政治人物了，其迷信比这个生意经人还厉害，一天之中，足有半天总是面壁趺坐，闭目合掌念经。不过他之这样的一心念佛，也许是求心不烦。这人叫陈春圃，陈璧君内侄，当过伪部长伪省主席，样子倒没有多少官僚气。他谈起他在印度尼西亚做侨民的生活时，很有些如谈海外仙山的神情，据说那里的巴达维亚地方，真是美丽极了，荷兰人的市政又办得好极。他似乎没有什么横财，据说被捉时租住着一个统字人物家的一个亭子间。无子女，只有一妻，正患癌症，他很想念。他不谈政治，偏却有一个老部下在同一室，这位先生爱唱什么东南风西北风，刺人耳得很，他就常常眉头一皱，轻声喝一句：××，少唱唱吧！

在拘禁时最感到痛苦的是小便问题。房门是外面插上栓子的，要开门，必须请求在外面的看守，他们都年轻有枪在手，横肉满面，其中一个大家称他“杀胚”的，特别凶狠横暴。但无论哪一个，你喊一声两声决不答声，到千呼万唤得他过来了，又是怒目横眉明知故问，问做什么。你禀明便急请求开门，他们又总是一个“顶一顶”！（这批人不知是什么地方人，“等”字的声音听起来像“顶”字。）从你开始请求到开门，至少要十来分钟，对门房间关的多老年人，老年人小便次数多又忍不住，因此牺牲一只面盆应急。好容易开门了，为了一劳永逸吧，看守将军又命令你们一个接一个连着去便，这有些强人所难，你的小便怎能由他指定时间？但是有时候不是他命令而是出于自然地要你来我往了，将军又不准你接着出去。总而言之，这种人卓越地杰出地表现了：一，一朝权在手，便把令来行；二，趁人之危，幸灾乐祸。简而言之，是迫害狂的大发作。不过话也可以这么说，将军们的所以如此，也有他们的道理，因为一层楼只有一间厕所，那里总是人头济济，议论纷纷，散布些谣言，什么大赦特赦之类的一厢情愿之辞。囚徒中又有一二神通广大之辈，整天在厕所里打听消息、广播消息。如此这般，也就难怪将军们不无戒心免得聚众肇事发生意外，谁知道你们都是胆小如鼷的懦夫，难保没有憨不畏死的亡命之徒。事实上我们房间里就曾有过一个人，原是在绍兴作歹为非的兵痞一流人物，个子矮小，双目似在瞌睡中睁不开来似的，他在上海被捕，时在初秋，一直穿的纺绸衫裤，这个人就曾讲过乘夜夺过看守武器熄灭电灯杀将出去的越狱计划。这人后来走了，据说押解往南京去受军法审判了。

我被拘囚了几个月，还不知道拘囚在什么地方，别人似乎也不一定知道，有的说在南市，有的说在闸北，但有的家属却好像知道了，有人不知怎样知道有不少妇女在大门外遥望。内外是完全隔绝的，不大可能走漏消息，据说禁令极严，为人向外传递消息的看守和嘱托看守的人要受严罚。但是也真有不怕刑罚的人，我们隔室关着三个沪西赌场老板，其中一个就买通了一个看守为他送信到家里，代价是西装一套。这看守后来不见了，大概事泄被撤职或什么。其实，只要有钱又不怕惹祸，与家人或家人与你通信不是什么困难，各人家里都有人驻扎看守，食宿要供应，目的是防转移财产。这批东西见钱如苍蝇见血，稍加贿赂保证效劳。我的家里也驻有两名大汉，只是穷汉家里，食宿自顾且不暇，怎能供应。他们知道石子里逼不出油来，只大骂上面没眼睛，自己倒霉，被派到这个穷汉家来。但贼不空手，临撤走时到底偷了一些小东小西去了。

我们被捕后之不即解法院，原因也在财产上，因为一解法院一经判决，财产即成了逆产，应由什么机关即人员来没收，不能给另一些人发横财了。这是听说如此，但仿佛言之成理，事实上在囚众人之中，常有在夜里被忽然叫去审问或查询，各人被叫去的次数不一，但越有富名的被传次数越多，例如储备银行副总裁钱大櫆就三日两头被叫去。我也被叫去一次。地方在另一个楼上的一间屋里，和我“谈话”的人，相貌还不凶恶，问话的态度也不蛮横。他问我的经历，当我谈完30年代的编辑生涯时，他皱皱眉头，说“可惜可惜”，我听了不知怎的心一酸，几乎掉下泪来，沉默了一会不再说话。他就此收场，说下次再谈。本来我不是发了横财的人，他原也无意多问吧。

同被拘禁但好像别有房间的，是两个女人，一个是孙科的外室蓝妮，一个是李士群的遗孀姓叶的，她的儿子李小宝也在一起，他不过十四五岁。后来这两个女性都不见了，听说蓝妮是保出去的。但蓝的爱人姓张的，和柳雨生同囚一室，到后来终于被判徒刑。这人年轻，面白留须，须色金黄，有些悦目。

上海被捕汉奸，分囚两处，一处即我所在的南市，另一处在旧法租界一个什么“楚园”，那说是一座花园洋房，比我们的地方高级，但所囚的人两处却似乎不分贵贱贫富，例如也是《中华日报》的人，许力求、梁式就在楚园，储备银行的不少要人都在南市。

拘禁了几个月，终于移解法院了。法院就在提篮桥监狱一块，大概免得开庭审讯时解去解来费事。起解之前，发还被关时抄身抄去的物件。我只有一方旧手帕被抄去，没有发还，我也不索取。有些人却有比较贵重的，很多人有手表，发还似乎已经完毕了，忽听得一个人大喊：我的手表呢？经手发还的人不止一个，七嘴八舌地问他什么牌子，什么表带，结果发还者中有一个人怒斥一声：没有了，吵什么？失表者一声冷笑，捏住对方的一只手，说：有！你手上的这只就是！

坐了囚车直开提篮桥监狱，经过几道大铁门才停车。走进里面，只见一只只狭狭的囚笼，犯人攀着铁栅对我们看，望过去真像动物园里的猿猴。这是底层，我们在楼上，一长排囚笼，前面走道，再前一段中空，可以下望，围着铁栏杆。提篮桥监狱原是西牢，有几层，建筑设备据说中国第一。举例来说，有个大洗脸间，自来水龙头只要轻轻一按，比一般水龙头还方便，这大间附近有两个抽水马桶供大便，还有挂衣服的钩子备用，有一层的牢房有床、桌、凳，还有抽水马桶，有人把它擦得雪白，在它里边洗碗筷！

解送提篮桥是两处——南市和楚园——同一天的，在这一天，才大概知道了某人被捕某人漏网，熟人中有许力求、梁式，没有钱公侠和周越然他们，幸免的不是由于躲避逃走了，就是贿赂得脱身，或者别有路道，例如朱朴之是躲避得早而巧，颜加保是用金条买得脱身，樊仲云则听说是有一个统字头人物做了他的保镖。总而言之，适者生存，在这个世界上，你尽可以为非作歹，只要你善变戏法，神通广大。当然，这也不是说凡是被捉的个个都是饭桶，一切事情，总是成败不只由于一端的。

我们解到的时候，没有住进上面所说的有抽水马桶的阔气房间，住那种牢房凭什么，不清楚，是分贫富或罪大罪小吗？仿佛也不是的，很可能是“客满”之后的一批待“执行”囚犯。在提篮桥的人犯分三个阶段，就是判刑之前、初判之后被告不服上诉期间和上诉判决正式送监房“执行”。听说执行监最可怕，因为要和别种罪犯如杀人犯盗窃犯等等混在一起，不像在这之前的清一色——大家都是汉奸。我没有被执行，因为上诉结果判刑二（?）年缓刑二年[①]，尽管上诉判下来时我已经在监狱中两年多了。梁式、柳雨生初判三年，没有上诉，正式当了囚犯，移囚别处，从此没有见面，直到他们刑满释放。

我初进提篮桥时和许多人一样，都住的笼子，狭长的，可挤二三人，还有便桶在角落里。在狭笼中我似乎住了很久，但不记得怎么不便，因为不久之后，笼门一天中有大半天敞开着任你走来走去。到后来又似乎独居一室了，因为我记得曾在关

①改判有期徒刑一年零三个月。

上铁栅门时靠门坐着看书，甚至于译书。开放时当然由你走来走去，不论楼上楼下，所以能够这样“自由”，一定有人想了办法，走了门路。因为众汉之中，虽无“巨汉”如周佛海、陈公博之类，“大汉”是不少的，旧官僚有梁鸿志，金融界中有唐寿民、朱博泉，教育界有沈嗣良，不过真有路道的大概要算“三老”了。三老是上海闻人闻兰亭、袁履登和林康侯，闻兰亭不大露面，我没有看见过；矮矮的林康侯衣履整洁，泰然自若从容，漫步于各处；最舒服的要算袁履登了，就是他的创议，在顶楼设书画组，报名而又准许参加者，可以在一天之中的若干小时内不关在笼内上楼作书画。他关在楼下，但好像门虽设而不关的，记得冬天他在笼外吃饭，有特制酒精灯热菜，有徒弟在旁伺候斟酒添饭，饭后送上热手巾恭请抹嘴。司法警头脑走来看到了这种非常之举，只是假作不见，对于袁的起立致意，还要说句不要客气之类，至少点点头作答礼。总而言之，袁“老”虽在缧绁之中，生活还是老太爷式的，容貌神态，也无囚首垢面、觳觫低头样子。

闻兰亭在三老之中，行径与林、袁不同，似乎“杜门不出”的，我就没有看见过他。听说他曾拒不出庭受审，说蒋介石不配审问我。后来法院叫人告诉他，只要出庭，保证判他无罪释放，结果他出庭了，判他徒刑若干年，但好像没有执行，“保外就医”什么去了。林、袁二老似也判而不关。

同狱之中很有几位“久仰大名”的人物。一个是梁鸿志，他是北洋军阀时代安福系的主要人物，段祺瑞的秘书长，按系统来讲，他该在伪华北政权当傀儡，不知怎的来南京充傀儡的傀儡，当什么监察院长而在上海享福。此人对于政治，大概看作打麻将一样，北方已无座位，南方三缺一，就凑一把手，陪汪精卫他们打几圈了。是柳雨生先认识他，后来我同柳去看他一次，他还来回拜，时在初夏，他穿着格子纺绸衫，袖口很大又长过手，一挥一挥，有些气派，身材相当高大。据说他的旧诗做得很好，是否我没资格下评语，但他之爱吟诗，倒似无可疑。他曾以五言诗一首八句赠陶柳，我还记得前四句："白发宜钩党，朱颜子亦来。伤心三字狱，刮目二生才。"陈公博在苏州枪决，他也以诗吊之，记得其中两句："古来大狱皆冤狱，似子求仁竟得仁。"他又有七律一首："本无羽毛堪矜惜，岂有声名足觝排。群吠狺狺何日了，独行踽踽觉秋来。盟心江水身终隐，抉目城门事可哀。千古男儿王介甫，眼中蜀洛尽庸才。"他又有一首很长的五言诗，用一寸左右见方的正楷写满好几张信纸大小的宣纸之类，雨生曾经裱成册子，给我看过，字写得在我看来很好，诗一句也不记得了，只记得结尾两句的意思，仿佛是倘能不死如何如何，可以看出他是不以为会终被执行枪决的。是的，他的确是不以为将死于刑场的，他被判死刑之后，仍每天服维生素不断。

他是提篮桥狱中第一个枪毙的人。日子不记得了，时间却记得是"午时三刻"，那天中午进笼之后，我正在趺坐译书，只听得一声枪响（当时并不知这是枪声，我没有听过枪声的经验），后来说是梁鸿志被枪毙了。他的被判死刑，大家知道不能幸免，但他仍不死心，直到他得到一张报纸，已经载有刑场布置的新闻，他还照常吃维生素，以为可以苟活。他走的营救门路，是通过章士钊求吴鼎昌（达铨，蒋的文官长什么的），大概他家中来信告诉他有希望吧，他才"临危不惧"。他被叫出监狱去枪决时，法警叫他出去时说是"特别接见"（一般已判决囚犯可以隔若干日接见家属一次，但时间规定在下午，特别接见则无时间规定），梁鸿志其时正要午睡，法警来叫他特别接见，他很不高兴，说他们（指家里人）明知道我是要午睡的，怎么在这个时候来要求接见。他走出监狱，一看法警林立，才知事情不妙，还向法警头脑要求回狱中与“难友”告别，不得许可，于是转身面向监狱鞠了一躬。到了刑场，他索纸笔写了两三张纸的“遗言”，据说倒很镇静，写时手也不抖。写毕要行刑了，他学陈公博在苏州枪决时的样，要和监狱长一握手，但给拒绝了。于是一枪即毙。那份所谓遗书中有一句话，说他随身所带挂表一只，借自某人，家人应该还他，对这句话，当时很多人觉得奇怪，难道梁鸿志连一只表也没有吗？

人之贪生怕死之情，大概在真将死时特别表现得明显。梁鸿志是判死刑后还日服维生素，还有一个伪警察局长（大概杀过不止一个人的）判死刑后，不但自己不肯少打一次霍乱预防针，还劝人不要漏打第二针。他在叫喊“老×，第二次打针了，快去打，不要漏了，使第一针白打无效”时，我恰好听见，当时心想：×××，你呀，不想想生霍乱死了比枪决好吗？

还有“大道市政府”的头儿或脑儿常玉清的贪生之情。一天正午，法警叫他“特别接见”，他出了牢门，向左邻右舍一一郑重声明：“我的特别接见是真的特别接见。”常玉清是个文盲，他搞“大道”时据说杀人真不眨眼，还要割下头来挂着示众呢！

提篮桥监狱有病房，设在上层，一大房间，床位不多，床是小铁床，睡上去软软的，有只浴缸。病人不多，大都不是病人，常住着的也不是长病之人，一句话，你要住病房而且久住，非有门路不可。不过倒也不是有病无钱莫进来的，否则我怎么进得去呢，但是我到底不是有办法的人，这才住了不久，医生严命出院了。

在病房里我认识了两个人：郑洪年和傅式说。郑是矮个子，曾任孙中山先生秘书长、暨南大学校长，他的汉奸罪名是挂了一个“华中铁道”的空衔，结果似未判刑，他和我讲起孙中山和宋庆龄伉俪情深的故事。

傅式说是伪浙江省长，身材相当长，他是日本留学生，学的地质，东京帝大毕业。他大概是个用功的人，有时我问他一个日本字，他会寻根究底地讲个明白。字也写得不坏，好像还会吟诗，曾经对我说入狱后，忽得两句诗：“人间春长在，天外月常圆。”后一句有点怪。他的妻子是章太炎先生的侄女吧，一个单名，是四个同样的字拼成一个的，仿佛是四个工字。[①]她当然也在外面想方设法，力求减死刑为无期之类，但来信似乎不像梁鸿志家里人的一味宽慰。有一次傅对我说：“我在实习时差一点点失足掉下深渊，所以对死实在并不怎么恐惧。”他是不吸烟的，为了让法警赚几分“外快”钱，特意叫他们买几包纸烟，买来之后，他就一支接一支地吸，好像“老枪”。吸过几支，再把这包烟送给代买烟者。他说他平常不喝酒，但常常和日本军人喝酒，喝得对方大醉，于是趁机提出要求，日本军人酒水糊涂之际，满口答应，所以，他以一个文人当省长，竟能与当特务的江苏省长兼清乡司令李士群对抗，不让清乡清到嘉兴地区。他仿佛是个有搞学问倾向的人，常常手持白居易诗集躺在床上阅读。我问过他中日学生的智力比较，他说中国学生决不比日本学生笨，但不及日本学生用功，不过也有很用功的，但大都体质较差，若要同样用功，往往身

①傅式说夫人名叫章𢒼，字慕君。

体不能支撑。

我住了几天病房，医生就命出院，经恳求也只多住了三五天。实际我没有什么身体上的病，既不发热也不肚痛，只是精神上的。出院后和本来认识的杨光政住在一个房间里，病也就不药而愈了。这房间就是有抽水马桶有床有凳的一种。“先进山门为大”，床当然由杨君睡。另一个姓郭的和我睡地铺。床，不要说硬板的，就是最考究的“席梦思”，不要说犯人，就是一等阔人，除非睁着眼睛躺在床上，实际没有什么关系，人在睡眠中决不会感觉床之软硬的。

我上诉下来，改判徒刑二年，缓刑二年，实际是我在狱中已经过了两年多，还缓刑什么。不过到底少坐了几个月牢，妻来接我出狱时还是皆大欢喜的。

出狱之后*

出狱之后，我在身体上不感觉什么损伤，精神上呢，表面上也不显得怎样，但实际恐怕是受了伤害的，不过没有请教过精神分析学家，无从证明。最现实的问题是生活问题。这时候我的家正是十口之家。我在狱中两年，虽未请过一位律师（上诉状是一个朋友马叔庸义务效劳的），更说不上行贿法庭，所以没有什么意外花费。但是家里几个人，饭总是要吃的。诚然，我这个汉奸恶名并不是完全白背徒负，储备银行有解散费，太平书局虽被奇袭了，也不是一文不取，尽管说也可怜，不到它所有的二十分或十分之一。不过“莫怪人家怪自家”，谁教我有花堪折不思折的呢！过去两年多，我人不在，眼不见，心不烦，多谢家选节约成性，苦熬苦省，倒也未尝使老小啼饥号寒。但是看到她的憔悴，孩子们的衣衫褴褛，我又年未不惑，又不残废，总得想个办法，谋条生路吧。然而我又有什么办法呢？这十来年，自编自出版，“自立为王”，不受拘束惯了，又无一技之长，又无高亲贵戚，再想想多年辛苦，一些储蓄化为灰尘，为抗战倾家荡产而结果赢得汉奸恶名，命耶运耶？是我的作孽耶？想来想去，越想越空空茫茫，六神无主。

---

*手稿原无标题，据文意补加。

不久，冯和仪介绍我到一个什么地产公司当职员，去了三五天，我就不去了。那公司在一间大房间里，放着几张桌子，坐着几个人，彼此说说空话，讲讲笑话，我惘然枯坐，不搭讪和调，又无事可为，这个无聊啊，有说不出的难受。

后来朱雯介绍我去《正言日报》承印部当襄理或协理。《正言日报》是他的后台吴绍澍的报纸，这报的一切的一切都是接收来的，大概接收来的都是正当的，所以朱雯把以迅雷不及掩耳的奇袭拿去的太平书局改办了正言出版社。吴绍澍这时候已经失势，报纸办得无声无色，经济困难，连职工工资也发不大出，加上承印部徒有其名，我又不懂印刷，特别是那位三青团年轻经理态度恶劣，我坐了几天冷板凳也又不干了。吴绍澍和我谈过请我到台湾《正言报》或什么报去，我也谢谢。但他要我做过一件事情，有些趣味，不妨记述下来。事情是他对当权的上海当局不甘心而又没有办法，叫我写一封匿名信或化名文章，歌颂上海的汉奸市长周佛海、罗君强的德政，说比现任市长还胜一筹。

另一件事是《正言日报》有书评一栏吧，朱雯编的，曾经叫我代他编过几天，在这一栏里，我写过一篇《一党专政何妨》的文章，评述我译的一本美国一记者写苏联的书。这书的出版者是陶百川。这位党老爷虽然和我同姓，却非同宗，向不认识，素无交往，然而他竟驾临敝寓，请我译书，真可谓不亦怪哉？亦一异也！原来抗战胜利之后，陶百川得了一个大东书局，大概一个大东书局还不足使他大展宏图，就自己办起一个什么书店来，意在无本万利吧。陶百川之有“私房”书店，是路易士[1]来告诉我的，陶百川的光临敝寓，事先就经过路君。路易士是汪伪时期有名的“鱼诗人”，所以有此雅号，是他的诗中有一首写鱼儿走过外白渡桥。鱼诗人在当时仿佛一怪，很穷，好酒，头发仿佛三月不理，面色总有病容，人很长，穿西装。我本来和他不熟，但认识他的一个兄弟路迈，是《中华日报》的编辑，照理夜里才到报馆，不过也偶然日里一来，于是我和他偶然一见，彼此点点头。路迈不像他哥哥的落拓相，西装整洁，面白无须，大概勤刮胡须的吧。

有一天路易士忽然请我到他家里喝酒。我过去只知道他生活贫困，无妻无室，抗战胜利之后他虽然未蒙以文化汉奸罪被捕入狱，但也没有听说他发了劫收财，沾了胜利光，现在忽然邀我喝酒，我倒有点好奇。到了他给我的地址，他家里不见别人，显然他还无妻子儿女。酒是一般，下酒的却不很像样，可以说有酒无肴。酒酣耳热之后，他告诉我这酒和下酒物还是卖去了旧瓶空罐旧报纸什么的才得来的。接着他告诉我他的生活靠编一本字典维持，叫他编的是陶百川。他说陶百川想请人译一两本书，但他知道陶肯出的稿费，凭他编字典所得的经验，一定低得不能再低的。他问我是否愿意翻译。我说我虽不愿和党老爷打交道，但陶百川作为书店主人，又是译的书，我反正

---

①路易士（1913–2013），原名路逾，字越公，笔名路易士、纪弦等。陕西盩厔（今陕西周至）人，生于河北清苑（今河北保定）。早年就读于武昌美专、苏州美专。30年代以笔名“路易士”发表新诗，在诗坛崭露头角，与《现代》诗群过从甚密。抗战全面爆发后，曾去内地，后返回上海，1944年创办《诗领土》杂志。抗战胜利后改用“纪弦”笔名。1948年去台湾，任教于成功中学。1953年创办《现代诗》杂志，不久发起台湾现代主义诗歌运动。1976年移居美国。著有诗集多种及《纪弦回忆录》。

闲着，倒愿意一试，只要那书是我愿译的，稿费多少也无所谓。过了几天，陶百川大驾光临了，要译的书有两：一本化学读本之类，一本讲苏联的。前者，我说我不懂化学，不能译；后者，我说且让我先看看内容再决定。结果我译了，出版了，不知道印了五百本还是一千本。内容不用说，大批评苏联的这个不行那个不好，现在还记得的一点，是说苏联表面上说平等，实际等级分明，倒不比美国的将军对小兵反不大讲上下。但在蒋党统治下的我整个看来，一党专政的苏联终比一党训政中的蒋家中国要高明，特别是开头批评美国的外交政策，说贪污腐败的盟兄弟一大批，几亿几亿地白送给他们，实在冤大头做透顶了，明明包括中国这个宝贝盟弟在内。我仿佛“借他人杯酒浇自己块垒”，不但译了，而且出版之后还写了那么一篇书评之类，意思无非是你尽管说苏联千不好万不好，究竟还比你国民党好。

在这时期，原《杂志》编辑之一吴江枫，已名为之英，在《和平日报》工作（《和平》是《扫荡》的新名），经他介绍，认识了《和平日报》经理，他的同乡董茂堂，于是合办了一个期刊《好文章》，转载一些发表过的旧文章，记得其中有一篇孙伏园的《半饱论》，来源忘了。刊物没有销路，只出了一期终刊。[1] 三人又合出过书，是我译的一个美国时髦作家的畅销书《怎样除烦恼》，但是我们是不怕烦恼或自有除法的国家，这本书，我又真是赔了夫人又折兵，不但没拿到一文稿费，反赔了一半左右的纸张印刷费，连卖不出去的所有的书，也偏劳

---

①《好文章》其实一共出了四集，甲、二、三、四集由好文章社分别出版于1948年8月、9月、11月，1949年2月。

吴君代卖作废纸了。同时我又穷思极想，利用太平书局纸型印了徐一士的《一士谭荟》和瞿兑之的《人物风俗制度丛谈》，个人出版，用名“一家社”，也是蚀本生意，尽管在我看来，这两本书实在可读。

沦陷朋友未罹法网的十有八九，但大都本非旧交，向少往来，只有周黎庵总算老友，还继续见见面，但他本是学法律的，我狱中两年，他虽未青云直上，升官发财，似乎已弃文从商，向企业界方向发展了。同在缧绁之中的柳雨生、梁式，各被徒刑三年，未曾上诉而后我出狱不久，刑满出狱。雨生不久考入中国航空公司，后随公司迁广州，连同老父和妻子儿女，后又自粤迁港，公司解散，转入学界，后去澳洲，到三十多年后的1981年他回国探亲（继母）才重又见到。他倒似乎比前反而丰腴了些，我却已未老先衰，抱病足不能下楼了。两人相对没有什么话说，虽然他殷勤如昔，我却默默无言，无力多说话，也不想多说话了。

梁式和雨生同时刑满出狱，由他的老搭档，已经在启明书局做编辑的钱公侠介绍进启明工作。杨光政当上了中学教师。

抗战期间在内地，战后回上海仍和我来往的有周新与徐訏。

周新是在苏州相识的，后来他家迁上海，他在光华大学读书，始终往来不断。他是蔡元培先生内侄，家境仿佛不大好。他父亲没有职业，他似未多沾蔡先生的光，大学毕业后，想进商务印书馆未能如愿，但译过一本书经蔡介绍给商务。抗战之前，他译过一本讲军火商的书。很有趣味，书名是我给取的，叫《战争致富史话》，他自费出版，销路不好，我疑心是我给它取坏了书名，假如名为“发战争财的故事”，或者可以多销一些吧。抗战初吧，他译了几本讲战争的小书，仍自费出版。

后来《宇宙风》迁广州，他也离沪同来，后由陆丹林介绍，进《星岛日报》作通讯社的英文新闻稿，直到香港沦陷，他同林憾庐同逃桂林，后来进了他一个亲戚办的香烟厂工作。抗战胜利，大概随烟厂迁沪而返沪。我出狱那年冬季，他结婚了，邀我观礼。还请我在他小家庭里吃过几次夜饭，同席的有他的光华同学，以主编《中国新文学大系》闻名的良友图书公司编辑赵家璧,《星岛日报》同事戴望舒。将解放时他随烟厂去台湾，从此音讯不通，他比我年轻几岁，追记写此时，怕也年近古稀了吧。

徐訏相见时已经又结了婚，且已去过美国，上海寓所在淮海路近常熟路的一个公寓，靠近街路，电车声隆隆震耳。他又养着一条狼狗，他抚它摸它，很有些洋气，我可不习惯，它在我与徐訏之间走进走出时，实在有些怕它。

徐訏搞了一个名叫“大家”的出版社，老板姓陈，但由他侄子一个青年人出面，我算作经理，社址在愚园路一所弄堂房子里。不久拆伙或什么了，改与一个做进出口生意（?）的人合伙，社址也换到那商人的写字间里，我仍算经理，但实际无什么事可做，不久就辞掉了。将解放时，徐訏不见来我家，我向来少去访人，他的新夫人又不熟，而且他的住址也没记下，“无事不登三宝殿”，我也没有去看他。到解放后他曾来看过我一次，说要去香港，从此一别，遂成永诀。

1949年初吧，方纪生来看我，说他同周作人一同从南京监狱释放出来，现住尤炳圻家中。方君我在东京认识，当时他是华北留日学生事务处的人员，他是不是北大或燕京出身，我不清楚，但仿佛师事周氏，至于尤君，则我确知他是清华毕业的，但也以周为师，对此，他的姊丈李健吾在一封给我的信上，婉转地表示不以为然。[①] 李氏为什么和我通信，记不得了，他似乎没有给《宇宙风》写过稿，或者由于梁宗岱在《宇宙风》发过一篇论滥用名词的文章，意指李氏，因而引起他来信。

我正闲着无事，就常常去尤家访周。老实说，我对周作人是佩服的，他给我编的刊物写过许多稿，个人接触却只有他到苏州那次，而且匆匆忙忙的。我是不拘什么人，可以让我谈时不知顾忌的。有一次谈到许广平，他告诉我许有一次写信给他，讲到周老太太的生活，说太师母的生活，要请老师照管云云。“太师母的生活，”周幽默地说，“自有老师管，何劳你学生关注？”后来又谈到老太太去世时北京的讣告中有孙海婴而无媳许广平，上海登报的讣闻就针锋相对了。周说，当时也知道不大妥善，但苦无妙法，如将许和朱并列为媳，岂不是陷鲁迅犯了重婚罪？我说：“何不署学生某呢？”他听了也笑起来。有一次金性尧即文载道也在，问周当年你们兄弟为啥相骂，周听了面色似乎一变，回答了一句，声音低沉，我虽然听清楚，但怕记忆不实，只好从略了。我又问过他在北大时见过毛主席没有，他说曾在八道湾家里承他枉访过，我问他印象怎样，他说说也奇怪，任何人总有一些特点，给人留下印象，例如你就给我哗啦哗啦的印象，但是毛主席给了我什么印象，无论如何记不起来了。

常去访周的还有同乡徐淦，他是山阴才子，以编连环画特

---

①此信影印件见于《作家书简》，平衡编，徐亮校订，万象图书馆1949年2月版。内容为：“手示敬悉。本学期校课已结束，当可抒写数行。唯生活沉闷，心与境两恶，难得满意文章为歉耳，略假时日即自邮奉。屡承赠读贵刊，即此并谢。内弟炳圻常有信来，彼得与知堂老人朝夕盘旋，为福无限，此等机遇百不得一也！匆匆并颂　撰祺！弟健吾，一月廿一日。”抬头在影印时被略去。

有一格闻名。还有王古鲁，有时还和他的夫人同在。王的相貌很怪，有些像庙里的罗汉像，据说他的婚事周是介绍人，夫妇吵架时就向媒人（也是老师吧）诉说，也是要媒人劝说一番而后言归于好。

去看过他的听说还有沈尹默、李小峰，周说沈的眼睛已近失明。沈、李都曾送他若干银元，胡适也曾送他几元，还劝他去香港，可以介绍他到香港大学任教授，我问他想不想去，他说不想去，倒说想接老伴来上海，但上海租屋要“顶费”，我哪来？我说香港的确去不得，当年不曾离北平还有可说，现在解放在即，离沪去港岂非自绝于国人？

周在尤家，尽管尤炳圻敬如上宾，但尤上有父母，家非素封，多了两个食客（连方纪生），大概不会怎么欢迎。周呢，寄人篱下，“听帮吃饭”，恐怕也不会十分舒适的，但他有他的譬解之道，这于他的闲步北四川路在地摊上购得一旧书《塞尔本自然史》送我一事，可以窥豹一斑。这和他在南京老虎桥狱中托我购现代丛书版《天方夜谭》一事，都表现他的自有解忧消愁之法。还有，热天我去看他时，他总赤膊坐着，客来披上白布短褂，似乎也足以窥知他的生活处世之道。

上海解放，京沪交通恢复，周氏回北京去。我在尤家门前，看他坐着黄包车而去，他身穿白布短衫，手执芭蕉扇，膝上横着行李，微笑点头作别。他自己不知作何感想，我却有点为他黯然。

我的后半生

81．2．13起

一目了然,《我的后半生》这个篇名,是抄的前宣统皇帝后康德皇帝爱新觉罗·溥仪氏的《我的前半生》书名,所差者一“前”一“后”一字罢了。我尝猜想,溥仪回忆录即自传之不叫《我的一生》而名为《我的前半生》,大概他不能逆料天不假年中道崩殂,本想作了新中国的新人民之后,大大为人民好好服务一番,为建设社会主义立功的后半生待写。所以他的一生之分前后,是以事业划分的。我呢,我是以年龄划分前后半生的。前半生我也要写,所以先写后半生,一则前半生的事情反正已经记不大清楚,再过一个时候也不会太模糊,倒是后半生虽近在眼前,由于记忆力差,也已经朦胧隐约了,再说,若不趁早写下,将有前后同归于尽之虞。况且我已患了虽非致命但够缠绵的肺气肿,一举手一投足就上气不接下气难受得要命,所以即使天假我以年,再活个七十四岁,也不过苟延残喘,像个坐尸卧肉,再也不能有所作为,为人民服务立功。同时也既然困居斗室,足不下楼,倒也不可以说棺虽未盖而论已定,况且我现在尽管已经而视茫茫而手抖抖,究竟还能在每张四百字的稿纸上按格写作,万一到了某年月日,视力差到看不清稿纸格子,右手抖得捏不住笔杆,那时候岂不悔之晚矣了?如果后半生写毕之后,还能续写前半生,到时候慢慢地细琢细磨写来，不是更好？而且，我写前半生时，故乡一段是很想精写细作的，因此有回乡去一次的必要，而返乡一次，我目前的健康却绝对不能做到。我也知道我的身体只会越过越衰弱，决不能返老还童，越来越健朗，然而我还是明知故犯，存心作幻想自欺。人啊，可怜的感情动物！还有，故乡故乡，故乡虽好已无家。60年代末或70年代初，我因受严命勒令回乡找住处，以便疏散，卖去了不少册本不忍割爱的旧书作旅费，回到乡下，时值隆冬，故乡已面目全非。找住处时大雪纷飞，在一个侄子家喝了几杯不三不四的绍兴酒，糊里糊涂睡了一夜。第二天就回上海，坐在火车里只想起郁达夫的一篇文章《一个人在途上》，尽管它的内容完全记不得了。

再说，我虽酷爱《我的后半生》这个篇名，却又担心写了出来没人要看，白费精力，浪费笔墨。为什么怕？怕人家说你也配写自传，你有什么资格写回忆录？现在我从四十一岁进入新中国写起，尽管我还是旧人民，写的还是我一人的事情，终究是在新中国新社会了，旧人民带了哪怕是一丝一毫的新中国的光，读者可能不看僧面看佛面，为新中国之光所吸引，暂时忍着厌恶作者之心，掩鼻而读我的后半生。至于再闯大祸，或经大风大浪，足资记录了。虽然世事茫茫难自料，闭门家里坐祸从天上来的奇迹不是绝对没有的。不过我这后半生从哪一岁算起呢？如照上文所说，我此后的有生之年不过是虚度之日，那么该从三十八岁算起，可是我却从四十一岁写起，推迟三年。这难道我能未卜先知预知可以活到八十岁，这短短六年中还有事足述么？原来我是这样想的，解放那年是1949，我四十一岁，也就是这一年是我从旧社会到新社会新旧交替之年，从解放后的岁月写起，不是段落分明吗？而且，我也颇有终年八十的希望，我父亲活到八十六岁，我母亲享年七十七,七十七加八十六是一百六十三,一分为二的平均数是八十一岁半，我是他们俩的独子，活到这个岁数是有些科学依据的。退一步说反正我已活到七十四岁，即使今年寿终，前一半是三十七，后一半也有三十七，与四十一也相差无几了。

欲受教育而不得

闲话少说，言归正传吧。

1949年5月上海解放，我正失业，一家九口再加乡下两老，都得由我负担生活。有同乡赵而昌君恰在办出版社，出一套教育连环画，也是同乡的徐淦兄是编连环画的能手，为他编了好几本销路不胫而走的连环画。大概是他出的点子，叫我试编几本动物连环画，书名的的确确是他定的：一本叫《动物园》（讲兽），一本名《水族馆》（讲水中动物），再一本题为《飞禽天地》（讲鸟类），又一本名《昆虫世界》（讲昆虫）。我这个未曾学过动物学的人，为稻粱谋居然胆大妄为，依据几本外文讲鸟兽虫鱼的书，瞎猫拖死老鼠似的编了出来。谁知销路出乎意料之外地好，稿费版税，着实收了不少。这首先要感谢徐君给定的书名太好了。在出版私营的时代和国家，一本书的销路好坏，完全由读者决定，而读者买不买这本或那本书，同书名的吸引他与否大有关系。美国有一位北极探险家斯梯文孙写了一部北极探险的书，销路很好，隔了许多年重印销路还是不衰。他说这要归功于书名《友好的北极》，因为人们都知道北极冰天雪地，怎么能对人友好呢？欲知究竟，买一本来看看吧。为斯梯文孙取这书名者是地理学界一名流，他的说这番话，也许含有恭维奉承之意，但我们仔细想想，却也不无道理，否则世界上书名何以总是都很好听呢。

这时期我还为时代图书公司译了一本苏联小说《金星英雄》。时代主人是邵洵美，有一天去看他，他谈起要找人译此书，我就不怕献丑，毛遂自荐了，还预支了若干稿费，他从床下拿出一叠钞票来。他才起床或者还懒在床上，客人却已有一名，给我介绍，姓金名祖同，年纪很轻，不到三十岁吧。我一听这位客人的姓名，就想起一件事来。金君听说是三马路一家有名旧书店主人，郭沫若抗战前夕的逃离日本回到中国，据说金君功莫大焉。这大概是确凿的，郭沫若到上海后下榻于大西路美丽园（弄堂名）一家人家。这家人家说就是金家。我和郁达夫、施蛰存去找郭沫若，正是在美丽园找到的。当时与郭沫若交谈，不记得有金祖同在座，后来有人告诉我，金君写一文章，说我“谄笑”对郭。我不十分明确他用“谄”字的意思，如说我以不自然的笑容与郭谈话，那是确实的，虽然没有人给我拍下当时照片。想到这里，我不禁细看端坐在邵洵美床前面露不自然笑容的金君，心想你今日是“谄笑”对邵洵美了。后来听说金君因婚姻问题自杀了。呜呼，哀哉！

我在编这衣食所取给的四本动物书之前，也曾打算进一所军政大学以资学习改造以谋出路。解放之初，不少知识分子纷纷进了军政大学，当时在上海的原来是北方的知识分子中我所认识的，有谢刚主、王古鲁、尤炳圻、方纪生。上海解放南北交通恢复之后，他们都回北京，不久，我知道王、尤、方三君都进了军政大学。我也想进，他们都劝我进，特别是尤君“劝进”更力，劝我和他们一道北上。我却生平唯谨慎，怕冒冒失失地跟了他们，白白花了旅费。因为据说要进这类大学，介绍人很重要，可以说取决于你有无适当的介绍人。他们都是北京的大学生，家在北京，与当地当时名流大都有些关系，我是南方人，北京未尝到过，不认识一个头面人物，哪有把握成事呢。我说：你们先请，我，待找到了相当介绍人再说吧。

当时北京的大人物中，我想来想去只有黄炎培先生还可以勉强拉个关系。事出无奈，我写了封信请任老为我做进华北军政大学的介绍人。老先生不予复信，只在我去信的信封上批了个暂时不便云云。我去华北的心是死了，尤炳圻君却还殷殷力劝我去，不但说我到京后可以住在他的家里，连北上旅费他也愿意负担。他说，只要人到了北京，问题总能解决。我可没有这样乐观，觉得这样做是冒险，麻烦了破费了人家而于事无济，何苦来？我只能辜负他一番好意了。后来听说华东也有这种大学，设在苏州，我就想何必舍近就远，不在上海想想办法呢？想来想去，想到了周承澍，他又名全平，创造社小伙计之一，当年离沪他往，不知去向。[1] 我看过他的"听东楼随笔"之类，却不识其人，无论交情了。那么怎么现在为入军政大学而想到他的呢？原来他离沪后到了东北，在那里结了婚，而他的爱人与我的爱人有乡世之谊。前几年，他的她还到过我家来看过我的她。事更凑巧者，这位周先生在解放前几年，曾同我谈起过想办一个杂志，他当我是个办刊物的能手，有诀窍只赚不蚀，我问他有多少钱，他说有几两金子，我劝他还是省吃俭用，拿这几两金子养家活口吧。当此时期（通货膨胀时期）办刊物无论如何只会蚀本的。他听我忠告，没有把仅有的几个钱

①据俞子林《周全平被左联开除之谜及其他》一文叙述，周全平早年参加创造社，1930年春左联成立时即为其成员，翌年因为丢失经费而逃走，被左联开除。

放汤。到了解放前夕忽然光临敝寓。他的脚有些跷，说是骑自行车摔跤的后果，他这几年在西北办农场之类，来上海，是请我帮助他办个业余图书馆什么的。我和他素昧平生，现在不远千里而来约我办什么图书馆，话又说得含含糊糊，实在颇有些出人意表。但我素不喜向人抠根挖底，你既含糊其辞，我就听过算数。后来并没有办起什么图书馆，他也不再光临蜗居，现在想到了他，当然因为他是当时上海市副市长潘汉年的老同事，可以经他而请潘介绍我进军政大学。本来我直接认识一位姓严的，他虽非创造社小伙计，但为小伙计办的小刊物的主要撰稿人。但这位先生早已弃文就商，解放后潘任上海副市长之初，一天在路上碰见他，和他说笑话，劝他去看看当年老朋友，他笑笑摇摇头，不言而喻，他是无意于攀交情的，那么他不见得肯为别人去请托，我应该明白哪。

周承澍不负我托，给我两封信，一致郭沫若，一函潘汉年，请他们作我介绍人入军政大学。郭先生，我未尝不可以直接函求，但我认为此公十有九九不肯为此的，虽然我对他不是相知有素。所以将周致郭的信在抽屉里一放了之；致潘的信，原是叫我面呈的，我却怕进衙门，怕见长官，邮寄了去。潘的办事效率似乎还高，隔不了几天就差人送来致华东军政大学的一封介绍信。我一看此信，觉得事难有成，因信是应酬敷衍的八行书，收信人一看就明白不必当它一回事，也决不会使出信人勃然。相传我乡蔡先生有求必应，无论什么人请他写封介绍信他总遵命照写，甚至你要他写被介绍者是他的外甥表侄等等至亲，他也一一遵命，虽然那人同他毫无亲戚关系，所以据说他老先生的介绍信实在是一封不介绍信，等于向收信人说被迫介绍切勿当真！但潘信虽如此，我却只能既来之则发之，加一信封，贴上八分邮票寄了出去，果然信如石沉大海。

我的为谋衣食思入军政大学，为稻粱求改造的愿心于是破碎无余，思想上还错误地以为对于总算想改造求进步的人采取这种挑精选肥挡驾推出的办法实不应该，既然你无意，我又何必有心，不经过军政大学这一关，大概也不至于没饭吃吧。好在我素无大志，不求闻达，又听说在那种大学里要做打扫厕所之类的事，好逸恶劳的我，倒乐得置身校外清闲自在，反而怕有朝一日非进不可了。

弄堂杂史

进军政大学改造思想，我求之而不得，同时却有一个任务，我欲推辞而不能，那就是“居民委员会”主任委员。这任务光荣而不艰巨，何以落到我的头上（由办事处指定），我曾猜测，大概由于我虽非劳动人民或工人阶级，在我们这三条弄堂里，却一非地主，二非资本家或资产阶级，三非官僚，四非买办。这个居民委员会既无房子，亦无牌子，委员不论主任，无一文工资，范围只限于三条弄堂。这三条弄堂，前后并排，外观很神气，内部亦富丽，每层有面盆、马桶、浴盆的大卫生设备，二楼甚至有两间，前有花园，占地不小。附近里弄居民，迄今还叫这三条弄堂为“洋房里”。[1] 洋房里的确洋气十足，例如每一条弄堂各有七幢房子，门牌是1、3、5、7、9、11、15而无13，一定是由于洋迷信13是不祥之号。三七二十一幢房子，合计起来也不到七十二家房客，有好几幢都是一家独住。我住的第一条，不能说阔气得第一，住户每人所住面积，就是最低级如我家，每人平均也在四平方米以上，像我们的二房东，那就每人至少占十五平方米了。我弄的1号住两家，一姓童一姓万，都是一家英商洋行里相当高级的职员。万君一夫

①这三条弄堂为胶州路125、149、175弄。作者旧居为胶州路125弄5号。

一妻一个孩子，童君孩子三五个。论年龄，童大于万；论职位，似乎万高于童。万说话相当趋时，童就常要戳穿他，说：老万，不要说漂亮话了吧。童的爱人常与姓万的吵架，姓万的退让，有时退无可退了，来个“反唇相讥”，那就火上加油，童爱人就要抢地呼天，吵得不亦乐乎。这时候，我这个居民委员会主任委员只好出而劝架。因此，他们常邀我到他们家谈谈天说说地。记得有一次，万君说他新得好茶叶，知我好喝茶，奉送一中包。现在想想，这也无异于贿赂，尽管居民委员会主任委员，当时毫无权势可言，并无后门可走，但送些小东小西给他，送的人不在乎，受的人总不免对他较有好感，纵不能成事有余，总可免败事有余吧。

这大概不是我的以小人之心度君子之腹。我家右邻7号住谈君一家，他是一家国际闻名的烟草公司的高级职员，而且或者本来有钱。他常常和我谈起说他有财产在朝鲜，一定要去香港转赴汉城料理。他家的花园搞得很好，我常凭窗右盼，欣赏那里的绿草如茵的草地，秋天霜叶红于二月花的一两株矮矮小小的枫树（?）。他的母亲也常请我的女儿去他家与她的孙儿女们玩。有一个孙女洋名南锡。在我荣任居民委员会主任委员之前，这位谈君从不曾和我相识的，后来他如愿以偿，到香港去了，再后来母妻子女全家去了，再后来听说南锡姑娘夭亡了。这倒使我颇为悼念，这个女孩子白白胖胖，健健康康，没有什么富家女儿的娇气病态，长大了近乎薛宝钗型而远非林黛玉型的。

我的左邻住着三户人家，一姓朱，男主人是故银行家的少君，在银行做职员。一姓杨，老户主人很朴素，少主人据说为轮船局的科长或课长。除科长或课长少先生外，有几位女儿，有的在外地，有两位在家，二姑娘也很朴素，但很能干，居委会得她出力不少。一与我同姓（但不是同宗，且非同乡），是二房东，原为经租这三条弄堂的一家洋行职员，已告老。近水楼台先得月，他得这所房子应不费事吧，但据他说，是卖了祖传住宅花了好多条金子顶进的，用之于屋总能取之于屋，出租房子除房租之外可能也略收顶金吧，不过未经调查，姑妄言之而已。这家是祖孙三代。老夫妇男的貌甚海派，一副洋行老手样子，妇较和气，但吸纸烟，常听见她高声斥人或谈笑。小夫妇呢，只见妇而少见其夫。她阴凄凄忧郁郁的，从未看见或听得她高声谈笑，甚至低声细语也难得听到。孙辈呢，一男三女，孙儿既系独苗，自然钟爱异常，因而年纪虽然不过十几岁，已经大有纨绔阿飞之风。孙女有三位，长孙女在上海著名教会女学堂读书，名妙乎；次孙女叫小猫，年纪虽比姊姊小不了几岁，却连小学也不叫她进，解放后她有机会进免费夜校之类，也还是我的女儿（和她差不多年龄）给她报名费书费，极力劝她去读才进的；小孙女名咪咪，解放时不到十岁，后来听说到新疆去了，干得很不差。那位难得出现的陶少爷呢，听说是个真少爷，花花公子，年轻时外边有情妇外室，现在则在香港做骑师。有一年他回来了，我只看见他躺在花园草地上作日光浴。后来又回来了，说在车站或轮船码头被逮捕，审查或审讯了一年多无事释放，从此居家不出，但在家里却是一个不受欢迎的人。老的说他是败家子，妻子恨他当年简直抛弃她，儿女对于这样的父亲，自然怨而不爱。据说他连饭也不能与家人同桌吃，常常偷吃荤腥，连吃空了的卤咸蛋壳也大嚼不已。到最后，才到中年，已经衰弱乏力，有一天在后天井蹲着用的马桶上一个倒栽葱，跌得头破血流。邻人看见了，给他搽红药水包扎，一面怪他的家人太漠不关心冷酷无情了，他的小女儿听见了接口说：像他这种国之蛀虫，家之蠹虫，倒是早死了的好。他，大概为了不失儿女之望，不久就死了。后来，这家人家的二老也归天了，与别一里弄的人家对调了房子搬出去了，因为两处的房租此高而彼低，相差悬殊哪。

9号的居民姓姜，主人是洋行买办，有两房妻子，是姊妹俩。姊妹俩不能和平共处，时常吵架。大的儿子不久去了香港，他母亲接着也离开上海。11号有一家姓焦的，是位大学教授，懂少人懂得的一门外语，不与左邻右舍相往来，蓄一犬，甚凶猛，常咬人。15号与大房东的大花园毗连相通，后来住的解放军。解放军真不愧为人民子弟兵，有一年对过11或9号的人家起火，解放军发现了就奋不顾身地救火。

第二条弄堂里的人家，我比较不大熟悉。只知道1号是开琴行的。老主人双目失明了，但仍能听琴音而知坏在什么地方，指导修理。他的老伴有钱而迷信，受人之愚，相信什么道，花了钱捐个什么名义，解放后受管制，后来疯瘫了。盲丈夫出来领取粮票什么的，拿着一根竹竿探路。儿女是有的，可各有各的工作或家务，不能一天到晚照顾老辈呀。每次看到盲老人以竿戳地在路上走，常常想到老年病人之可悲，心为之一酸。但说也奇怪，这位盲老人已经年过八旬，还是健在，他的老伴却失陪了。

第二弄3号是弟兄俩，工商业主，解放后才从外地搬来的，姓黄。妯娌二人，弟妇更和气。她的大儿子与我的大儿子很要好，她的小儿子与我的小儿子小学和中学同学，小学时常来我家偷吃甜酒，居委会开会常借她家客堂应用。后来她们搬走了。到70年代初，这位身体健康性格开朗，丈夫好儿女不错，堪称有福之人的妇人，忽然自杀了！为什么轻生？外人当然不得而知，但与这一事情可能有关。某年月日，她的小儿子去访一友，友人同一些青年朋友在收听美国之音（即敌台）什么的，他也坐了下来。后又来一青年。这个青年后来不知为什么被捕了，坦白从宽，检举立功赎罪，就交代了那次的听敌台。于是一网打尽，黄家小弟弟被叫去审问或查问，接着祸延母亲，她也被传讯。后来说是问题解决了，没有受大累。可不久她就自杀。她的自杀，似非关于经济，亦非为了家庭，到底为的什么？我虽很想知道，但当我的小儿子来沪探亲，她的小儿子闻讯来我家与老同学叙旧时，却总勉强忍住，不便问他，只看看这个从小患心脏病气喘症的少年朋友，成了个失去最亲的亲人母亲的人，不免为之难过。最近听说他已经结了婚，那么有了比母亲更可亲的爱人之后，当可免于孤单了吧。然而他的父亲呢，中年而忽然丧偶，形单影只，岂能免于伤痛耶！

对过5号原为一个姓古的资本家所租。后来成了派出所所址，派出所有了更好的地方乔迁了，成了少年之家。好好的三层房子，少年之家实在用不了多少，一个月也用不了几小时。这位古老板有三房太太，原来知道大太太不能生男育女，即娶二太太，二太太竟也不能传宗接代，立即娶三太太，三太太总算不负众望，生了一子，自己却在解放后按照新《婚姻法》离开儿子他婚了。这家人家有一对老祖宗，都已年逾八旬，却很健朗，我常常凭北窗遥望这对老寿星在客堂前摆弄花草之类，心里不胜羡慕，想我若也能够这样，岂不幸福，但当他们家搬出时，这两高寿星好像已经不见，却未见办过丧事，他们是苏州人，大概是回原籍终老去了。百岁总无百岁人，即使活到百岁，也还有个终年，倘年迈而昏瞶糊涂，那么纵使活到一千零一岁，又何贵乎？我有一位亲戚老太太，终年九十有四，但在晚年即九十左右时，她就已经连亲生女儿也不认识了，常握着女儿的手问道：你这位太太什么地方来的？有什么贵干，尊姓呀？

5号隔壁是7号，也是独家住。户主是大名鼎鼎的医生富，医生的太太说是华侨，上海最大百货店店东的千金。我们这三条弄堂的住户，要算富医生[①]最配合恰当。男主人汽车出进，与人不相识。女主人虽过中年，还是涂脂抹粉而穿得花红柳绿，说的是粤语或英语，我从北窗望去，夏日傍晚，常见她与儿孙在花园纳凉，其儿与孙也是颇有洋气，能说洋话。那花园呢，又收拾装扮得漂亮美丽，现在虽然早已人去楼空，花园将芜，那棵棕榈树还是笔直挺立，丰姿悦人。古家后来迁走，更后来听说“扫地出门”，一家老小睡地铺了。富太太还曾衣冠不整地到我住的5号来看过她家前佣人汪君。

二弄9号或11号是一家具店老板所住，花园是作场，堆积三夹板五夹板之类。一夜失火，幸先有1弄15号所住解放军奋不顾身地扑灭，又有救火车及时赶到，不曾延烧酿成大祸。我隔弄观火，玻璃窗一片红色，火老鸦四面飞舞。看得有些“津津有味”。生平看过两次火烧，这次是隔弄看，幼年一次是真正的隔岸观火。那是斜对岸堂房叔父家竹园前面临河的一排侧屋火烧，乡下好像没有救火车之类，直烧到屋尽为止。火烧时我的一个以奔跑矫捷灵活著名的堂兄，用地上随手拾起的一块

---

①富医生，指富文寿。富文寿（1901–1971），浙江海盐人。著名儿科专家，早年留学美国，获哈佛大学医学博士学位，回国后在沪行医，参与创办上海儿童医院。夫人郭宝珠为上海永安公司经理郭标之女。所居为胶州路149弄7号。

毛石敲火桶盖通知大家有火灾，敲得一只手鲜血淋漓。

第三弄的人家我更生疏了。只知道其中有一姓童的，是当过外交官的，他的爱人常为与租户程姓（原是至亲才租屋给她们的）吵架来找我，因而到过她家，使我惊奇的是她家有书橱，橱里有巨册精装的书。在旧社会，可以说中上人家没有一副麻将牌的是绝无，有书多册的却仅有。三弄另有一银行职员，似乎欢喜喝酒，常在路上碰到，和我谈天说地滔滔不绝。另一位是一家大商行的会计，他，我未尝见过，他的爱人却能干异常，为居民委员会尽力不少。另有两位都是烟草公司职员，年纪较大的一位，我本想请他当居委会卫生委员，他也愿意（有好多位是不愿意屈就由我硬拉的），谁知办事处通不过，因为说他当过从前租界巡捕房的义务警察。当时我不明此中道理，心想那是过去的事了，现在已无租界巡捕房，他又是义务警察，现在又不当了，何必计较，我心里这样想，嘴上就这样说了，办事处的同志听了，笑笑摇摇头，终于通不过。我于是乎佩服不咎既往和去者不可谏来者犹不追。另一位姓马，年轻，教会大学毕业生，到我家来看见我架上有一本讲化学故事的书，不由分说拿下来借了去，说一星期保证看完奉还。后来十个星期也不来还，我索还不止五次，总算还了我，有些悻悻然，还时将书在我桌上一摔，说还了你的宝书。我打开一看，承他帮忙，在较僻的英文字旁都查过英汉字典注了汉字。从此，我更知道人心不同如其面也，我是不向人家借书的，因我看书不是一看到底，而是看几页放下，从此也许一年后再看，甚至过了十年不再拿起来看，借人之书必须还，如负重担，非速看不可，这是苦事。因此我非不得已不向人借书，谁知道，有人借书，竟能视若己有，竟会久借不归呢？三弄另一位姓郑，是大房东的乘龙快婿，住的房子系爱人妆奁之一，装修特别讲究。家中人口稀少，与一弄童、万、谈三君似是素识，常在他家谈天。有一次我也在座，谈起早点，郑君说庙弄口有一油豆腐线粉摊，其物真个价廉而美。我平常常常不吃早点去上班，因为素来懒于早起，做点心买点心都来不大及。现在听说有此点心，第二天姑去一试，哈，果然名不虚传！五分粢饭加半根油条，五分油豆腐线粉（本来还有豆腐干，我不爱吃而以油豆腐代之），吃得饱而落胃，从此每天必去吃，直吃到公私合营，不见了此摊为止。这摊是夫妻老婆摊，男的挖粢饭，女的撩线粉油豆腐。男的多说多话，常有牢骚，女的却沉默寡言，时常瞪男的一眼。她有女孩子多名，说共六名，常见阿五阿六来向妈妈要点心钱，她总给她们一二角，有时多至三四角，因为阿六头常说阿姐也要吃点心啰。我给她一算，一个月孩子的早点也非十元不可，不要说六人学费和衣食了。这足见这个摊赚钱不少（她们不像是地主、资本家），男的还发什么牢骚呢？我曾对他说过，他说：先生你不知道，我们的配给糯米越来越少，生意就要越来越少，如果以少量糯米蒸与以前一样的粢饭，这粢饭就不好吃；还有，烧汤的海蜒和线粉也减少了呢。我还是劝他不要哗啦哗啦，说你生活总有保障，孩子一年一年大了，负担以后逐渐少了，还不是后福无穷。至于粢饭，我是无论如何不好吃也一定来吃的。到1956年各行各业公私大合营，这摊不见迄今，我也想再吃油豆腐线粉而不得，附近虽有食堂二三家，均无此物出售。有一次一位亲戚听我讲得馋涎欲滴，专程为我到曹家渡那边买来一碗，可惜加了辣油，非加不可，我现在稍吃辣油却咳嗽不止，同时看那线粉又是粗线条的，只得放弃不吃了，虽然呷了一小口，觉得味道还是好的。

解放初期的居民委员会的中心任务到底是什么，我是不大清楚的。当时主要是劝解吵嘴，清洁卫生，十一、八一、七一、六一、五一、三八各节搞些宣传或庆祝活动。政治方面，四类分子这个名称还没有，群众专政也不强调，镇压反革命是进行了，我们三条弄堂里却只有一人大概算是一分子。他姓方，就与我同住一宅。本来住的他父亲，他是一家小银行的行长，已经退职，还是某地主，有妾一人服侍他的生活。老先生不买书而爱看书，向我借阅了《知不足斋丛书》和《续知不足斋丛书》，戴着老花眼镜，坐在藤椅里，手执线装的《知不足斋丛书》一卷而读之，看他则有些悠哉游哉。他有子两，大儿子说在警察局，小儿子才大学毕业待业，成天在二楼二房东小姐的妆台边。不久老方先生去世了，搬来在公安局的小方先生夫妇。[①] 两位都其貌严峻望之可畏。男的沉默寡言笑，女的却有些能言善辩。前者装穷，后者摆阔，对于老先生的遗妾都疾言厉色相对待。镇压反革命时小方先生被判管制。开会宣布那一天，我是到会的，不能不到啰，居民到者寥寥。宣布的罪状是军统特务，姑念在职时没有什么血债，也无多大劣迹，从宽处理，管制三年。宣判后他好像无所谓，坐在藤椅上看看报纸，简直居家纳福似的。不过逢时逢节，叫我通知他一下，不要出去罢了。后来又叫他自食其力一下，他去花园外的人行道上摆了一个手帕摊，那不过表示表示罢了。晚出而早归，不做一文钱生意也没什么。但后来却祸不单行，连续出了两件事。

①手稿原文如此。作者在手稿里有意变换了一些邻居和同事的名字。据作者家属说，小方先生的真名叫袁伦立。袁伦立曾任戴笠之子的英文教师。

一件是有位机关人员看中他所住的屋子，示意他搬走。他当然唯唯从命，他爱人也不抗命，只要调到适当房子。可是调给他们的不是小得像鸽棚，就是黑得像暗牢。男的无可奈何，女的却据理力争，说他是反革命分子，由得你们叫他长叫他短，我可是人民，不能任你们摆布。男的几次被叫去训话教育，有一次他急了，叫起主席呀主席来。一波未了一波未平，他们有一个亭子间空着，给了一个亲戚住，亲戚是女的，老方先生的外甥女，从小父母双亡，寄食舅父家，身份像婢仆。现在早已结婚，男的工厂会计，生有一男一女，生活不错，可以说是解放后的翻身灰姑娘。一次与表嫂吵嘴，气得表嫂哭天哭地，表兄以为夫人受了委屈，习惯于昔日对付孤苦伶仃的表妹的威风，一言不合，竟然打了她一拳或一记耳光。这位表妹今非昔比，立即哭诉派出所。嘿！管制分子打居民，太不像话，立刻传去，大训一顿。但亦到此为止，并未严惩不贷。不久又有一次肃反，他深夜被捕，重新审判，判了十年徒刑。判刑之后被送往安徽劳动改造，刑期未满，保外就医回家。原来他在劳改农场中暑死去，抢救过来，距死去（实际是昏去吧）已经一天多了。后来在里弄监督下从事些造砖、清洁卫生劳动时，他常常叹息那次要是一瞑不视，则可以少吃一些苦头了，以当时复苏为恨。不过话虽如此，他的怕晒着夏天的太阳，怕较重的劳动，就是珍惜劳力比谁都甚，不要说视死如归，以死为幸了。我想到这里，深悟贪生怕死似是出于本能，我在前半生所看到的常玉清和几年后将看到的王寿根的贪生表现，都是典型的。

我们5号除了这小方先生家之外，就是我和二房东汪师母[①]了。她戴着一副银丝边眼镜，一副吃教相，大概是基督徒，还在教会医院里受过当护士什么的训练。外貌忠厚，内心可凶狠呢。我初搬来时汪先生还在世。他比较忠厚，例如在讲租金时，女的问我有小孩没有，有几个，几岁了，我据实以告，她就说“这可不成了”时，在旁听着的先生却接口道：有小孩没什么关系，只要不吵不闹就是了。有了小孩不能租房子，没有的道理。他五十岁左右，无业，患心脏病，天天上午在客堂的北窗下用毛笔写大楷。原来住在沪北，在那边有房地产出租，日本侵沪，他逃难沪西，说租这幢房子时花园里一片荒芜，草长及膝，费了一番功夫才收拾修整好出租。出租余屋，在当时是个一本多利的好生意。整幢房子租金不过百元，他到租户只剩我和方君时，租金所得，付租费有余，在二楼大间也出租时，他可以坐得百多元而白住两间房子。

他有三位千金，大小姐已结婚，丈夫说是美国留学生，浮头滑脑轻嘴薄舌，没有职业，她本人不曾受过多少教育。二小姐是大学经济学士，在救济总署工作，一个父是英国人母为中国人中西结合的三十来岁的洋行职员是她的未婚夫，这人名叫皮尔，比大女婿朴实得多，很愿助人，例如他如在路上碰见你拿着较重的东西，就会自动过来，说我给你拿吧。三小姐面貌很不漂亮，但装束入时，又会搔首弄姿，追求者一个继一个，最后一个姓薛[②]，在一家机械厂工作，又长又大，未毕业

---

①据作者家属说，汪师母的真名叫王杨恩美。

②据作者家属说，这位大学生的真名叫金锡嘏，是金岳霖的侄子。下文说其死于自杀，并非如此。金锡嘏译有《马尔达》（波兰奥若什科娃著，人民文学出版社1959年6月版）、《莱蒙特短篇小说集》（与施子仁合译，人民文学出版社1959年6月版）。

的大学生，解放后自学俄文，成绩出色，翻译东欧国家作家的小说，译得着实不错。三反五反时被当作老虎打，他说我原是猫，要当作老虎打，随便，反正我不贪不污，无所畏惧，只顾同人下象棋。后来无事放回，但不再去工作，婚后生了一子一女，后来携眷北上，更后来，听说到内蒙教书去了，隔了二十年，听说已经自杀。他父亲是矿厂工程师，矿罢工时，一口气喝了汾酒死去。有弟或妹在海外，老母曾经接来住汪家余屋一个亭子间，手头很有些积蓄，初时媳妇很是孝顺，后来可不敬了，终于患胃出血为庸医所误而死去。薛君的在内蒙自杀，大概也是迫不得已死于非命的。

到北京助译《昆虫记》

1950年国庆节后几天，我到了我们新中国的首都北京。我带了行李铺盖从火车站坐车到友人徐君家里路过天安门时，伟大的中国共产党主席毛泽东的巨幅画像沐浴在朝晖中。我在车上默默致敬并且默祷道：中华民族站起来了，愿你站站稳，然后前进前进，居于大国之林，有高度的社会主义的精神与物质文明，而无称王称霸的野心！人家纸老虎被我们看轻，我们可不要成为绣花枕！

上文说过，我欲进军政大学受教育，因找不到适当介绍人而不能如愿时，尤炳圻兄曾经再三劝我北上，他不但肯让我下榻于他家，甚至肯担负北行旅费，说只要人到了北京总有办法找到介绍人的。我心感他的盛情，但终于只限于心领罢了。因为我尽管认为我父亲说过不止一次的“若要富，走险路”有相当道理，归根到底，我还是同他一样，决不肯走险路的。况且说到究竟，这样的入学受教育，不过为的出路，实际就是投机，如能顺利而行呢，投机也未尝不可，到底无损于人，但若要费尽心机，看尽面孔，那么讲究实惠的我，却三一三十一一算之后，决定不再麻烦人了。好在四本动物连环画好像有二三年可吃，再来几本又不是难事。解放之后，原为出版业中心的上海，宛如大地之春回，已经木欣欣以向荣，教育出版社不过如泉涓涓之始流罢了。我虽非出版业的老将，总算混过三年五载，懂得一些窍门，虽然要我自立门户独力经营，还有几分书生气的我已经亏本倾家，但若为他人作嫁衣裳，则只要工作认真勤恳，总还有碗饭可吃的。

那么我何以又在1950年10月初旬，毅然决然自备旅费悄然北上了呢？而且行前三日，曾有一位本家亲戚特来看我，说他有位旧同事经商发了些财，要办出版社，他想介绍我去做编辑，问我意下如何。我知道这位亲戚向不轻举妄动，他这么说，实际上恐怕已经代我应允了他的旧同事，而且我猜想他还是这家未来出版社的股东呢。我精打细算之下，决定且慢答应，不如脚踏两只船，说道：我车票已经买好，还是去一趟再说吧。如果那家出版社同出版总署有什么要联系的，我可以顺便效劳。这一着棋下得不错，尽管是社会主义新中国了，商人之极想结交官场，还不是今仍如昔，不过我是言而有信的，到了北京，当真请人与出版总署副署长为这未来出版社联系了一下，还得到副署长亲笔复信，我挂号寄给了我的亲戚，表示我是的确有些办法的。

我之毅然北上，是有扎实的依靠，不是冒险而去的。约我去北京的是周作人，我相信他不是信口乱说随意约人的。他来信说：开明书店约他译法布尔《昆虫记》全集，他应允了，但与书店说，这工作他一个人力量不够，想请陶某人合作，怎么样？书店说同意，周氏才来信，征求我的意见。法布尔，法国昆虫学家，研究昆虫几十年如一日，以观察精确闻名世界，达尔文誉为不可几及的观察者，著有《昆虫记》十卷，在1915年才去世，终年九十多岁。鲁迅曾加推荐，与德国的布勒姆并举。这些我是知道的，而且还有一部七拼八凑的日本岩波书店版全集，一本破破旧旧的《本能奇观》英译本。说老实话，日译本没有全部通读过，英译《本能奇观》读是读了不止一次，但仍不十分明白，首先一些虫名就不大明确在我国究竟叫作什么。然而从翻译的好处来看，这机会是不能错过的。法布尔的《昆虫记》在中国我只知道出版过《蜘蛛的故事》一册，就是开明书店出版的，印数相当多，如果全集都有《蜘蛛的故事》那么多，二五一十,三五十五，版税所得，足够我的一生了。书的销路是有把握的，原著享有世界名声，译者周氏也不是无名小卒。

大家知道，周作人是鲁迅二弟，解放前，不，抗日战争前，是京派文坛的太山北斗，散文大师，小品文巨匠。由于抗日战争时出任华北伪教育总署督办，名声一落千丈，抗日战争胜利后，以大汉奸被捕，押解南京判有期徒刑十二年。靠了解放军将渡江，国民党政府释放了他和一批未判死刑的汉奸附逆分子。周氏到了上海，上海解放南北通车，他就回到了他家庭所在的人民首都北京。党和政府知道他失节通敌，万万不像他哥哥鲁迅的甘为人民鞠躬尽瘁那种正气浩然，但他无反共的昭彰劣迹，不舞文弄墨反对革命，而且到底还有一些真才实学，可以为建设社会主义文化效一些劳出一些力，也就不咎既往，不予惩治了。开明书店之请他译法布尔《昆虫记》，可以说不是偏离党的政策，自作主张标新立异而为之的。在周呢，回北京可以说是想靠拢党和人民政府的一种表现，自然愿尽绵力以报答党和人民并稍赎前愆了。

至于我与周作人的关系，最初原不过一个刊物编者同一位著名作家的关系，但日久年深，关系就仿佛不止于此了。而到底是哪一种关系呢，也实在说不清楚，一定要说的话，可以说于编者与作者的关系之外，还带一些乡谊甚至戚谊，但最重要的，还是气质有些相近，环境时势都促令亲近吧。他给我编的刊物写稿，始于我接编后的《论语》。文名《缢女图解》，署名“难知”或“难明”，是讽刺北京大学一女学生自缢身亡之后，学校当局不即收尸，观者云集的恶劣景象。他与林语堂是老朋友，林办《论语》，不会不向他要稿，但说也可怪，林编《论语》，鲁迅倒是写过稿的，周作人却始于我接编之后。此后，林语堂搞《袁中郎集》呀，办《人间世》半月刊呀，周作人的文章都成了重要支柱，到《宇宙风》出，周作人的文章比林语堂的还多，《宇宙风》还出版了他的《瓜豆集》，请他为《日本管窥》一集取名题书名，出版他喜欢的舒白香的《游山日记》，双方关系越来越密和深。《论语》是林语堂所创办，内容有其特色，所谓幽默，实在是对当时政权的冷嘲热讽而已，到杨杏佛被蒋匪帮所暗杀，林语堂退避，不明政局的我阴错阳错地接编，《论语》实际上是由我一手包办，其功其罪，都应由我负责。现在事隔几近半个世纪，《论语》我早一本也没有了，回想起来，说《论语》后来从幽默变成油滑，我顿首承认无辞，老实说林语堂编《论语》是胸有设想的，我却没有，只知道尽可能有几篇所谓幽默文章装装门面。这个，还不失幽默的文章主要有三人，即老舍、老向、何容，三人中实在老舍应该“背榜”，不过因其名气较大，我尊之居首席占上座。后来没办法了，就刊篇把论笑论幽默的文章，为此，连周谷城、徐懋庸的大名也见于《论语》。《论语》诚然越来越硬滑稽了，但如评它为反动刊物，我在主观上，刊物在客观上是不至于的。在我，刊物应怎样幽默，甚至于怎样才算幽默，我并无明确观念，但由它成为一个讽刺蒋匪帮的刊物，我是有此居心的，最明显的例子，是每期必有的姚颖的《京话》。姚颖是国民党立法委员王漱芳的夫人，《京话》其实是王的大作，内容是议论朝政，笑骂当时政治的哭笑不得，我迄今忘记不了的是一篇名《居然中委出恩科》的《京话》。《京话》后出单行本，厚厚一册，如有藏者重读之，必有另一种《资治通鉴》的味道可以咀嚼。

《人间世》也是林语堂的大作，编辑多了一个徐訏，但他是作家不是编辑人才。说老实话，《人间世》的实权也操在我手里，例如退还郭沫若的投稿《离骚今译》，就由我一人做主，既未请示于林语堂，亦未和徐訏商量过。当然，《人间世》的内容，大体上是萧规曹随，即按照林语堂创刊时的设计纲要而编。至于《宇宙风》，是我和林的合股刊物，出版一年，他又出国去了，所以更是我大权独揽唯我独尊。（曾有一人撰文说《宇宙风》林语堂本来请他编的，被我抢了去云云，真太那个之极了。）但其功过，我也只能负责到1941年日军进攻香港之际为止。70年代末，上海注释《鲁迅书信集》的人，曾论这三个刊物为国民党反动派粉饰云云。我曾戏问该注者曰："您看过这三个刊物不曾？"她难乎为情地说："看过的。"我又说："那么它们真是为国民党反动派粉饰的吗，特别是《宇宙风》？"她有些难乎回答了。我说："我明白你们之所以这么人云亦云或以讹传讹是无可奈何，因不如此顺口接，是要犯原则性错误的。不过事情要看全面，《宇宙风》撰稿的是些什么人？是郭沫若、沈雁冰、老舍等等进步作家呀，而且像郭沫若，他的文章还多得很呢。你们要骂林语堂，与我无关，他不是我的爹亲娘眷，说实话，我和他最后还是不欢而散呢。骂我，我更不想辩一句，要辩也无地可辩呀。但若说《宇宙风》是为国民党反动派粉饰的，那可置为它撰稿的作家如郭老等于何地。不错，《宇宙风》里郭等有文章，周作人、林语堂等也有文章，而且或许多于郭等，又而且郭等文章，不是革命的，但无论如何，总该不列入为国民党反动政权粉饰的反动文章之列吧。有空时你们可以去读读当时出版的，现被誉为进步甚至革命的刊物公平论评，它们比《宇宙风》之类革命到多少？我知道鲁迅说过‘费厄泼赖’应该缓行，于是乎不能‘费厄泼赖’，然而，也许有人不以为凡是鲁迅之言都是金科玉律呢？而且，也要当心不要端了砖头砸自己的脚，你也许有朝一日要求‘费厄泼赖’呢。”

苦雨斋琐记

闲话少说，言归正传。我与周作人的关系，直到某年月日(忘记了只能以某代之，非讳言也不点名也)，限于通讯而已。不过现在回想，我们的通讯早已有些“越轨”，记得还在抗日战争之前，有天接到他一封信，说以后拙作稿费，不要再送舍弟云云。原来他在我刊写稿的稿费，一向送与他介弟代收，为他作沪杭购旧书之费。忽然不送，其故何在，他信上写得明明白白，惜乎我记性不好，全忘记了。只记得他是可以含糊过去不道其详的。

却说某年月日，听说华北教育总署督办周作人应江苏教育厅长袁殊之邀，将来苏州拜章太炎先生之墓，我得讯已在他到苏州的隔日，与友人柳君匆匆赶夜车赴苏，到时已午夜，阊门旅馆说均已客满，我们大有露宿街头之虞。穷则变，变则通，我耍了生平第一次无赖：在一家旅馆的账房间一坐，说：“好吧，让我们在这里坐到天亮吧。”话才说完，账房先生立刻接口说道：“我来给你们想想法子看。”

第二天午前，列车到达苏州站，小八字胡子相貌像其兄与弟但比较清秀些的周作人和一些人下车来，代表袁氏的好像是以累月不理发闻名的汪馥泉，后来坐车到木渎，在石家饭店午饭。这家饭店有过达官贵人如于右任等光临吃过，有什么鲃肺汤、豆腐羹等名菜。饭后周作人应店主人之请，大字写诗一首，似为和于右任已有之诗的，诗曰：

> 多谢石家豆腐羹，得尝南味慰离情。我乡亦有姒家菜，禹庙开时归未成。

第二天我们回上海了，柳君坚邀周氏到上海一行，他无论如何不肯。这次苏州之行，后来他写过一篇文章，收在抗战期间的一个集子《苦口甘口》中。

从通信到见面，彼此的关系当然更密切了一些，通信也更频繁了，其中有几封信是颇有意义的，惜乎已在60年代中后期，全部胆战心惊地偷偷撕毁，偷偷去塞在附近废品回收站的大堆废纸中。其中有两封是谈及鲁迅北京藏书出售事情的。当时上海纷传鲁迅在北京的藏书，已由朱氏夫人出售，几位鲁迅专家大为气愤，听说要派某君赴京调查云云。我写了一封问周作人到底是怎么一回事，回信记得说：书是卖掉一些的，但都是陈年旧杂志，有价值之书一本也未出售。后来他来一信，说：上海内山书店老板内山完造也来信问这事情，我不予答复，这是我们的事情，用不着他一个外国人来管闲账也。关于鲁迅北京藏书出售事情，上海真个派了人去询问，后来由此有一珍闻纷传，说是代表到了周宅，向朱夫人询问鲁迅遗书，她回答道：你们倒很关心鲁迅遗书，可知鲁迅还有一个遗孀，能否也承你们关心一下？据说她的这几句话，系出于周作人的教导。真相如何，我曾想写信去问个究竟，但一想无论是真是假，他不一定会回答。从他的不复内山的信和一些来信内容看来，他这个人外柔内刚，太不知趣是要讨没趣的。

鲁迅与朱氏的关系，人尽知之。周作人从南京监狱出来在上海寄居尤寓时，我曾问起过朱氏的人相怎样。他说，她人倒并不特别难看，就是有一种说不出的异常神气。对于鲁迅的婚姻问题，我有一个怪看法，认为这是鲁迅之不幸也是鲁迅之大幸。不过我的看法无凭无据，我到底不是弗洛伊德，总以免开尊口免吃耳光为妥。

抗日战争胜利了，北京上海过了一些日子，逮捕大汉小奸，周作人却还在逛琉璃厂（据不知哪里来的一页周氏日记），最后当然被捕，押解南京，法庭审判，判以有期徒刑十二年或十五年。这刑期不能说判重了。当时报纸记载，说开庭时周的辩护律师呈上胡适证明书，说周作人保全北京大学有功云云。法官问是吗，周细声细气地答云义不容辞理所应尔，不足居功云云。他在老虎桥时我在提篮桥，有一相识的报馆记者去监狱访他，他写了一首诗给他，这首诗后来转给了我，纸甚劣，字很潦草憔悴，原稿被抄去了，只记得四分之三的诗句，为："……卖却黄牛入若耶。誓愿不随年寿尽，但凭一苇渡江来。"[①] 诗言志。抗日战争初起时，周作人在北京，我在香港，曾经接到过他的两次信件，一次是几册日文高等数学书，托我转寄西北大学他的一个至亲。一次是一封信，信内有答胡适的一首白话诗，末句记得是"老僧得见居士面"。原来胡适在海外写信勉周勿遗臭，周只答以设不危害同胞。那首诗稿给一位做酱油生意的旅港同乡要了去。周在老虎桥时，还托我买过一本美国现代文库版的《天方夜谈》即《一千零一夜》。而给他

---

①原诗其实为两首，题为《渡江》："羼提未足檀施薄，日暮途遥剧可哀。誓愿不随形寿尽，但凭一苇渡江来。""东望渐江白日斜，故园虽好已无家。贪痴灭尽余嗔在，卖却黄牛入若耶。"

买来寄去的一本，偏偏有若干页订错了的。

对于周作人的出任伪华北教育总署督办，若以君子之心度之，未尝不可以相信他自譬的舍身饲饿虎，牺牲一己保全了别一些人、一些文物。不过事实恐怕没有这样冠冕，即使最持平论之，也可以说他之不肯在可走之时走出北京，无非是贪图舒适怕辛苦流离，或者据他估计，中日问题会得和平解决，不至于真的大打起来。谁知道事与愿违，在中国共产党领导之下，全国抗战，于是乎贪小而失大，安居北京的一点享受，抵不过南京老虎桥的铁窗风味。不过话也难说，周作人这个人自有他的一功，在缧绁之中能以读《天方夜谈》消遣，可见他自有遣愁解忧之道，虽然他到底是否胸无挂碍地看《一千零一夜》，有谁知之。不过当他在尤寓寄居时还能在北四川路地摊上购一旧书《塞尔彭自然史》赠人，终究表现他有些修养之功。

他到上海是食宿于尤炳圻君家的，住在一楼上，夏天赤膊而坐，有人来访披上一件白布短衫，挥芭蕉扇以驱热。尤君家是大家庭，供养这位先生是否阖第欢迎，颇成疑问。但看他的样子，即像怡然自得。这原也无可奈何的事，不怡然而勃然或喟然又有什么用？困难总须克服，人总要生活下去，那么与其勃然或喟然，的确不如怡然或欣然为妙。在这期间，我是他的访客之一，而且去的次数较多，又是最哗啦哗啦童言无忌的人。有一次我问他看见过毛主席没有，他点点头，问他毛主席给他什么印象，他说是没有印象的印象。他说当时来访的人，多少各有特点，譬如说有的多说多话像你，有的不声不响像他，有的架着腿摇晃，有的在书架上乱抽书。毛主席可一些没有特殊的动作说话留给你他怎样怎样的一个印象。

在闲谈中，我和他大谈过翻译问题。他也是主张直译的，我则不以为然。我说翻译而不意译（即译原文之意）还翻译什么。如一定要讲直译，那么“牛奶路”才是最正确的译法，为什么要译“银河”？难道milk是“银”，way是“河”吗？又如听说主直译者认为林琴南译“拂袖而起”是错误的，西人袖窄怎能拂之？然而我读鲁迅译《死魂灵》中有“贱内”字样，查原文不论俄德日英文都既不“贱”亦无“内”，那不是同“拂袖而起”同样是意译吗？他听了只微笑笑，却不同我争论，实际他是以我言为河汉，甚至暗笑幼稚的。后来我看到他的一篇论翻译的文章，依然主张直译的，解放后他译《伊索寓言》、希腊悲剧，正是直译的实践。

有一次与他谈到他们的母亲鲁老太太之丧，我说当时北京的讣闻上没有许景宋夫人名氏是不当的。他说，原是呀，当时也曾考虑到，实在难办，因为如与朱氏并列，不是使鲁迅犯了重婚罪吗？我说，为什么不写“学生许景宋”呢？他听了大笑。我这样说是有出典的。有一次他谈到鲁老太太还在世时，许夫人写过一封信给他，问太师母生活情况如何，经济情形怎样。他说，这是许女士的好意，但使我颇难回答，因此只好不答，她大概生气了。但你想，太师母的生活，理应由我先生负责，现在竟劳她这个学生来问询，那置我这个是太师母的儿子的老师于何地呢？鲁老太太的讣闻，北京发的人人有名，独缺许夫人，上海继发，则只有周建人、海婴和许广平了。谁是谁非，清官难断家务事，即使你是清官，也何必管人家务呢？

有一次一位辛君[1]忽然问起鲁迅同他失和到底是什么原因时，他的面色突然显得异乎寻常的严峻，低声而坚定地说这是

①这是指金性尧。

拿鲁迅××了。××这两个字我没听清楚，不能胡说，总之他们的失和，谁也不知其详，当时郁达夫在北京，鲁迅逝世后他写《回忆鲁迅》也只说闻张凤举他们说弟兄失和了，他们几位都是好人云云。

到尤寓来访周作人的，记得还有谢刚主、王古鲁。谢君好像在南市有家，记得曾有一次去他家讨扰过一番。王古鲁则每来必皱眉苦脸，为了与其夫人吵嘴。听说当初他们的婚事是周作人做的媒人，所以吵架时常找他息事。

此外看他的，听说有李小峰、沈尹默和胡适之，各送了他几枚或十几枚银元。上海解放前夕，据说胡适飞出北京来到上海，寓徐家汇藏书楼，曾劝周作人离沪出国到香港去，他保证可以介绍香港大学中文系教授什么的位置。我问他去不去，他摇摇头。我说的确去不得，当初在敌军铁蹄下不离开北京，现在离开解放了的祖国？他说倒是想接家人来上海住家，不过上海租房子要论金条子，自己连银条也没有，当然休想了。当时怎么也不肯离开北京的他，怎么现在竟想迁家上海了呢？后他回到北京，竟至于一时回不进八道湾，只得住在尤氏北京寓所，可见当时他大概接到过北京家信，知道八道湾房子有了问题吧。

上海解放不久交通恢复，周作人回北京去了。我送别他于尤寓门前，他坐在一辆黄包车上，身穿白布小衫裤，手捏蒲扇，膝上放着一个包裹什么的，面无喜色更无愁容。同行者有尤、王和方纪生。我没有去火车站送行，心头感触不少。想他当初一念之错，为免流离，终于自北京押解南京，过几年铁窗生活，得利失害究何如？现在他不图享受南奔香港而毅然北返，甘冒斧钺的危险（人民政府亦可以重新处理他的汉奸罪），有此善念为根，总可得到善果，祝他一路顺风前途光明！

他回到北京，先在尤氏北京家里住了若干天，才回八道湾故居。经济相当困难，听说他唯一的儿子丰一曾去晓市摆过地摊。这时候唐云旌正办新型小报《亦报》约我写稿，我就为周介绍每天写短文几百字，稿费虽不能说很高，却极有助于周的生活。如以旧眼光看此事，以周作人而为小报写稿，可以说落魄倒霉了，而我这个介绍人是拖人下水似的，该受谴责了。其实现在看来，周作人给《亦报》写稿，不但不是他的日暮途穷，自甘沦落，而是做了一件好事，不无功于文化：他的《亦报》写稿结果所成的《鲁迅的故家》和《鲁迅小说里的人物》，无论您怎么说，总不愧为屈指可数的研究鲁迅的好资料。

本来嘛，供给研究鲁迅资料的人，现存者周作人实在是最适当的一人。第一，他是鲁迅的胞弟，两人相差只几岁，从鲁迅的幼年到1923年弟兄失和，知鲁迅生平最详的，首推他。第二，知鲁迅，知他的学问，知他的思想，单凭至亲是不够的，必须有相当的学问才识。而这，他是具备的。第三，还必须有一定的品德，否则，很可能拿鲁迅作法宝，为一己谋私利。这个，看他的不忘兄长培养提携的恩义，似乎还不至于。除了《鲁迅的故家》和《鲁迅小说里的人物》两书之外，周作人的两篇《关于鲁迅》，恐怕也可以算是有关鲁迅的出色作品，而这，也是我催请他写的。人，总不免于“自称赞，卖灯盏”的，周作人之于研究鲁迅有不小贡献，我实在颇想居其一功。吁，可耻也矣，何其不自量也！

周作人低头三尺地悄悄回到北京之后，居然并不过了多久，就又崭露头角，文化界文艺界老将重臣相继往访，请他译这个翻那个了。有人说这是百足之虫死而不僵，周氏门生故旧多呀！实在是，我看是党的不咎既往，知已往不可谏，来者犹可追，以周氏之才与学，只要善用之，是可以为建设社会主义文化学艺添砖增瓦的。特别是他从不舞文弄墨反共反社会主义。特别是他不听胡适的劝诱，不图香港的安逸享受而毅然北上。我不明白他当时的考虑打算判断，我想下面这两个信念是促他回京的因素：一是相信党和人民政府是不诛悔改者，明察秋毫，与人为善；一是相信自己不曾杀人放火谋财害民抢公物盗公款。种瓜得瓜种豆得豆，有善报者得善果，福兮祸所伏，祸兮福所倚，看周作人的沦陷北京而不出奔，毅然北返而不南去香港的因果得失，可以给人以一大启发！这是英明的政策，周作人果然以余年努力于日本狂言希腊悲剧的翻译了。虽然到最后听说他是饿死于灶间的，但那是奇劫之中的大变故，同命运者太多了。

我到北京，食宿于徐淦家。我和他同是绍兴人，不过他是山阴我乃会稽。徐淦不修边幅，头发好像终年不剪似的，但不如汪馥泉那样“蓬首垢面”。有胆识，没有固定工作就举家自沪迁京，最初他一个人下榻八道湾，榻实在并无，是方桌之类。我去京时他已经全家安居，有房三间，一卧室，一工作室(我就是在这间里搭行军床的)，中间算是餐厅吧。徐淦欢喜喝酒，也讲究“过酒坯”。那时候北京水产副食品好像很多，记得有一天有人送来一篮或一筐鲫鱼，在园子里一倒，虽不是鲜蹦活跳的，还不是条条是死鱼。家中有自制醉蟹，下酒妙品。秋深大吃涮羊肉，这可不配我的胃口了。爱人姚钧，真贤内助。子二，还年幼。一个在外面路上吃山芋，为自行车撞倒，山芋入咽喉塞住致命。到京后他陪我到八道湾，初见“苦雨斋”，那似是一幅横额，高高在上，望上去厌小，地位又不在正中，所以像是弃置不用随便搁着的物件，而且这个斋也者，又是一个相当大而高的房间，不像我想象中的斋，所以我怀疑这里不是苦雨斋原来的地方。房间里有一年轻妇人抱孩子进来，孩子伏在她肩上，面对老人，叫声“爷爷”，爷爷曼声问一声“妞妞”或“牛牛”。另有一室是和式的，真是窗明几净，才像书斋样子，另有比它较大的一间侧室，有书架而架上空空如也的。

我们到八道湾进门时，看见有部队驻守，看人要登记。有些知情人写访周丰一，我则始终写访周作人，反正不论你访谁，并没有人留难。不过于是我才明白八道湾11号已非周宅了。这原不足为怪：周以汉奸被捕判刑，逆产依法没收；人民政府在解放北京后当然接收过来，许他家属居住，现在又允他住进去，实在已经宽大得很了。他的老伴是日本人，但我看她在给“娘娘供饭”(即为死去的鲁老太太供斋饭)，深感她的汉化和绍兴化的彻底了。周作人对我讲了开明约他译法布尔《昆虫记》的经过后，连带讲了叶圣陶同周建人去看他的情形。他轻声慢讲，不动声色，我听了却很感趣味。末了还不揣冒昧，请他在此晚年与老兄弟释嫌修好为是，回到上海后还写信再三劝他。

“叶先生来看我，”他说，“后面跟着一个人，矮矮小小的，拎着皮包，进屋后在靠角落一坐，不声不响。叶先生没有介绍，这人也不自我介绍，我则以为是叶先生的秘书什么的，也不问是谁。后来叶先生劝我译达尔文的《物种起源》，我说慢慢再说吧，这个人忽然发言，大声说：这怎么可以慢慢！我一听一看，才知道他是建人。”

他对这位弟弟是有意见的，在口头在信上，谈过不止一次，到后来为了一件事情，他给我的信上更表示大为不满。然而对于长兄鲁迅，他却从来没有说过什么不敬之词。在上海时，有一位常去访他的金君，冒冒失失地问起鲁迅究竟为什么和他失和，他突然异乎寻常地面孔一板，低声严肃地说了几个字，可惜在旁的我没有听清楚。周氏弟兄不和的原因，迄今谁也不明。连当时正在北京一失和就闻讯得悉了的郁达夫，在鲁迅逝世以后作《回忆鲁迅》一文时，也说不出一个究竟。总而言之，在天性仁厚的鲁迅方面，对于这个幼年失了父亲的兄弟，以长兄为父的旧俗吧，对他教之育之，爱之护之，培养之提携之，自始至终，不遗余力。这位兄弟呢，到鲁迅逝世为止，并没有做出不可见人的事情，而且在学术艺文上，确也不负鲁迅的期望，能够出人头地，站得住立得牢。鲁迅对他期望最殷切的，恐怕也就在此。而正因为周作人在文艺上的能够卓然有成，原为兄长的鲁迅，对他更加宽容，例如当作人作五十自寿打油诗引起文坛轩然大波时，鲁迅还勉强同意曹聚仁的所见，承认诗有讽世之意。到后来虽然也以“小摆设”微讽小品文，到底不曾刺以匕首，贯以投枪。周作人呢，也未尝忘恩负义，以怨报德，尽管也曾以大祭器回答小摆设。兄，对于弟之越来越同名流合污，很是失望；弟，对于兄的愈来愈与京华隔绝与老友相离，也大感寂寞。到刘半农去世，鲁迅为人哀悼而大有贬责之词时，他竟有诗叹曰：“漫云一死恩仇泯，海上微闻有笑声。空向刀山长作揖，阿旁牛首太狰狞！”不过归根结底，始终不曾以短兵与鲁迅相接。

不仅此也，周作人到晚年以失节为世人唾骂时，还有乞灵于鲁迅以为自己辩的一举。我没有看过他在香港出版的《知堂回想录》，据一位看过此书的外籍华人我的老朋友L君[1]去年

①这是指柳存仁。

返国见访时谈起，知堂在书中有知我者唯鲁迅耳的说法。这样说法，我看只是聊以遮羞罢了。鲁迅对于他的出任伪华北教育督办，决不会谅解。不过我又假想，当时如鲁迅还在人间，周作人很可能不敢悍然出任伪职。

“费厄泼赖”的话，周作人在政治上是对不起鲁迅的，不过他也可以将功补过：两篇《关于鲁迅》，两册研究鲁迅的资料书《鲁迅的故家》和《鲁迅小说里的人物》，无论怎么说，对于研究鲁迅是大有贡献的。

曹聚仁与周作人的关系，说也奇特，我这个形而上学者，竟想说是乃因缘不可究诘。曹聚仁自称乌鸦，表示说话不客套，他实在也相当进步，甚至可说革命。但对正处于四面楚歌的周作人（为自寿诗和晚明小品大受进步革命作家的批评），他竟独排众议，为周作人辩，说他“寄沉痛于悠闲”的好像就是他。解放后曹去香港，周为他有关的报纸撰文。那时候我在安徽山区受劳动教养，详情不得而知。1962年春末夏初我劳教解除得回上海暂住时和他通信，他在一封信上告诉我为港报撰文，说是借此得以购买一些侨汇商店特有的较佳面粉副食品之类。信末说孔子说及其老也戒之在得，我老矣而贪得，足见圣人之言不错，否则戒之在得云云岂非无的放矢了吗（大意如此，原信早毁）。同一时期的一封信上，告诉我“老伴已失陪了”，就是他的老爱人已经去世了。那时候很有些为他的晚景悲哀，但是自己连家也归不得，遣送到安徽而回不得上海，又觉得他到底是文坛宿将，有真才实学。

（西安西北大学出版的《鲁迅研究》转载曹聚仁论鲁迅文学之作，说继承鲁迅风格者，是周作人。这是独特的见解，曹聚仁可以说独具慧眼了。）

在北京

到京后同周作人一联系之后，我就另访他人也游游北京名胜了。老舍我打了一个电话，碰了一鼻子灰如另章所述不重复。[①] 我到清华大学访了毕树棠。他不是清华教授，也不是学生，是图书馆工作人员。他不是名作家，但作品够好，写得一手好字。清华与我编刊物似有夙缘。《论语》，有古巴寄来画稿。古巴是孙浩然的笔名，他患口吃。他的画不是漫画，画的是什么，看不出来。但我欢喜它，为制整面铜版刊出，不仅一次。他家在上海，毕业回沪时曾见过几次，后来听说到美国学经济学去了（他家似业银行），结果入了电影界，专业是布景，不知到底是不是。《人间世》有位署名"窘羊"的寄稿，稿写得很好，可惜只寄了一次。他是谁？我没打听，但友人赵君，说他是他的表兄弟，姓张。[②] 此外李长之、林庚都写过稿，说老实话，李、林的文章我都不大喜欢，他们也许没有肯把佳作给我们吧。还有一位署名"春风"的，更写得差些，但因其写流

---

①作者未再提起这件令他不愉快的事情，详情不得而知。但据残存的老舍日记，1950年11月25日曾记道："函亢德。"这时作者已经返回上海。此后二人没有再联系的迹象。

②"窘羊"是张骏祥的笔名。

亡学生的生活，内容有些特色，常常发表它。[①]

毕树棠来稿中有一篇记王国维先生的，内容好，写得也好，给我印象很深；他的书评也写得不坏，给《宇宙风》书评栏连续写了不少。周黎庵兄编“宇宙风丛书”时，毕树棠的《昼梦集》是其中的一册。我到清华访他，承他留午饭，饭后陪我在清华园兜了一圈，看了王国维先生的塑像。饭是在他家里吃的，却不见他的家人。与毕氏只此一面，以后连信也不通，现在不知仍健在否，他比我年纪大几岁吧。他自己为《宇宙风》撰文之外，记得还介绍一位张默生（默僧）写稿。这位张先生写了几篇他所认识的怪人，内容都很奇特，文笔老到，叙述生动。他有《武训传》一书，在武训被批判时，作者必遭殃及无疑。再后来张氏似介绍川人李宗吾的《厚黑学》给《宇宙风》，博得读者彩声不小。

毕树棠氏之外，我去《工人日报》访了在香港认识的一位T君[②]。此君我认为是神出鬼没之人，但对他也同对别人一样，我所不知的身世经历，从不寻根究底地问他。他不比我年长，即长也长不了几岁，很可能尚在人间，但不知音信几十年了。我去访他那天，正是任弼时同志逝世第二天，报上刊出他的大幅遗像，但印刷有问题，工人同志拿报给他看，他是负责人吧。换了我，在这种场合必很紧张，他却坦然置之，轻松地谈印机缺点。这次我对他又辜负了一番好意：他准备好了午饭请我吃，我以事先不知，答应了徐淦请废名（冯文炳）吃午饭而谢却了他回到徐寓。

①“春风”是张向天的笔名。

②这是指屠仰慈。

访T君后，另一位是老友邵宗汉。倒是他同他老父来徐寓看我。邵君解放前夕才从南洋回来，先到香港后转北京，在《光明日报》工作，后转外交部。邵和我还有朱雯，在苏州合办过一个小刊物名《白华》，大家以文学青年自命。邵在苏州一教会中学毕业，时在一洋行工作；朱雯是东吴大学学生；我呢，不折不扣的流浪者。上海曾孟朴、虚白父子办真美善书店，创刊《真美善》月刊。大家投稿，记得邵有一文，题为《懒在凉亭里》。《真美善》大概是亏本的，我的一篇小说之类登出之后有稿费十五元可领，拿了稿费单到开设在棋盘街的真美善书店领取时，却领不到。后来曾虚白主持上海《大晚报》，邵宗汉到了上海做报馆编辑。从此他与在上海成了家的我过从甚密，他爱打麻将，我也喜赌，常在我家打牌。打着打着，给我打出一本译书来，也打去了我三百元大洋。原来其时有一长城书局，它的一个职员姓陈名一夫的，与邵相识，常来我家打小牌。陈君给我在长城出了我翻译的鹤见祐辅的《莫斯科·柏林·罗马》一书（稿费版税寥寥），后来陈向我借洋三百元，邵氏作保，写有借据。但是有借无还，此后人也不见了。

抗日战争初，做虎标万金油发大财的华侨胡文虎，在香港办《星岛日报》《早报》和《晚报》。我当时与陆丹林共编《大风》旬刊，《星岛》有物力而缺乏人力，陆丹林介绍好几个上海人给它。我为《晚报》编副刊，戴望舒、穆时英分编《日报》的副刊《星座》和大讲高跟皮鞋的时装副刊，樊仲云任《日报》主笔。报未正式出版，主笔已被经理（胡文虎之子胡好）辞退，樊大怒，曾想请他的同乡商界闻人当时在港的王晓籁出面交涉，结果，或者王不肯出面，或者出了面而《星岛》不给面子，樊仲云到底悻悻然离开了《星岛》。继他任主笔的，是祝百英，祝也在报未正式出版前被辞退。最后当《星岛日报》主笔和总编辑的，是金仲华和邵宗汉，他们来前或来后，我也被辞退。但我在香港有《宇宙风》作基地，编每天出版的报纸副刊实在不容易，所以尽管胡好以派我去桂林当《星岛》特派员这个折中办法，我还是拒绝了，给了他几句不大好听的话而坦然离开。

《星岛日报》是正式出版了，主笔、总编辑已经决定金、邵二君。然而金、邵不能安如泰山，争夺《星岛》的战争正在开展，他们的对手就是T君。T君是排字工人出身，据说能战惯斗，昔年上海一家什么报排字房罢工，就是由他领导的。《星岛》的排字房由他弟弟组成负责，他任《早报》国际版编辑。他年纪和我相仿，人瘦瘦的，颇潇洒，看不出一丝工人样子。谈吐从容，叫陈独秀、宋云彬为独秀、云彬，好像熟人至友似的，同陈布雷的弟弟训畬也熟，还有一个福建华侨姓黄的。负责主持《星岛》排字房的他的弟弟比较粗俗，大概在他掌握受他指挥的。金、邵到任之后，他就与之对垒。有一次我自沪到港去《星岛》看宗汉，他在《星岛》附近一家半西餐店请我吃通心粉，我知道他们在斗，问起情况，他言下有与T势难两立之意。斗争结果，金、邵败北，据说是对方请出了光头至尊面谕胡文虎的结果。继金、邵者是程沧波。金、邵离《星岛》后，金仍侨港，邵则作猪猡（即偷入）到了南洋，与胡愈之等合而为抗日战争作宣传。他到后给过我一封信，我却不与通信，因为我认为他行前对我守秘密，显然对我不信任，对一个既不信任的朋友，爽快绝交，何必继续友谊。不过到底因为彼此过去的来往，他的爱人又与我的爱人往来甚密，终究我又卷入了他们的悲欢离合，所以我这次到京，还是写信通知了他。不过由于我的卷入了他的婚姻生活，他和他的爱人不免对我心存芥蒂，所以彼此不过作一礼节性的来往。我离京南旋前夕，曾到他京寓告别，但有人来开大门，告我主人不在时，我转身就走，只说了一句："我姓陶，明天回上海了。"

我对离婚，一方面总对大多吃亏的女方同情抱不平，一方面劝她们勿抱以夫贵的求荣思想，要有志气有傲骨，独立，自食其力，平等，离。见怪哉。

这四人之外，我到京后第一个往访的是本家念新（名尚铭）。他是我的远房宗侄，年纪比我大好多岁，辈分却比我小一辈（我是二十世，他是二十一世）。我幼年时他奔其祖母（承继的，不是本生的）之丧，到过陶堰。她的丧事在乡下算是办得很阔的了，有路祭几坛，一坛就设在我们台门外的晒场里，路祭的特色我当时只知道供有糖菩萨。看到这位阔人是个瘦长条子。所谓阔，他在奉天当交涉使之类的官，他的父亲陶大钧（杏南），说是李鸿章马关议和时的随员，后在江西做官，做什么使。这位念新先生在华北日军侵占时，与殷汝耕分任冀东专区专员，不过他好像不如殷的声名狼藉，但为人暗杀不遂而打瞎了一只眼睛，后在日本装上假眼。抗日战争后期，他到过上海，目的是求偶，因其妻早故，鳏居不乐。他一个近房本家有一情妇甚美，他就要他介绍一个。谁知介绍来的丑陋得很，使他大失所望，怅然北返。上海解放后仿佛又来过上海。我从几次接触中，看出此人神经似乎很不正常，例如他说要印名片，一定要我写字制版，后虽我始终坚拒（由于我的字实在太劣了），没有做到，看样子他还很不高兴呢。他又说每隔十年必遭一难：某年为少帅（张学良）拘禁扣留，十年后为日本师团长酒井扣留……此外出言吐语，谈到日军侵华，从不表示一丝同仇敌忾之意，好像无所谓似的，谈到冀东专区，他还要大骂殷汝耕，好像不知道彼此是五十步与百步罢了。对于自己的眼睛却非常珍惜，更拉扯到在日本医院装假眼时一个护士的如何如何，大念“恨不相逢未嫁时”。

他的北京住宅离太庙只几步路（他说古柏森森的太庙是他的花园），我去看他按电铃时有些担心。原来国民党在北京逮捕汉奸后，有一位由日而国的他的同族飞到了北京，向他女儿拍胸脯保证保他无事释放，代价是黄金十大条。结果黄金虽交，人却依法判罪。从此他的女儿恨透了姓陶的，认为是骗子。我怕无辜受白眼，所以一面按铃一面希望他人不在，打一个招呼就是了。谁知电铃一响，出来了两条狼狗大叫不已，接着他喝住狼狗的声音。进了里边，屋是所谓四合院吧，但他只住了一边。房子说有浴室抽水马桶，在北京要算稀有的，原是他已死的老母所购置。抗日战争胜利后未作逆产处理，解放之后，他的两个女儿争着要将房子献给政府。他只有一个儿子，毕业燕京大学，北京解放后进城办报纸，现在昆明工作。他拿出解放当时他说他孩子编的报纸给我看。这天我去时，他只有一女和她爱人在。我坐不多久，就看出他的处境。他用牛肉喂狼狗，女儿和女婿就冷言冷语说他发疯，要把狗放掉或杀掉之类。后来他自告奋勇，陪我到颐和园，上一著名牛羊肉店吃烧饼，去天坛、故宫。他手拿手杖，随带望远镜。在颐和园与类乎展览品的太监东拉西扯，好像他在有老佛爷时代就曾看到过他们的。在那著名的牛羊肉铺，翘脚而吃烧饼，在我实在不觉其味津津。到故宫大家争看各种时钟时，他把我一拉，说，这有什么好看！

他大概在家里和女儿女婿谈不拢来，冷冷清清得实在太无聊了，就一天到晚携着手杖在外浪荡，首先是访同乡，其次是荡马路。他几次劝我同他去看邵力子先生，我以素不识邵氏，见了面恐也无话可谈，终于不去。他常和我大讲日语精义，有时候就用手杖尖头在地上划字。他说有一次日本官员床次到南京，南京政府中竟没有一个知道床次应读什么音。当时陈仪（公侠，他们大概有来往）在南京，打电报邀他去问。这话不大合乎情理，极可能是吹牛。但他的精通日语，似无疑问。他父亲陶大钧（杏南）既然任李鸿章马关议和随员，当然通日语（近读高平叔编的《蔡元培先生年谱》，知道杏南还是蔡先生的第一个外语教师）。念新据说幼时的乳母就是日本妇人，他的学历我不清楚，很可能在日本上的小学中学，后来在辽宁任与日本交涉的官员多年，日语当然非通不可。他在我南旋后曾写过一信给我，提议同去日本办刊物，为对日国民外交尽力云云。话固荒唐，但亦可见他对日本的念念不忘。后来听说他因在大街上与来京日人乱说乱话被拘留询问，终以无政治上错误罪行释放。到了“文革”期间，他被依法押解回籍，到故乡第二天就一命呜呼了。他的一生，大概与东北的对日关系分不开，但我曾无意中看过一本北京出版的文史资料，刊有他与一位姓关的合写（?）的文字，讲张作霖的对日外交，内容只是浮光掠影。他大概不能文，必无日记之类，性情又随便马虎，叫他写东北对日外交史是无望的，假如他还在世，有人和他谈得来的，也许可以“循循善诱”，写出一些来，哪怕是一鳞半爪呢，惜哉!

我还去访了张沛霖，他是原开明书店的英文编辑，早年不过是教会中学苏州桃坞中学毕业生，但因老师的严格认真，他又好学不倦，英文程度很好，对当时风行全国的《开明英文读本》，指出其不妥之处，读本编者林语堂大为佩服，介绍他进开明任英文编辑。解放初，他介绍我给开明的苏联小说改写本改写了二三本，其中一本记得是《水门汀》。后来开明迁到北京，他自然也去北京。我去看他时还带给他一本林语堂的英文著作《苏东坡传》，是一个朋友在旧西书店给我买到的。林语堂写《苏东坡传》是有所为的，简言之，就是反王安石即当时的左派。不过他说过，那不是为反左而反左，是反王安石的不依国情，胡作非为。我和张沛霖当时谈的是怎样想办法使林语堂回到祖国。我说，如果今天的中国一团糟得像蒋帮时候，他不回国是心安理得的，然而解放后的新中国的确新，远胜旧中国，在这时代，他还侨居海外，他也是要于心不安的。据我看来，林语堂总不失为一个爱国人士吧。但解放之初，内外反动派乱造谣言，说什么新中国民不聊生，饥寒交迫，杀人盈野，听说蒋梦麟就曾写信给他的一个在国内的学生，要不要他汇些钱来买些柴米。林语堂一怕吃苦二怕死，像我和张沛霖这样的人劝他回来，即使他相信我们出于好心诚意，决非骗他害他，也是决不敢回来的。我说只有两个人能够劝他回来，一个是鲁迅，另一个是宋庆龄。鲁迅已经逝世，宋先生我们不认识，没法向她提出由她使林回国的意见，何况宋先生也许另有高见不以为然呢。结果，我们自然只能说过拉倒，没有什么行动。关于译《昆虫记》的事情，按情理我不会不对张谈起，但究竟谈了没有，他有什么意见，我可一丝一毫的印象也没有。

我在北京逛了几逛，隔了几天去看知堂，想问翻译《昆虫记》何日开始。谁知事隔三日，起了变化：开明书店写信给他，说《昆虫记》要请他独译，至于陶君，另有译事相约。我问他怎么办，他说已经复信，说个人精力有限，兹译事大，决定不干了。我一听只有瞠目结舌，我说您怎不阳奉阴违，复信说谨遵台命，暗地里我仍尽力相助，开明即使知道了也一定不会反对的。他说，对方言而无信，合作下去必多波折，与其将来闹得不欢而散，不如趁早收篷，笑嘻嘻握手而别。不过很对不起你，但这不是我的欺骗。木已成舟，我自然没有什么说的。不过看他在境遇并不怎样美妙的时刻，居然会不计得失，断绝一条财路，倒令人佩服他的一功。开明的所谓的与我另有译事，是指我的一本译稿《盘尼西林的故事》而言。这稿还是在上海由一开明职员张君介绍投去（这译稿颇有当时翻译特色，即硬拉苏联怎样怎样）。稿费在京得到之后，我这个有钱就买书的书痴，就大买旧书，装了一藤箱运沪，其中有三册迄今犹在，一本是医学史，作者相当知名，写法据史实而加想象，原为“日本居留民团藏书”，一本是达尔文的《人和动物的表情》，后又得一日译本，后出售中文书时又发现商务印书馆出版的译本，上下两册。商务译出过不少世界名著佳作，功不可没，尽管译文很多是值得商榷的。说到翻译，我上面谈过意译。现在我又认为意译又可分为两种，一种是译Milk Way为“银河”及How do you do为“你好”，另一种则化繁为简述其要旨的意译，例如原文不仅“谈虎色变”一句而以“谈虎色变”概括之，这样的意译连我也在反对者之列。所以有此一说，是近阅胡适书信集，内有朱经农一信，谈邹恩润（韬奋）的《民本主义与教育》的译文很有问题。依我想法，邹氏英文很好，《民本主义与教育》这种书又非难译之作，他不会译得不堪。但朱氏又不是盲目的吹毛求疵者，何以这样评价呢？恐怕是邹氏译得太概括大意了，一个将译文核对原文的负责任的编辑，是要看不上眼的。我说这话，不过信口揣测，但如拿来译文与原书，也许虽不中亦不远矣。我的确知道邹译《革命文豪高尔基》就是述其大意的，当然这书他不算译的。此外邹为早期《生活》作人物评述之类，也是取外文材料而概述之的。这样的译法，我意相当可取，特别是无关宏旨并非艺术之作，这样做于译者读者两便而无损作者。

我在北京呆了一个多月吧，名胜古迹没有游遍。我这个人懒得很，说得好听点是喜静不喜动，对有些名胜古迹又觉得一无足观，不值得费劲劳力。颐和园，我觉得那条长廊不错，我在廊里吃过饭，可惜白桌布污秽得很。北海公园也是那“海”引人，九龙壁没有什么可观，就是有十八条龙，我也不会驻足凝视久之的。太庙的古柏好，天坛的外面（即进大门到坛门一带）好风景，到清华的一条路上风景好。北京的饮食在徐淦家里是好的，上菜馆却不妙，上面所说的牛羊肉烧饼，我食而不知其味，我请陶念新陪我去吃烤鸭，到了一家有名的店，时已近午，还未营业，只好作罢。有人请我吃了一桌京菜，说老实话，没有什么特色美味。总而言之，北京尽管是首都多年，饮食恐怕不及苏广。至于屋宇，低矮得不及我乡的一般台门，连皇帝起居的故宫，我看也不过尔尔。颐和园里有几间屋子，里面贴着名公巨卿写的字，像陆润庠，倒相当好玩。总而言之，我对北京，初解放时的北京，没有什么不可磨灭的美好印象。当然啰，识北京之美，决非我这种半洋不洋的洋场来客所能欣赏。我在《宇宙风》出过“北平特辑”，曾请几位老北京写北京的种种美妙之处，而到我自己亲临其境，却不感觉到多少妙处。我想，一个人要知道一个地方之美，非长住多年不可，那时候他才知当地饮食之美风土之佳人情之妙。至于名胜古迹，那是旅游者的所到之地，他们花了不少旅费，跋涉千百里甚至不远万里而来，若未看到九龙之壁、金鳌玉蛛之桥、试剑之石，不将睡不着觉吗？至于普通人，像我这种懒于走动难发思古之幽情又不会吟诗赋词咏名胜古迹的人，简直不想接近它们。1963年我在西安，亲戚陪我游兴庆公园，看见一个新经朱漆绿油的亭子，说就是当年杨贵妃倚过的沉香亭。我望了望，说了一声唔，以后就连大雁塔、碑林也不想去了。

在北京的短短时日里，有一件事情很有意思，值得记述下来。有一次我从东安市场旧书摊回徐寓，叫了一辆三轮车。那车夫短小精悍，把车子真是踏得飞也似的，我怕翻车摔跤，叫车夫踏得慢些。他立刻放慢，可又慢得非常，我又请他踏得快些，他回头对我看看，自言自语说：快了慢了，怎样才行，您自己来踏踏看。我只好不响。车到徐寓我付车钱，他说要加，理由是我叫他慢慢踏，耽误了他再踏一趟的收入。我很佩服他的敲竹杠本领，比上海滩上的洋场坏蛋高雅，给了他百分之五十的加价，说这是欣赏你的能言善辩的奖金。

翻译尝试

在南归车中，我闭目沉思这一次的北京之行，真有些像俗语所说的“乘兴而来，败兴而归”，对于开明的忽然变计，实在有些不快，而且觉得奇怪。在出版社，一部书的译者是一个人还是十个人，并没有害处可言，稿费原不按人数多少而增减，若说我的名字也许玷污了它吧，也不至于，何况还另出我的译稿呢。开明其实倒是出版过法布尔作品的，早先有顾均正译的《化学奇谈》，重版不绝，最近有顾瑞金的《蜘蛛的故事》，印数也不少。事隔一二年吧，不知一篇什么文章或事情触发了我，使我写了一封信给素昧平生的冯雪峰同志，谈翻译《昆虫记》一事。他复信热情鼓励我翻译，一面说他就写信给中国青年出版社（开明改组）力促其成。不久他又来信，附有出版社给他的回信，大意是：(一）译法布尔应据原文译还是据英、日文转译，和（二）全译还是选译，均须从长讨论。第一点提得有些怪，昔之《化学奇谈》不是译自法文，今之《蜘蛛的故事》明说译英文，译别的何以忽又要讨论法文和别种文字了呢。我猜想去，只能这样结论：开明的变卦，是由于改组期间或改组之后，领导有了不同的意见。

在另一方面，我的想翻译《昆虫记》，本来是利令智昏，轻率答应，答应之后不久，对之就有嗅嗅香咬咬辣的感觉，我既非大学生物系昆虫专业的学生，连在乡下时也只捉过蟋蟀和蚱蜢，养过“叫姑姑”[①]和“结解婆婆”[②]，没有什么实践。由我来翻译《昆虫记》，即使做一个助手，也很有造屋请了箍桶匠的情况。现在被动下马，反而有如释重负的轻松之感。而且回到上海，还有出版社的编辑位置等我呢。有所不安者，为了我《昆虫记》的英译本，在沪京两地旧西书店遍觅不得，只好求援于在伦敦的未曾见过面的蒋彝了。他呢，真也不负人之所托，给我在伦敦旧书店觅来了三本法布尔的英译本，其中一本是由Mrs. Rodolph Stawell改写的少儿读本，八开或十开精装大本，有几张插图精美非凡（此改写本商务印书馆早有王大文译本，解放后好像重版过，增附精美插图），此外他还寄给我一本《英国的甲虫》，小本精印。我与蒋彝的来往，详见《我的前半生》，这里不重复了。要记一下的，除了赠我以上述书籍之外，还介绍我给香港一个什么会译法国自然史家蒲丰的《自然史》，我一则实力不够，二则怕拉扯海外关系，心领谢谢了事。到70年代后期，有一天我偷看邻居报纸，碰巧看到蒋彝在京逝世的报导，方知他已从英国迁美国，入了美国籍，回国探亲，病逝首都，主持丧葬者有他的生前友好华君武同志等等。啊，重哑重哑，您怎么不向华君武打听打听我的住址（您一定忘记了）给我一个信，使我排除万难，同您这个素昧平生盛情助我的神见一面呢！当时和他共居英国的有戏剧作家熊式一和他的三头小熊。1980年有友人海外归来来看我，谈起熊氏，友人说他现在香港，不很得意。

---

①“叫姑姑”，即蝈蝈。

②“结解婆婆”，正字应是“绩縩婆婆”，即纺织娘。

回到上海之后，我“雄心不死”，译出了藏之久矣读了不止一次的法布尔的《昆虫本能奇观》。因为看了英国生物学家汤木逊的《动物的秘密》一书，内有评述法布尔此书的一文，仿佛说法布尔的最大成就，就在于探索昆虫的本能。书是根据英译本参考日译本译出的，承康嗣群[①]兄（他，据说在下放时劳动回棚在田埂上失足仆地，一蹶不起！）介绍给平明出版社。出版社已经接受，我还请周遐寿（作人）写一序文。谁知结果退稿回来，原因据说法布尔是“目的论”者，而目的论为苏联所不取。出版社小李先生向我致歉，还送我一百元“聊表微意”。

解放初的译书，决定译稿取舍者，仿佛冥冥中有苏联老大哥的无形之心和手，所以你要译书，必须先知道有没有俄文译本或苏联对该书的评价，否则以不译为妙，免得白费时间和精力。当时学俄文的纷起，而学俄文的人中，竟有不知俄文的伦敦译音，竟有据而译成“隆唐”，使人不知它是世界上哪个地方的。文学固然可查苏联有无译本或评价如何，但另有些书呢？生物学，凡与李森科相反者就是反动。查究麻烦，为了省事凡非苏联的书，不论什么学，三十六计，不译为上计。已经译出出版了的呢？英国威尔斯父子和小赫胥黎合著的《生命的科学》，是生物学书中最佳之作，就因为是英美货，赫胥黎（或者还有别的英国科学家）指责李森科的科学是苏联政治局

---

①康嗣群（1910–1969），原名国盛，字嗣群。陕西城固人。出身金融世家，父亲康心如为四川著名金融家，美丰银行负责人。毕业于北京大学，后在美丰银行任职。早年即爱好文艺，曾向《语丝》投稿，后曾与施蛰存创办《文饭小品》。抗战爆发后，由上海经香港去内地。1949年任文化生活出版社总经理。中华人民共和国成立后，任上海文艺出版社编辑。

钦定的科学，当然被斥为反动之作了。这书解放前早有中文译本，译者且是大名人，解放后其名更大了，而正因为如此，他老人家公开表示过忏悔，绝版此书以示悔改。

译《昆虫记》不成，我转而译小说。解放初，译小说可得大利，我之不译小说，原是自量其力，怕不能胜任。当时美国作家德莱塞，苏联评价很高，他的《金融家》三部曲，很合我的口味，三部曲的最后一部是未完成之作，我也托人买了英国版来。结果呢，还是没有动手，或者动了手没有受主而停止。德莱塞有一本短篇小说，是霍华德编选，我看了觉得篇篇精彩，就逐篇译了出来，又承康嗣群兄介绍上海出版公司刘先生。我还从美国购到作者后妻海伦的《我与德莱塞共生活》，决定利用这本书里的一张德莱塞油画像放进短篇小说里。版子也做了，书稿也看过清样了，刘先生忽然通知我，说这书已由焦菊隐译出，即将在平明出版社出版。我当然力主仍然出版，刘先生却从销路方面考虑，怕公司竞争不过，竭力劝我放弃出版。我同意了，上海出版公司给了我二百或三百元作为赔偿。

看来我的译小说“流年不利”，我本不喜小说，就此停止尝试。话虽如此，却终于译了一本《契诃夫幽默小说集》，出版处却在香港，书局叫大公书局。主人徐君是同乡，在广州相识。[①] 原来记得是译高尔基的《童年》《我的大学》《在人间》给他，借以在香港吹起一点苏联风的。但是高尔基的这三部作

---

①徐君指徐少眉。徐少眉（生卒年不详），名昌龄，字少眉。浙江绍兴人。他的大公书局曾通过柳存仁介绍，为周作人在香港出版译著。作者所译的《契诃夫幽默小说集》未见在大公书局出版。

品，我实在读不出什么滋味来，字数又较多，所以改译了薄薄的一本《契诃夫幽默小说集》给他。书印了出来没有？好像没有，稿费也不记得有过没有，好在我译这本书，本是取的巧，不费什么力气。1951年吧，我在一个白俄处读俄文，拿这本小说集作课本。这位白俄老师年纪不大，三十左右吧，妻子据说是美国人，他会讲英语。我的英语听、讲能力很差，为了听、讲方便，我把明天读的课文，今天自己查明弄懂，遇到搞不通的地方注意听讲。这样一面学俄文一面译俄文，正是一举两得。从解放到1957年被逐出出版界止，除这本小说集外，我一共译了五本书，出版了四本。五本是：(一)《配尼西林的故事》，开明书店出版。(二)《微子——生命的敌人》，微子就是病毒，所以译成微子，就受的苏联影响，当时出版译自俄文的医药书刊，有译病毒为微子的。这书是英国人Kenneth M. Smith原著，相当通俗，可以说是科学普及读物，译书出版者为春明出版社。(三)《蜜蜂的视觉、嗅觉、味觉和语言》，科学出版社出版。这本我先看到俄文译本，薄薄一册，文字浅显。向科学出版社联系，复信说可以考虑，但须从原书（英文）译出。这有些异乎寻常了：俄文还不够靠硬么？我去一信说：你社难道不相信苏联专家么？译自原书又有什么好处？承蒙再度复信，还说非根据英文原本不可。这是出的难题目，叫我何处觅原书呢？于是我再一信问道：倘有原书，你社一定接受译稿出版么？复信说：只要译文够格，保证出版。我乃托人觅来原本，结果是出版了，但如此好书，却只印了三千本。事隔二十余年之后，出版社忽然寄来那本书的修订本，问值得重译否。本来这倒是不劳而获的好差事，修订处不多，大概可以算新译重获稿费吧。但我既病且懒再无意于名和利了，寄还原书，请出版社考虑作者另一本全面讲蜜蜂的大著。我怕书被遗失，挂了号寄去，一定收到了吧，却不给我收到了的信，可见办事的马虎。(四) 是《十字军东征》，也从俄文译来，出版者三联书店。当时的投稿手续是：写信给出版社，告诉它你想译的书名和作者，它去文化部查询有无别家出版社要翻译出版，没有的话，就登记下来，以免重复；出版社写信给拟译者，请他试译三五千字，经审核译文够水平，然后订约稿合同，订约时候，可以预支一部分稿费。我译试稿时，有一个俄文词可有两义，乍看以甲义为妥，但我译了乙义，因为我查了《大英百科全书》的"十字军"篇，应为乙义。出版社接试译文稿后来信，果然提出那一个词，说似应译甲义。我复信去说明是参考过《大英百科全书》的。出版社同意我的译法，于是日以继夜地翻译。谁知初稿将要完成时，我已被从无产阶级划为资产阶级的右派分子。出版社对右派分子的稿子处理办法不一，有的照收，不过署名改换一个，有的却不予出版。我的译稿还没有完成，怎么办呢？工作单位的副领导平常还谈得来，我就向他请教。他说这简单得很，你据实告诉出版社，由他们决定好了。我照他的话办理，书店复信说照约稿合同，不过署名换个笔名为是。我遂赶着译出，叫我的小孩子业余誊清，字有十多万，儿子在郊区中学教书，功课多，偷得余闲誊到深夜，也不是一天两天能够完工。誊清之后我再复看一遍，改正错字和欠通顺的句子之后寄去，到书店寄校样给我时，我人已在安徽受教养了。所幸书终出版，得到七八百元稿费，给我一家八口的生活大有帮助。1962年我回上海时，又得了再版的版税八十多元。(五) 是讲微生物的，也是俄文书的译本。订约的为科技出版社，因反右而不出版，尽管清样已经看过，封面样子也过目了。照合同，订约后可以支部分稿费，到看清样时可以支全部。我支了二百元，大约还有八九百元，我想迟不了多久，何必猴急，没有去支，结果书既不曾出版，当然分文不得了。改正之后，有人劝我与科技交涉补发未付稿费。这不是不可能争取的，但我想金钱是用得完的，现在我生活无忧，儿女都能自立，合同早已撕了，何必再费唇舌找人麻烦，何况当时同我联系的出版社的一位顾姓老先生人极厚道，给我很好印象，听说早已退休，年逾八旬，我如重提稿费，势必要打扰惊动他，使我于心不安。当时那本书有一位先生重译了，提出两个办法解决：一，大家都不出版；或二，两人各牺牲半部合出一本。我认为这办法都有些霸道，不肯同意。我说我们登记在先，那位同志重译是咎由自取，要放弃只能他放弃；至于两人各以半部译稿合出一书，如果我的部分有译错的，难道好意思请他分担责任？我说一句，顾先生点一点头或者说一声对、对。结果，我的译稿因反右而反掉了，那位同志的译稿不知出版了没有。

1977年夏末秋初，我因右派帽子应摘而无单位或人来给我摘，我又呼吁无门，很有些心烦虑乱，坐立不宁，于是想以译书来遣愁解闷。这时候正同解放初期相反，那时候是非俄文书不译，而今是唯俄文书不译了，我的几本我认为有趣味有价值的俄文书，于是拿不出去，成了见不得人的鲍鱼。幸而还有几本英文的，在我看来，虽旧而着实不坏，大有出版价值。我选了两本，一本是Paul de Kruif的*Microbe Hunters*，一本是巴斯德女婿著的*The Life of Pasteur*，我写信和在北京的同出版社有些往来的亲戚[1]商量。他们说怕书太旧了。我说且不管新

①指作者长女陶洁。

旧，试与出版社一谈。结果来信说，出版社的一位青年编辑说：那位想译书的先生，大概与世隔绝久了，竟想翻译20年代的老古董。要译去找70年代的书来，60年代的还可以谈谈。我看了来信不大愉快，去信气冲冲地说：书应该只问内容，不该只重年代，外国人如要译中国小说，难道1923年出的鲁迅的《呐喊》不译，非译70年代的小说不可吗？不过我的确是与世隔绝久了，虽然私见认为《微生物猎人传》是本稀有的好书，到底该怎样评价，有无在目前翻译出版的价值，如能得到一位权威的指示，才能使彼此信服。这就使我想到写信请教高士其同志。他的讲微生物的科学小品在开明书店出版时我就拜读过，我想他一定知道Paul de Kruif的书，甚至认识这个人，他们是同行，年纪也相仿。我去信请教他两点，一，译书是否应该只重新出版的。二，Paul de Kruif的书价值如何。时期不巧，高同志人在病院里，秘书的回信不大答如所问。到后来出版社算是同意翻译了，但不肯像解放初那样签约稿合同，甚至连出一封约译信也不肯。这似乎太不为译者想一想了：译者费时间耗心血辛辛苦苦译了出来，万一出版社忽然一个变计说一句不出了呢？但亲戚说现在出版社有的只求少出书，你还是马虎一些吧，总不至于劳而无功的。我的译书已为消遣，当然何必计较，何况即使你想计较，又能向谁计较去？谁叫你要译书的？原书实在太好了，译时很觉高兴，几个月后完工交稿，后来又为了译文的通俗什么的闹了一个时期，直至1980年冬才知道稿才发排，出版何年何月，无人敢于逆料，一本不到二十万字的书，从开译到出版，恐非五年不可。如果译者为了衣食，那么译稿出版之日，他已饿死久矣了。当然，译书人应该有高度的社会主义的精神文明，不要汲汲于稿费版税，但出版社也应该为译者想一想，想他或者不是月入退休工资百来元的老工人之类，而是需要些钱购柴买米的。总而言之，译者（或作者）不要把文稿当作摇钱树，念念不忘著译都为稻粱谋；出版社呢，不要把作者译者当作“文丐”。彼此互助合作，同为提高全民族的科学文化而努力，岂不美哉！

枯木逢春

1950年冬，我进私营出版社革新书店当编辑。革新资方姓仇，原为上海一家大书局的职员，抗日战争时离书局去做燃料生意，赚了些钱，解放后想办出版社，同他的老同事仍在书局的我的亲戚（就是我去北京前来问我愿不愿当编辑的）合资经营。出版以农业书为主，这是因为店里的一位名义上任校对的祖炳乙同志是浙江省一所高等院校的离职人员，那学校农业系很有名望。这套农业书都是薄薄小本子，销路起初还算不错，但大部分不曾再版，整个说来，营业不振，要蚀些本的。我忝为编辑，农业外行，想编写几本毋须稿费的书稿，力所不及，于是挖空心思，写了几本医药故事书，内容当然东拼西凑，不过曾请一位名医校订，销路不好不坏，也就是没有钱赚。我还迎合潮流，编过一本讲写作的小书，销路也不足观，却不知怎的引起主管机关的注意，叫了我去，现在已经不记得所问何事，大概总不是犯了原则性的错误，因为并没有发生书被没收销毁的事。越到后来书店越露出经济困难的窘相，我觉得我没有能力扭转局面，深感惭愧，最好是辞职，减轻资方的一份薪水负担，可又食之无味，弃之可惜，恰巧其时苏联小说改写本盛行一时，资方有一旧同事也在办出版的，想也来出版几本，我知道了，乘机自荐愿改写萧洛霍夫的《静静的顿河》，上半天在家改写，下半天仍到出版社，从此只支一半薪水。事情商妥之后，我就买了《静静的顿河》的俄文本和英译本，想参考了好好改写它。时在冬季吧，我还在家里装起火炉，煞费琢磨地改写。谁知道改写将完未完的时候，报上忽然指出改写苏联小说是错误的。于是已出的停止再版，未出的停止出版。我这部自以为费了心血妄想出类拔萃的《静静的顿河》改写本，于是乎在我是件赔了夫人又折兵的傻事。[①]

在革新两三年（记不准确了），有几件事情使我终生难忘。第一件是向人民法院请求发还战前存款。抗日战争之前，我有时候每月收入达几百元。我虽烟酒都吃，骨牌也识，但还算有节制的，此外别无嗜好，家里呢，老婆一钱如命，不烫发不打牌，总之没有多少上海妇女的时髦气味。生活节约，又不会经商趸货，贱买贵卖，只知道储蓄银行，什么零存整付啰，教育储金啰……银行存折十来个，到解放时，成千上万的存款，买一张便纸也不够了。存折已经在抗日战争胜利结束后被抄去，人民政府顾念人民，发还战前存款。我略一计算，数目不小，就上呈文给人民法院，请求查明存折，发还存款。人民法院一纸传票，传我上法院。我坦然同我妻一块去法院。法官说，你不要胡作非为，你的案件是可以重新处理的，你不知道某人某人的案子重审判刑，有的还判死刑枪毙了么？我说我相信人民政府的人民法院，我如有罪，就是不申请发还战前存款，也可以依法重行处理我的。法官说你的存款是逆产，依法要没收。

①此书其实出版了。《静静的顿河》，萧洛霍夫原著，祝安改写，大明书局1953年5月版，为“苏联小说通俗本”之一种。“祝安”当即“竹安”之音转，是作者的笔名。

我还请求考虑那些存款都是抗战以前存贮的，不是逆产。最后结果，人民法院给我判决：款不发还，人，解放后表现尚好，不予处理。[①]在这以前，我一直不知道办那个太平书局的名取洋之助同日本军部的关系，读了人民法院的判决书，才知道他是日本海军报道部的人。您看我这个人呀，糊涂到什么地步：对一个和我有身败名灭关系的人，竟会得不问其来历！当然啰，您可以说我是利令智昏，只图不义之财，无暇追根究底。这在客观上大概如此，在主观上却不尽然，对于人，到现在我还有对某一个人不明其真相的地方，例如有一位多年老朋友，1976年突然蒙政府以县团级特赦回了上海。多少年来我一直只当他同我一样货色，虽然知道他雄才大略胸有城府，不像我的事无不曾对人言，却直到今天还不问他到底做过什么县团级以上的伪官。[②]

第二件是民主改革运动。民改究竟是什么目的和什么意义，我是不清楚的。第一次小组讨论在一家不大著名的设在大楼一室的出版社，填表什么时我虽坦然如实照填，可到底有些紧张，签名时候手抖得厉害，简直写不大出自己的姓名来。从此以后，每逢神经或心里有些紧张时，就不能写字。实际我倒是无所畏惧的，因为诚如一位同我差不多的先生所说，我们的所作所为，好比升在空中的日军的祝捷气球上的标语条子，原是有目共睹，无从隐瞒的。事情也正凑巧，有一位运动的工作组同志（他姓甚名谁，什么机关的，我始终没有询问，一则怕

①1953年2月20日，中央人民政府政务院公布了《关于解放前银钱业未清偿存款给付办法》，予以施行。这件事当发生在此后不久。

②这是指周黎庵。

他是保密的，再则我想知道不知道对我并没有什么利害得失可言），他问我太平书局职员时，有一个我想不起来没有报上。第二天他再问，我依旧因想不起来没说。这次他的面色有些两样了，我觉察不说不好，可又实在想不出来，回到家里和妻谈起，她也记不起了。我于是背百家姓——赵钱孙李，周吴郑王——又背不了几姓，家里又没有《百家姓》这本书。第二天那位同志追问得更紧了，甚至说要不客气的。我也急了，回他道：我的社会关系是好人少提以至不提，坏人尽量提，例如我也认识鲁迅郭沫若沈雁冰，但我没写他们，却写了周作人这个家伙，因为我和鲁、郭的关系如要拉上，有些攀龙附凤，我同周作人的关系尽管也主要是编辑同作家的关系，若不写出来就不大坦白了。后来这同志提了一个人的姓，忽然触发了我忘记了的那个人的姓名，立刻告诉了他。他有些诧异，问我何以因此而记起来，我说我也不知道什么道理。他又问我，为什么远在好多年前的人我还记得，这个时隔不过几年的人倒忘记了？这个，我的回答是，对某个人或事的记得记不得，关键不在于时间相隔的远近，而在于其人其事同我的关系或那人那事的重要性。这个说法，他倒同意了。

那位同志追问的人，姓伍，原是书局年轻职员，跑跑外边领领配给纸。有一天他忽然对我说，日本宪兵队注意到他了，有被捕危险，要赶快离开上海。我照老脾气，一不问他干了些什么，日本宪兵队为什么注意到他，二不问他怎么知道日本宪兵队要逮捕他了，只想到我自己因经济困难无法离开孤岛，以至于眼前的失节附逆的痛苦，决心给他几个月薪水让他立即离开上海。他却又要我介绍我认识的在重庆的朋友，必要时可以求援助。我认识的人在重庆的不止一人，但自惭形秽，不想写信请托。后来却想到了一位姓吴的友人，他是知道我情况的，去了重庆之后，还给过一封信，说他在重庆同林语堂谈起过我的事情，林语堂担保政治上由他保证，经济上他却不谈。吴君叫我自己考虑行止。本来那时在沦陷区出过一些丑名往内地一走的人有的是，我大可效法，但我却觉得既然已经如此这般，还有什么面目去见内地友朋，因而没有往内地去。现在就写了一封信，由这个青年带去，必要时托他一下。后来结果如何，我可没有接到过信。在民改运动中，我没有什么问题，但也没有“放下包袱”，放下的认识的人中有两个，一个是高锡钧，原名天栖，一个叫章克标。章君解放后来上海看我托介绍工作，我力不从心，无从应命，后来他找了钱君匋，由他介绍到童联书店工作。章克标这个人有些怪，他的入伪宣传部是考进去的，其实以他之才与名，伪宣传部是请之不得的。这两位放下包袱之后，结果都不大好：高君在1958年被捕，死于狱中。章君也被捕过，我很担心他很可能死于狱中，因为他在被捕之前不久，有单位来向我了解他时，就说过他已经肝硬化了，住在医院里。谁知居然生活，1980年时听说进了杭州文史馆。

在民改期间，有一件事我印象极深。有一次开大会，台上有同志在作报告，当他说到“将来工人需要极多，农村人民也要来都市当工人”时，我的前面一位青年工人就连声说：“又要吹了，又要吹了。”我看了他几眼，轻声说了一句：“不要胡说八道吧。”他大概是印刷轻工，出版和印刷是联合运动的。

第三件事情是三反运动。有一天下午，革新书店忽然来了两位不速之客，一进门问：哪位姓祖？坐在我对面的祖君站起身来应声说：我就是。两位中的一位走上前来把祖的帽子一揭，像在验明正身似的，接着就拉他出去。一去多天，回店来了，大家一问，他说明经过如下——

祖君原在一所大学做出纳，是校长亲信。现在三反运动，就拿他当老虎打了。一打两打，打得他接二连三地招认贪污，最后贪污的金条达十多条，结果呢，连打老虎的也打得不相信了，经过调查代为翻案，无事释放。这件事使我对人民政府增加了无限信任：如果在旧中国，不论前清、北洋和国民党反动政府，如果逼供得承认了贪污这么多金条，还能不拍手称快，至少至少使他倾家荡产，哪里会代为调查代为平反？我曾读过罗素的一篇论文，说警察局（或刑事机构）应该先调查被告无罪证据，不应该像现在这样只忙于找坐实被告犯罪的证据。这是大有卓识的意见。这次三反同志的做法不正是如此么？

我在革新书店时加入了出版工会做会员。

过了二三年吧，革新书店和几家私营小书店“私私合营”，名称是群联出版社。群联的中心是百新书店，它原有编辑部，有两位名誉或顾问编辑，一姓伍，一姓仇，实任编辑是一位姓谢的。这位谢先生是典型的时势人物，他坐的原是双人写字桌，却空着对面一座，另给我摆了一张小桌在编辑室门口，好像收发似的。后来新添了一位姓胡的编辑，他是伍顾问介绍的，而且还是革命领袖某某某的至亲，座位就在乌先生[①]的对面。当时群联出的是历史书，组稿对象是复旦和师大的历史系。谢先生跑复旦，胡先生跑师大。复旦的主要人物是谢先生口中的“大民主人士”周谷城先生。周先生有位儿子，拿来一

---

①“乌”字手稿原写作“谢”，旁改为“乌”。从上下文看，“谢先生”和“乌同志”显为一人。此人其实既不姓谢，也不姓乌。他叫燕义权，一名燕羽，时任群联出版社编辑。作者在回忆录里最后一次提到他时，才恢复了他的本姓。

本译稿，这稿子由我看，我提了几十条译文不妥之处。谢先生一看大惊，说你不要胡闹，译者是周先生的少爷呀。我说我不管他是谁，只能就事论事。后来大民主人士亲到群联，和我握了握手，说了句多年不见感谢你指出译文不妥之处。他走后，谢先生对我说：你认识周先生的吗？我说只见过一面，还在30年代之初呢。[①]

从此以后，我的身价好像增加了一些，乌同志的眼白比较少了。有一天他向上海图书馆借来英国人李约瑟的巨著《中国科技史》第一卷，要我帮他找材料译出来供他采用。他对中国科技史孜孜不倦地研究，后在三联书店出版的一种集刊里发表多篇。[②]可见“人不可以貌相”，无论什么人，总有他的一技之长，又足证“只要功夫深，铁杵磨成针”这句俗语的有意义，无论什么人只要孜孜不倦地干下去，总能有所成就的。我看了皇皇巨著，对他说，我不懂科学技术，看不懂李约瑟的大作。

那位新来的胡君，也有些怪。穿的是旧绸缎衣服改短的上装，像旧时的马褂。烟瘾很大，常常一包不够吸。住的第一流公寓，但说房租常常拖欠几个月，等拿到了一笔稿费去付清。他胖胖的，小孩子也胖胖的，但说下饭是去菜场捡人家丢在地上的菜边皮。他留学过日本，日文当然相当好，还通英文，又新学了俄文。精力充沛，正经工作寥寥，就大译文艺书，正在译狄更斯的一部小说，看错了人，同我来讨论原文意义。此外他还有一个朋友许君远，是《大公报》本埠新闻编辑，地位大

---

①这本译稿应即《远古文化史》，柴尔德原著，周进楷译，周谷城校订，群联出版社1954年7月版。译者周进楷即周谷城长子。

②该集刊是《中国科学技术发明和科学技术人物论集》，李光璧、钱君晔编，生活·读书·新知三联书店1955年12月版。

概相当高，胡君尊称他许先生而不名，样子也很敬重他。这位许先生年纪比我们都大，很有风趣，他在译狄更斯的《老古玩店》，也来“请教”我如何译。这使我相当窘，我老实对他说我不懂吧，他似乎生气，说：不肯拉倒！他自己说是林语堂在北京大学教英文时的学生，也错把我当作林的学生（北新书局的李小峰先生有一次请吃饭，饭后送我下楼时，谈话中也错把我当作北大学生），我竭力声明不是不是，他却总说客气客气。他还欢喜打乒乓，这倒与我有同好。有一年出版业春节联欢吧，节目中有乒乓比赛，他和我都参加了，他看人打球时常常高声叫：“好球!”声高而尖细。划为右派后他没有被送劳动教养之类，调在什么资料室工作。1962年我暂时返沪，听说他已去世，还听说他在食堂买饭时竟至于偷饭或偷菜，给人捉住了，并不抵赖，反而振振有辞地问人：“我许某过去偷过饭么？当然不曾！现在为什么一至于此了？”在他生前，我到过他家，他爱人比他年轻，小儿女也多。现在不知怎样了。

在群联出版社时，发生了胡风反革命案件。我所编辑的刊物不曾请胡风写过文章，我不曾见过胡风一面，也未尝和他通过一信，可以说胡风事件与我风马牛不相及。然而大概是我的神经不够健全，或者对这事件的处理太急风暴雨了，我在学习时竟有些惴惴不安，心有所悸。事后思量，在看过胡风的信札之后，有些觉得此人不无缺点，例如在一封信上对鲁迅纪念会的刻薄说法。但是以他给人的私信为罪证，并且严令藏有他信札者立即全部交出，否则大有枭首示众之虞的做法，不知怎的（大概世界观还没有改造好之故）总有些觉得不能理解。案发之初，报上照例有怒骂文章，记得有一则报导，说胡风在他居住的里弄里，也是作风霸道云云；还有他的案前友好的批判文章。胡风如是反革命，该捉该关甚至该杀，都没有人会持不同的意见，问题是一捉之后从无下文，究竟罪状如何，判刑几年，都是“无可奉告”似的，这就令人费解了。我这个井蛙之问，在1957年大概曾被用作揭发材料，但说老实话，我到今天还是坚执已见的。

伍顾问是有些名望的。有一天他衣冠楚楚西装革履跑来，一坐下就说：“刚从火车站来，接外宾，外宾！”仇顾问来时从不多坐多说话，他原是专来领取为数不多的顾问编辑费的。

1956年，群联与新知识出版社公私合营了。主其事的是革新的原练习生富同志，其时他已经入了党。从他身上，我看到了党的非凡的力量。富没有什么文化，也没有什么经历，而公私合营时他的举动言辞，却大有绳墨大有智慧。我在合并之前，很有自卑感，情愿改充校对，不要当编辑了，何况说老实话，我不学无术，对历史一无研究，对马列主义一窍不通，解放后出版业要求高了，我还怎么能滥竽充数。我将我的心愿告诉了富同志，请他转告新单位的领导。

合并之后，我仍被任为编辑，属第二编辑室。开始写明我是十一级编辑，谢胡两位是十级，也就是比我高一级，可是正式派定之后，我也成了十级，据说有人提出，我不应该无缘无故比他们两位降低一级。

工作开始之后不几天，社里人事科科长召集合并人员开座谈会漫谈，我发言中有这样一句：

“我有我惭愧的过去，现在解放了，党和人民政府不咎我既往，给予工作，还任我为编辑，这在我是枯木逢春，我一定好好学习马列，与工农相结合，尽心竭力做工作，报答党和人民政府的仁德于万一！”

“跌跤了”

1956年可以算是文人的好运道年。就以我这个不入流文人而论，也有些生意兴隆通四海的光景。翻译订有合同者同时多至三家，连人民出版社也派人来要选题以便考虑约译。因此我起了一念，到明年我决意辞去编辑工作，专从事于翻译。我曾计算过，以最慎重最仔细的工作方法，我一小时至少可得五百字，每天工作四小时，以最低稿费计算，每月收入至少可得五百，还比做编辑多。我是译而不作的，然而也竟有文艺刊物编者下访约稿。有一次一个青年阅读的文艺刊物来了两位编辑，约我写稿。我说我至多译而不作，不能遵命。但是他俩坚决不许推辞，并严令春节之前必须交稿（时已阳历元旦过了），并要我代向我所认识的不论张三李四约稿。我没有办法，以书信体写了一篇不知道应该叫作什么的文章交卷，字数不到二千吧，立即得稿酬二十元，使我真是却之不恭受之有愧！

不知是好景不长还是物极必反，1957年就反右了。这事情在我是自始至终不很注意的，只知道党在整风，欢迎提意见。这是党的优良作风之一，毛主席在他老人家的一篇光辉著作里，就说无论什么人只要提意见都欢迎。我国的古圣先贤，不是也“禹闻善言则拜”“子路闻过则喜”的吗？不过我并没有什么意见可提，只是看看报上登出来的各方意见。对于各方所提的意见，我的意见也不一。例如本单位有位同志以给他的稿费少了做文章批评，我看了在编辑室漫谈或讨论会上就说这样的意见不应该提，因为事情只关系到他一个人的得失。一句话，我对对党提出的意见，并不一律以为然，至于提出的错误之处呢，有些诚然触目惊心，认为应该立即全面地改正之，否则于建设社会主义不大利；但很多只是小瘼小病，不足为奇，不必大惊小怪的。我曾对拿着报纸指指点点说你看看你看看的老伴说道：这有什么，治一个至少有四万万人民的国家，请神仙来也不免会偶有失误，你当我们这个小家，煮七八个人的饭，不也有多煮少煮、煮生煮僵的日子么？人类的大病是剥削，中国的大病是贪污，现在剥削不可能了，贪污不许可了，这就是共产党社会主义的大功德，长此下去，中国一定繁荣富强，偶有小瘼小病，不足怪，容易改的！当然啰，报上指出的弊病，也有相当可怕令人隐忧的，不过我想党既然肯由人指摘，足见虚怀若谷，诚心要改才这样做的。倒是有些人的言论，咄咄逼人，虽说知无不言言无不尽有则改之无则加勉，但到底居心何在，不免令人生疑。“讲破话”“说坏话”的目的，不一定都是存好心怀善意的。不过我看发宏论者多是名流学者，我想他们总是爱国之士，决不会在国家刚刚否极泰来的时刻出来捣乱的。

1957年某月日，我随随便便轻轻松松地提了一点意见，关于夜间值班的。我说，出版社不是医院药房，夜里不会有什么急需的，何必派人值班，如怕盗贼吧，那么为什么又要大开着正门值班呢，莫非要开门揖盗吗？这意见提出后立刻得领导点头，取消值夜制，对此意见附议者有一姓冯的同事。

同年某月某日，同一编辑室的一位编辑朱绮约我轮着为她出版的黑板报写稿。她可以说是我的老朋友的黄嘉音的爱人，我进新知识出版社后才与她相识，虽然识黄嘉音还在他读大学的时代。朱女士能力很强，在我看来，她的国文水平，恐在嘉音之上。她说话很多，在编辑室里于整风之初就哗啦哗啦地指张三之短处批李四的缺点，特别是对于正在中央党校学习的室主任。她的作风显然与她的爱人黄嘉音不同，他在我的朋辈中年纪要算最小，但老成持重却堪称第一。不久朱绮果然成了右派，连黄嘉音也是了。她成右派好像当然的事，他为右派却出乎我的意表。后来才听说他的不满是由于他做精神病医生的开业执照被政府吊销了，而他，是认为他的精神治疗可以大有成就轰动世界的，他不甘心于在出版社（他在文化出版社）当个室主任终一生，有雄心要同弗洛伊德辈见一个高下。“利令智昏”，本来沉默寡言胸有城府的他，于是成了资产阶级的右派分子。划为右派之后，他去上海郊区劳动，后来朱绮响应号召举家去西宁，把他也带了去。我1962年返上海，听说他自杀了，究竟是怎么一回事，到现在我也不知其详，又何必知其详，人不是总有一死的么？

同年的某月日，代理室主任王同志对我说：明天社里开民主人士座谈会，领导上叫你参加。我眉头一皱，立刻推辞，说我既非党员又非民主党派人士，何必参加？他说既然领导叫你参加，还是参加为是。这天我回到家里，夜里睡在床上，再三警告自己：参加就参加吧，不过千万不要胡说八道，最好一言不发，要发也不冷不热模棱两可为妥。

开会了，记得在上午，在一个建在院子里的凉棚似的棚里，一张长方桌，党员坐在东首，各人士分坐西首和中间，有的单坐在沙发上。我坐在北面一排的中间。

首先有一位民主党派人士发言，他问东首的人：这一次记不记账，算不算账。回答是不，不。于是大家发言。在我听来，各位人士的发言气势汹汹，唇枪舌剑。东首的主人默不作声，但我看到白面的社长脸发红了，皮色黑沉沉的总编辑的面色发青了。我想这不好，我来冲冲淡解解围吧。趁发言者一个刚完另一个还没有接口的空隙，我急忙插嘴。我说，我非党员，亦非民主党派人士，我是无党无派的郭老（当时不知道郭沫若并非无党无派），来谈一谈。我将编辑与作者译者的关系比作“有酒食先生馔，有事弟子服其劳”，说作者译者名利双收，编辑却名不见封面封底。我又说：“俗语说，蜀中无大将，廖化作先锋；现在却是蜀中有大将而廖化作先锋。”这话我不作解释，免伤和气。最后则说了：“从前说年高德劭，是错误的；现在认为年轻德劭，也不对。德之劭否，同年龄没有关系。”这几句话，有几位听了失声大笑，在休息片刻时，一位姓马的同事拍拍我的肩胛，说：你这番话呀，值到三十元钱一千字！

同年某月日，黑板报轮到朱绮编了，她要我写稿。我从来不看黑板报，从来不为它写过稿，但因朱绮是同室同事又是嘉音爱人，我不知怎的竟有义不容辞之感。于是考虑再三，写一稿曰《与民同乐》，署名阿O，剪了辫子的阿Q也。文章大意是党员与非党员一样对待，譬如排队购物，他和群众一样，先到排在前面，不必退让群众，后到排在后面，不能越众抢先。这样的说法是我由衷之言，自以为公平合理，不偏不倚。

座谈会后急转直下，反右开场了。天天开会批判，工作好像停顿了。除了出席本单位的批右派会之外，还有别个单位的较大的右派开全市性批判会要去参加。黄嘉音就是全市性的被批者之一。开批判会时常有一位知名哲学家出来作理论性的批判，在批判黄嘉音的会上，这位专家一时疏忽，把罗曼·罗兰当作罗兰夫人，说罗曼·罗兰曾说过“自由自由，多少罪恶假汝之名以行”。坐在我一旁的一位同行又是朋友，听了以肘碰碰我的肘，我说：“错在所不免嘛。”

右派到底做不得的，在57或58年某月日全社开会宣布某某某等若干人为右派后，我就没人称为同志，连和我打乒乓的人也没有了，只有一位姓陈的还肯同我打打，后来他也被划为右派。工资减少到一半以下，这对我打击极大，因为我有六个子女，一位老年岳母，乡下还有两老，连我们夫妻俩，一家十一口，原有工资已经不够衣食，减去一半自然更困难了。好在我们家从老到小，素来不耻恶衣恶食，老伴一向一钱如命，大家吃得来苦，节衣缩食，借点卖些（旧书）总算应付过去了，何况当时我还有译稿合同，两份字数在四十万以上，一旦脱稿出售，有一千多元收入呢。

反右结束，单位改组，二编迁北京，唯我留上海，当时办公室主任对我说：照顾你年纪大了，不调北京。我当然只有感谢好意。

全市结束之后，出版局长罗竹风召集了一次右派分子大会，他说你们跌跤了，没关系，爬起来就是了。

离家当日是中秋*

1958年某月日，本社辞典组并入中华书局辞海编辑所，我和早已调在辞典组的老乌一同调去，换了一个新环境，又尝了一番被歧视风味，那里的人好像当我奇禽异兽看似的，最显而易见的难堪，是称我为先生而不叫同志。在被叫为同志的时候，谁也不感觉特殊光荣，但在别人都被呼同志而偏叫你为先生时，可就有些难堪之感了。到这时候，我才真的神思不定坐立不宁起来，以至于为找一本书，拉开玻璃书橱门时竟打碎了玻璃。这时候偏又有一个过去在我编辑的刊物上投过稿的杭州人来上海找我帮他借些连环画，让他摆个小人书摊，我没有给他借到，他就不时打电话来，我接电话接得讨厌了，终于不客气地叫他不要再来啰嗦。事后想想，真对不起人了，他哪里知道我的心境情绪，一定以为我势利对人吧！

辞海编辑所设在澳门路①，我去可搭76路公共汽车，车站离我家几十步路，近得很。在这路上，也乘着所里的人事科长。我不惯于招呼人，看见了不招呼又觉得失礼，甚至会被人

---

*手稿标题原有“第一次看京戏”字样，但正文中并未提到。今删去。

①中华书局辞海编辑所于1958年5月1日在上海成立，当时社址设在澳门路477号。

看作瞧不起人，因此有几次我上车看见她在座，在有可能被她瞧见之前再下车来。午饭回家厌路远，就在食堂吃。食堂里所的两位领导——舒新城和李俊民——也在吃，我总避之唯恐不及，若人多了，需要和他们同桌而吃，我情愿鹄立着等他们吃完了离开饭桌才坐上去。这种怪脾气我自己也不知道从哪里来的，总不会是从娘胎里带来的，但与幼时的由于是独养子，娇生惯养是大有关系的。

辞海编辑所后来迁到绍兴路。[①] 就是在这里，李俊民同志作了动员大家去西银[②] 的报告。我的确也想去。在上海，精神上痛苦日增，经济上也愈来愈困难，科技出版社的一本书不出了，到口馒头落掉，好几百元稿费无着，三联书店的一本虽允照约出版，可远水不救近火，借贷已经无门，旧书快将卖尽，来日大难，还不如一走了之。但回家与老伴一商量，她断然拒绝，斩钉截铁地说：要去你一个人去！于是乎只好拉倒。这时候的形势又像异常，有一天忽然命令去参观一个展览会，由一位姓柳的同事率领。展览会在一家出版社的阁楼似的楼上，展览的是几张报纸，一张是伪《浙江日报》的社论，说明撰述者即章克标，化名许竹园，云已被逮捕。一张是关于高天栖即现名为高锡钧的，说他曾经给一部什么伪电影撰过歌曲。回所途中，承姓柳的同事好意，劝我有什么反革命分子可检举，趁早检举为是。我明白了。

就在这时候吧，辞海编辑所忽然要编一本小词典，急于

①此时中华书局辞海编辑所迁到绍兴路7号，与中华书局上海编辑所合署办公。

②手稿原文如此。当为“西宁”之误，因沪语“宁”“银”发音相同。

星火。我曾带回家来，一个晚上编了一百多个字，其中有一个“抚”字解释“抚今追昔”，被辞海的一位编审大人评为消极低沉，但怎么积极解释，他倒也不大容易。现在想想，其实不难，说“就是忆苦思甜的意思”就得了。

1958年9月某日夜，辞海编辑所气氛紧张，大家都很晚回家。我在回家之前，陈副总白着眼睛问了我一句：“书卖得差不多了吧？”我不明其意，却预感不祥，回家之后，与老伴悄悄琢磨。她倒痴心妄想，说：“也许看咱们太困难了，打算恢复你的原薪了吧？”

第二天好像是中秋，不知谁送来了一盒广式月饼。我素不爱吃月饼（幼年时的细沙月饼除外），这天却吃了一只当早点，平日只带车钱和烟钱，这天却把一家所有——五元全拿了走。[①]

这天下午工间操之后，坐在我背后的老乌有人叫他下去，不多工夫回来，悄声对我说：“叫你下去，人事科。”他的声音低而发哑，大有异样，看他面色，也不平常。他通知我之后接着翻他自己写字桌的抽屉，一面连连吸鼻子干咳，大家都不禁对他侧目而视。

我到了楼下人事科，走进一个房间，只见陈副总一个人坐着，并没有人事科人员。陈副总一见我就招手说：就在这里，你坐下。我遵命坐下，他说你过去那样那样，现在又这般这般，党和政府从宽处分，送你劳动教养，接着要我交出工会会员证、单位工作证。我要求回家一行，他说不行，被头铺盖

---

①1958年的中秋节是9月27日。另据舒新城1958年9月29日日记：“全日在中华。上午九时半参加戚铭渠关于深入肃反动员报告，前周李俊民已作第一次报告，并曾处理反革命分子陆金度、陆元通、陶亢德、燕义权四人以劳动教养。”

已经派人去你家里拿了，同时自然会告诉你家里人你出了什么事。我一听之下，当时并不觉得大惊，反而有如释重负心里放下一块石头的轻松感觉。划为右派之后精神上的打击和经济上的困难，几乎把我窒息死了，反正欠债得还，不是押出杀头枪毙，三年也罢五载也好，期满回来，无债一身轻了，又可免得眼前的困苦，不久将来眼看儿啼饥女号寒的惨象。要我自动离家我决不能，被迫离家倒是正中下怀，我向来是逃避主义者而不是克服主义者啊。于是怀着并不十分厉害的苦恼回到楼上整理书桌抽屉。抽屉里本多零星纸张之类，还有向中华图书馆不久前借来的一本著名的讲英文史的英文小书，但都在前一两天还的还撕的撕了（不知由于什么），现在只剩下我自己的薄薄的一本日俄文对照的蒲列汉诺夫的《艺术论》，我带了它走。桌上还有一只茶杯，没法随身带去，只好留下不管了。（由于事情发生在工间操之后，有很长一个时期我一听见无线电广播的工间操音乐，神经就不安定起来。）

当时由陈副总同我下楼至大门口，老乌已经由保卫科一位同志陪上了一辆车子疾驰而去。我到门口，另一位保卫科同志见陈副总走向早经雇好的三轮车，就有陪我上车的姿势，但陈作了一个嘴势，他就止步不前，而由陈副总陪我上车，同车出发。他在车上向我说明：此去不是劳动改造而是劳动教养，仍有公民权，时间不长，去处不远……我一不问多少时间，二不问究去何地，只管滔滔不绝地同他谈日美外交，问他认识李长之和林庚不。他是清华出身的，就识之初，我们的室编辑已经大为吹嘘，说我们新请了一位总编辑，学问之好，好得不能再好。来社工作之后，我从他的审阅我们所审阅的稿子中看得出一点：他的中外文都很不坏，特别觉得他的字写得很好。不知什么原因，我很重视字，名作家的字写得有好有坏，例如两周一沈的字写得极好，丰子恺前期的字写得比后期丰腴，郁达夫、郭沫若的字平平，老舍的字有些古朴气，李长之、林庚的字不能说好。对于名作家我自然不会凭字取舍来稿，对投稿者呢，我就以字取文了，虽然并不绝对的。不过以字衡文有时是不可靠的，例如俞平伯，字写得在我看来是好得很，文呢，在我看来就看不懂了。

我是不知道此去的凶多吉少，也许甚至于有去无还身死异乡，只管天南地北地闲谈漫话，路也好像真远，我已谈得舌敝唇焦，三轮车夫也已踏得筋疲力尽，目的地还是未到。等到踏到停车，日已云暮。进得一所老式大房子，在外边一个侧屋里坐下，去我家里拿被铺的陆姓同事已经先在（或接着到来），我目睹我睡惯了的被褥今天竟由别人拿到这个陌生地方来供我用，不禁一阵心酸。接着似乎应该送我们进去了，而因为似乎缺少了什么，迟迟不能进去，到后来由陈副总去打了一个电话，不久有人送来一封信什么的，这才由陆君陪我们进到里面。里面已经人声鼎沸，热闹非凡，很多躺在双层木床上。我和老乌两人合一床，彼此摊开铺盖，默默无言和衣躺到天黑。

这地方后来知道是劳教人员收容所，地在沪北，房子是旧时会馆或灵柩寄存之所。一留留了几天，先是叫寄信给家里可以有人来接见，后来又说不要写了。饭食虽不丰，还可以下咽，其实“肚饥最好吃”，人到饥肠辘辘时，树皮、草根、观音土甚至人肉都会得吃的。在收容期间，开过一次很有意思的报告会，作报告的当然是领导或主管者，中心内容是请劳教人员放心前去，不用担心家里的爱人离婚再嫁。当时我听了非常感动，感觉到人民政府的爱人民真是无微不至，虽然我的爱人已经年逾知命，即使鼓励她离婚她也大概抗拒不从的。

我们前后左右的“同学”(当时这样称呼，因每天要学习，学习编组）之所以被送劳动教养，有的是因为偷看了女同志进浴室，如左铺的李君；有的是在百货公司盯梢女人，如右铺的张君。还有的只为了同邻居口角，更有只为了曾经劳教过或劳改过或管制过。九流三教，五花八门。后来有人说，这次之所以不大分青红皂白，劳教分子多多益善，是因为安徽建筑水库急需三千人工，恰巧上海要安徽供应三千头猪，以人换猪，各取所需，两不吃亏，所以上海方面尽量搜刮大有劣迹或略有劣迹甚至毫无劣迹的人以成交。这种说法当然是道听途说，不大足以为凭的，姑妄言之妄听之罢了。

花凉亭梦忆*

糊里糊涂地被收容了几天，正有些习惯了，忽然一声令下，打好铺盖，外面露天集合，衣被能随身带的随身带，不能的交所作公包运至目的地。我包了几件衬衫裤和一套新的棉毛衫裤，被褥同老乌的交所公运。晚饭后集合露天，明月已不当头，星光代了月光。枯坐闭目养神，不知坐了多少时候，奉命出门分头鱼贯上了公共汽车式的大汽车，其实这时刻星月无光，车内无灯，黑漆漆，我并没有看清楚坐的是什么车。又不知枯坐了多少时候，才开车，天昏地暗，郊区路径根本不熟，不知道经什么路到什么地方，只知道车停下车之后，鱼贯而上有篷但简陋的火车。每一节车中有管理人，分发咸大蒜和其硬如瓦片的特制饼干，还有面包。这些食品当时绝不想吃，谁知后来在安徽时求之而不得呢。可知人的生活爱憎是随遇而异，因境而不同，没有一成不变的。

火车轰隆轰隆把我们载到了芜湖，下车之后，人人成群结队携东带西步行到一个轮船码头。这时候光天化日，才看清楚大队人员之中，有的是衣冠楚楚西服衣鞋之辈，身材相貌，有的魁伟，有的英俊。到码头下船坐定，好事贪吃的集资去买包

*此标题原在上节文字中，据文意移至此处。

子吃。我没有零钱，肚子也不觉饿，只眼看胃口好的同学狼吞虎咽争大论小。

轮船开行了，人坐在拖船里，紧密得真像罐头里的沙丁鱼，连伸一伸腿也困难，挤出去到船头或船尾边舷小便，实在困难得很。有一次我去小便，望着船外的滔滔江水，很有自沉于扬子的念头。

船到了一个地方，名叫太湖，大家要离船登陆，步行到一个名叫花凉亭的地方。说是路途遥远，不止百里，有老弱可以乘船而去，但须严格审定。我，以年龄以身体论，足有水行资格，但我有我的想法，事情到了这个地步，前途险峻不问可知，迟早要历艰辛，何勿从现在开始锻炼，所以虽蒙组长叶君好意，竭力劝我坐船而去，并说由他向上面说去，一定可以办到，我也婉言谢绝了。

于是乎步行。路是公路之类吧，大队人马浩浩荡荡前进，比路面高出几尺的是一带冈陵，有持枪解放军与我们队伍并行前进。第一天大家走劲十足，但十月初的天气，使得人走得口干舌燥。初还忍耐得住，后就干渴难熬，沿途有小浜浅沟，不管水面铺着一层绿色的微生物什么的，渴极思饮的人，还是不顾居高临下监视在侧的兵士，跑离队伍去池边沟边双手捧水来喝。越到后来这样不顾死活的人越多了，但是我倒从来不感觉口渴，只感觉越走越没力气，双脚好像不再着地，真个是摇摇欲坠了。一个衣包早已交给李君代拿，到后来由他扶着我一步一步地拖曳前进。

第一天晚上在一个不知什么地方停下来过夜。那是一片大旷地。除供大家席地而卧（公家铺着大张席子）的地方之外，还有一块空地，让大家走走停停。就在这里，我发现人群中有我的一个极熟人，二十多年的老朋友周黎庵。他也看见了我，急忙跑过来招呼，说这也是他乡遇故知了，随他跑过来的是他的同命运的同事杜君。我在当时没有问他们何故被送劳教，到今天也不曾问明，他们倒有时自己谈出一些，还不是什么历史问题。

日暮后大家席地而卧，忽然微雨起来，上无篷帐下无出水沟，若雨大了，我们这些人真将成为落汤鸡！为此焦急的人当然很多，只听得一片雨落大了怎么办的担忧声，总算“天无绝人之路”，微雨旋即停止，连衣衫也不曾湿透，一天走得疲乏极了，又解除了怕雨之忧，很快就入睡乡，似乎连梦也不曾做得。

黎明即醒，管理人员分发炒米作我们早餐，无汤没水，干炒米怎么吃得下，不少人拿了来偷偷倒在席子下面，到我们刚一集合再作长行时，当地老乡已经揭起席子，扫尽炒米拿回家了。

花凉亭好像唐僧取经的地方，怎么走也走不到，我是闭着眼睛扶着张君的手跌跌冲冲如在云中雾里似的向前走去。到了太湖县城中，一问花凉亭，说只有三里路了，三里路在走乏了的人听来，有近在咫尺之感。我睁开眼睛，拿过衣包，很想雄纠纠气昂昂地大踏步前进，以示老当益壮，事在人为。然而空思妄想总不济事，走不几步，几乎昏倒。这样一来，三里路倒比三十里三百里更遥远更艰难了，我简直就想倒下来拉倒。

如果说世界上没有克服不了的困难，那么世界上也不会有走不到的目的地，虽然实际上没有克服困难没有到达目的地的人有的是，不过大家看不见罢了。例如在那次的劳动教养人员中，像我和周、杜二君及其他千百人，都可说是克服了困难的，但我们是幸存者，在劳教期间死去的人至少也以百计吧，在我说来，他们就是没有克服困难的人，这倒不是他们不想克服，而是能克服与否，有的困难是不容你个人意志决定的。

闲话少说，言归正传。我们走了不止一天一夜，终于走到了名字怪风雅的花凉亭这个地方。一到之后，但见篷帐已有(所谓工字棚)，大伙房也赫然在焉，伙房里还有人在煮粥或烧饭呢。工棚前面有一块空地，在这里站着看看晚霞远景，倒着实有些景色。空地过去原是一片荒地，已经掘有便坑。原来我们即将占有的地方及一切设备，都是从劳改队接受过来的，他们开到别处去了，腾出这里由我们继承。

晚饭是粥，不算太稀，粥菜忘了，只记得特别咸，有意如此，为的减少你小便。工棚里已分成铺位，铺着稻草，你嫌太薄，可以自己去一个地方搬些来。我只想躺下，即使有席梦思可搬，大概也懒得动弹了。然而躺虽躺了下去，却怎么也睡不着，只觉得头顶上有风在吹来。一查究，原来工棚四圈不是合缝的，也不贴地，外有一沟，你可以从棚沿伸手到沟里，那么换一头睡怎样呢，也不行，这床与对床之间，只有狭狭一条人行道，你头沿人行道，不免有被冲撞之虞，而且规定一律头向外足朝里而睡，也不容许你特殊化。有一次我买了饼干放在床头上，夜里饥了摸一块吃吃，不料有一天拿了块到外面去吃，只见丛满了蚂蚁。想来一定吃过不少蚂蚁了，但也许吃蚂蚁最有助于健康呢，我在劳教期间居然体健胜常，不大生病，焉知不是黑暗中糊里糊涂吃了许多蚂蚁的效果呢。

第二天正式编组了，我编在三中队老弱组里。周、杜二君也同在一队，但工棚在别处。老乌则不知去向了。以后横编组直编组，我不知换了几个组，换了几个工棚。正副组长当然也不知换了几个。在花凉亭的第一次的两位组长，我戏称之为酒囊饭袋。正组长姓赵，很爱喝酒，常常偷偷喝酒。他的衣裳都是新的，他可怪他爱人只肯出钱给他制新衣，不肯给他一些买酒钱。他的爱人听他说来，原是解放前地下党员某同志的交通员和掩护者，而这个同志我心中知道就是过去的一个同事。解放之后，那位同志负责领导一个局，赵的爱人领导一个厂，他被介绍到厂里在传达室工作，由于酗酒滋事，被送劳教。他为了要喝酒，不惜出高价托人私买，身边又没有钱，就为非作歹起来，例如有一次洗澡（千载难逢的大喜事），他“误”穿了别人的一双新跑鞋。谁知那鞋的主人老谋深算，鞋底里写着姓名。第二天来讨还，赵君怎么也狡辩抵赖不来，结果是“偷鸡不着蚀把米”，自己的鞋给对方穿去了而不敢要回来。饭袋副组长姓史，有些上海人所谓“寿头寿脑”的，自称原为教师，失业没饭吃，听说劳动教养期满后可以得到职业，自动投奔劳教收容所的。他身材并不高大，饭量却似乎特大，早晨大家都吃完了要去集合出工了，他先生还是秃头伸入粥桶里，在刮粥桶底和边沿上的余沥，事先还走来走去，问人有吃不完的剩粥没有。

初到花凉亭的几天，并不劳动。有一天一位队长之类率领我们若干人到一河边，命令泅水到对岸。到底10月份了，赤身裸体游泳过去，我一怕冷，二怕淹水，摇摇头，队长对我看看笑了笑，走过去命令别人了。人群中有老乌，他是游过去的。我们全队排行第八，名为八大队。队大概是驻扎在山上的，我记得出工时向东先经过一条溪，溪相当阔，有巨大的石块半露水面，人们踏着石头过，还要下一个筑有踏阶的狭坡，才是平地。放工回来多走的西面山坡上来，西坡广阔且较平坦，但一样使人走得困乏，甚至超过下东坡时。下东坡出工总是去荒村僻地扛柴火，下西坡则做正式工作，就是挖土做土方。无论东向西向，总是沿着一条河。运柴火虽说是轻劳动，但在我这个手乏缚鸡之力的人，还是重劳动，而且其中有诀窍，有弊端。去运柴火时，柴火堆旁必有队长或大组长在主持其事。有时候规定你必须拿多少斤，有时候由他看够了没有。有一次要涉河到对岸运去，水并不深，不过略过足踝，但我一伸脚下去，一个抽筋，几乎摔倒在水里。懂诀窍会设法的人，捷足先到，看准虫蛀过的木材挑选，再同管理的人打个招呼，这就万事大吉，一样粗细同样大小的木头，有虫蛀过比不曾蛀过的要轻得多，至于同管理者有交情，更好处无穷，因为他可以准许你拿了十斤木材就走，也可以你即使拿了五十斤仍说太少。有一次我到一个老远的地方运柴火，因与大组长已经有了交情，尽管他规定每人至少运三十斤，我只拿了几条破凳脚他就点头放行，回到队里一称，只有十七斤多一点过秤的，我本人都笑了，但是百步无轻担，那一次路途遥远，我虽只背了十七斤木材，沿途还坐下歇了不止两三次，还是觉得十分乏力。

劳动教养既然重心在劳动，有劳动力的人，其次是精一艺的人必然占便宜。我的两个患难同学张君李君，张君力大腿长，已被大伙房吸收了去，主要做运米工作；李君原是锯木厂工人，有锯木材的本领，队里在山下设一锯木厂，他立刻受雇用，每月还有工资近三十元。也有能文墨的，也有编墙报编表格之类的文墨工作可做，不过需要同时有劳动力，可以立刻弃文就武，而且巧于言辞，能使“上面”信任，特别是能讨“上头”欢喜。而且“人浮于事”，“粥少僧多”，像我这种人是休想得那种美差的。

说实话，一般的劳动我并不怕，劳教之后，身体似乎反比终日伏案深夜执笔时健朗，连伤风咳嗽也不大患，头昏脑涨神经衰弱的老疾病，好像一去不复返了。不过虽说如此，有几次的劳动却实在苦得我简直想哭出来。一次是出工时另外带些东西上工地，我带的是十来根二三尺长直径二三寸的木条。捆成一把一拎就觉得沉重，及至到一地方要翻山越岭过去时，无论怎样拿不动了，眼看队伍已大半过山，人越来越少，我坐在地上无计可施，真想痛哭一场。幸有一位徐君相助，代我向他熟识的一位同学商量，将木条由他扛去，他带的箩筐由我挑到工地。有一次是在远处一个地方做土方，收工时忽然落起雨来，雨量中等，收工时本已日暮，一落雨更觉天昏地暗，道途泥泞，幸而我足穿布鞋，不致跌跤。我不管路高路低，头湿颈湿，只知道挑着箩筐，紧跟前面的人直向前冲。快到工棚时，在我后面的一位忽然猛踢我的箩筐，怒声斥责我道："怎不走快些，再踱方步我就一脚踢你下去！"我听得出骂我的人是有名的凶狠家伙，他若真个踢我，我只有被他踢到下面深沟里去。就在这时，又听到一个人的声音，和气而坚定地说："老罗，不要这样，他前面还有人呀，要不，你上去叫他退后来。"为我解围的是李君，他是大学生，但年富力强，那位老罗不能不听他的劝。这位李君后来不幸死于非命，经过让我稍待告诉你。第三次是在对河扛树，这条河并不阔，桥是几根木头排成的，不大容易走，而且清晨河面常多雾，戴着眼镜的我走这和独木桥差不多的木桥，实在觉得困难。人在这种困难关头，意志或精神力是起一定作用的，就是说你心里不要怕，当他是平地，也就"履险如夷"了。这不是唯心论而是经验谈。后来我在另一工地，要过一条小沟，沟上架有相当阔的木板，按理大可安然踏步过去，谁知第一次过时一下望沟水潺潺急流，一怕，等有相熟的人来了搭着他的肩胛才敢走过去，从此没有一次敢于单身过这板桥。

却说那次在对岸一大堆树木中由我们一人扛一根回工棚，我当然挑较细的，请示队长，他说不行，我换一根较粗的还是不行，到第三个不行，他不火我倒火了，指一根很粗的，他说行，我用尽全力扛过河来，放下一休息，立起来想再扛上，却怎么也不行了。多蒙一位姓沈的助我一臂之力，和我共同扛到山上。第二天去一远地运柴火，路过一小镇，见有前门烟，买了一盒坐下休息时点起一支，一口吸进去喉间有些异样，一口痰吐出来，不是痰而是血。没有第二口，我就立起身来拍拍屁股要走了，同行陈君却说，你何妨把这血带了回去，请医务处医生一看呢。我听他的话，用一张便纸揩它起来包好放进袋里。当晚上医务室，一位年轻医生看了血，大不高兴，连声说："快！快！快摔到痰盂里去，脏死人！"所谓医师，其实也是劳教人员，我在上海时一向讳疾忌医，不上医院不求医师，劳教以来，没患过什么病，不想请病假，见了那医生的像煞有介事，更不愿无事登三宝殿了，这次因为是吐血，才听陈君的忠言，请教医生一次。

扛树木更见得劳动力强者的便宜处。扛树料照例一天只须一次，年轻力壮的黎明即起健步如飞赶到树木堆积场，挑一根细而短的急足回来，常常日还没到中天，一天任务已完，多余的时间，随你躺躺坐坐缝缝补补洗洗濯濯。像我这种老弱残兵呢，唉，老牛驽马似的好容易拖到了木料场，只见剩下来的三五根树干，都是又粗又长，你想一个扛吗，谈何容易，等到有比我还后来的，心想同病相怜，彼此总可互助了吧，不料他还乘我之虚，装腔作势，好像他力大如象可以一扛十根廿根似的，直待你再三恳求一再情商，许以酬报如香烟几支饭若干两之后，他才勉为其难，和你共扛一根。扛时又有手法，就是要扛小头，扛在肩上的已近树干的四分之三处，这样树的重量就多在你肩上了。

有一次扛过一次以为照常例没事了，忽然一声哨子响，命令再去扛一次。时间已经夜快了，天又下着雨，我和一个姓刘的老者，好容易走到半路一个凉亭里，看见有一根较短的树干丢在那里，不少人恳求队长容许他扛了回去，队长一律摇头。看见我和老刘到了，不声不响，稍息就要出亭前奔，他忽然说："这一根你们俩扛回去吧。"这当然如闻纶音，不但路省了一半，树干又短，更许两个人合扛。然而尽管如此，终由于我们两个人力气太小了，又是一长一矮，扛到快近山脚时，不得不在一家人家的门口停下，进去讨一碗水喝。主人是位老婆婆，很同情地说："你们一位是这么老了，一位又是文绉绉的，落雨天地上滑，亏你们扛哪。上山去小心些!"

在花凉亭的劳动中，有两次现在回想起来还是有些不寒而栗。一次是和同组一个姓封的共扛一袋胡萝卜。姓封的他说学的剃头，他的两条腿大概长短不一，走起路来只见他右脚一翻一踢，很少同人讲话，倒是在出工时自言自语不停，谁也听不清楚他在说些什么，面带笑容，头仰朝天。队长禁止他这样，他置之不理，有时候你越不许，他越讲越笑。把他绑起来，绑在电杆木上，他也不管，只有更加呓语连篇，仰天大笑。我们都说这个人真要叫他剃头，被剃者的头可不保险了。大家叫他封剃头。一天收工回来，路经东坡下，有队长拦住不准去西坡上山。平时随你东西，天黑之后为安全起见还只准上西坡呢。今天反常，心知有异。果然，上不了几步，有伙房人员指着堆满一地的许多袋胡萝卜说：“两人带一袋上去，不带不给夜饭吃——队长吩咐的！”这天同我合扛泥沙的是老兵冯油子，这人自称在北洋军阀军队里当过排长，人很矮，力气小，但能想方设法少用力气。他一见有不装袋的胡萝卜在地上，就一拉我的衣角，说：“咱们装一筐抬上去吧，丢在地上多可惜。”伙房人员再说一句：“要抬一袋的，不抬不给吃夜饭——队长命令。”冯油子对我悄声说：“管他妈。”过去，雷声大雨点小的事情常有，这一次大概也不会雷厉风行，不折不扣吧，我听了他的话，两人尽快装了大半筐，杭育杭育抬上坡过山溪到伙房。谁知点收人员一见散装胡萝卜，拒不点收入册，我还感觉为难立着不动，冯油子一声管他妈之后，把胡萝卜一倒管自走了。结果，在饭场里宣布没有抬上一袋的人的名单，这批人必须补抬一袋，才能去伙房补领夜饭。冯油子说：“谁稀罕吃了只多几次小便的薄粥，老子不喝，睡觉去了。”我也未尝不能牺牲这一餐广汤薄粥，但担心另有后果，举棋不定。在这时刻，也没有抬一袋的封剃头来同我说了：“我同老田搭的档，他也情愿不吃粥，不愿再去抬了。我，我同你搭档下去抬一袋好吗？”我实在怕他的疯疯癫癫和走路的一翻一踢脚，抬着至少三五十斤一袋的东西，搭档者是个跛子兼疯子似的，上坡涉溪出了事怎么办？但是事到其间，多考虑也无济于事，胆大将军做，冒一下险吧。两个人匆匆下山，抬起一袋就走。封剃头还是面带笑容自言自语不已，但脚步稳定，平安到达伙房。我把我的一份夜饭分了一半给他。

另一次是做夜工，抬石块。那是新炸成的洼地，石块纵横棋布，地面凹凸不平，电灯虽有而亮，地面到底黑黑的看不清楚，抬着相当重的石块，很可能一绊跌倒。还要上坡道，到一大路边，要在络绎不绝飞快而来的劳改队推的车子空挡中迅速穿过去倒掉石块，在我这个近视眼力气小的人是件不太容易的事情。炸开的石块当然有大有中有小有厚有薄，大中石块装不进箩筐，用麻绳系牢，这工作有诀窍，不是人人会做。小块石头装进箩筐。有一次刚刚乘隙要穿过大路，忽然飞来一辆车子，与箩筐猛撞一下，幸而车未翻倒，箩筐没有撞到抬前杠者的腿上，总算平安无事。那辆车子的忽然飞来，是由于在我们后面的抬石块的两人中有一人向前丢弃一个香烟头，给那个推车的瞧见了当作天赐黄金，捷足抢先来拾。劳改犯好像不像劳教分子的可以随意买烟，而他们的烟瘾可一样大。他们时而准予吸烟时而不准，有一次我问一个人为什么又准许吸烟了，你猜他怎么回答？那才答得得体呢：“政府照顾我们。”

我们的队是八大队，队址大概是在山上，不过是平顶山或削去了顶的山或岗或丘陵，出工要下坡是队在山上的明证。我宿过的一个工棚，迎门是石壁，有茶树野生其间，后来的大伙房用水，系用毛竹筒从后面引来的溪水。地方周围大概有几里，你若有闲情逸致，还可以探幽寻胜，即使不探寻，也可以在这一角或那一隅遇到一泓溪水一个深潭，水冰凉碧清，可以洗衣服可以洗脚腿。总而言之，在我的印象和记忆中，花凉亭诚然不是风景区和名胜地，不足为劳动模范劳动功臣的休养或疗养地，倘能略讲卫生，作劳改犯劳教分子的安身地，仿佛未尝不是个改造思想的适当场所。

人多条件太差，这种地方要讲卫生是困难的。我们到后不久就有人患痢疾丧了命，再不久，不生虱子的人没有了，幸而没有发生斑疹伤寒。饮食呢，当然绝对不可能讲什么营养三大要九维他，但若能稍微注意一些管理，那么青菜淡饭新鲜空气适度劳动，是可以保持人们健康的。但事实是吃粥吃饭的办法实在可以商榷，特别是一餐早粥。那是在天未亮吃的，隔夜由伙房抬几桶粥（几个组一桶有一定）放在一块空地上，如果是四桶，就东南西北四方各一桶，五桶呢，东南西北中。打粥的地方没有灯，吃粥的人都在天未亮时争先恐后蜂拥而至，假如某几组的一桶有固定地方呢，那就好了，你摸到那地方就是了，然而桶的放处不固定，今天在东，明天也许在西，于是乎冲锋来打粥的人就大声问询：某组在哪里？某组在哪里？问得声嘶力竭，即使有人回答也难听得清楚，真是一片吵嚷声如鬼哭如狼嚎，直到东方发白，这才寂静一些。还有粥菜哩，由各组的“小值星”向一位分发者用面盆领取，再分发各组员。时间至迟也不过黎明，粥菜是些什么，眼光不好的人不大容易知道，至于菜中夹杂些不洁之物，那么即使你双目炯炯甚至目光如炬，也很难明察秋毫。吃粥的时间又有限，非“老油条”只好囫囵吞下，接着领工具排队伍急急匆匆下山岗。在这种情况之下，我往往走不多远就觉肚痛，好在田野无人百无禁忌，你尽管离开队伍去田间一快可也。

在花凉亭，八大队的任务是建水库，实际它是不胜任的，为时不久，就从东北开来一支劳改队伍，他们是建水库的老兵能手，个个高身材，大气力，连衣帽也自有一套。据说就以倒土而论，这支队伍就创造了先进方法，比一般要快速得多。我眼见他们两人抬着满得几乎溢出箩筐的泥，健步如飞到了目的地，一人手把绳子一拎肩胛一侧，一箩土已经倒得干干净净，你如眨一眨眼睛，会得看不见泥是怎样出箩筐的。想想自己初到试抬泥沙时，泥沙才铺满箩筐底，就是说至多有五分之一筐，抬在肩上已经疼痛得很。直到离开花凉亭时，也至多只能抬六七成筐，而且还不是大而且深的箩筐。

在花凉亭时，周黎庵是和我同一中队而不同组且在别一工棚的。他对劳动似乎不感兴趣，成了众矢之的，有一次工地上有大幅漫画画他一个人在挖泥。他吃亏的是身材高大，组里就派他推车。有几次我下西坡过河劳动，看到他站在河边，口衔烟卷，身旁放着一辆装满泥或沙的车子。又有一次大家坐着在敲石子，他老兄站着不敲，宛如鹤之立于鸡群，自然引人注目，而为同组人所不满。老乌呢，自正式劳动以来，简直没有看见过他。有一次薄暮他看见了我，走过来招呼，但只说了一句话："太重了一些。"我揣想他的意思是右纵有罪过，惩罚得也过重了。但这只是他的论调，痛恨反党反社会主义的资产阶级右派分子的工农兵，恐怕不能同意的。从此之后，我未再看到老乌一面，初以为分调别处天各一方，谁知道人天永别不再相逢了呢。他比我年富，也比我力强。

在花凉亭几个月，奉命他调。一部分调到霍邱响洪甸[①]，周、杜在其中；一部分调到佛子岭，我在其内。命令下来之前，已经有了消息，人们纷纷议论哪一处好。据一位本与杜君同组后却改调佛子岭的汤君说，当然佛子岭好。何以见得呢？他说队长告诉他的，那队长姓李，曾经面谕过我："姓陶的，你是罪该枪毙的。"大家知道他与队长有交情，既然队长说的，老汤又明明为了要调佛子岭才调的组，佛子岭胜于响洪甸，一定是无疑的了。这位老汤是位货真价实的大学生，家道大概不

---

①手稿原文如此。应为霍山响洪甸。

错，常有长方形大邮包寄来，他又吃得很省，日积月累，铺上一大半地方被罐头食品占去了，所以他每调换一次工地，总要想方设法请人为他的众多行李设法搬运，而在他的行李之中，还有一件特别东西——一架小提琴，他年逾三十而未结婚，说爱音乐如命，他对各地方言仿佛也有研究。他的父亲是有名牧师，寄来的邮包中物多系亲友馈赠。邮包上的字是老父亲笔，写得端正挺拔，老父亲还常来信安慰他，说自有上帝保佑云云。这位先生的吝啬可称罕见，我曾向他借过一次开罐头的家伙，是新式的，只要卷不用撬，事后他问我要空罐头。我说你有那么多罐头还不够么，我那只已经给人作盛菜家伙了。他听了很不以为然，说开罐头家伙是我借给你的啊，下次不借了！

离开花凉亭当然没有什么依依惜别之情，倒是觉得劳改犯劳教人员的降临此地，糟蹋了它的好些壮丽的大树——砍倒锯板作了棺材。还有是原来的两位组长没有同行，史饭袋以后未再见过，赵酒囊本来是同去的，但听说人已生病，用担架抬来上车时，没有抬到已经断了气。

在花凉亭还有些事情可记，但是琐碎得很，不值得多浪费笔墨，只简单追述一下一个姓顾的同学。这位顾君年纪不轻了，人很厚道，所以被送劳教，是由于他有一妻一妾，妻妾不和，我搞不清楚一个人有妻妾不和何以要被送劳教。这位顾先生有一本领，就是能够在雪地或冰冻地上行走如常，我为了有一次去队部领取邮包，冰冻地上一滑仰天跌了一跤，从此不敢走雪地或冰冻地，不走又不可能，你不能闭户不出呀。他就几次扶我而行，又有一次深夜扛道板，他也帮了我很大忙。后来，不记得再见过他，莫非他……

汪家冲漫笔

我们说是调到佛子岭，其实不是。佛子岭水库早已建成。我们是到佛子岭进去的一个地方，名叫汪家冲，那地方的交通是水路，我们乘船而到，船行时右面是连绵的崇山峻岭，山壁黑黑的，相当阴森可怕。

汪家冲不像老的劳改队劳动地点。我们的工棚搭在山脚上，工棚只两个，还没有建成，我们到后才完工。搭棚用了竹子，这地方毛竹不少。在到伙房的山路上就有毛竹破土而生，毛竹生长之快，三天后能长几尺，证明了雨后春笋这句成语之妙。四面围有篱笆，有人种了扁豆，攀篱绕笆而长，扁豆花像只小蝴蝶。圈内除了工棚，还有两块菜地，一块种的苋菜，割去一批会再长一批。工棚后面是山，上面后来种过南瓜。山上大概有猫头鹰，黎明之前常听得一种叫声，清亮呜啭，人家说是猫头鹰叫。伙房左近原有一块地方，我们到后才整平的，整地时砍掉一棵比人还高的杜鹃花，我大为可惜。杜鹃花我们故乡叫映山红，我幼时去上坟时总必看到。它遍山开着，我们折来吃它的瓣，有些酸味。但我所看见过的映山红，都是短短细枝着地而生，从来没有看到过高与人（即使是小孩子吧）齐的映山红树。同映山红同时同地开着的叫牛郎花，黄颜色，花瓣比映山红大而厚，不能吃，映山红据说多吃了也不好，要流鼻血。好在吃它的，就连好奇嘴馋的孩子，也决不会多吃，到底没有什么甜味的。

离伙房有一段路，有两途可循。一条是出门向左经田间登山径，由于山径上杂树乱生，未经修整，路又狭窄不平，走的人较少，虽然近一些。走大路是出门向右转，路像公路，但非石铺也不是柏油水泥，不是行驶汽车的，大概是交通本地四乡的通路。路左是河，水面几与路面齐平，我们早晨就在路上洗脸刷牙。到工地有几里路，每天上工总必经过一个竹篱茅舍，篱上开着淡紫色的牵牛花，素雅鲜美，瞬即凋零。塘址大概原为田地，附近有人家，种着玉米高粱之类。但从不见人，也许是不愿与劳教分子往来吧。走路边种着毛豆，好像不是有意栽种的，无人管理，豆才结就已生虫，毛豆大概容易生虫，在上海，过去吃毛豆也常会吃到虫的。

到汪家冲建筑鱼塘，不像造水库那么紧张，连运泥也不用箩筐而用畚箕，改两人抬为一人挑。两畚箕的泥可以比一箩筐的少或多或相等，这全看给你上泥的人是有好意还是怀有恶意了，而他呢，也大抵不能自主，要看大组长的神色。在汪家冲有一时期给我上泥的是有名的铁拐李，此人跷脚（有人说假装成真的），面貌凶狠，北方人，上泥很有本领。有一次他给我上的特别多，上足之外，还扑几扑使泥结实，也就是可以多上些。我看他有意作弄我，一气放下畚箕，说不挑了。他说你对大组长说去，不是我同你过不去。

这位大组长姓郭，在花凉亭以弄虚作假通同作弊有名，但是很得一位姓汪的队长的信任，我们调佛子岭时，他同汪队长一同调来，还升了大组长。他有力气，水上陆上都来得，为非作歹的能力特别强。例如有一年号召大家种南瓜，大家种了不少，他就同有办法不出工的一个组的组长勾结了，把所有长得差不多了的南瓜摘来煮了吃，结果吃得一个不剩。那两位组长一姓余一姓叶，都是上海滩上有些办法的人物。余组长是资本家，送过郭大组长一块外国货的手表；叶组长看样子手面没有这样阔绰，但他另有一套，讲起食谱戏目来头头是道。郭大组长还同汪队长勾结，例如有一次他在工地上忽然当众宣布：全国粮票就要作废了，有的快拿出来换东西吃。其时我有十斤全国粮票在身上，乖乖地交给了他，他给我一包东西，原以为可以充饥的糕饼之类，谁知拿回工棚馋涎欲滴地打了开来，却是一些发了霉的咸菜。又有一次我爱人不远千里而来，给我带来几个好不容易才得来的罐头，我放在床头上，放工回来不见了，报告了他，他还为我搜查同工棚者的床铺，而且声色俱厉地再三叫同工棚的人招认或检举。到后来才知道是他叫绰号大盗的一个人偷了去献给余组长的。这位郭大组长后来事发被批判，给另一位姓邹的大组长恶作剧了一下，办法是在他头颈上套上一根粗麻绳，麻绳一端系着一块大石头，绳比他身材短些，要他俯下些头来，从此一批几小时，他始终不能伸直头颈，大叫饶了我吧。

在三年自然灾害期间，一天到晚心里想的嘴里讲的，都是吃吃吃。说也奇怪，家里寄来的邮包常常内容被窃，起初大家以为是乡下邮局老鼠多，是它们咬破邮包偷吃了去，后来发觉有些老鼠不吃的东西也少了或不见了，才怀疑到是人偷而非鼠窃的。有一次我接到一只快包，明知道有两磅奶粉的，领来邮包拆来一看，只剩下十分之一左右。到底是谁偷了去呢，大家自然有猜测，而且也许猜测得虽不中不远矣，但哪个敢胆大得公然说出或向窃者交涉呢。到后来却给一位从来没有邮包寄来的杨季君知道了，那是一位队长做的好事，何以知道，是他无意中听见队长夫妇吵架，夫人骂他偷人家的食品。究竟如何，我还是将信将疑的，因为有一次去队长宿舍领邮包，他当场拆开，内有较好卷烟几十包，我当场拆开一包敬他一支，他呼了几口连声说好，但我送他几包时他却坚决拒绝，甚至于说，你想用糖衣炮弹么？隔了不久，他被调走了，郭大组长也挨了批。

在这时期，医务室所有的一间病房，真有人满之患，我这里只略记三人。一个姓雷，原在上海一所中学当代课地理教师，斯斯文文，从不粗声大气，我去病房看杨君时，雷君托我代借几只碗，说春节听说有五只菜，不能放弃，我碗不够，拜托代借几只。哪知道春节未到，他已永别人间。

另一位杨兄，病也垂危，他说他下得铺来，就再跨不上去，尽管铺低矮得很，高不过尺多。他说他听盛医生说，老余有种针药，治我这种病再好没有，你同老余还谈得来，能否给我同他谈一谈，救我一命，卖一打针给我。我去同姓余的一说，他是肯出让一盒的，但说要现款交易，价并不贵，五元就是了。结果杨兄拿一件未曾穿过一天的一件卡其新上装托医生卖掉，买来针药，果然药到病除。

我识杨君，是这样的。有天收工回来，路上有位龚君和我谈起我的往事，说那的确是我的罪错，应该受罚，所谓罪有应得啊。说到这里，背后有人接口道："恐怕言不由衷吧。"出言吐语这样文雅，使我不禁回头一望，只见一位相当高个子，面貌清秀，戴一副金丝边眼镜，年约三十左右的人。从此和他订交，以后成了知好。杨君沉默寡言，行为有些奇特，例如他自制一帽，像和尚帽，斜戴着像是美国兵戴的帽子，曾被汪队长当众摘去，动员批评。他可批评由你，我戴我的，第二天依旧斜戴着这只美军式帽子上工。他又专心学做裁缝，愿拜同工棚一位真正的裁缝师傅为师。虽然后来好像未曾学成，到底会得缝缝补补，我的衣被破了，都承他一手补好。当我生了虱子，心里烦躁，口出消极言辞时，他总劝我："你要保持平常的正常作风，生活依旧有规律，不要为小小虱子所征服，消沉绝望，我们总还是有些前途的，天生我才必有用嘛。"

人在饥肠辘辘的时候，有什么吃就会吃什么，有一位姓朱的青年，手不释卷，郭沫若的《洪波曲》就是他借给我看的。但他在伙房外边看到沟里的鱼鳃和南瓜瓤时就饥不择食地捞起来生吃了。至于好吃的食品如山芋黄豆月饼之类，只要能够买到，不惜出重价购得。有一时期有一组去对河砍柴，能够向农民买到熟山芋和煨黄豆，买回来你抢我夺，供不应求。凡是吃过几次山芋的人，脸就很快丰腴起来。讲什么营养学，久旱逢甘雨，饿透了吃什么都是补品，有谁说过山芋是营养丰富的呢？我也托砍柴组组长代购煨熟的黄豆，每天一只三号搪瓷杯，放在我的外有蚊帐的铺上。我收工回来，揭开帐子，拿起杯子，一阵鸡汤样的香味引起我的强烈食欲，一杯落肚，再去打粥，任你广汤薄水，我也满不在乎了。这样好的东西当然需要相当高昂的代价。吃了若干日子之后，我只能以一件未曾穿过的新卫生衫还债。

还有一次在外地运砖瓦时，适逢中秋节到，当地有月饼出售，这一须全国粮票，二须现钞。前者我有，后者有一年轻人说他可以负担，结果买来八只月饼，一人四只。饼并不好，粗面粉粗砂糖，缺乏油，硬得伤牙齿。但这八只月饼啊，后来知道那青年是卖掉一件新上装得来的，这我听了觉得很为抱歉，早知如此，我决不拿出我的全国粮票来了。

说到全国粮票，那时候非常受人珍视。有一次我去伙房，一位伙房人员曹君对我说，你有十五斤全国粮票收到了没有？我说没有。他说昨天邮局送信件来，我看登记簿上有你的十五斤粮票，不过已经有人签字收下，签的字不大清楚，好像姓江。从伙房回来，路上遇见一位姓沈的干事，我问他队部里有姓江的没有。他看了我一眼，想了一想，说没有姓江的。我去报告队长，他倒说有的，但听说这几天出差去了，待他回来我给你查一查。结果有一天沈干事交给我一只剪开了的保价信信封，内有全国粮票三个五斤。

汪家冲的主要工程是筑鱼塘，劳动要算轻的，但病号还是不少，这些人多是安分守己虽无大病却力乏神倦，不大会得东奔西跑为非作恶了的。但上面总不放心，派一个人管束看守。这人姓符，长条子，刮骨脸，终年不出工的。由他一管，病号就不得自由了，一不许他们躺在工棚里，二不许他们去田间走走，而是要他们集中起来，集中了又不准交谈任何事情。他这样做，损人不利己，当然怨声载道，但他反正不会亲耳听到，而且只要上面嘉奖，即使得罪些人又有何妨。不仅如此，他还发号施令，叫这个干这样，命那个做那样，总之是使你不得安宁。后来他忽发心脏病，当医生叫人来抬他出去时，他大呼："我不要死呀，我要活呀，救救我呀！"这个人并不是什么大憝巨恶，我记述这点并不是聊以快意，而是觉得人，大概是十个有十个贪生怕死的，只有怀有革命理想、信仰马列主义毛泽东思想的人，才能鞠躬尽瘁视死如归！

我的克服饥饿困难的办法，是置饥饿于不顾，或有意置之不理。例如我在中午领得一盒热的蒸糕，打来一大杯南瓜汤回到工棚，先把糕用汤匙柄划成二十多个一寸来见方的小块，用被一裹，拿了要洗的衣服到一个被我发现的水潭去洗。地方就在去伙房大路右边一片稻田过去一些，先经过一块插着某某某死于某年月日葬在此地的木片的丘陵似的土地，再向右进去几步。水潭里有几种水生昆虫，有的腿长而细，在水面上走，有的在水中升沉进退，我人还没到，它们都已踪影全无。我到后屏息立定，它们重又出现，但我想用面盆兜捉它们时却怎么也捉不住。

另一个抗饥方法是故意迟迟去打饭。这还是在花凉亭练就的一功。大家在快近中午时，望送饭来就如大旱之望云霓，远远望到，就准备碗筷，等饭桶放好地方，说明是哪几组时，人们一拥而上争先恐后，这当然是饥肠作怪，同时也许有一种劳动久了渴望休息一下的要求夹杂在内。一桶饭供几个组，常常排成左中右三行，每行相当长，打饭的人又好像故意慢吞吞的。在这时刻，我就从袋里拿出蒲列汉诺夫的《艺术论》来看，到饭打得差不多了才上前去。说老实话，这样的看书是看不进的。

饥饿固然难受，过饱也极不舒服。有一次山芋当午饭，一人分得一面盆。我先去皮，然后装进搪瓷杯里捣碎成泥，一匙一匙地吃。大概味美可口，吃了一杯又一杯，结果饱得坐也不好，睡也不好，立也不好，走也不好，比肚子饿难受得多。

饭吃不饱固然不好过，烟吸不着也很难熬。我在劳动教养期间，吸不到烟的苦闷，不止经过一次。在花凉亭时，最初还吸过罐头前门烟，后来只有本地劣质烟吸了，因为它味差没有一点香气，一支烟还吸不到一半就丢了呢！到汪家冲时烟已经不怎么容易买到了，但有儿子的接济，他那里的宝成牌香烟，质量着实不错，它还害了孟夫子担窃贼的恶名。孟夫子姓孟，睡在我铺左边。我拿宝成烟装在前门罐头里放在枕旁。每天早晨看看，总好像少了几支。有一天孟夫子病假不出工，我突然问他借他的烟盒子一用。他借给了我，我打开一看，盒子里还有一个香烟头，恰巧是印有宝成字样的一头。他的拿我烟吸，方法是看我熟睡时把烟罐拿去，放进自己被筒里再打开罐头盖子，拿出几支，把盖盖上，放回原处。

我曾经以一角钱一支的高价，向人买过几支飞马烟，买本地人的烟叶卷起来吸，以茶叶当烟叶装在烟斗里吸。有的人种起烟叶来，收获之后珍藏起来救急。

有过一个时期，火柴很难买到。这时候有烟无火，一样使人难受。但自有聪明才智之士，想出办法来解决问题，克服困难。办法是用透镜和老光眼镜向太阳光取火。我们就叫作“靠天吸烟”，因为在阴和雨的日子，这方法就失灵了。

到汪家冲后，人较少，劳动较轻，筑鱼塘外，还打过蒲包，割过麦，耨过秧，搓过麻绳。搓麻绳可以坐着干，最轻松，但我这双笨手呀，尽管有人把着我的手教，还是搓不好，搓出来的绳总是扁的。所谓耨秧，是赤脚在水稻田里摘掉形同稻的野草，我在这里有生以来第一次遇到蚂蟥，那是耨完之后，用布擦干双脚，忽然发现趾上流血，却又不痛，不觉惊异，经人告诉我这是蚂蟥叮了的结果。割麦不难，捆麦却不容易，捆麦的绳，用两绺稻草交叉成功。两绺稻草怎样才能不打结子（也不可能打结）而成一条不散的绳子，也是一种手艺；捆缚麦子，又是一种手艺。

到汪家冲后曾经东奔西走地到一些乡间僻地劳动，行来走去，常多野草闲花。例如有一个地方路旁桑树成林，我们大采桑葚吃，有一个地方丛生着金银花，幽香扑鼻，我采了好多放在枕边，还诌了四句不知什么：“金银花开五月边，鹅黄乳白色天然。此香直欲追兰蕙，许尔枕边伴我眠。”我还摘过芝麻绿豆，看见过胡蜂窠。

我于1962年五一国际劳动节解除劳动教养。劳动教养有期限吗？据说是有的，但可以缩短可以延长，看劳动表现如何。提前的延长的我都知道有，就不知道自己的到底是几年。从1958年9月底到1962年五一节是三年七个月，那么大概是三年半吧，但也许只是三年甚至二年半，给公文旅行耽误了一年半载也难说。且不管它，解除了总是好事，我立即写了几张明信片分告妻子儿女。解除劳教时的工地，已经不是汪家冲而是离六安不远的一个地方——三十里铺或二十里铺。一宣布解除之后，立刻迁出原住工棚，另住一个工棚，同棚者只有一位上文讲到过的叶君。原来的工棚在下面低地上，解除分子住的呢，在高地上，这除了打粥打饭方便之外（伙房也在高地），实在别无好处。不但没有好处，反而因福得祸：工棚是漏的，天恰巧下雨。奇怪的是，天一下雨，这个工棚里就有黄色小蜻蜓成群出现。

解除了，劳动也从抬沙泥石子改为写黑板报。这工作其实不如抬抬扛扛，因为黑板报奉命对人们的劳动要有褒贬，而又有什么人不愿听赞美声而爱听批评呢？任你婉转其词，被贬者总心领神会，于是对你来个冷嘲热讽，说老实话，我怕他们的拳打脚踢呢。

劳教人员本来好像每月有几元钱可拿的，解除之后要开工资了，我记得我是每月二十七元。这在政府是赔钱的。记得在花凉亭时，几个队长都异口同声说过：“你们这批人呀，做出来的连喝开水也不够呢。”现在我要不劳而获二十七元了，真是无功受禄，受之有愧了。

汪家冲当然不是世外桃源，但我对它却有一些好感，不像对花凉亭那样想起来还有余悸似的。打个比方，我从上海到花凉亭是个急剧的生活波浪，从花凉亭到汪家冲却像从大风大浪到风平浪静。到花凉亭如像从洋场到莽原，那么从花凉亭到汪家冲好比从荒山野墺回到似曾相识的偏僻乡村。这里有环境的因素，也有心境的因素。境很难由心造，但造一点气氛是可能的。

解除不多几天，奉命返上海，一行十二人，其中有几个是响洪甸的被解除者。被命令回上海的人，旅费由公家发，回到上海后，户口问题自已想办法，最好是回故乡支援农业，没有定居之前，由队部按月寄三十斤粮票。当时就有人说：“这是踢皮球，上海怎能报得进户口？”记得在搭到合肥的公共汽车的地方有一个邮局之类可以发电报，我发了给老伴的一个电报。到了合肥，时在午饭时候，开车还有好些时候，买了车票做了行李之后，上饭馆吃了一餐，喝了一两濉溪大曲，价七角。候车地方，有像乞丐的人不少，你如在吃点心，他就站在一旁。

坐火车至蚌埠，转车到南京，改乘宁沪车到上海，在这一段又甜又苦又辛酸的旅程中，我回想起年前老伴到汪家冲来探望的经过。

依法劳动教养人员既然仍享有公民权，家属来探访当然可以，事实上也并不不准。不过从上海来路途遥远，像汪家冲这种不是通都大邑连地图上有否也很难说的偏僻地方，叫妻孥不远千里而来，谈何容易，也于心不忍啊。何况要她们来的目的，是只想她们携来大量食品，而三年自然灾害期间，就连上海除非你有钱有办法，也没有多少食品可买啊。来探望过的家属，前有易瞎子之妻，继有陈油子之女，她们的谈吐举动，都表现出上海妇女的精明能干应酬交际一套。从易妻口中，我们知道食品难买，从陈女嘴里，我们知道只要有钱，食品还是应有尽有要多少可以买多少。她就遍问同学，你们要带的话，她下月还要再来，写信叫家里买好了等她去取可也，一方面写条子给她凭条取物。她带来的东西的确不少，吃的用的如药品肥皂，她父亲陈列了一铺展览，还可以任人选购，我选购了几粒甘草片，因为咳嗽得厉害，给他索了高价。我虽明知陈女之言切不可听，写信通知老伴如有不相识的人来说可以带东西，千万勿受其骗，还是诉说饥饿之苦，请她尽可能来一次。

她果然来了。她是一个家庭妇女，从未经过风浪，人又封建守旧，既要晕车又要晕船，在上海连公共汽车和电车也怕乘的，因为在车上要呕吐，至少恶心。然而为了我这个害她喝了第二次苦杯的人，竟然心一坚，不畏行旅之难，路途之远，迢迢千里，前来探望，这，她说，要在解放前我是不干的，现在解放了，坏人少了，娘儿们行万里路也不用怕了。她到了合肥，没有旅馆可以投宿，糊里糊涂跟了一个同性老人去一家澡堂子里宿了一夜。到了佛子岭，搭上船，船经汪家冲她上了岸。她给我看腿上的乌青块，那是提了大包小裹磕碰出来的。她到了之后，依例住在队长或干事府上，被探望者可以请假一两天会晤聚谈，不过限于白天，地点倒可随便。她到时一路风霜辛苦，汪家冲又没有什么名胜古迹，风景也不如画，更无闲情逸致探山寻胜，虽然荒山僻野，不乏可以赏鉴之处。我们就在队长公馆前面坐坐走走谈谈，到吃饭时，她尽管在家吃惯粗粝之食，并不讲究饮食，吃了几口也皱起眉头来了，而我呢，狼吞虎咽，津津有味，她看着点点头叹息了一下。

欢迎她来的人，除我之外，还有郭大组长。他倒开门见山直言相谈，说：“老陶我会照顾他的，你给我带一只表去，在上海修好保价寄来，另外买两套最大号的卫生衫裤，一双特大号的长统橡皮套鞋，别的，我知道你们经济并不十分宽裕，不要了。”他说一句，她应一声，最后还说：“倘要别的，我也一定尽力办到。”谁知为了这只表，她几乎遭了大祸。

当合肥开蚌埠的火车到中途某一站时，同节车厢里的旅客下车之后，忽然有一位旅客同她说道：你的行李不缺少吧。她一看，少了一个包裹，而这包裹里正包着郭大组长托去修理的那只表。“倘没有那只表，”后来她说，“我倒也不想下车去找了，但一想到有人家的表在内，又不知是只什么表，怕赔不起，只得下车找去。是夜里，地上铁轨纵横，坎坷不平，眼看见前面有一个人拿着一个仿佛正是我的包裹的包裹急急在跑，不管三七二十一直奔上去，一把拉住包裹。那人倒也见机，不同我争，手一松包裹落地，我俯下身去捡起，刚刚到手，一节火车轰隆轰隆地开过来了，我如慢一步的话，保管给碾死了。我拿着包裹要回原车厢，可不知在哪一节，只顾往前一节一节看去，总是找不到我那一节，后来亏得一位老人对我说：你要找你的车厢吧，上车找一样的，车就要开了。我一听不错，就想上车，但这时双腿已经不听使唤，跨不上火车踏脚了。多谢老人尽力拉了我一把，这才上得火车，人还没有站稳，车已开动了，你想险不险？解放前，那个偷我包裹的人，肯松手吗？不会给我一拳两脚，把我打倒在地吗？”她这人一生认为世界上总是好人多，解放后坏人减少了，好人自然更占优势。

她呆了一天就要回去了。路程我也不清楚，先到佛子岭是必须的。汪家冲到佛子岭只有水路。有没有轮船我不知道，汪家冲没有轮船码头，没有定期船只，倒是人人知道的。怎么办？唯一办法是到河边等候经过船只。我陪她去河边，走过一个竹林，我走近去一看，这里有些竹子竟是从小看惯竹子的人所不曾见过的：有些很细，有些有斑纹，像乡下做女人用烟管的所谓湘妃竹。到了河畔沙滩上，铺一张报纸席地而坐。而对水色山光坐久了，不觉肚饥起来，乃打开一个原备她归途上吃的罐头夹着面包吃。她说：若不是这种处境，这顿野餐倒也大有情趣。不久来了一船，我们大声叫喊它停下来，她急匆匆奔去上船，彼此挥手而别。我回到工棚时在竹园旁徘徊了一刻，禁不住心酸泪落。第二天上工了，大概“神不守舍”，挑泥时失足跌到一个坑内，扭伤了腰，由人扶着我回工棚休息。

难以安住*

从合肥到南京改沪宁车到上海，抵家已在夜里。老伴说电报早到，未免多事。我看她的神色也无欢乐愉快之色，觉得可怪。后来才知道虽已归来，却难安住。这时六个儿女只有最小的一个还在初中读书，是住读的，明天是星期六，他将回家。说到小儿子，她才精神焕发，讲得眉飞色舞。她说这孩子读书并不怎样用功，但成绩不错，现在在读的那所中学是很难考取的，而他未尝开夜车复习就考上了。她还告诉我他的养鸡奇事。家里养有一只雄鸡，特别高大，和他异常亲昵，他温课时它定在他的膝上，他一面抚摸它的羽毛一面读书。这只鸡外出归来，会得率领几只别人家的鸡同来。它还要啄人踢人，二楼一个孩子见了它比见了恶狗还怕。后来过年要杀这只鸡了，孩子坚决不答应，但终于杀了，乘他在学校的日子。他回来不见了它，还大哭大闹了一场。她讲到这里，说她也后悔得极，但不杀又怎样了局呢？

第三天孩子回来了，已经十五岁，还没有壁炉上面的板高，瘦瘦的。大概是营养不足吧。因为知道孔另境曾经到过我家来问起我在安徽的境遇，为了答谢他的关念之情，我去他家

---

*手稿原无标题，据文意补加。

看他，带了孩子去，打算和孔一面之后，就去虹口公园拜谒一下鲁迅墓。孔不在家，立即到了虹口公园。谒鲁墓之外，扑了一只粉蝶。

回家了，我第一步当然去报户口，当然不行。第二步写信给定我为右派的新知识出版社[①]，要求让我去表现“改恶从善”，摘掉右派分子帽子。我们在花凉亭时，就听到无线电广播给一些“头面人物”摘掉右派分子帽子的新闻，由于工地人声嘈杂，听不清楚，后来看到了印红字的报纸，才知道详细情况，报上说只要表现好改恶从善的就可以摘帽。我在花凉亭、汪家冲等地，劳动自以为不错，劳教解除书上也明说表现不坏，由我来说，右派帽子似乎应当随之而摘。然而当然不能由我来说，重在表现，表现在安徽，新知识领导没有千里眼，无从看到好坏，现在我请示登门表现，您看怎办？回信来了，是以中华书局辞海编辑所名义发的，说新知识转去的信收悉，此事请与街道办事处联系。我转辗问到街道办事处地址，进去给办事人员联系，他们看了辞海的信，说我们不接头呀，待去问了来给你答复吧。我说好。等呀等，等到二十多年后的今天也没答复我。当时性急了些，迫不及待地写信问出版局局长罗竹风。因反右之后，他召集过出版社右派分子开过一次会，语重心长地勉励大家不要心灰意懒，他说：“摔了跤，爬起来就是了！”我想，我吃尽千辛万苦体力劳动了足足三年半，应该爬起来了，他能否扶我一把。复信有否记不清楚了，反正右派分子摘帽的事，复信即使有，也决不曾谈起。系铃有人解铃无啊。

---

①新知识出版社此时已并入上海教育出版社。

好吧，我为了解愁遣闷，而且想另辟蹊径，而求救于文字工作，把译了未能出版的法布尔的《昆虫本能奇观》改写了一下，去其枝蔓，流畅其生硬，此外还托人到图书馆借来两本极有价值很有趣味的外文书《昆虫的食谱》《动物的适应色彩》来译。后者匆匆译成，前者还待动手。

然而树欲静而风不息，我尽管想不问右派分子帽子怎样，且译些好书以遣有涯之生，本地段的一位民警殷同志却不时来访，打断了我的译述。殷同志其实我看很是客气，来了不过问问我在写些什么，几时回安徽去。写些什么我如实奉告，有时还谈到书的内容，滔滔不绝，至于几时回去，我听了很觉不快，心想我只有回来哪有什么回去，不过总得回答，回答时就有些支吾其辞了。起初时候他并不进逼，只是唔唔几声，有时四面瞧瞧，似乎在搜寻什么可疑事物，或者仿佛心不在焉地随口问句有朋友来看看你吗。不论他怎样和蔼可亲、平易近人，他的光临总使我心绪为之不宁，为之不安者一天，再也无心译书，只有躺倒于床上，特别是在我一杯在手正想浇愁的吃饭时候他若来访，更使我食不下咽。为什么？为了想到明明是我的家，我竟归不得，而我所不应去的他乡惩罚之地，却非回去不可。实际他的来访，除促令离开上海“回”到安徽之外，还兼顾到我的海外关系：有一次他来看到桌上有一个香港寄一罐猪油来用的木盒，横看直看不已，问我盒盖上收件人沖[①]是谁。我据实告诉他寄件人是谁，收件人是谁。[②]他连说没关系没关系，随便问问罢了。但后来这个收件人的档案上多了有海外关

---

①沖是指作者的小女儿陶沖。

②据作者家属说，这类从香港寄来的食品往往是柳存仁寄来的。

系一点。这一点是楼下保外就医回来的方君的汇报。方君爱作汇报，实际并无害人之意，不过受过军统训练，习惯成自然罢了，而且大概还是殷同志向他问的。

到后来他说话声色俱厉，仿佛下最后通牒了。我也忍不住了，说："同志，这里是我的家呀，家里不能住吗？回来是队部叫回来的，旅费是它出的，一月三十斤粮票是它按月寄来的。""那么如果它来叫你回去你就回去吗？"他问我。我没法，只得说："当然。"在这之前，我曾几次写信给队部，请将粮油关系转来。回信总是只要派出所同意。问问它呢，答复是等转来了自然会考虑的。过了一个时期，粮票队部不寄来了。只讲粮票，我不在乎，我一个月不过吃二十斤粮，过去好多月每月寄来三十斤，我很有些积余，所以断粮难不倒我。又过了一些日子，队部来了个干部，先怪我何以对民警同志发火，又斥我来往的人太多。我一一据实说明，他说好吧，你有没有别的地方可以去住一阵？我说那么让我到兰州儿子家[①]去住吧，他说也好，不过粮票不再寄了。我说这没关系，于是我略带衣衫到西北去了。

在儿子家住到1964年初夏[②]，我住不下去了，这倒不是成了儿子家的不受欢迎的人，而是想想，我这样算是逃难呢还是流亡？一开始这么一想，我的心境就片刻不得安宁了，我就不同儿子商量，发了一封信给安徽队部，说如不能给我转来粮油关系，我只好再来队部求生活了。回信是那么你就来吧。回到上海我去派出所报临时户口，遇到姜同志，他对我笑笑，

---

①这其实是指在西安的作者长子陶明家。

②据作者长子陶明说，作者在西安只住了一年（1963至1964年）。

作者长子陶明和幼子陶华在西安

问：怎么样？

隔了不久，有一位劳教解除了留队就业的岑君从霍邱回上海探亲，带来六安劳教大队部的一张字条，叫我跟岑君回去，到六安后找转运队。他原是响洪甸劳改队里的刑满留队就业人员，不是老粗，还懂日文，看《赤旗报》。他说响洪甸的劳改劳教队已经解散，挑选了一部分人组成一个技术队，专门筑路造桥。他是队员之一，任小组的学习组长，每月有四十多元工资，劳动轻，并不需要真的什么技术。队里有意放他回家，他知道户口难报，到乡下姐姐家去一问，可以想办法报户口，但要找个四十多元的工作决不可能，二十元的也不成。坐吃吗？哪来钱。他姐姐说，已经到了这个地步，身已败名已裂，生活第一，就在安徽终老也好。他在上海探亲期满后乘长江轮船到芜湖转合肥，再乘公共汽车到六安，他还要继续前进，我则在六安下车去找大队部。我的这次自动再去安徽，孩子们是反对的，老伴却不动声色。她说，如不摘去帽子，在上海哪怕报进了户口，落办事处手里反正没有好日子过的，倒不如去安徽劳动自食其力的好，反正我看你三四年的辛苦艰难风霜雨雪，对你的身体只有利而无弊。

在六安下得车来，我用尽力气携着一个大包一个小包，东问西询，渡过了河找到大队部。我低头俯脑站在队部门口恭候干部们高谈阔论完毕之后，开口启禀：奉命来队，请予安排。没有听我说完，队长好像怕染上瘟疫似的，连声说："走走走！去去去！"那天天气较热，我又携了大包小包奔来走去了一阵，已经疲乏无力，连路也走不大快了。正在慢步打转的时候，忽然有人叫我一声，抬头一看，是汪家冲同队过的章君。他人矮小，年纪很轻，头脑灵活，又有相当劳动力，与领导和群众关系都好。我一看见他像遇了救星，包裹一放奔上前去，把事情原委告诉了他。他说他就在对岸转运站，一块去。他说完代我提起大包小裹，轻轻松松领先。

这样我就暂时在八大队六安转运站落脚安身。转运站有八九个人，这些人中，有一个专看牛的，瘦小个子，据说原判死刑缓刑二年，现在刑期已满；一个老者养羊，样子安详，衣服整洁，好像退休养老的人；头头是个魁梧奇伟的人，工资在三十元以上，队部愿意让他回家，他请我代写呈文，请求继续留队，理由是还没有改造好，实情当然是这里可以说是肥缺的好差啰。他们自办伙食，吃得不坏，我加入了，按月平均分摊。他们是吃公家的，我无所属，只能自费。其时正在落花生上市时节，他们合买了几十斤，分了剥成花生米。留了几斤由烧饭师傅炒熟了分，我分得大号搪瓷缸一缸，炒得非常好，吃时香得极。我随身带去梅特林克的《蜜蜂的生活》的英、德译本，还带去一本《德英词典》，这部词典是一位工程师的遗产，他是安源煤矿的工程师，罢工时痛饮了两瓶汾酒死去。他的儿子和我认识，知道我学德文，就把先人遗书送给了我。[①]我一面吃花生，一面看《蜜蜂的生活》，还看看在屋子里不畏人而跑来跑去的老鼠，再看看外面一对顽皮的喜鹊从这一树枝飞到那一树枝，你追我逃，生活倒真悠哉游哉。而且在住转运站的第一天，有一位姓陈的干事从霍邱队部来，叫我写儿女工作单位，说我给你想法遣回上海去，安心在这里暂住，不用到队部去了，不过不要对小章谈。

然而好景不长，转运站来了一位干事姓尹，问明我的来历之后，立命离开。我没法违抗，只能唯唯。过了几天他见我仍然不走，便大骂我阳奉阴违，岂有此理！有一次他房间里的灯泡连坏三个，他暴跳如雷，把我叫去大骂抗拒命令，好像电灯泡坏了全因我之故。到这时候，我在转运站就如坐针毡了。陈干事呢，他来往于六安、霍邱，见了我可没有表示，我又不好意思多问。

---

①据作者亲属说，送书者是金锡嘏。

工地医院

此后经月，忽奉一声令下，前去工地医院。同去者还有一位孙君。到了工地医院，没有什么劳动，至多扫扫工棚门前的地，到后面菜园捉捉菜叶反面的毛毛虫。而且铺位整洁，偷窃之风已杀。工地医院是劳改劳教不分的，我同工棚的大多是满期劳改犯，其中一位冯先生原是大名鼎鼎的大学行政人员；一位姓孔，是著名法学院毕业，曾任律师，刑期才满。他本来早该满期，为了有一年说可以申诉旧案依法请求减刑，他律师出身，不但自己申诉，还代人写状纸，结果以无理取闹，合起来加刑八年。这个人好事，自己买烟来吸之外还代人买，给队长知道了大骂一顿，也给有师生之谊的冯先生教训了一番，使他嚎啕大哭起来，从此提着一只畚箕，不管风霜雨雪，终日去外边拾猪粪。另有一位卞先生，是当过保安队官员的，管管发工资什么的，不用出去劳动。他也曾奉命回家，但坚决留队誓不服从，理由也是尚待改造。人家买鱼虾鸡肉副食品之类总有他的一份，打饭泡热水也有人代劳。他觉得需要活动活动筋骨了，就拿起一把铲去外边铲铲泥土。还有一个瞎子一天到晚搓草绳，虽瞎而能穿引线代亮眼缝补衣服。有一个青年因装病卧床不起半年多，结果真个不会走路了，锻炼了一年多才恢复，他脾气极暴，同人下象棋输了要打架，人家不敢同他下了，他又硬要同你下，不下也会动手打人。

在工地医院的人分为两类，一类住病房的病人，一类是像我这种不是病人而缺乏劳动力的人，正式名称是丧失劳动力者。各有大组长数名管辖。我们的一位据说侦缉队出身，入夜常来闲谈，对冯老大有敬意，对余者也不粗暴。有一次不知怎的我说了乌龟少活动、树木不活动都长寿，他沉吟片刻警告我道：你这样议论，有被扣上反对劳动的帽子的危险啊！不久传来我们将外调从事田间工作的消息，他在晚上来对我说："消息确凿，劳动不轻，我倒有一个法子，可以使你不出去，来，跟我来。"我跟他七转八弯到了一个屋子，里面灯光昏暗，坐着一个人，本来俯首看地，我们一进去他抬起头来，直瞪着我，目光呆钝但很可怕。大组长告诉我，这是一个疯子，我如肯照料他的饮食起居，就可以不调出去了。我说要我上刀山入火海，我还比陪疯子生活愿意些呢。

不几天我们果然调出去了，只冯老一人除外，他被留下看病院大门。外调之前两天，来了初到花凉亭时同过组的小绍兴。这人矮矮的，年纪似已不小，但言行极像小孩子，是老勿大一类的畸人，他整天唱着越剧，有时低声，有时高唱，有腔有调，在我外行听，着实不错。他不带来衣被，却带来一包绍兴土特菜——干菜。这东西不过有些咸味，但在本乡人鼻子里自有一种引起食欲的特殊香味。小绍兴有一特点，讲究清洁卫生，初到花凉亭时，要盆冷水要翻山越岭拿去，放工回来，他总不怕危险艰难，一定去打来一大盆水，洗脸洗脚。后来他调到不知什么地方去了，现在忽然来到工地医院，他既非病人，又不是丧失劳动力者，来工地医院只是"白相相"罢了。他一看见我，就露出一枚金门牙笑嘻嘻说："你的老朋友又可以出国了!”我的老朋友当然指的黎安邹。[1] 1962年初吧，去霍山和佛子岭的人奉调在一个有一王字的地方“会师”。我们先到，黎兄后来，一见我就问你这几天在做什么，我说还不是天天出工，他说你倒真有兴趣，好积极啊。我说也不过做此官行此礼，不得已也。他在花凉亭后期已经不愿劳动，说每天下午总有几分低热，十九不能生还了。到王什么地方之后，他从不出工，只有时看见他在打粥，身上的一件外衣，不论棉夹，都像沾满芝麻。有一次他给我八分邮票一张白纸和一枚信封，要我代写家信。我说这不行，你家里接到了代笔的信，不要惊吓的么？他一定要我写，我坚决不答应。他一怒之下把邮票和信封信纸朝地一摔。后来我拾了起来去还他，在他铺沿上坐了一会。他告诉我，昨夜里左铺一个人右铺一个人，今天醒来都不见了，可不是出工而是离开人间了。我坐了一会出来，有一个人问我：“你倒怎么坐得住?”我说：“怎么?”他说：“你嗅不到臭气吗，他是大小便就拉在铺上的。”

显而易见，他是绝望了。一个人处在逆境中最重要的是不能灰心绝望。无论怎样辛苦艰难，如能振作精神，畅通思想，生机是不灭的，否则很容易趋向灭亡。在花凉亭时，就有一个邮局的高级职员，因灰心绝望，自己糟蹋自己，终至于小病不起。当我解除劳教时，黎君却加了三年劳教期。我怕他从此更加经受不住。现在小绍兴说他又可以出国了，我听了大喜，问他到底怎样。他说，他现在已经天天上工，几次偷农民种着的青菜吃，吃得又白又胖。所谓又可以出国，是因有人说过笑话，说像他这样的仪表，到外国去也不坍中国人的台。他一劳

---

①其实就是周黎庵。

十八年，弄得妻离子散，直到1976年才奉赦回家。

外调之后，劳动实在不轻，决不是丧失劳动力者所能胜任的。先是种田，后是烧窑。最不幸的是组长只求队长一句表扬，拼命压组员卖命，提早上工推迟收工就惹得怨声载道。其实提早推迟不过三五分钟的事情，但在那种场合，多干三五分钟也像是要命的事，特别是收工延迟，眼看别组收工了我们还不，哪怕你站着不动，心里也很不快，这是不爱劳动的精神反应吧。对我来说，更麻烦的是有个组员小葛，好像是我前世怨家似的，几次三番挑衅，什么拖拖拉拉呀，死样怪气呀，冷嘲之声不绝。最甚的一次是我上泥，用铲上泥，我本爱干，但须慢慢儿来才行，那次一人要上四副箩筐的泥，抬的人又卖力苦干，使我实在应付不过来，气喘如牛，汗流浃背。小葛嫌我慢了，一手夺去我手上的铲，嘴里骂人，还举铲柄作欲打人状。这时和他一档的徐聋子放下扛棒，双手把小葛拦腰一抱，倒举他身体，要把他的头撞地，一面说你欺侮老头子不行哪。小葛急忙讨饶，说我是和他玩玩的。徐聋子把他一放在地上，说我也和你玩玩哪。另一位姓孙，人称洋鬼子，由于他常穿一件西装背心，而且眼眶深陷，鼻梁隆起，皮色很白。他是被判徒刑的，转辗劳动于几个省，在某一省筑铁路时，因营养不足几乎倒毙工地，后来吃了大量胡萝卜，才算恢复健康。他行动矫捷，谈吐斯文，粗细来得，能拆洗被褥，天一雨到伙房路滑难行，我的粥饭和热水瓶总是由他代打代灌的。他先我遣返回家，使我若有所失，想念不已。

这时候我们就业人员可以到附近乡镇购买吃的用的，我去买过花生米和甘蔗，买了来，姓蓝的组长照例说一句："啊呀，我忘了托你带买一些，现在分给我一些，钱，照算。"心照不宜，我遵命奉献一份就是了，钱，再说吧。在这时期，陆续有人被放回家。有一天忽然一个命令，叫六个解除了的劳教人员到队部。什么事情，有人说当然回去啰，但也有人说不像，因为六个人中，有一个姓金的并没有家。

于是打点行李收拾铺盖，由有力者挑到队部，路不近哪。一到之后，才知道是叫我们夜里看守一个劳改队的工具。这工作原由劳改人员担任，但因他们还没满刑，任他们自由怕出乱子，所以改由我们去干。六个人分三处，第一处那位吃过南北中外名菜佳肴的叶君和一位董君，董君右臂折断的，但心灵手巧。第二处商人高、方二位。第三处我和一位王君。这位王先生无家庭妻儿，言行相当特殊。例如逢年逢节伙房常有三五以至六七种菜肴听购，他节约异常，从来不吃略贵的菜，但在年节，有几样菜就买几样，实际他自己是不吃的，一样一样转让给人，但不增价一分半厘。照例一人不能买两份菜，所以爱吃的人，对他的出让求之不得。那么他所为何来呢，喏，就为的沾点汤汤汁汁的光：他把菜转让给人时，声明许他倒出来时留一点半滴汤汁，就是无汤少汁的，盛过的碗总也沾着些油水，他或者拿饭一拌，或者用舌一舐，“一颗油珠三日补”嘛。他有碗多只，而且只只既新又净，他省吃俭用的目的就是喜欢购置用具，盘碗之外，还有面盆热水瓶毛巾等等趸货，不过他很少使用。

看工具当然不用费力气，但对我说来也有麻烦，例如收工之后我去点并排放着的车子，就点不大清楚，不是点作五十一，就是点成四十九，很少能一次点成应有的五十辆的。这地方老王比我高明了。第二，看工具重要在夜里，睡觉只好在白天，昼夜颠倒，也不大好过，何况白天工地上人声嘈杂，队长干事们驾临我们的睡处休息闲谈，也很难入睡。老王对队长们的光降，竭诚欢迎，拿出新面盆新毛巾新热水瓶新茶杯供他们用。我本来习惯夜深始睡，看看星象，捉捉萤火虫，倒也不觉寂寞。有时还漫步到第一、二处去走走。第一处在工地开头处，傍晚遥望，有渔船点点归航。

工具看守了才几天，就出了乱子。第二处他们的私有热水瓶不见了，我们呢，没有缺少什么，但经队长一指出，确也失窃了放着不用的一件用具。怎么回事呢？夜里我和老王总是轮流守着的，我连瞌睡也不曾打过，那工具怎么会不翼而飞呢？原来是队长他们夜来巡视，二处的两位睡熟了，他们在他们的鼾声大作中拿走了热水瓶，到了我们工棚，我在前面一面哼着歌曲一面捉萤火虫，他们从后门进棚，拿走了那件工具。我再三声明我没有睡觉，队长承认我没睡觉，但是全神贯注捉萤火虫而不管有人进了工棚拿走了工具，总是玩忽职守啰。后来，叶、董二位奉命回家去了，方君不知去向，老王因出言不慎，被命令归队劳动，剩下我和高君同住一个临时工棚，正与伙房隔岸相望。昼夜无事，高君学习撑船，我则观察青蛙或蛤蟆的吃虫，在黄昏或夜间，我在黄泥地上放一盏马灯，旋有昆虫飞绕盘旋于灯光周围，不久小小的青蛙或蛤蟆一蹿一跳地过来，凝视飞虫，吐出长舌，黏住虫子，吃到肚里。一吐一吸，疾如闪电，你要多眨几眼就看不到它们的吃虫妙术了。这些青蛙或蛤蟆的颜色，同它们安身的泥沙一样，它若不动，你不大能觉察它们来。

就在这个时候，我也奉命回上海了，指定在六安车站和一批人上车。人不少，和我同去车站的有一前劳改犯。我尽管把面盆什么的笨重之物已经送人的送人出售的出售，行李还是不少，不是我自己力所能及挑到车站的。我请那位无甚行李的同行者帮一下忙，他不但不肯，还冷笑一声说："带这么多东西去做买卖发财吗?"后来倒是队部里有位同志用自行车将我的铺盖运到车站。但等我们到汽车站时，太阳已经落山，末班车也过去了。于是决定明天清晨再来车站集合。

这一次是正式遣返上海，有干部押运，不像1962年那次由我们自由行动。到了上海旧爱多亚路[①]一所房子里，这批人由一位干部打电话给所属派出所，由派出所派来一名人民警察领去。这批人中有一个青年，据说原是在学大学生，由父母送劳动教养的，这青年英俊漂亮，夜里睡觉时床前放好一只面盆，以作小便之用。出工了他可不劳动，有人说："喂，你劳动劳动呀。"他说："好，你给工具呗。"说时手一伸。于是人家笑他，说你在家饭来张口惯了，连劳动也要人家给你工具。

我是最后一个被领走的。干部打了三次电话，催问怎么还不来人。终于来了一位姓杭的同志，他说明理应来领我的同志回家去了，他是代庖的。

---

①今为延安东路。

风云突变

不知从哪年哪月哪日起，开始了人防工事，造窑烧砖。这一来，四类分子更有活可干了。我们的第三条弄堂的一个花园里造起一窑，终年烧砖。先是做砖坯，整日不停，烧砖时砖坯的进窑出窑，又是一件大事，烧窑要柴，各处支援，四处搜罗竹头木屑，烂布碎纸，无所不有。四类分子于是以窑为家，折树枝，晒烧料，弄得满脸灰尘一身是汗，还要受主其事者的大姐们的训斥。不过这活也有一个好处，就是反正整天交给了它，不必再闻敲门声而心惶惶，听传呼而猜三测四了。我自以为为人防工事尽了能尽之力，物质报酬是没有的，精神报酬呢，有一次作防空演习，居民群集一室，我和方君也在其中，但他们是坐的，我们都要对着毛主席的像低头肃立。

我所记全凭记忆，记忆力差，事情前后不免颠倒错乱，唯无虚构捏造。

从1966年的某月某日起，风云突变，人间忽然像地裂天崩，上海也弥漫着硝烟火药气味。一天我在前门马路上走走，忽觉得有阵令人恐怖的气氛，一个骑自行车的人，在前面的一个垃圾箱前停下车来，前后左右望望，然后袋里拿出一个纸包，朝垃圾桶里一丢，急忙上车疾驰而去。电杆木上很多“革命不是请客吃饭”一类标语。

接着是破四旧。先是楼下方家被破，继之二楼余家，最后是我家。[1]破四旧的行动规章，是一大群革命志士敲锣打鼓而来，由一位女同志朗读一篇社论，然后命令你不许动，由他们翻箱倒箧，大抄特抄。抄我们家的一个头头，像是抄家老手，先不怕危险，脚踏在窗沿上伸手摸屋顶地方，我家的壁炉原已封闭了的，他问几时封的。我奉命在楼上房间里不许动，老伴禁在楼下厨房，小儿子关在亭子间里。我倒若无其事，在床边的椅上一坐，看我的书。他们有的揭起被褥，看到破棕垫为之摇头；有的打开箱子盖，拿出我的一件缎子马褂来；有的打开橱门，拿出我的一包作家文稿信札和林语堂出国时寄存的他的"财产的一部分"——一些人家给他的信件。

我的最大四旧是一二百本旧西书，都是讲鸟兽虫鱼的，一位懂外文的同志一本一本一页一页地翻看，遇有彩色的图，她还欣赏之多时。另一位女同志则在登记抄得的四旧。从日暮起到天破晓，历时十多小时，我实在也有倦意了，呵欠连连之余，问她们："差不多了吧，实在抱歉，我们家没有什么金银财宝可以贡献的。"

最折磨人的是"思想汇报"，一周一次或两周一次记不清了。其时我还有无思想，自己也不很知了，要汇报相当困难。但困难总可以克服的，至多捏造说自己思想不大正确，真是罪该万死，或者说读了语录哪一句，恍然大悟自己资产阶级思想

---

①余家指住在二楼的虞哲光家，他是1959年入住胶州路125弄5号的。虞哲光（1906–1991），江苏无锡人。早年就读于上海美术专科学校。1927年起先后在中、小学和师范专科学校任教。1932年开始研究木偶戏的制作和演出，后创办并领导上海第一个木偶戏剧团上海业余剧团。中华人民共和国成立后，任上海美术电影制片厂导演。

之所以产生。最难堪的是汇报之前，先要向毛主席低头请罪。地点在里委会办公室外的客堂，天还没黑，四类分子已经少长咸集个个正襟肃立，对着正中墙上挂着的毛主席像低头。

在汇报期间，忽然增加了不少分子。我们弄堂里就新添四位，9号一位中学教师，3号一位银行职员，我们5号是方君的爱人和二楼的一位电影界学术权威。“韩信将兵多多益善”，对专政群众说来，专政对象愈多愈好，李胖大姐就不止一次说过：程霞萍的男人怎么不来汇报？她不知道那位男人在他本单位也是专别人之政的群众呀。

到第二年夏季，有一天忽然由治保委员宣布不要汇报了的时候，众分子真个如闻纶音，如获解放，欢声雷动，群情雀跃。好像脱离苦海，从此超生。

在这期间，来向我了解某人某氏者络绎不绝。来了解的人程度不一，经历不同，有的问得恰中要害，有的问得莫名其妙，使你不知怎么回答，使你啼笑皆非。例如有人来了解一位商店老板，我说店已关门，就问我哪年哪月哪日关的。有的气势汹汹杀气腾腾，例如了解一位略有微名和我有过一度交往的戈君，第一个来了解的干部态度傲慢颐指气使地略问一二，不多开口，当我说到戈是抗日志士时，他问我他是为谁抗日的，问得我瞠目结舌，因为我不知道抗日有为张三或李四之别。第二个来了解的如临大敌，如审盗贼，先骂我无耻文人，又斥我算什么知识分子。这人是和里委会的治保委员同来的，手里拿着我的前天的思想汇报，大骂这算什么汇报，简直在放屁。最后严令老实交代戈君[①]的一切的一切，否则莫怪“对你不利”！

①这是指柯灵。

我对他说，我所认识的人中，戈君最不亲密，彼此从来不曾交过心。他一句不听，只管拍桌打凳，简直像要把我吞下肚去似的。到最后我也忍不住了，站在北窗前，向后天井俯视，估计跳下去会不会丧命，一面对他说：悉听尊便吧，我知道的我都说了，捏造虚构我是不会的。

急风暴雨之后，接下来是黄梅天气似的。主持其事者是两位工人同志，一姓白，一姓武。白同志粗鲁些，武同志温文些。他们上任视事后的第一着是号召四类分子回乡。一番训谕之后，立刻有人响应，说非常非常愿意返乡，只是乡下已经无房无屋无亲无友，回去不得。对这样积极响应的人，白、武两同志很是客气，说你自己看情况嘛，可去则去，不能去决不勉强啊。我没有表示，白同志可不高兴了，说：你怎么屁也不放一个？你必须走！我实在久想回乡，安徽回来就计划离沪回去，只因为两间老屋已被别人拆掉，无家可归，欲归不得。现在如能回去，倒遂了平生之愿。于是去找在故乡还有老屋的同族弟兄，向他租乡下空屋。他的老屋现由他的一位堂嫂住着，他叫我回去看看有无余屋，如有，住下就是了。他给我一封给他堂嫂的信，回乡旅费来回不过十元，虽不算多，可也筹措为难，石子里逼不出油来，家用中省不出这十元，唯一办法，还是卖书，我含悲忍痛，拿当初费二元三元五元买来我所爱读的旧西书撕下硬封面，论斤卖给废品回收站，一共卖了十四元钱，书共重一百多斤！

回到故乡它正在早市热闹中，找了一个亲戚，人生路不熟地走到他家。在他家吃的午饭，他母亲殷勤飨客，盛筵款待，鱼呀肉呀蛋呀不少碗。乡下的鱼、肉都比上海的可口有味，但最使我吃得落胃的，却是一碗咸菜汤，那个鲜呀，无论什么山珍海味也及不上。一个人对于儿时吃过的食品，常多好感，何况我这亲戚家的腌菜实在腌得太鲜了。我对女主人说，幼时听老辈说，腌菜的腌得鲜不鲜，同这家人家的家运兴衰有关，现在你家的菜这么鲜，你家一定要兴隆了！这时候在座的她的小叔接口道：我的腌菜方法与众不同，你知道要腌的菜老规矩是不洗的，我却劝家嫂洗过了腌。

乡下冬季腌菜，是和晒谷同为一件大事。先是买菜时卖菜人的口唱斤两："五斤啰五斤，五斤啰十五,十五啰二十……"听来就很悦耳。每家人家，大人家买二三百斤，小人家也要买到百来斤。买来后就是晒，在明堂里，在围墙外的斜靠墙根，早晒晚收，小孩子们总参与其事，五棵十株地捧。菜晒时有一种特殊的气味，在闻惯了的人觉得很好闻，我到现在有时候还能闻到那股气味，如果有菜晒着的话。菜晒干了就腌，先切去菜头，菜头用桂皮茴香稍加酱油煮吃，味道也相当可口。干了的菜一株株一批一批排列腌菜缸中，缸总放在楼梯下这种黑暗地方。菜洒上盐，由长年或短工或临时请来七斤头脑九斤大夫赤脚一批一批踏实，然后压上石块。第一次"取"出腌菜好像也要挑选吉日，似乎是用来做除夕分岁吃的宝菜，从此天天吃月月吃，吃到菜发黑发臭为止。但也有腌得不好，腌后不久就有臭气味的，但臭腌菜的味道也并不错，有的人还特别喜欢吃它。一般先是发酸。酸腌菜味道也好，特别是切碎稍加麻油过水泡饭吃更好。常吃的是腌菜汤，稍加笋片和几只大虾米，鲜美爽口非鸡汤所能及。在大户人家也是日常佳肴。菜头呢，除红烧外，更好吃的是霉菜头，它是开胃引起食欲的最好最好的下饭。

饭后坐了一会，去问那位堂嫂有无余屋，没有。略坐片刻，回到自家的老屋。前门店堂门后水门捣臼头侧屋等等我所熟悉的地方，都已影踪全无。我家的房屋，连废墟遗址也不见了。只有大嫂家的“廊下头”一丝不改，又高又厚的东西相对的四扇腰门依然如故，我望了望下明堂，花坛里我母亲手植早已长大的一株玉荷花树，似乎仍在。走出西腰门就是大堂前，迎门的一块红地金字大书“贞寿之门”的匾额不见了，两张一张圆桌分开的半月形贴窗放着的半圆桌没有了，四张八仙桌和一张画桌也没有了。这里有一位本家嫂嫂养猪。她倒不见得多衰老，蓬头散发如昔，听说她的女婿是社里干部，儿子入伍当空军了。这时候我的一个近房堂侄养病在家，天下起鹅毛大雪来了，我也懒得再东访西探，在他家里吃了半斤老酒，饭也不吃就钻进冷冰冰的被窝睡觉了。

第二天雪止天晴，我走到火车站，望着远处的水色山光等候从宁波开来的火车。嘴里吸着土制雪茄，一位小孩上来，指指我的烟，问:“这就是茄烟吗?”我点点头，又告诉他:“叫雪茄烟。”

糟蹋了一百多斤旧西书白跑了一趟，老伴怪我何勿在乡下多住一二天，也许能租到房子，不虚此行呢。我说怕里委会怀疑我逃跑来麻烦你。其实这是多虑，他们既然放你走了，大概不会担心你逃跑的，你说即使要逃又逃到何处去?

在这期间，我们5号里失踪了一个人。这人姓王，原是第二弄医生家的一位男工作同志。他不识字，言谈举止却很斯文，饮食非常节约，却爱购置用件，脚穿皮鞋，手戴手表，住着不过四五平方米的亭子间，却电风扇无线电一应俱全。他的爱人原是他的同事，据说很受医生老太太的钟爱，像自己女儿一般看待，所以两夫妻很有一些积蓄，没有儿女，在乡下有一个养子，给他置了一二十亩田地务农。王君听说在一个学校的食堂工作，大概遭了风暴的袭击，在这时期，不声不响，有一次在信箱里拿到一信给我时说的一句话“是你的信吧”，声音也哑了。他不识字，当然不会写交代检查什么的，又大概不愿烦劳本宅的人，到附近邮局的代写家信的地方请人代写。他的家也被抄，但形式不同，没有人来敲锣打鼓，也不贴认罪书。有一天只穿着一条短裤一件汗衫出去，从此一去不回来。他的爱人姓洪，有一次计算电灯费轮值到她，她要我代算，我一时迟疑没有立即应允，她突然大哭起来，大喊爱人的名字，说：“你这死鬼如活着我何必求人呀！”

风暴过后，继之以和风细雨，治病救人。里委会办起了学习班，每星期四晚上学习两小时左右，主其事者是白、武两位加一位里委会干部。

每星期四的学习好过得多了。学的是《毛选》，逢年过节学年、节报纸社论，批林批孔时学批林批孔，评论《水浒传》时评评宋江，发言要踊跃也不难。白师傅循循然善诱人，秦师傅虽然粗声大气些，也多启人茅塞的名言，例如说：你学习时问问你自己，是“要我学习”还是“我要学习”，要我同我要是学习得好不好的关键。当然，也有人怕学习的，例如有位庄君，他比较喜欢走动，常常走到离他家实在不过千来步的静安寺，但由于他出弄堂不向小组长请假，就受责备，说：你看曹温静，她到弄堂对面店里买枚针，也向小组长请假买好回来再销假，你呢，东跑西跑，乱奔乱窜，谁知道你在干些什么。老庄又偏偏好辩，力言他无家无眷，柴米油盐酱醋茶都得他买，不出来不行，实在跑得也不远，不过东到某路西至某路南北不越某路。他之好辩，大概还另有依靠，他原为教师，前几年光荣退休，现在还享受劳保呢。他的书面什么的署名，从不冠以“反革命分子”字样，常有蒙党挽救词句。然而你偏好辩，自以为无辜，就偏要你难堪，偏处处求疵。这种亏我倒从未吃过，但在逢年过节要照例站起来汇报：在家学习，不出门，无客来……也总有些不是滋味。逢年过节，照例命令不许外出（有要事必须外出要先请准假），有客人来要汇报。不出门，我本来最懒于出门，客人，实际早已没有了，但还不免有几个老亲新眷偶然枉驾。我不知道什么时候去汇报，是一到就汇报呢，还是走了才去汇报，而且有几位的工作单位和家住哪里，我都不大知道，又不想为了汇报向他们问个明白。因此开始时候含糊了之，但后来觉得不妥，万一被拆穿了，岂不犯了欺骗组织之罪？于是在节日过后，将来过亲戚写成名单，送给里委会第一个遇见的人，历经多次，顺利无事，谁知有一次对方是个青年，他办事认真，把名单一交就想溜走的我叫住，问我名单上人们的“政治面貌”怎样。问得我瞠目不知答复。所以每逢年节，我总暗暗祝祷至亲好眷千万勿上我门！所以只好默祷，是不好意思说明原由，请他们不要来了，有的还是儿女们的亲友哩。

办学习班之初，还来过红小兵、红卫兵、民兵和解放军，他们坐着听我们发言，将毕时由白、秦两位请他们谈谈。他们谈的都义正词严，希望我们早日改造好，重新做人，回到人民怀抱云云。有一次不知是哪位兵或军，说了这么一句：“你们这些人呀，在旧时代，都要满门抄斩的。”老庄又有想分辩的架势了，和他坐在一条长凳上的老刘急忙先站起来，说：“是的，感谢新中国的宽大！”说完还拉了一下老庄的衣角。

学习到某一阶段，还要作小结，行评比，过年要订明年的改造规划，这些都还容易应付，比较紧张些的是开居民会议，叫我们汇报学习和劳动的优缺点，再请居民评判。居民们有的不开口，有的好评论，反正我站在当门风口，有一次冷得双腿发抖，几乎跌倒。我们弄堂里的左邻右舍是沉默不言派，发言最多的是老钱，他们居住的任家宅邻居，说也奇怪，在我们眼里，老钱是能劳动也爱劳动的，可是他的邻居却指摘得很厉害，例如说早晨扫地就很不用力，马马虎虎搪塞了事。指责他的是位胖胖的老太太，人称大外婆的。老庄不争辩，只是苦笑笑。但竟有另一位老大娘为抱不平仗义执言了，她说：大外婆，你不要冤枉了人，弄堂不干净，是庄家的刚刚扫干净，你那位宝贝甥女出来倒垃圾，一路走，一路天女散花地把垃圾一路洒过去……

我们公认梁阿勇是劳动第一，老钱第二，另一个姓崔的老头第三。到最后全体摘帽时，老钱仍戴着帽子，梁、崔早已摘去，姓崔的且已病故。摘帽子除劳动好之外，当然还要学习好思想好。在我们看来，老钱的学习和思想，不但比老崔好，也胜过老梁，他何以迟迟不能摘帽的原因，我们是猜不出的。在学习班上，干部十次八次明言他们的希望我们摘帽，比我们还心切，说有条件就一批批摘，不限于一个一个地摘。

雨过天青

1977年春夏间吧，有人告诉我中央有了文，全国右派一律摘去帽子。[1] 我在解除劳动教养时，念念不忘摘去右派分子帽子，但是后来竟升级为反革命分子，虽然无缘无故的，但谁来管你真是假是，有些迫害狂者，唯恐专政对象之少。所以对于右派帽子，我倒不怎么关心了，反正全国一律摘去，我尽管已经没有了工作单位，也总不至于众人皆摘我独戴吧。倒是一顶张冠李戴似的反革命分子帽子，不搞清楚不摘去是后患无穷的。我呢，七十多岁了，慢性病如毒蛇缠身，倒没有什么，然而儿女呢，虽然蒙锡嘉名为“可以教育好的子女”，事实上他们个个都忠于职守也就是忠于人民忠于党，但总无辜受累，多少抬不起头来影响前途啊，甚至还要祸延我的孙儿女辈呢。于是乎他们大动干戈，分函两个机构详细说明事情经过，请求摘去无辜戴上的反革命分子帽子。

在这期间，由原出版社改组，继承一切的出版社，忽然写信来叫我去开会。我这时虽然还能行走，但已摇摇晃晃，去开

---

①1978年9月17日，中共中央批转同意中组部、中宣部、统战部、公安部、民政部《贯彻中央关于全部摘掉右派分子帽子决定的实施方案》，同时指出：对于过去错划了的人，要坚持有反必肃，有错必纠的原则，做好改正工作。

会的地方原是旧地重游，怕中途出事，由老伴陪了我去。到了目的地，她就回家，我走到一个房间，会似乎已经开始。我举目一望，老社长在座，头发已经半白，又仿佛胖了些。此外认识的只有右派分子王氏夫妇（王是我调到辞海后“补课”补为右派的，当时还奉命回原社去批判揭发，那时候我已经学习到一些，能够稍微批判几句了），其他都是陌生面孔。在我左面的人中，有一姑娘和一老太，我都不相识，但对那位老太，却心里一动，想会不会是老乌的爱人。社长右侧的一位年轻女同志读了一篇社论，社论中已有“改正”字样，但我不注意，发言只强调要工作做。我谈完后年轻的一姑娘谈她是代表她病休在家的父亲的，他的姓名我没有听清楚。她左面的一位老太得接下去谈了，可是她未开言已经泣不成声，说不出话来。社里女同志请她停停再谈吧，还倒了一杯茶给她。她停止了哭又要说话了，但又是未开言而泣不成声。这时候我想她大概是老乌的爱人无疑了，看样子老乌已经不在人世。想到这里心一酸，我也忍不住落下泪来。

停了一会，她终于止哀讲话了。她呜呜咽咽地说：“那天他好好去工作的，谁知从此一去不回来。”说到这里她又泣不成声，讲不下去了。“从此不回来。我小儿子生病，没钱医，死了。他前妻的一个儿子从乡下出来，问我他爹到底为了怎么回事，我，我也不知道。他平常只顾看书写稿，不同我多谈什么的。后来接到劳教队的信，说他死了，叫去领尸首，他大儿子去了，他说就在那边埋了吧，运回来干什么，运回来不容易呀。他在家里还有一本稿子……”散会之后，王君夫妇在外间和我招呼，她走过来轻声问我：“这算解决了吗？”我点点头又摇摇头，我实不知道今天叫我来开会的目的。

在走向常熟路公共汽车站的路上，我一直想起老乌。他的沉郁的“太重了一点”言犹在耳，而且又记起另一句他的话：“以后倘获自由，决定不去单位，只愿在家搞中国古代科技史，你看这可能吗?”他比我年富力强得多，现在死得这样早，大概劳教不过一二年。这当然是他的不幸，特别是他爱人的不幸，别的不说，只想想一个最亲的亲人早晨好端端地出去工作，竟会从此不再相见，这样的事情总要算是惨酷了吧。人谁不死，百年总有死，但如死于疾病，死于沙场，在生者总比较容易忍受，因为多少有些意料中事。最可怕的是惨遭横祸死于非命。然而再从另一方面想想，老乌的死也许比我的生幸运得多，我忍辱偷生，结果还不是人同瘫痪了一样，成了卧尸坐肉了吗？况且无人不死，只死一次。

走错过了站头，到多走了一站路上车时，人是像爬一样地上去，以至于使原来安坐着的乘客起来让座，我下车时，又承好心肠的乘客连声嘱咐：慢慢走，走好!

儿女们上呈文的两个机关，文去如石沉大海，杳无音信。我本来“听天由命”的，他们中多数也不想再接再厉，但是第二个女儿不肯就此拉倒，连去两机关问讯。甲机关的接待员说:“如果所言属实，反革命帽子是戴不上的，待我们调查研究了给你们答复。”乙机关的答复是:“他（指我）不是右派分子。”她回来一告诉我，使我也跳了起来。不是右派分子！难道我要冒充做右派分子？但据说有个别右派分子宣布是宣布了的，内部却不算是右派分子，我会不会是这样的一种右派分子呢？我叫女儿再去乙机关，对他们说当初怎样宣布怎样减少工资，科技出版社怎样停止出版我的译稿等等，请他们调查去，同时再问问他们经办这事情的人看过我的档案没有。过了两天她去问，接待的同志换了一位，答复是解决了，你回去就知道了。

的确，当她还在乙机关的时候，我家里来了一位派出所同志，她对我说：你的右派分子帽子摘去了，连反革命分子帽子也同时摘了。这样，你就好了。当时我听了心境是怎样的，我实在说不明白，真所谓非笔墨所能形容。

接下来是改正问题了。我的亲戚说，改正非争取不可，因为关系很大。我不知道改正与否有什么利害得失，反革命分子帽子既已摘去，在我已经遂了心愿，也对得住党和国家、老伴和子女了，其他，我只想尽我所能，为提高文化尽我的微力。解放之初我就明白在社会主义新中国，政治第一，只要政治上没有问题，任何人的经济即生活问题是绝对不成问题的。我对亲戚说，改正呢，我自问当时言行，是应该改正的，而且不仅我一个人。不过改正之权在人，我是无奈何他们的，真难道解铃仍是系铃人吗？所以对于这一点，我是听之任之的，我现在只求有工作做，别的都无关紧要。

哪里找工作做呢？按理，我是被辞海编辑所无辜送劳动教养的，我可以请求复职。但这里我的思想是有矛盾的。这时我有一种莫名其妙的傲气，不想再去工作过的单位工作，如果它来请呢，还可以勉强应命，要我去乞求吗？不想。因此我本人果然没有写信给辞海请求工作，连两位与辞海领导有些关系的朋友说要为我进行复职工作时，我还再三叮嘱他们不要硬请强求。同时我写了一封信给出版局，说我想编写一些医药故事给少年儿童阅读，请求介绍给出版社。出版社很快给介绍了，但对方是真讲实用医药的《大众医学》，而我要写的是现代医学史和西医传记。当《大众医学》编辑同志来访我给我看出版局的去信时，我知道误会了。结果我匆匆草草写了一篇斑疹伤寒的历史，杂志当然不登，不合需要嘛。

接着我就想到与其鸡零狗碎地编写，不如翻译整本的书。1962年我从安徽解除劳教回来，不是译过《昆虫的食谱》吗？以后的学德文，动机还是在于翻译。1965年正式重做了上海市民之后，我本来可以于义务劳动之余，做些翻译工作的。但是65年返沪到78年摘帽这十三年，我名列四类，是不被当作人看的，弄文舞墨已是类乎乱说乱动，如果再搬弄洋文，那就更有里通外国做特务间谍的嫌疑了，真是何苦来？况且现在写文译书，不是人人得而为之，不，不是人人可以投稿发表出版。我之译作尽管不为名利，到底也不是为了引人唾嘘，何况还要当心通敌叛国之类的大罪名。所以这十三年来，外文书我仍看的，但决不想译，连看也是偷偷地看，因为不知道什么时候忽然把这些书全没收了去。现在想翻译了，可一时决不定译些什么。我的一些西书，本来是自然史医药史方面的旧书，政治问题是没有或不大的，若有出版社接受译稿，出版价值可以说不是没有，特别是医药史方面的。因为二三十年来，自然界可能有新的发现，与旧说不同，医学当然更有新发现与发明，但比较不影响旧说。举个例，我有一本很好的讲蝴蝶的书，但觉得这书不值得译了，因为它在讲蝴蝶的感觉时，还没发现蝴蝶是以脚当舌头的。关于医药就不然，免疫学虽然大有发展，讲免疫学创始人梅契尼柯夫生平的传记将永远是一种极好的读物。因此我选定了Paul de Kruif的*Microbe Hunters*。这本书我自30年代买来后，常常翻翻看看，始终认为是本好书。原书出版于不知几年，我有的一本蓝丝带廉价本是1926年出版的，屈指一算，距今半个世纪多了，可云老了，但我可不管它的新旧，只凭我的爱憎，书是我要译的，当然要依我啰。这原是自然之理。可是我偏偏不知缄默，开译之后，写信告诉了北京友人[1]，她呢，又盛意殷殷，代我去问一家出版社的编辑：有这样一本好书，你们要不要？回答是要的呀，请开作者书名出版处出版年份等等来。我回信告诉了作者姓名，书名和原书出版年份，还附加了一笔，如要翻译，希望订一合同或出一约译信。我之有此提议，是多年来与世隔绝，不明现在市面，有了合同之类，不怕辛辛苦苦译好了一句话不要了倒霉。本来我是无所谓而译的，现在却要提条件了，近乎得寸进尺。实际是兴趣翻译，本无希求，也就没有得失之心，一旦有了出版社说要，这就给了译者一个许诺，使他有了巴望，万一结果不成，吃了空心汤团，滋味是不怎么好的。对方回信来了，却说：合同之类，现在无此制度，一言为定可勿多虑。但20年代出版之书，社方无意接受，据他们说，60年代的已经嫌老一些了。收到这封信后我很不以为然。这倒不只是我一个人的事情。在我想来，一本外国书的要译不要译，应该由它的内容来决定。像《微生物猎人传》这样的书，当然不能同文学书相比，哪怕十一二世纪的也应该译值得译，但它究竟是历史性质的书，不必太重视出版的时代性。至于给译者以合同或约译信，不过为了给他以译稿如合格必出的保证，使他能够胆大放心地翻译罢了。何况这样做是解放以来通行过多年的。我总认为出版社编辑对于作家译者，即使不必敬若神明，唯命是听，无论如何要为他着想，尽可能给予种种方便甚至优待。一个国家民族的文

---

①据作者长女陶洁说，这位“北京友人”其实就是指她，作者在此故作曲笔。

化文明程度的高低，学校的教师之外，实在要算书籍的作者译者关系最大了。因为事情不是只与我个人相关，我对于自己的意见可不能确定正确，一个冲动，写了一封信给科普宗匠高士奇同志，请教两事：一、译外国书籍如《微生物猎人传》这样的书是否必须最新最近的。二、这本书他老先生的评价如何。高士奇同志原是研究微生物学的，他早年在开明书店出版的关于微生物的著作，我早就拜读过了，心想他对《微生物猎人传》极可能看过。复信很快就来了，但系由秘书据他意见代复，因为本人在医院治疗。复信对一，有以我的见解为是的样子；对二，大概讲信给他听的同志没有讲明白，有些答非所问。反正无论怎样，我译《微生物猎人传》是决定的了，即使有昨天出版的最新书籍给我翻译，我也不一定放弃。因此写信给在京朋友，谢谢她的好意，与出版社的交涉则不妨到此为止。总而言之，我不以对方为未来的出版处。事情过了一两个月，北京又来了信，说还是请译下去吧，出版社说可以接受译稿的。

大概到年底边，全书二十万字左右译出来了，对于译文不敢完全自信，还请友人校订修改一下然后誊清送交出版社，那已是1978年的事了。[①] 后来出版社来信指出若干处译文生硬的地方要求重译。这时候我病后衰弱得很，再无精力用脑动笔，拜托了友人请她找一可靠的人修改。到了1980年冬末，友人来信说译稿已经发排，出版社要我写个前言之类。接信时我病弱畏寒整天蜷于被窝中，再没有精神干这个了，遂叫人代复一信，说明不能遵命的原因。现在已经1981年春，《微生物猎人

---

①据作者长女陶洁说，书稿送交出版社是在1980年。

传》不知排校得怎样了。区区二十万字左右一本，历时三年多还不能出版，吁，何其慢也。

在这之前，我还做过一回毛遂。那是1978或1979年的某月某日，在报上读到一位首长的谈话，大意是说，现在社会上的闲散人士，大可以献计献策，做些有利于国家的事情。他的谈话我读了很觉得恳切，为之感动，于是不揣冒昧，写了一封信去，说我闲居无事，极想研究美国的对华对日对俄的外交史，第一步工作是读遍美中日苏的外交史书，个人没有书籍，公家能否供给或允许我向图书馆破例借书。信去了像石沉大海杳无音信。

此外我家斜对面是中华医学会的图书馆所在，我在1969年3月前还能走动时，曾经去那里私自翻阅了一下藏书卡，很有一些可以阅读摘录的医学史书，我很想设法能够借出来阅读，可惜认识的人当中没有可以请托的。不过时至今日，衰颓日甚，什么都不想干了，古人说哀莫大于心死，但愿我的百事无兴趣只是由于疾病。

在摘去帽子后不久，里委会杨大姐和街道办事处的一位同志联袂到我家来，给我一份申请救济金的表格。办事处同志说，你的政治问题已经给你解决了，现在再在经济上给你一个帮助，数目，至多不能超过三十元。我诺诺连声应了几个是，连连道了几个谢之后，送两位走了，同老伴一商量，倒觉得为难了：申请吧，子女是不会十分同意的，他们已经供养了我二十多年，即使再要供养这么多年，他们的供养能力也只有比前强了，过去不请求救济，今日又何必？老伴立即表示坚决反对，说，前几年连本来家家有份的配给碱也不配给，今天倒给钱了。我呢，我想拒绝是不好的。却之不恭，一也，不识抬举，二也，恭敬不如从命，总以遵命填表申请为是。申请救济的理由是为了减轻子女的负担。数目是三十元。结果批准二十元，领了十个月。到改正之后，作为退休，从1979年冬补算起，领到退休工资后，老伴就拿了二百元钱，送到街道办事处还清所领的十个月救济金。

改正的最后一关，据说是劳改局。这事情我又不大明白，按事实，我是由中华书局辞海编辑所送劳动教养的，未经法院，也没有惊动过公安局，同劳改局真是所谓河水不犯井水，风马牛不相及，何以改正问题的解决，最后关键竟在于它呢？但世事茫茫，而且纷繁复杂，既然解决了，就是了，何必多问多思想。改正了怎么办呢？让我再去工作吗？别的不说，身体已经病得这样，还怎么能工作？于是作退休论。退休工资怎么算？如本无保留工资，容易计标，按级别就是了，偏偏有保留工资的。多少？我不记得了，老伴也记不得了，儿女当时还小，更不会记得，连知道也不知道呢。本来可以查账，但说新知识出版社的账簿全没有了，查工会会员证也是一个办法，但我的工会会员证在被送劳动教养那天被收去了，现在当然没有人保存着它。我横想直想，想起当时的工资仿佛有个四字，是一百四十元吗，似乎没有那么多，那么一百三十四，一百二十四，或一百零四吧。我的老伴说，就算一百零四元吧。我点点头。在这时代，钱，多些少些对我更起不了什么作用了。接下来为了劳保卡需要半身照相，就同老伴上静安寺一家照相馆。静安寺离我家实在不过走五分钟时间，但在我却有二千五百里远征之感。到了照相馆，那照相者叫你这样命你那样，甚至来搬动你头颅身体的种种，够我苦笑不已，简直想不照算了。好容易照好了，却说照得欠好需要重照，我一听连连拱手，说无论怎样不好都好。出得门来，看见有给人称体重的摆着磅秤在招徕生意，本来我从未在街上头磅过体重，因估量那磅秤未必准确，而且体重体轻似乎也不必加以注意，这天却不知怎样一想，情情愿愿地立到磅秤上去，一磅，惊人了，七十磅也不到了！过去几步又有一个磅秤摆着，快步上前再一磅，好，七十磅稍过一些些。由此可知，我是真个骨瘦如柴身轻若燕了。

在送来"光荣退休"证的前一天，社里来传呼电话叫我明天去一趟，如走不动，可以用车子来接。我躺在床上对如此云云的老伴说，什么也不必了，多麻烦干什么呢。第二天承蒙几位同志敲锣打鼓地送来退休证劳保卡，我勉强起床陪他们坐了一会。来的几位同志中只有一位姓袁的还似曾相识，时隔二十多年，人也不见苍老。他说我：你是老得多了，老得多了。

同志们走了，老伴送他们下楼去，我不再支持，躺到床上，望着并没有吃了多少的装着花生米、南瓜子、糖和香烟的高脚盆子，自然而然想起了燕以权、黄嘉音和许君远。老燕的"太重了些"那句话，好像还在耳边，他说那句话时候的黑苍苍阴沉沉的容貌也如在眼前。说句老实话，老燕在我心目中不入于君子之林，但那句"太重了些"，作为右派分子的评论，是非常恰当的。他的意思无非是：右派应该反击，不过反击得过重了。我们说忠言逆耳，其意思当然是，我的话是使你听了难受，但须知我之不怕得罪你，目的原为你的好啊。其实这很可能是一面之辞。逆耳的话未必是忠言，忠言为什么总非逆耳不可呢？在听者，他所感觉到的首先是逆耳，也就是不入耳，在这时刻，他哪里还有心思细细辨味一番对方的话对自己是否有利或是否恰当，只觉得那是诽谤或谩骂，很难使人接受。我曾做过一回不折不扣的阿木林，但当被老伴看到了当场讥我为阿木林时，我的反应是：管你什么事！我做阿木林阿屈死阿土生[1]都是我的事，要你管什么？幸而她很识相，不曾针锋相对地争辩下去，否则大有吃我一拳头的机会，因为过去有过同样的事情，只为了她接下去还汹汹说了一句：你这样是要害儿害女的呀。我一面说害就害吧，他们反正是我生出来养大的，一面就把当时在桌上的杯盘用力往地上一推，还打了她一拳。事后我向她再三道歉赔不是，细细讲给她听我的当时感受。从此以后，她知道了即使真是忠言说得逆人之耳必难使人听从，无论怎样不再向我啰嗦，就此夫唱妇随一家和睦了。

---

①“阿木林”“阿屈死”“阿土生”都是上海方言，指傻瓜。

唐大郎·康嗣群·纪果庵·梁式·徐訏悼辞

我在与世隔绝的二十多年中，确知已作古人的相识者中，就是燕、黄、许三位。我所认识又熟悉的人并不多，更因为我有一个坏习惯，只望人来访我而我不访人，所以过往密切的友朋更不过一二了。但在过往不密切的人之中，有一位应该说不密切的人，却是二十年来时在念中。此公非别，康嗣群是也。我识康君，乃周作人介绍。时在沦陷期间，一天接周作人一信，托我去找这位康先生代他索回蔼理思传记或一本别的什么书。我拿着信去找他，地点在河南路救火会往南一些，是一家银行，拉上着铁门，门外停着一辆汽车，将信交给了他，得到回答“知道了，我给周先生寄书去”，就兴辞而出。论出身和经历，我和康君绝无相同之处，他又不是绍兴人，亦非作家，但却有一见如故的结果。1962年我暂时得回上海，通信来往者除周作人和天津的徐淦兄之外，就只有康嗣群一人了。那时候主要是托他向上海外文图书馆借书，上海图书馆照例外文书非有特许证者不借出。康君有此证，先后烦他借了两三种书，其中一册名《动物的适应色彩》，是部大书，图版极多，我先有苏联出版的俄译本，然后按图索骥，姑且请康君向上海图书馆一查，居然查到代为借到。记得那天到他家里去取书，闲谈好久，回家经过静安寺时已经车稀人静了，而偏偏碰见了那位姓郭的民警同志。我不禁心里一动，想到他看到我夜里手执两书踽踽独行于街头，会不会疑心我有不轨行动呢，虽然他看见了我只作点头微笑状，并没有跑过来一把拿我抓住，喝问从哪里来……

和康君的托熟，原因不一，主要是他的拿人当友人。有两次闲谈中他的两句话，我大概将没齿不忘。一次是我告诉他上海不得安居，只好回安徽劳教队求栖身之地了。他说：已经望六之年了，能不去还是不去吧。另一次是说：不能恃才傲物，试问你恃的什么才傲的什么物？有一次告辞出来，他送到门外又闲谈了一回，不知怎的谈到人的寿命之修短，我说我们一定长寿，他说何以见得，我说因为生得矮，而矮人多长寿，沈钧儒先生就是一证。当时说者听者都大笑。

当我被勒令回乡找屋的时候，我又写了一封信给康嗣群君，告诉他行将返乡，望能一别。没有得到回信。他家住址的门牌号码我是记得确切的，路名和里弄名字却不大明确了，也许另有别的什么原因，总之是音信杳然。那时候胆小如鼷的我，实在不敢任意乱跑，否则我家离他家不远，若能亲自前往，大概可以有最后一面，即使他已下放什么的，他的夫人我也认识，总可以借以知道一些彼此的情况，不至于生离竟同死别一样。

摘帽后我第一个想知道其近况的人，就是康君。这时候我的行动是自由了，大可以大摇大摆地前去访问。可是我的心理状态是变化的，不能自由行动的时候渴想行动，能自由行动了却又不想行动了，其实是由于我的懒，或者说得好听些，衰病无力行动，另一原因大概是我处于万念俱灰的状态，一动不如一静吧。还有是不知道他的生死存亡，怕冒冒失失地跑去访问。不过想念还是想念的，很想找个人先打听一下。找谁呢？最好当然找巴金。我约略知道他们俩的关系相当密切。但我和巴金从来没有通过音信。我作为编辑，30年代的作家十九都请求过写稿，唯独巴金却没有求过。要向巴金拉稿，实际比向任何作家都不更为困难，他同林语堂的三哥林憾庐是知交，林憾庐还曾同我去开设在当时叫作金神父路的虹庐广东茶室与巴金喝茶吃点心，而且不止一次。巴金给我的印象实在不坏，我觉得他是厚道的人。但我始终没有向他求过稿，这到底是怎么一回事呢，莫非我曾求过他不肯写吗？大概是这样，因为那时代巴金已经是大名鼎鼎的大作家，他的初作《灭亡》我早在《小说月报》上拜读过了，虽然他的最有名的长篇小说《家》，我直到现在还没读完。

因此，我和巴金就似乎“素昧平生”了，向他去问康嗣群，不觉得失之冒昧吗？他如不复信呢？而且我不知道他的地址，虽然以他的名震遐迩，只写“上海　巴金同志收”也一定能收到的。

在我和全国右派分子一样齐摘帽之后，忽然光临小楼枉访我这个做了二十多年人外人的虽生犹死之徒的，是唐大郎云旌先生①。他丰采依旧，声容不改。唐先生是上海小报界二亨中

①唐大郎（1908—1980），原名纪常，字云旌，笔名大郎、刘郎、高唐等。江苏嘉定（今上海嘉定）人。早年任职上海中国银行，业余向各小报投稿。后辞去银行职务，担任《东方日报》编辑，并在各小报开设专栏。1945年与龚之方合办《光化日报》，抗战胜利后，合办方型周刊《海风》等。1949年在夏衍的支持下，又与龚之方合办《亦报》，任总编辑。1952年《亦报》并入《新民报晚刊》（后改名为《新民晚报》），任编委，后主编副刊《繁花》，并常为香港《大公报》供稿。

的一亨，另一亨是平襟亚，笔名网蛛生，又号秋翁。我本与上海小报无渊源，虽然上海较老的一份小报《晶报》，我在十五六岁时已在苏州拜读，而且觉得它极有特色，佩服得很。可是世事茫茫，后来我同平、唐两位竟有了相当密切的关系，而且觉得这两位尽管外界说他们凶恶得很，我却只觉得和善可亲。我与平君的关系，另外再叙，这里只略谈我和唐君的往来经过。

事情须略述在提篮桥监狱里的一位孙君[①]。此君在沦陷时期，是日进斗金挥金如土的名人，我虽无幸识荆，却也久闻大名。在监狱里，彼此认识了，他就谈起唐大郎先生。后来我先他出狱，他还把我介绍给唐君，请他给我介绍职业。事情真有巧的，唐先生给我的信，由邮差向窗棂中一送，丢进了一个小间，而这小间是二房东所占有，作堆置废物之用，一年难得几回开的。及至开了捡起这封信来，已经时隔半载或竟一年以上了，不但他所介绍的职业我没有能够去就，对于这样的盛情援助竟连回信也不给一个，他大概还很见怪呢，后来同他说明时他也大笑。

后来唐君办新型小报《亦报》，我除了介绍周作人为他撰述外，自己也三日两头地给它写稿，还写了一个莫名其妙的长篇。更后来唐君编《新民晚报》副刊，我也供给过不少稿子，大都是讲动物的，凡是报上登出了有关动物的报导，而这动物又不是像马牛羊那么众所熟知的，我就找些材料来编写成小

---

①孙君指孙曜东。孙曜东（1912–2006），安徽寿县人。早年就读圣约翰大学，后赴美国留学。回国后，先后任法商洋行买办等职。上海沦陷时期，先后担任复兴银行行长、中国银行监察，为周佛海在上海处理经济事宜。抗战胜利后曾与中共地下组织取得联系。1955年因潘汉年、扬帆案被捕，送往安徽白茅岭农场。1976年回到上海。

文，每篇三五百字。积少成多，一个月因此收入的稿费，实在对我一家生活大有补助。

有这渊源，再加上他又是我重见天日后的第一个不速之客，我自然很有些感谢之情，所以当他讲到他怎样在抄家时被抄去周作人的一些原稿和著作，说得如失珍宝热情激动时，我就打开书橱，取出周作人写给我的二册《儿童杂事诗》送给了他。在闲谈中他谈到了不期而遇秦瘦鸥的事情，可见他为人的一个侧面。他说，有一次他去看林放（赵超构），在门房间里遇到一人在打扫。他不识其人，当然不加招呼。到与林放作别，林放送他出来时，对他说这是秦瘦鸥先生，你不认识吧，我来给你们介绍一下。他说，这时我仔细端详那位打扫者的面容，才认出他是谁来，我赶忙向秦君道歉，说刚才实在没有看清楚是你，千万不要以为我是势利小人。你知道，我和秦瘦鸥不但是同乡，还是小学的同学呢，刚才之不仔细看他，是由于绝对想不到秦君会得做打扫工作的。此外他又问我作何打算，那时候我的身体还没有坏到不能走动的地步，又没有结论退休，就说还想工作。他说由他与林放去谈谈看，看辞海有无适当工作。我首先请他万勿勉强，其次说明我不大想再进辞海的门。

此后他还来过一二次，通过几封信。有一次说检查了身体，3月初要检查胃，如胃无恙，还可活几年。到3月中旬或下旬我托人送一套他托我代买的英语书去，叫顺便问他一声检查过胃没有，回说是不曾检查。从他来访的几次接触中，我看不出他有什么病象，对于他的如胃无恙还有几年可活的话没有注意到话中是否含有深意。不料隔了一个时期，黎庵来访忽然谈起大郎已去世了，而且已经去了几星期。他病中我没有接到他的病讯，他死后我没有接到讣闻，因而他的噩耗直如晴天霹雳，但不知怎的，闻讯之后，居然无动于中，只像听到陌生人的死讯。人生七十古来稀，他同我一样年纪，1980年时已经七十三岁了。人到了这个年纪，实在如北京来上海的旅客之已经到了北火车站一样，已经到了路途的尽头，回到家里或投宿旅舍寄寓朋友人家，不过是论分论刻论时罢了。

大郎去了，但由他终于使我知道了康嗣群兄的消息——早于1972年归道山了。据说他有一天劳动归来，在田埂上行走，一个失足摔倒在地而从此一瞑不视。我闻讯之后，想了一想，觉得这在康君本人是件大好事，无病无痛，简直像无疾而终，没有卧床之苦。但在他的家人——他的夫人呢，在突然得到死讯的时刻，却是多么伤痛呢？

除大郎外，承蒙见访的旧相识者还有三五位，他们的境况都好，特别令我歆羡不已的是健康得很，尽管年纪都已年逾耳顺或古稀了。有病方知健是仙，我对着容光焕发步履矫健的几位老相识，多么祈愿他们长命百岁，一健到底啊！

报上几乎天天有追悼某人为某人平反昭雪的新闻，其中也有是我比较熟识的，例如孔另境。孔君我认为是个十足的好好先生，喜欢喝几杯，我除了在他府上叨扰过一二餐外，还和他在酒店里喝过几次。当他出马主持春明出版时，有意思拉我进去。可惜春明据说是积资最巨的私营出版社之一，里面的老人当作金山银山保卫，很怕有人进去染指，而在进去的人呢，作为一个以劳力取酬报的人，进一个有资金十亿的出版社同进一个只有存款一千元的一般无二，我又何苦离革新而换春明呢？

我所认识的人，到底不都是名人而有可能应在我的追悼之列的。有一天，我在一篇报导某所艺术学校平反的新闻中，看到了一个人已去世但蒙昭雪的人——赵志华。我所认识的人中，有一个就叫赵志华，虽然原名华星或华新。我是在东京认识他的，是我所谓的东京三友之一。那时候他毕业于京都帝国大学不久，年纪决不会超过三十。他在东京起初住在什么地方和有无工作，我都记不得了。见面时只看见他的双手作拉小提琴的姿势不停，谈吐率真，一点没有巧言令色，若在夜里，他还想设法弄些米酒来添兴，可这还不是他力所能及。他说话有些口吃，走路有些跷，说那是少年时候乘自行车摔得老远老远的结果，当时照西医敷石膏，结果还是请教了世代名医的石姓医生医好的。他学的经济，却爱好音乐，特别是小提琴，常见他拉，没有琴在手时也总是作拉琴状。那时候他已经结婚，但还没有孩子，我几次听他说过："姓赵的要断种了。"

抗日战争胜利后，他据说到美国去了，因为有亲人在美国音乐界工作，他就深造了音乐。解放后到过我家一次，以后有一次我在旧西书店，他也来了，和一位相当漂亮的女学生样的女同志翻阅乐谱之类。此后不通音信，但在报上知道他在交响乐团工作。

现在报上所说的音乐学院十位平反昭雪中的一位赵志华，究竟是不是他呢？我猜想是他，因为报上说明他是属于交响乐小组的。后来碰见一位也认识他的姓杨的老朋友，我偶然问起，他说是华新，是跳楼自杀的。我听了没有别的什么感想，只想到不知道他后来生男育女没有，因为不知怎的，他的"要断种了"那句戏言我总不能忘记。

知道了赵志华跳楼自杀的确息之后，又听到了纪果庵投河自寻的可靠消息。这是黎庵来告诉我的。他一次去苏州向师范学院一位教授组稿，因为知道纪果庵也曾在师范学院教过课，就随便问起，结果得知纪君在批斗中投河自寻了。黎庵是不大欢喜多问与他无大关系的事情的，消息就限于此，我也无意于寻根究底，虽有可能，却不想向苏州那位教授多打听探询了。

果庵名国宣，果庵是笔名。他是沦陷时期伪中央大学的一位能员，不但博古通今，文言白话，一笔利落，字也写得很好，不论毛笔钢笔汉字西字，而且能处理事务，应付裕如，不是普通的书呆子。他魁梧奇伟，光头长袍，典型的北方人。说话时总带笑容，同他相识的人没有一个憎恶他的。他大概是纪晓岚的后代，我在他的文章里不止一次看到过“先文达公”这样的字眼。他的文章写得很好，而且健笔如飞有求必应，太平书局出过他的一本集子《两都集》，虽然写于沦陷之时沦陷之地，其内容无觍颜媚敌的西崽相，是可以问诸今日之世也无愧的。世人对于沦陷时期沦陷地区的文章，动辄詈之为汉奸文字。有谁敢说当时当地无名副其实的汉奸文字呢？但谁也不应该说该时该地的文章都是汉奸文章吧，如果真讲“实事求是”的话。[1] 就书论书，我们不妨把周作人的《立春前后》《苦口甘口》，何若的《何若杂文》和纪果庵的《两都集》摆出来读一读，看它们即使在今日出版是否应该，相形之下有多少愧色。

何若是梁式的笔名。其实“若”是“苦”的伸脚字。他还有一个笔名更为特别，叫作“尸一”。据说鲁迅曾经问过他为什么取这样一个怪名，他的回答是：并不怪，ㄕㄧ拼起不是读式吗？梁式我看他是个哲人，他在《何若杂文》中的那篇谈《红楼梦》的文章，在我看来是胜过后来许多新新红学家的文

①此处原还有一句话：“别人的出版物与我无涉我不想多嘴，若以我经手出版的书籍而论，若说都是汉奸文章，我是怎么也不能承认的。”后为作者删去。

章多多。他所写的三言两语的《纸片》，也多珍品。他的说话多妙语，如在民改时他就说过这样的话：我们的行为好比日军攻下一个城市时的高放气球于跑马厅，尽人皆知的了，何必隐瞒？又说，如办你劳动改造，最好的办法是积极劳动，早归地府。他年龄比我大得多，但真个老当益壮，常常步行几里几十里。解放后他在少儿出版社工作，他亲口告诉我说，当时社里请他翻译些英美著作，他的回答是，我只译英美的儿童诗，你们出版吗？他对于有关社会关系的问题，也有他的说法，据他说，他曾坚决回答过一个向他了解的人说，我只有一个社会关系，而这个关系你们是不想知道的，因为他是廖仲恺。当对方问他为什么他说廖先生是了解者所不想知道的一点时，他说，我知道你们要知道的是对方同什么什么坏人有关系。

不久以前，听人说到梁式已经去世多年了，终年已近八旬。

最后，我要记述一下徐訏了，而且怀着不可弥补的抱歉的心情记述的。还是1977年吧，上海的鲁迅纪念馆来了一位姓陈的同志。什么公干呢？原来他发现了一封鲁迅的信，刊登在刊物《人世间》上的，由于制版登出来的信上没有收信人的名字，不知道收信人是谁。当时署名编辑《人世间》的是徐訏同我。陈同志说，鲁迅纪念馆里的人意见不一，有的说是给徐訏的，有的则说是给我的。他为了确定究竟是给谁的，经过多方打听，打听到了我的住址，特意前来问我。我一看信的内容，是讲吊死鬼什么的，我没有接到过鲁迅这样的信过，就直截痛快地回答说那不是给我的信。那应是给徐訏的吗？那我也不能说。陈同志问我徐訏的通讯处，我据实回答：一别二三十年，从来不通音信，不知道他在哪里。陈同志去后，我回想了一下，仿佛记得《人世间》是《人间世》停刊后的一种刊物，那是丁君匋的妙计，徐訏大概是赞成的，而所以要我共同编辑者，是因为《人间世》是我和徐訏共同署名的，若只有徐而无陶，《人世间》就不像《人间世》了。对此西贝《人间世》我却没有什么兴趣，当初之所以答应出面，不外乎碍于丁、徐都是老同事的面子。至于制版刊出来的鲁迅来信之所以抹掉收信人名字，也许是惯例如此，可能是为了使陶、徐不分家。

隔了一个时期，鲁迅纪念馆的陈同志给我一信，内附徐訏写于3月22日的一封信。陈同志信上还说他很想念你们，望便中给他一个回信。但是，我却踌躇再四，终于没有给他一个回信。徐訏，我的老伴和较大的孩子也都认识他的，她们力劝我复信，我总迟疑不决，到最后决定不复了事，老伴还骂我生性冷酷。冷淡也罢，冷酷也吧，总之我有我不复的理由，我的理由是，叫我怎样复他呢？如简单复一信说托庇平安乏善足陈吧，如我是徐訏的话，接了这样的回信是犹如没有回信一般的；那么历陈颠末缕述详情吗，我又没有这样的性情，何况他远在海外，我又完全不知道我们所最为重视的政治面貌如何。何况我对他的政治或社会关系，一向全不清楚，因为我从不想知道别人的底细，但从种种蛛丝马迹来看，徐訏的社会关系是令人不无复杂之观的。特别是他解放时身在国内，解放后才离国他往。到后来连他的来信也不知怎的不见了，接信时我没有抄下他的通信处，要问鲁迅纪念馆的陈同志吗，我又怕麻烦人家，况且我本抱定决心不写回信的了，又何必多费心思。

到了今年春初，我整理书桌的右侧第二只抽屉时，却又发现了徐訏的来信，重看一遍，确也觉得他情意殷殷，我不复他未免寡情，特别是一位在香港的友人写信给黎庵时，谈到徐訏还曾托过黄苗子到北京路过上海时代他探望我一下。黄苗子当然没有来看我，他虽然不是不认识我，但托他探望的人是徐訏，探望的人又是我，他何苦屈尊降贵呢。马君信上有这么两句动人的话：伯訏常念亢兄体弱，故切托黄君代为一候，不料其先捐馆舍也。

徐訏的生病以至于去世，我都是从海外的女儿处得知的，因为我没有香港报纸看，而徐訏是在香港的。他一生写作不少，就我所知，他的小说销行很广，青年读者中大有徐訏迷。他的一部上下两厚册的长篇《风萧萧》，在国民党反动统治末期币值大跌特跌的时期，竟可以作市场筹码，等于黄金美钞。但也就是这部《风萧萧》，老伴对他不无微词，原来她虽曾向他要过，而他终吝于惠赠一部。这件事情她说起过不止一次，对于我们终于没有复他一信，不是完全没有关系。所以在我说来，她尽管责我不写复信是冷酷无情，但她哪里想得到我若真个冷酷无情，她也要负至少百分之一的罪过。天下事，原不简单哪。

徐訏的作品应该给予什么评价，是文学批评家的任务，我呢，说句老实话，他的长长短短的小说都没有仔细读过，而且由于不懂文艺，即使读得能够背诵如流，也无从给他批分数的。现在他既已先我而行了，我再要给他回信无论如何已难做到，为了稍赎前愆，谨将他的来信抄录如下：

亢德吾兄：

卅年不见，时兴遐念。前曾写信给何永康兄，打听你的近况，他说已有二十几年不相见，迄不知你在哪里。顷得陈友雄先生信，悉兄仍在上海，乃作此书，请他代寄。兄如收到，务请复我数行。兄子女想都已长大，一定分散各地，各有建树，在为国服务；不知嫂夫人身体好

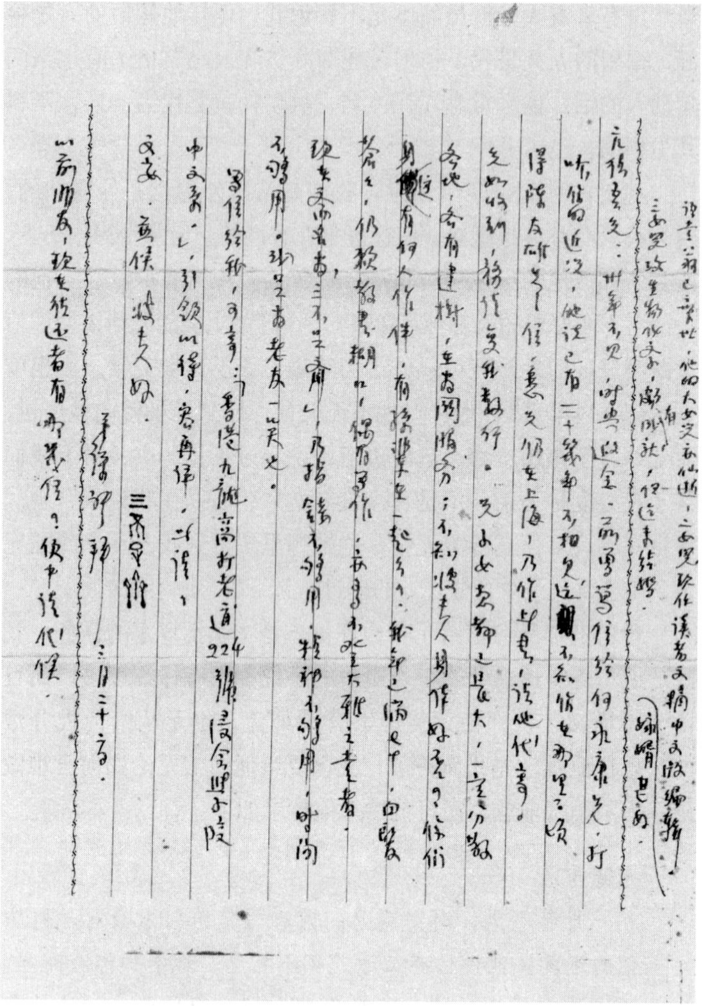

語堂公前年已去世，他的大女兒亦仙逝，二女兒太乙任讀者文摘中文版編輯，三女兒相如生物化學，嫁黎明，[illegible]。（女婿甚好。）

亢德吾兄：卅年不見，時與殷全、[illegible]信給伊承康兄，打聽你的近況，他說已有二十餘年不相見，近亦不知你在那里工作。得陳友琴兄一信，悉兄仍在上海，乃作此書，請他代寄。兄如收到，務請覆我數行。兄子女想都已長大，一定分散各地，各有建樹，在為國服務；不知嫂夫人身體好否？你們身邊有何人作伴，有孫兒女在一起否？弟年已開七十，白髮蒼蒼，仍然寫點東西，偶有寫作，[illegible]。現在[illegible]三不[illegible]，乃指錢不夠用，精神不夠用，時間不夠用。聊以告老友一笑也。

寫信給我，可寄：香港九龍窩打老道224號浸會學院中文系。引頸以待，容再詳，此請

文安。並候

嫂夫人好。

弟徐訏 拜 三月二十二日。

以前朋友，現在往還者有哪幾位？便中請代候。

1979年3月22日徐訏致陶亢德信

否？你们身边有何人作伴，有孙辈在一起么？我年已满七十，白发苍苍，仍愿教书糊口，偶有写作，亦多不登大雅之堂者。现在斋名为“三不足斋”，乃指钱不足用，精神不够用，时间不够用。或足为老友一笑也。

写信给我，可寄“香港九龙窝打老道224号浸会学院中文系”。引领以待，容再详。此请

文安。并候嫂夫人好。

弟徐訏拜　三月二十二日

以前朋友，现在往还者有哪几位？便中请代候。

语堂翁已弃世，他的大女儿亦仙逝。二女儿现任《读者文摘》中文版编辑，嫁婿甚好。三女儿攻生物化学，颇有成就，但迄未结婚。

关于鲁迅书信的注释

徐訏之在香港在他来信之前我其实已经知道了。告诉我的是人民文学出版社有关鲁迅著作的一个室。它给我一封信，时在1977年前，问我：1. 我的生年月日；2. 徐訏的生年月日，并说此人现在香港。人民文学出版社的那个室为了什么事情写信给我，现在已经一点也不记得了，可能是为了鲁迅书信的注释。接到那封信后我觉得好笑，直到此刻也还觉得有些可笑：不是为我作传，问我生年月日作什么？再则徐訏的生年月日怎么来问我？生为现代人，连自己的生日时辰忘记的也很多，哪里会记友朋的生年月日，而且既知其人在港，何勿直接函询，事实是在接到出版社来信之前，我还不知道徐訏究竟在天之涯还是地之角呢。

俗语说多一事不如少一事，这话真有道理。四五十年前为了一时冲动，给鲁迅先生写了一信，承他赐复，遂再接再厉，写了好几封，也得到好几封回信。这些信在鲁迅逝世之后不久，好像捐献出过几封，到解放后，由周作人代王士菁之索，全部寄给了他。寄出之后，事情就完了，以后出版了《鲁迅书信集》我也不知道集内收进了我的那几封信没有。后来借到《书信集》，看到我的那几封赫然在焉。看《书信集》时女儿正回家来，问我："是他们送你的吗？""不，是借来的。""奇怪，怎么不送你一部？"我说大概没有这个规矩。她说："不，我知道有的人只拿出一封信来就得送一部，有的人连一封信也没有却一样奉送一部。”我只好笑笑，说那就是我们乡下所谓的看人头打发吧。她点了点头，皱了皱眉头，不再作声了。

事情过了好几年，当我还是名列四类，自称人外人的年代，有一天忽然来了两位上海师范大学专门注释鲁迅书信的女工作同志。她们为人和气，工作认真，问鲁迅给我复信中的这一点那一点，不嫌其烦。我和鲁迅通信，本来是编辑者与作家的极普通通信，并没有什么“私情夹弊”在内，在我看来是没有什么地方费猜疑需要注释的，但是主观与客观不同，师大的同志却三番四次地问这问那，主要集中在鲁迅一封复信中的一句“要求三事”是什么事，而且牵涉到我写过的一篇略有纪念意味的小文中的一句话：“想到那件事不禁使我脸红。”好像我对鲁迅做了件不可告人的丑事似的。哪三件事呢？我想来想去想不出究竟是什么事。我所求于鲁迅者，除文章外实在别无他求：一不求借我钱，二不求他介绍职业。但在编辑《人间世》初，我为了生意经，曾想来一个“作家访问记”，向作家请求允许：一、给他的书斋，二、他本人和三、他的夫人公子或千金照一个相刊登出来。我第一个征求同意的作家是鲁迅，结果他的回信如当头一棒，像兜头一盆冷水。我后来之说脸红云云，可能就是指的这个。不过事情都已模模糊糊，记不清楚了。而询问者呢，你越支吾其辞的样子，就觉得此中大有文章，越加要旁敲侧击寻根究底了。当时问得我实在不知道怎样才好，有些按捺不住，回答得不免粗鲁了些：总之我一不向鲁迅借钱，二不向鲁迅骗钱，对鲁迅没有做过问心有愧不可告人的事情。对于那两位女同志，我可始终没有一点不敬之意，我知道她们是工作负责的好同志。而且由于其中的一位于公事之外还谈到些闲事，如赵家璧非常健康，王映霞一点不显老相，金性尧再三向她声明他的问题已经解决等等。

最近夜长失眠，常多胡思乱想，上述鲁迅给我的书信的注释事情使我忽然提出了一个疑问——有一封鲁迅的信，其中有人人看了会觉得奇特应该加以注释的几句话，做鲁迅书信注释工作的同志何以没有向我询问过？那几句话是："如有人骂则回骂之，凡枭首示众者，岂尽汉奸也欤哉？"（原信和《鲁迅书信集》手头均无，无从查对。）①

我拿鲁迅书信献出去时没有留过底，不知道所献书信中有值得注释辞句的那一封在内否，虽然我是的确已将鲁迅给我的信全部交出去的了，没有留下一封私藏在家。然而老实说来，我交出去的信实在并非全部。这是怎么一回事呢？大家知道鲁迅是绍兴人，他的大名虽然也许不及徐文长和秋瑾那样家喻户晓妇孺皆知，但在与新文学稍有接触的人，鲁迅的声望却在徐、秋之上。我恰巧有个亲戚，他对新旧文学都有一点知识，有一年我的老伴回绍兴，他再三请她觅到一点鲁迅的手稿之类，后来她就寄了一封鲁迅给我的信去，我知道这件事，因为那年她从故乡带出来的一小坛杨梅烧酒，据她说来，就是他亲戚要得鲁迅手稿的代价。不过事实到底怎样，我只有在查过了《鲁迅书信集》之后才能下结论。

对于鲁迅书信集的注释工作，领导鲁迅研究工作的同志一定很是重视，这可以从上海除师范大学外在复旦大学也有专门

---

①这些话出自鲁迅1933年10月18日写给作者的信，原话是："其实两者亦无甚冲突，倘有人骂，当一任其骂，或回骂之。……凡枭首示众者，岂尽'汉奸'也欤哉。"

工作同志这一点也可以窥知一二。为什么这样重视注释，我不明白，大概必有重要的理由。假如注释是无关紧要的，那倒容易办得多，以白注黑以是释非也没有什么大关系，但若的确事关重大呢，这注释工作就不大容易做了，不但要注释正确，连注释者的文字也不能有错误才好。天下事真所谓有利必有弊，最好的注释者说起来应该是得信人，其实出错的倒往往是得信人。这是由于得信人在作注释时，大抵只凭记忆，他在讲给别人听时，大抵凭记起来的据实奉告，但若由他自己来写，那就近乎做文章了。所以结果是：由别人注释时的缺点如记忆不全或有误一样不能免，倒是也许有了别人注释时不会有的短处，就是信手写来，涉及题外的文字，有可能与事实不尽相符。为了证明我的这个说法不是胡言乱语，请举见于西北大学1979年的《鲁迅研究年刊》上的《鲁迅致徐懋庸的七封信的注释》。这注释是徐懋庸遗稿，据抄录者附记："鲁迅致徐懋庸书信有五十余封，见于《鲁迅全集》及《鲁迅书信集》的共四十六件。他只注释了七件。现在给发表出来，也许对研究鲁迅有点用处。"抄录者王韦，据年刊编者注，是徐懋庸同志的夫人。

这本年刊厚厚一大册，系我的在西安的一个儿子寄给我看看的。因为四五十年前与徐懋庸有过一面之缘，他给我的印象很是不错，所以一翻年刊目录见有他的遗稿，就马上拜读。但一读到（五）的第646件，就看出了一些问题。原件云："别后一切如常，可抒锦注。"这两句话如交给专做注释工作的同志，一定可以看过了事，不加注释，但在得到鲁迅来信的本人呢，却会联想及他大有可注之处了，结果是本文不过十个字，注释多到几十倍。注文开头云：

《鲁迅日记》1934年5月10日记："林语堂函邀夜饭，晚往其寓，赠以磁制日本'舞子'一枚，同席共十人。"当时林语堂还在编《论语》半月刊，此次"夜饭"，所邀者，鲁迅先生外，还有茅盾、曹聚仁、陈子展、唐弢、周木斋、陶亢德，也有我。"同席共十人"还有一个是谁，记不起了。

我读后写了一信给王韦同志，告诉她"还有一个"是徐訏，他是当时《人间世》半月刊编辑之一。林语堂那次请客，看注文语气是为《论语》半月刊，其实是为新创刊的《人间世》。我在信上还说据我记忆，那天是没有茅盾的。他究竟被邀没有，可以函询现还健在的茅盾本人。王韦同志后来去问了唐弢，唐弢复信也说没有茅盾。注文还有一句觉得大有语病："这一次，林语堂到得最晚。"您想，请客的主人正是林语堂，饭就在他家里吃的，怎么能说"到得最晚"？不过这更无关紧要，我在信上不再提及。

这本《鲁迅研究年刊》我看了徐懋庸的646件注之后忽然不见了。想来有人拿走了，决没有真个不翼而飞的事。果然个把月后有人拿来还了，我就续看徐懋庸的注之（六），第657件。这个注更长了，有几千字，本文呢，不见。注文之所以这么长，是因为记述着1932年的两件大事和《申报·自由谈》的一些事情。那两件事中的"一件是，在上海，早就有一个中华职业教育促进社，是黄炎培主持的。这个社由邹韬奋办了一个'生活书店'，出版一种《生活》周刊"。徐懋庸记述这一件事，我可以毫无错误地指出他是记错了，无可怀疑不容否定的事实是：生活书店是《生活》周刊的产物，绝不是生活书店出版《生活》周刊。其实这件事情，韬奋有著作讲得详详细细，一查便知实情，并不是无可稽考的历史往事。

不过徐懋庸的这个错误，我们应该知道决不是有意为之或故意歪曲，不过如一般文章的通病，作者对于他所振笔疾书的事实，不作查核，无暇稽考，不知道他在不知不觉中撒了一个谎，如果后人据以为史料写成历史，那就误事不小了。试想十年八年之后，不要说千百年后，有人写《生活》周刊史或生活书店史而引用徐懋庸这个记述作为史料，那两部史不是终非信史了吗？

我孤陋寡闻，少读到报刊上有关名人和大事的记述文字，但即就偶然看到的若干主观客观上都像史料的文章，有的恰巧为我所熟悉确知的，就有不尽翔实甚至与事实相反的东西。这些东西有的是无意错误的，有的竟是有意歪曲事实存心颠倒黑白，这就是不可宽恕的作恶了。

我们怎样来防止伪史料的流传呢？对于无心的，那倒简单：首先是作者在记述一件事情时，即使是亲身经历的，也最好多想想多查查，不要怕麻烦，其次是编者看到这类有可作史料的文章，不管作者是哪老，凡遇事件，尽可能核对查考，总要做到不要在我手里刊出错误资料贻误后人。三是读者有明知错误的，不吝……[1]

---

①以下原稿佚失。

附　录

闲话陶亢德

实　斋

不知是在民国廿三年，抑还是廿四年，林语堂辞去《论语》半月刊编辑职务，版权页上的编者换上了陶亢德的名字，自那时起我才知陶亢德其人，只是并不认识。好像是在民国廿四年，我在苏州，陶的友人林张二公来苏游玩，我经周公介绍，陪了林张二公玩了一天，在河船上周公问起陶公怎么不一同来苏游玩，张公不假思索，立即答道："他怎么会来，此公做事都有计划的。"林公也接口道："我们是好事的，他那里会干我们这样没有目的之事。"自那时起我才略知陶亢德的个性。

大约是在民国廿五年，那时陶公正在开始创办《宇宙风》，记不得为了接洽一件什么事，我赴愚园路宇宙风社去看他，社内有写字台三四具，他坐在居中一具，面南伏案贴样，见面后他立了起来，说道："请坐，请坐。"我还没有坐下，他已面南坐下，继续伏案贴样，忽而用尺，忽而用刀，状颇紧张。我暗暗诧异，心想那有约了客人来而置诸不理的。约模过了十数分钟，大约样是贴好了，方才转过身来蓦地发言道："你是否主张骂人?"我说："只要骂得好，像鲁迅那样，那么似也未始不可。"他说道："我是不赞成骂的。"言下很是直截坚决，我心里又暗暗诧异，心想那里有初次见面立即与客表示异议的。那是我识陶亢德的开始，记得那天见面绝对没有经过所谓"寒暄”那步手续，以后屡次会见，也是绝未寒暄的。且说那次的初会：过了数十分钟，所约的几位都到齐了，陶公立即兴致勃勃的询问诸人道：“今天该是谁请客吃饭？”结果议定预支稿费，赴九江路的状元楼去小吃。在电车上乘客相当的拥挤，亢德见有一个空座，立即跑去占了，毫不客气。在车上我开始端详陶亢德这个人：他头戴一顶半新不旧的呢帽，坐在电车的角里低着头似笑非笑的似乎在盘算什么；在室内时倒不觉得，在电车上他那么坐着，看去生得很是短小，配着那个聪明脸孔，确乎当得“短小精悍”四字。只是看他那个较常人略大的鼻子，鼻尖二边又似乎长着很多的紫斑，又见他低头深思之状，心里有点害怕，直觉地感到这个人必工心计，倒须小心提防才是。这是我对他初次的印象。

余识亢德，八载于兹，时间似乎不算短，可是对他过去的身世不甚了了，只知他是绍兴人。只为我不爱人家查问我的过去身世，所以人家的身世我是绝不过问的。不过也偶然听得友人中间有谈起亢德的，才稍稍知道他的所谓出身是不大好的；到过东北，做过学徒，在苏州乐群社任过职员，做过青年会干事，在沪上名律师陈霆锐处当过文书；后来不知如何和《生活》编者邹韬奋发生了关系，在《生活》周刊上以“徒然”的笔名写“望远镜与显微镜”一栏，也曾写过小说，有《徒然小说集》行世，这本小说集曾在旧书摊上看到过，读了数段，觉得不是我所要读的书，所以未买，再后来不知如何他又和林语堂结识，此后便正式认真过他的编辑生活了。听说他是小学也未曾毕过所谓“孽”的，可是如今他非但能文，而竟能读日文，又能读英文。有一次我自他的三楼寓所辞出，跨下楼来，见楼边倒散着一堆破烂书籍簿册，其间有一本练习簿，顺手捡了起来一看，写的似乎是法文，我便惊问主人："这是你的吗？"主人哼了一声道："我学过一点法文的。"我自扶梯上一档档的跨下来，心里一边大为感动，一边又深为叹惜，一路思量天下竟真有这样好学的人，这不是兀的《儒林外史》里的王冕再世了吗？

亢德不只在好学一端像王冕，在精神抖擞一点上也是很像的。记得《儒林外史》里的王冕少时好像是为人牧牛的，一边牧牛，一边读书，很有自得其乐之慨；又善于利用闲暇，忽干这事，忽干那事；晚上书声朗朗，有人约他下棋，他便放下书本，立即兴致勃勃的去与人下棋了。至于亢德，不说别的，只说我每于下午去看他，他往往是正在睡午觉，听得我的脚步声，他会立即醒来，不用洗脸，立即会戴上眼镜，精神百倍地踞床与客人高谈阔论，与未睡午觉一般，绝不会稍呈睡眼惺忪之态。据说邹韬奋饭后必睡午觉，到了一定的时候必会睡着，睡了十五分钟必会自动醒来，无须他人催醒。我提起这事不是说亢德也有这种本领，只是说在精神健旺一点上是颇相似的。更举一事：有一次我见他正在一边忙着干那老把戏，忽而用浆糊贴稿样，忽而取剪刀剪《纽约时报》上的漫画，只见他精神贯注，双手挥舞如飞，可是一边却在与朱雯商谈某事，口内滔滔说道：先该这样后才那样，计划得头头是道，有条不紊，但见他工作虽紧张，却绝无忙乱之状，一如他的一心能两用似的。可见他的头脑是相当冷静的。

说起头脑冷静，不禁想起陶亢德的其他方面来了。他的自制力看来是很强的。有好几次我间接知道他在与人闹别扭，事情已经弄得互不相容的地步了，可是他绝未在友人前攻讦对方，揭扬敌人的短处，或是怒冲冲地为自己辩护说对方的不是处；至少对我从没这样过，这样处事的态度是一般人所难能的；也许是我与他之间的交情还不够到谈论阴私的地步，这可不得而知了。不过纵或有人说及对方的不是之处，有时他却竟会替对方声辩，道是“这也说得太过份了，坏得那样却是不见得的”。言语之间，他屡次主张中庸之道，这也许就是他的所谓中庸之道了。即使是在正面与人冲突的时候，他在言语方面也是往后退步的，可是并不屈服，却节节使自己处于更有利的地位，或是避重就轻，使自己处于害比较小的地位。在与人谋事的时候，他也是一贯作风的：先定出一个方案来，问你这样好不好，你若是不以为然，他绝不与你辩解，却另换一个方向另外定出一个办法来向你游说，你若是仍然不同意，他便也就拉倒，决不生气，不像常人那样患得患失。这有点像林语堂的《瞬息京华》里姚思安的妻舅叫冯什么的；林语堂写冯某是否影射陶亢德固不得而知，在精明干练头脑冷静上言却是很有相似之处的。我与亢德相交八载，只有一次见他动怒，那次可真是动怒了，而且还口出恶言，命人滚出去，而其起因却是为了打扑克时算几毛钱的出入，那时他的神情至今想起来还是觉得颇为滑稽的。亢德似乎好赌，或许是他的友人之中有好赌的缘故，每逢有三五个人相聚的时候，十有九次倒是要赌一回的。他在赌钱时的态度却与办事时大不相同，显得不大镇静，尤其是在打沙蟹喊着“看一只!”的时候，看他神气尤为慌乱，只不知这是什么缘故。

前谓他的友人说他决不做没有目的之事，这话经我与他几年交往业已证明不错。他写信虽勤，却决不会无故写信给你；虽爱与友谈论，却决不会无事专程访友；即使实在闲着没事，他宁可在家白天睡觉，这个他叫做“解脱”；为了久未把晤殊深思慕而通信，或是闲着无聊来找你谈天在亢德是绝对不会有的事。他写到信或是登到门多少是有点事的，只是所谓事也许是你的事，多半却是他自己的事。他曾说某某行事如下棋，着着都有深意，实则这却是他本人的写照；不过我说这话绝无恶意在内，我意做人理应如此，庶不致把大好光阴虚抛了，只是我个人学不到罢了。

又前谓他的友人说他做事都有计划，这话经我与他几年交往亦已证明不错。试举一例：我曾问他的少爷叫什么名字，他说："叫明明，这里有个缘故，我已想好了四个名字了，叫做明明，白白，清清，楚楚。"说那话时他好像还只有一个男孩子，白白，清清，楚楚都还是子虚乌有的。如今他膝下果然有了二男二女了，其中一个女孩子的名字却是叫洁洁，不是楚楚，虽与原定计划稍有出入，然也可算得不离了。我疑他生孩子也是照预定计划按图索骥地去实行的。只是他于生男生女在一索之际亦有精密的预谋否？再举一事：他本人是已向保险公司保了人寿险的，虽说保人寿险是极平常极普通的事，可是在文人之中究竟是少见的；又他遇儿女一生出来便立即去预付一笔教育储金，到了入学年龄他本人或有一个三长两短，子女的教育费用便有所着落了，社会人士实行这种办法的似乎更少，于此可见他用心之细，计划之远，于此亦可见他对于子女的爱护之深。只是我每念及此，总是为他叹气，为的是这种计划在目前局势之下都落空了，试想一人用尽心思详细计划了去做一件事儿结果却是一场空，岂非大可伤心的？再说一事：前年他患病甚重深恐就此不起，虽热度甚高，却趁自己还活着竟立起遗嘱来，规定了身后的计划；连身后的事也要计划一下的，你想。他的行事类都如此，你看他现在已是身在日本了。

二年前上海形势颇形恶化，我对他说如此怎么是好，不是死路一条了吗？他说惟其死路一条，所以要死里逃生，说时又是一副直截坚决的神气，他说了这话后过了不数天便决然别家赴香港了；亢德这个人真是所谓Man of action了。

上面的话虽我认为都是据实说的，然容或有对他本人冒昧不敬之处，这个且容后当面叩头陪笑罢。

（原载《天地》第四期，1944年1月10日出版）

我所知道的陶亢德

纪果庵

答应艺潮社写这篇稿子已很久了，但近来心情实在欠佳，无论为公为私，好像都有一大团说不出的不快，尤其生活的重压，自己且不必提，北平的亲戚朋友，一连来了好多信，据说中秋节一日，十支一包的香烟由每包七元涨至十六元（联币），其他准此，北京人是比较老实的，除去薪水以外，想不出其他法门可以赚钱，于是只好一路哭。南方虽较好，但看看中央商场的毛线会卖到一万五千元一磅，似乎票子亦有成为马克之感，而且俸米也没有了，米价黑市突升至六千余元，无怪乎每个人都垂头丧气！这几个月来，接到上海朋友的信特别少，大家平时无所不谈，乱离之中，唯此差慰寂寞，现在则各自为衣食奔走，朋友算得了什么，于是只有忍受着忧郁与怀念。亢德亦是其中之一，他为了拿点配给物资，不能不每天轧电车去上班，虽然平常极达观随遇的他，也难免有些牢骚了。

亢德也可以说是老友了，在办《宇宙风》时开始和我通信，那时我住在一个不可想像的辽远地带，人情温厚朴实，现在想起来还可留恋，何况又曾在战乱中丧失了心爱的书籍和朋友？我记得他给我的第一封信非常潦草，下面署名，辨别许久，才认出来，后来似乎就很整齐了，以亢德的为人说，写了草信是非常，写得整齐则常见。宇宙风社的地址是愚园愚谷村二十五号，他曾告诉我那是一幢很好的洋房，每月租金不过八十元，战事发生后退租，房东还责备他赔了一块玻璃，事实上此玻璃乃原来就是碎的，现在这样房子顶费怕就要几百万，而亢德却局促于爱文义路某处一小楼之阁楼中，一家七八口，挤得不堪，且今夏因某种关系，几乎被人逼得搬家，当时因期限甚短，又觅房不易，真有要去困马路之危险，许多朋友，也十分为之焦灼，他曾写过一篇文章（似刊《大众》）说觅房之被揶揄，因忆昔时，殆如隔世，所幸即此一椽，总算保留下来，他的四个小孩，一位夫人，一位老母，得免去若干苦恼。

实斋先生记亢德，说他无论什么事都是有计划的，以此我们见面，总好开他的玩笑，这样年头，弄笔杆的人还谈得到什么计划呢？我们所谓计划，无非在天下承平的时候，预算自己有几何收入，有几何开支，应当留多少储蓄，多少为子女教育费等等，现在容得了这一套吗？现在的计划，是要算算囤什么货，走什么路子，我们这样只能过安常处顺作工吃饭生活的人，算是完全被淘汰了，所以以亢德之能计划，有见解，也还是要朝朝暮暮去轧电车，领配给。人类的头脑是有限的，能够投机居奇，为战时之“红人”，自然也不想写什么文章，作什么捞什子作家，而终日绞脑汁作稿子的可怜虫，又那有余裕的精力去想发财呢？所以发财的越加发财，而困穷的越加困穷了，否则以亢德之聪明精力，运用于笔墨文字之外，说不定也早就成为马路大亨了。

我初次和亢德见面是三十二年春天，他预备到日本去，来京与各方接洽，矮矮身材，目光奕奕，头部与身体显有比例不称之感，盖在相片上看来，万想不到其身长如此之短也。他就住在我的学校里，我陪他到中央大学去参观，又到傅佐路蔡宅洽办事件，因他系与某友人结伴而来，惟恐半路失散，因之处处有神魂不定的样子。记得一个下午，完全消耗在打电话上，而问来问去，又总是缠夹不清，耽误我们谈话的机会不少，晚上我们却谈得很久，由这坦白的对话，无形中使我们彼此的友谊加深许多，而且他告诉了我不少可算得“人海沧桑”的故事，尤其是文坛诸友的近状，着实令人惆怅感喟，倘有一天，容许我们把这些材料公开表暴，却正可视为现代《世说新语》的好材料呢。

次日早晨我和他一起去雪园吃茶，因为他要领略一下夫子庙风味，雪园是都中最大茶园，早晚吃茶，肩摩毂击，后至者往往向隅。我们到时，业已九点，正觅座间，遇中大王雨生先生，招坐一桌，亢德得饱览南京中下社会之“吃相”与“性格”，似有无穷趣致也者，同座某君，耳陶君大名，且非常表示敬意，弄得后来请客，你争我夺，亢德曾戏谓争取最后胜利云云，今日思之，不免犹觉可笑。饭毕我又带他去看了一池污水的秦淮，与零落不堪的画舫，意兴索然而回。中饭后，因伴侣启程，催得他也匆匆而去，一似尚有多少未竟的话待说，我心中惆怅得很。后来曾写一篇《亢德来京记》，刊在《京报》，现在也不易找到了。

由此次会晤，我才知道亢德是个很果决的人，比我的犹疑不定强得多。盖在是年秋季，他已不顾一切的束装东去，实行他的志愿了。去年七月中，我去上海，寓愚园路，他在寓中候着我，那种恳挚快乐的情感，即几十年的老友，亦无以过。次晚在周黎庵兄家中吃饭，他畅谈我应当抱的态度，尤使我感到温厚的爱护之意。第三天我本想趁车回京，到爱文义路他的寓所吃午饭，他喝了不少老酒，话也说得很多，他太太乃是生在哈尔滨的绍兴人，讲得一口北方话，那天饭菜都是她自己烧的，非常精美，房子虽少，而孩子又多，但处处有条理，十足表现是位典型的贤妻良母，后来见到苏青女士，从她的谈话中，更证实我的批评不差，原来亢德在外面待人极温挚，有时回家却要发脾气，我们穷酸朋友大约总都明白这种发脾气的里面原因，但据说亢德夫人总是竭力顺从，未尝因此冲突，在新式太太中，即此一点了解的衿怀，便不可多得了。

今年春天亢德与雨生苏青三君，翩然而至，住在我的学校里，整整盘桓三天，友朋之乐，颇使乱世的我们枯寂之心，得到不少的温润。在三位朋友中，亢德好像时时以老大哥的姿态出现，这一回他本想计划办一专门给青年看的刊物，如从前的《生活》周刊那样形态，惜未得结果，不然，我想亢德一定会继续从先编《生活》的精神，而为我们这些可怜的青年人制一点有滋养成分的精神食粮了。真的，他对于现代青年，虽其感慨，但乃是积极的，他是具有菩萨饲虎的心肠的。

在《风雨谈》上曾发表的一章亢德自传，我首先在鸡鸣寺豁蒙楼上听见亢德对我讲说，说到他自己在出身谋事以前，去村边庙宇祷告求签，不免眉飞色舞，因为那天他们正在寺中各求一签（我曾把签文发表在《谈朋友》上），亢德似对此相当的信，从此就说到他谋事的种种经过，又说到那位不可多得的表叔，我一想到那打牌时和了牌就蹲在床上胡鲁胡鲁吃水烟的老人，真是近世稀有的好人，亢德的热诚，真挚，温厚，是不是受了他的影响呢？

三天匆匆已过，他们又转回上海去了，虽然大家都在夸说玄武湖如何有趣，南京生活如何简单容易，可是毕竟被上海的洪流卷了过去。这之后，苏青女士忙着写印她的《浣锦集》《结婚十年》，再加《天地》的编务，已竟忙得无暇计及其他，亢德和雨生则接办了太平书店，想要作一番独立的事业，同时兼着他项职务，只有我，可谓“依然故我”！现在写这样平淡无奇的文字怀念友好，也就正可证明我的平淡无奇罢？

祝海上友人平安。

十月十五日

（原载《艺潮》第四期“秋季特大号”，1944年10月出版）

记陶光燮

爱　棠

陶光燮是我的朋友生在宗法社会中最正式的名字，这是他的谱名。我想他的一生里至少有过一很长的时期是用这个名字的，虽然并不如今日之出名。出名些的名字有时叫做哲庵，或写做哲盦，哲安，由一班较熟的朋友如周黎庵，周新等的嘴里呼出来。至于我们，相识屈指已有十年了，但是他这两个大名初认识的时候我绝对不知道。我知道时他是叫做陶亢德，后来从小报上的报道中又悟出“徒然”也是亢德的名字，用它写过《显微镜与望远镜》,《徒然小说集》,《罗马·柏林·莫斯科》等为人们重视和惊叹的书籍。其时，他已经脱离了生活周刊社和生活书店的职业关系，接续着主编《论语》《人间世》了。

《论语》的创刊，适当九一八事变及一二八战争之后。它的内容是以幽默，讽刺，来做发泄读者们的焦燥苦闷之手段，曾获得广大的爱读者，蔚成风气。最初发起或参加的人，林语堂而外，有岂凡（章克标），李青崖，全增嘏，孟斯根（十还），郁达夫，老舍，及亢德等多人。他们这一班所谓论语派的长衫同志，每星期大约必定聚叙一次，地点约摸在今日兆丰花园对面的某茶室。亢德的参与最初是偶然的，然而不久即与语堂合编这个刊物，这真是语堂的识人之处。亢德早岁的生涯我后来知悉是非常刻苦的。于晚清出世在浙江绍兴，似乎在商铺里过一个时期学徒或相类的生活，没有受到普通所谓“完全的”学校教育。这一点给他的刺激很大，立志要做成一个有真确而实际的高深学问的人，必然就在此时。国文的根基在牖下打得很深不用说，一般的英文书籍和东文书籍都难为不了他，随手摘译，朗朗诵口，这真是非有大过人之才不能为。他平时的谈吐认真而有风趣，通常说是寓幽默于正经，其超越的品格多分从人生经验里体会出来，怎样自譬自喻也就怎样劝勉旁人，并且从来不会紧张得过了分，老有一种笑眯眯的乐观，这大约是亢德做人方面的一点妩媚。

好像他在苏州住过一个很长的年头。也许职业填的是商，但已经弄起文艺来了，和朋友邵宗汉，周新，朱雯他们办过一个文艺气息非常浓的小刊物，叫做《白华》，执笔人有朱自清，苏雪林，沈从文等，大约是非常正统的文学杂志。在九一八事变之前半年的光景，只身北上到了沈阳，在什么机关里任事。经常的他寄通讯稿给《生活》周刊。事变爆发，他从沈阳来上海，初次和邹韬奋晤面，后来就在生活周刊社任事。《徒然小说集》收的都是短篇，有韬奋的序。《显微镜和望远镜》则是极犀利的时评和议论文字。其间他又发刊过《星期三》周刊。编《论语》的起源，已如前述，但是亢德抛头露面，还在语堂脱离民权保障大同盟之后。当时杨杏佛被狙击了，语堂想摆脱一切政治性的关系，因为《论语》也不免有讽刺时事的地方，就声明退出主编的名义，单请亢德独立负责。亢德接编之后，销路非但不减，只见日有增加，他认真费了不少的心血。我认识亢德是从这个时候开始的。当时我为他的杂志写稿，声明不要报酬。结果发表后，一张“非敢云酬，聊表敬意云尔”（这也是陶兄的名句）的稿费单寄来了，我因为某种关系，必须婉却，恳切的给他寄去一封信。第三天回信来了，那信我恐怕还保留着，是用毛笔蘸了蓝墨水写在连史纸信笺上面的。字迹非常的挺秀有姿致。其后他们办《人间世》,《宇宙风》，我都继续为刊物写稿，笔名渐渐的统一为一个，但是直到办《宇宙风》的时代，两人才正式认识脸面。他到我家里来时，我正穿着短衣和一位极好的年青朋友下棋，次日午后就到愚园路愚谷邨的宇宙风社去拜访，第一次看见他的办公室及批发所的布置，井井不紊，心里佩服得很。老实说，那一间办公室真舒服，真好看，而且正是亢德他们创办出版社时，以几百元的微赀“起家”，蒸蒸日上穷干出来的成绩。以我记忆所知，经常为《宇宙风》执笔的作家，有蔡孑民，宋春舫，周作人，郭沫若，茅盾，李健吾，叶恭绰，郁达夫，废名，胡适，俞平伯，老舍，沈从文，叶绍钧，盛成，许钦文，刘英士，老向，何容，梁宗岱，吴宓，戴望舒等，无一位不是如雷贯耳的人物。女作家像冰心，谢冰莹，凌叔华，陈衡哲，袁昌英，苏雪林，姚颖，庐隐等，都曾为它写稿，统计下来只有一个丁玲是曾经允诺寄稿而未果，其余全国的作家几乎不【都】是《人间世》《宇宙风》的天下。目前我们常在各杂志看见的文章，它们有的作者还是当时这一派杂志的初生之犊，仅仅是这一点，别的人也许早要沾沾自喜了，亢德决不是这样的人，然而这一点我们仍旧不能够不归功于他的努力。

他一手创办过好几个杂志，连主编及合编或发行的在内，已经有十八个著名的刊物了，第十九个在酝酿中。他又办过出版“社”，书“屋”，书“房”，书“局”，以及出版“公司”，单以赤手空拳的个人而论，这个今年三十八岁不高不矮白皙的脸玳瑁眼镜的汉子，有那一点抵不过那个绰号“袁世凯”的出版大王王岫庐（云五）。可惜这样的人太少了，少到仅如凤毛麟角，在这个危疑震撼的时际，物质条件的艰苦，生活情境的辛劳，无一不使我们为这样的“中国的人物”之不能尽量施展感觉到深深的惋惜。亢德的朋友不少，国内国外，地北天南，怀念而敬爱的人们，所在都是。我老老实实的说：中国尽可少出十个乃至百个像我这样没有用处的读书人，却少不得半个脚踏实地努力文化尽瘁半生如亢德兄这样的人物。他不是伟人，他也不屑做什么伟人，只是时刻用他纯洁而灵活的心和力，写书，翻译书，编《宇宙风》《天下事》，出亢德书房和人间书屋等的新书……。他出版的新书有时镌着一块篆字阳文的长形图章：“唯有读书高”，其高贵而淡泊的趣味，我们不会说话的人且不用瞎赞美罢，如果现在还能够起邹韬奋于地下，或者留待晤握林语堂于一室的时候再论。

友人们多说亢德做事情多半有计划的，有目的的。这话不错。在这个动荡的乱世，正直而宽旷的人往往不免于失败或吃亏，又何尝不是因为这样的缘故呢。有计划的存储儿女教育金于新华储蓄信托银行，五块钱十块钱开个起码户头的文士，即使算是过时了罢，他怎样也梦想不到囤积居奇不是？五年之前，亢德生过一次很重的病症，住在上海赵家桥的友人家里，后来被迫迁居了，找到两间敝旧而陈暗的假三层楼，至今依旧蛰居在里面，其间还曾经一度被人通告限期迁徙，这一急急了两个多月，侥幸屋主又不要了，否则真是何堪设想！然而他的直爽乃至明朗的性格，反而愈来愈凝固了。十余年来，我发见和亢德谈话二十余分钟，他可以把他当日所感触到的一切世事变迁，做人处世，极有条理而绝无城府的和盘托出，随时为友人打算，也绝不讳言自己的举止及主张，到了近时，这样高明的见解终且付之于一叹，这也可看出我们国家环境没有人才埋没人才的缺点，同时也见到这个危邦乱世的荆棘重叠，没有安定而合理社会秩序，足以使那些热心于国家盛衰兴替的根源的人们齐心戮力，做出一点萌芽的成绩。我们试把亢德来和中国的某某大印书馆的主管当局来互相对照，感情一点的说，我们不免会看出旁的当局其实是因印书馆多年的基础而成基立业的，亢德自己的书房则由编译到出版，印刷到销售，无一不是绞尽自己的脑汁，尽心为读者作嫁。单以单行本而论，目前号称资本增至数万万的大出版公司和书局，出版的东西，尽多什么外国语一月通三月通，曾文正家书袁慰亭家信那一类的投机买卖，而亢德以极少量的资本，翻译出哈菲露克·蔼理斯的书，厚册的《读者文摘》之文摘，印行了周作人的散文随笔，瞿宣颖的《人物风俗制度考证》，以及老舍的长短篇创作，宁非异事。事情是要人做的，国家民族的尊严也是要人去尊敬它爱护它的，我看中国的积弱的原因在于愚，治它的根本要普遍而健全的国民教育，着重于启迪和益智；又在于私，治它的办法要认清国势，发愤振励。以陶君其人，生在这样乱烘烘的世界，不去乘火打劫猎取功名富贵，又不做便便的大腹贾，却远来杭育杭育的干那劳什子出版工作，担水劈柴，看来我们也还保留着一点元气。

（原载《小天地》第四期，1945年4月1日出版）

我的父亲陶亢德

陶　洁

从我记事起，我们家一直住在上海胶州路的一栋“花园洋房”的假三层楼上。那层楼有两间不到二十平方米的房间和一个浴室。由于屋顶是三角形的，房间正好在斜面之下，因此都是东凹西突不规则的长方形，南窗上方在屋顶大约四分之一的地方开始逐渐向南向下倾斜，高度逐渐下降。房间两边都有内墙，可能是支撑倾斜的屋顶的承重墙，两个房间连接处的内墙跟另一边的内墙一样长但还要宽。这堵墙的外延部分正好形成二楼阳台呈尖形的屋顶。结果房间南边四分之一的地方要比其他部分狭窄。因此西屋靠南窗两墙之间除了父亲的书桌外只有容得下一个人站立的空间，而东屋两墙之间只能放个吃饭的桌子，到开饭时间还得把桌子抬出来放在房间中间。大概因为这样很麻烦，桌子后来就不再靠窗放了，那里的空间就成为我们孩子凭窗眺望的地方。无论从哪个房间的南窗向外看，我们都看不到自己楼的花园，因为它们的左侧或右侧都是楼下阳台的屋顶，窗户下面又都是比我们的房间要长一些的二楼的一部分屋顶。我们只可以欣赏隔壁人家的花园。然而，这并不规整的房间又很洋式，西边那一间居然有个壁炉，上面有炉台，据说还有烟囱（但我没有一家人围着熊熊炉火谈天说地的记忆）。我们的卫生间也很讲究，有浴缸和抽水马桶，墙和地面都铺有白色瓷砖，明亮而宽敞。

不过我外婆和母亲好像很怀念她们以前住的愚谷村，她们津津乐道的倒不是那里的住房条件有多好，而是她们的邻居——周璇。我外婆老讲她们夏天晚上在门外如何乘风凉聊大天，我问她聊什么，她总是很随意地说，什么都聊。至于我母亲，她总要讲她如何看见一条蜈蚣顺着周璇的腿往上爬时赶快告诉她，那得意的神情仿佛她救了大明星一命。我不记得愚谷村的房子，也怀疑周璇是否记得有过这样两位邻居，甚至觉得没有人会相信她们的故事。

初搬进胶州路时，我们家有三个小孩和三个大人，因为外婆跟我们一起生活。后来两间房间最多时住过八九个人。父母亲和新生的弟弟或妹妹住一间，外婆带着我们其他几个孩子住另一间。父母的卧室兼做书房和客厅，我们的卧室兼具吃饭间的功能，饭桌也是我们做功课的书桌。浴室则同时也是厨房。一楼跟二楼的夹道里还有一个小小的正方形，但被后楼梯占去四分之一正方形的、面积大约只有五平方米的亭子间，是我哥哥大约上初中以后独占的天地。1951年他参加军事干校后我便成了继承人。1944年父亲曾写过一篇文章《三迁》，叙述找这房子时房东太太王师母如何因为他有三个孩子而差点不肯租给他。我们住进去没多久她自己想搬家，要求父亲限期迁出。他走投无路时发现他缺的是租房的钱而多的是孩子。幸好王师母也找不到合适的地方，他得以留了下来。在他自我调侃地描述这一切时，大概没有想到，之后的五年内他会在那里又生了三个孩子，五年后，大房东会逃到台湾，房产被政府没收，王师母也成了房客。1958年，他被补划成右派，房管所会认为他没有资格住两间房，让一个区委干部家庭搬进了东边那间屋子。

从此他只能栖身于西边那不到二十平方米的卧室兼书房和全家人吃饭、活动的小屋。他失去了本来就不大的写作空间，更失去了写作的权利。在那里他历经坎坷而终老一生。

说老实话，我并不了解我的父亲。小时候，他对我是个威严而陌生的亲人，可以仰望但不能亲近。他不常在家，晚睡晚起，我们很少见到他。他的房间是禁地，门永远是关着的。他如果在家，不是睡觉便是伏案写作。我曾经多次偷开他的房门想看看他在干什么，他总是头也不回地呵斥一声“出去”，我便慌张关门，外婆就会赶过来把我拉走。有一年，我读了朱自清的《背影》，忽然觉得我可以说是看着父亲的背影长大的，只是感受并不相同。他很少跟我们孩子们说话，偶尔，他跟我们一起吃饭，他会带本外文书，边吃边看。这种时候，好菜多半放在他那边。我家的规矩是只可以取自己门前的菜，只有我大妹妹仗着父亲喜欢她，敢于站起来越过半个桌子去拣他面前的菜。于是，外婆会小声阻拦，父亲会抬起头茫然四顾，然后，好像终于发现了好菜在他面前，会给我们每人夹一筷子，又接着看他的书。他看得高兴的时候会告诉我们书的内容。有一次他大谈一个人一顿饭只要吃十二粒黄豆、一个土豆，还有些我不记得但也是论粒计算的东西。他说这样营养就足够了。我听得目瞪口呆，想不明白这样的饭怎么吃法。有时候，饭桌会变成战场，战火的起因往往是父亲前一天晚上喝醉了酒才回家。不过，有一次，外婆很神秘地告诉我们，父亲头天晚上回家，又喝醉酒了，还抽烟，结果在三轮车上睡着后，香烟把袍子前襟烧掉一块。奇怪的是，那天吃饭时，母亲没有数落他，也许因为她也想着后怕吧。偶尔，母亲成了战火的目标，因为她跟朋友出去烫了头发还看了电影。我觉得父亲没有道理，他写文章怕吵，不让家里有收音机，可以理解。但我不明白他为什么反对看电影。解放前，我只记得看过两个电影，都是父亲批准后才看的。一个是《绿野仙踪》，另一个是《孤星血泪》。我哥哥至今记得我看见女巫出现，马上钻到座椅底下不肯再看的狼狈相。我一直对电视电影没有兴趣，也不爱听广播节目，恐怕跟小时候没有机会有关系。母亲爱看美国电影，不过看的并不多，她要生孩子，给全家，尤其孩子们洗洗涮涮，做衣服鞋子等等，没有什么空闲时间，恐怕看电影的闲钱也不多。偶尔去烫个发就会顺便看个电影。可惜，回来就要吵架，所以母亲烫发和看电影的次数可以说是少而又少。他们争吵的结果总是牵涉到家里的钱不够用。母亲的抱怨，父亲的驳斥，他们的争吵使我从小就知道我们家很穷。从外婆的嘴里，我知道绍兴老家还有两个不断写信要钱的爷爷和奶奶。我的姨妈和姨夫好像也需要父亲的帮助。总之，全家老小都靠他的笔杆子过日子。

我有一个很清晰的童年记忆，是我外婆的一段话，她说她带我和哥哥上街，过路的人会停下来夸我哥哥长得漂亮，还会逗他玩，但没有人理我，我不会对人笑，像个乡下人。我不记得跟他们上街的事情，也不记得外婆讲话的情景，但对她的话印象深刻。这看来不是错觉。因为大妹妹告诉我，姨妈说过，我小时候犟头倔脑，不讨人喜欢。家里有一张我大概两岁时跟哥哥和母亲在照相馆拍的照片。照片里我苦着脸，显然照相师傅也无法逗我笑一下，确实不像会讨人喜欢的孩子。也许受了外婆这番话的影响，我小时候比较敏感，很在意家里大人是否喜欢我。我记得大约五六岁时看到父亲坐在床上，抱着我大妹妹，亲热地叫她“我的大阿福”。我当时十分妒忌和羡慕，因为我不记得他抱过我。当然，这都是出于一个孩子对父爱的贪心。我哥哥就记得他五六岁时，父亲带着他和我在大光明戏院看一个美国童话片。不过他记忆有误。根据父亲的文章《姑妄言之》，那是在杜美戏院，不是动画片，是关于1936年在柏林举行的第十一届奥运会的影片，那时他九岁，我七岁。但我完全不记得有这样的事。

其实，我有一个十分温馨的记忆：父亲带着我考幼稚园。那是在我家附近的一个教会小学的大厅里，家长都站在门外，老师和应考的小孩分好几组同时进行。我很快回答了老师问的算术题，她就问我，猫狗会做什么？我根据生活经验的回答——猫要偷吃，狗会咬人——引起周围人的笑声。最后老师问我是哪里人，我想起外婆的话就说我是乡下人。这时，不仅周围人和门口的家长哄堂大笑，连考我的老师也忍不住笑了起来。我既愤怒又委屈，就在手足无措时看见父亲在门口向我招手。我跑了过去，他笑眯眯地摸了摸我的头，带我离开了考场。在回家的路上，他还带我到一个点心店，叫了一碗汤圆，笑眯眯地看着我吃完两个大汤圆，然后把我带到弄堂口，叫我自己回家。他转身离开时，我激动得都快哭了。两年前我们兄妹相聚庆祝哥哥八十大寿，我说出珍藏多年的这段记忆，大妹妹说，父亲参加过她的家长会，但回家后一字不提老师对她的评论，反而说跟她同学的母亲很投缘，一起走回家，谈了很多两人都感兴趣的话题。哥哥仍然坚持父亲带他去大光明戏院看美国童话片。小妹妹记得他带她一个人去邮局对面的点心店吃点心，但落座后却去邮局看报纸，她怕服务员会来要她点吃食而很紧张。看来父亲虽然在日常生活中似乎不大关心我们，但却为每个孩子做了一件永远留在他们记忆里的事情。我和哥哥还有一件值得庆幸的事情——我们跟父亲有过一张合影，是我七岁的时候，拍照的人还是个颇有名气的摄影家。父亲还在一篇文章里提到："前几日在某花园与大儿二女于花间合摄一影(康正平君之作)，今已印就，片上儿女均不瘦，唯老子两颊已无肉，宰相合肥天下瘦，宰相，儿女也，天下，做父亲的也。"那时，他其实还不到四十岁。

近日看他的文章，我发现他平时不大理会我们，但却常常以我们为题材写文章。他感叹，他虽然喜欢孩子，但"两对儿女"是"千斤重担，压得有些喘不过气来"，"因儿女的啼哭笑闹声心烦得想一脚踢翻乱七八糟的书桌"。他坦承他编辑的杂志比儿女更加重要，"我的儿女并没有使我十分挂肚牵肠，我的杂志却使我时时勾心挖血"。他对我们的要求似乎跟当今社会父母对儿女的要求完全不一样。他反对母亲买水果奖励考试成绩优秀的哥哥，因为好学生只知道书本知识，而社会与书本是"背道而驰"的。他现在读好书，将来不过是"百无一用的书生"。他为不能给儿女好一点的物质生活而感到"疚心"，但希望他们"将来成为良善的人类，有点必须的能力，知道为社会勉力"。

我大概十岁的时候，弄堂里的狗真的咬人了，而且咬的就是我。那天，母亲给我刚做好一条新裙子，我穿了兴奋不已，下楼跟小朋友玩得很疯。我跟狗的小主人互相追逐，她往家的方向跑，我在后面追。忽然，她家的狼狗狂吠着冲了过来，把我扑倒，把我的裙子撕得粉碎。为了预防狂犬症，我得连续十天打十针疫苗。每天上午下了第三节课，母亲就来学校带我去打针。有一天，她来得比较早，打完针先去一个书店，让我自己挑两本书，我记得其中一本是凌叔华的《小哥儿俩》，然后我们去了一个暗灰色的大楼，里面一间大屋子被隔成两排相距不远、面对面但又有铁栏杆拦住的小间，母亲带我进了一个小间，过了一会儿，父亲进入了对面的小间。我很高兴地叫了他，因为好久没见到他了。没想到，他皱着眉头对母亲说，把她带来做什么？他们后来谈些什么我都没听见。我太伤心了，父亲居然不要看到我！回家路上，我几次想问，父亲呆的是什么地方，但看着母亲阴郁的面色，始终没敢张口。高中毕业时，老师说我家庭有问题，不能保送上北京外国语学院。我回家问母亲，母亲沉默半天后艰难地开口告诉我，父亲在解放前曾因"文化汉奸"的问题判过刑坐过牢。我忽然醒悟，小时候母亲带我去的地方就是关押父亲的监狱！

我上小学了，跟哥哥一个学校，离家很近，走出弄堂，过马路，走过一家理发店、一个煤球铺，一个卖糖果点心和杂货的夫妻老婆店，经过一个大铁门，到马路尽头左拐就是我们的学校，学校边上有个永远飘着香味的卖生煎馒头的点心店。我应该是跟着哥哥去上学的，但似乎没有这方面的记忆。我只记得，那个大铁门前有个日本人的哨位，据说我们经过时必须给他鞠躬。我们不想鞠躬，办法是趁他背着我们踱步时快速冲过去。我不知道打仗的事情，但知道日本人是坏蛋。有一年，我们隔壁7号搬进一家日本人，有两个孩子，我们有时候得到二房东王师母的允许到花园里玩闹，那两个孩子就趴在隔离两家花园的篱笆上很羡慕地看我们。我和哥哥及弟弟认真讨论过是否让他们跟我们一起玩，最后的结论是，不要理他们。

我和哥哥上的是教会小学，没有体罚，比较宽松，但也有惩罚。我的邻座，一个调皮的小男孩，有一天看见老师的旗袍后面有血迹，就说她得了梅毒，结果，老师说他讲脏话，要他在全班同学面前喝肥皂水漱口消毒。他后来不来了，我很抱歉也有点怀念他，因为他是对我说老师有梅毒被后面的同学听见揭发的；也因为他给我吃过一样很稀奇的东西。有一天上课的时候，他忽然偷偷给我几粒东西让我吃，也许上课偷吃东西，相当刺激，我觉得很香很好吃。他告诉我那是梧桐树籽，他上树摘的，自己炒的。我佩服极了，至今，我没有再吃过梧桐籽，甚至不知道那是什么样的。这个学校星期天有主日学校，可去可不去。我记得有一次，老师说，人不可以没有上帝就像人不可以不吃盐一样。我哥哥当时正得肾炎，不能吃盐。他举手说，他可以不要上帝，因为他不吃盐的。我吓得要命，生怕老师要他喝肥皂水。幸好老师只叫他闭嘴坐好。教会学校的特点是重视外语。我三年级就开始学英语，用的竟然是母亲初一的课本！很快我就发现英语是门让我头疼的课程。因为不喜欢，我就不下功夫。老师要求我们回家在家长的监督下把课文大声朗读十遍，办法是在一张纸条上写好1到10十个数字，朗读一遍划掉一个数字，十遍后数字都划掉了，就让家长签名。我放学回家时正是母亲十分忙碌的时候。她常常在浴室里洗全家人的衣服，我在房间里朗读时常常偷懒，读一遍却划掉两个数字，甚至可能三个，很快就“朗读完十遍”，让母亲签字。偷懒的结果是整整一学期的测验和考试，我的英语只有一次及格（教会小学的及格线是65分，比普通小学高5分）。我兴奋地跑回家，要母亲猜我考了几分，母亲不假思索地往我脑袋拍了一下，说：“又不及格！”我大为愤怒，对她大声抗议：“人家今天及格了，你怎么可以打我！”然而，母亲仍然要我拿出考卷给她看，可见她对我的失望。三年级下学期，我的英语还是没有起色，幸好我其他功课不错，学校同意我升四年级，但英语留一级，重修三年级课文，五年级时修四年级英语。为了跟班毕业，那年暑假，我自学五年级英语，开学时考试居然通过，可以和大家一起读六年级的全部课程。

我上学后，父亲再没有送过我去学校，也从来没有问过我书读得怎么样。他好像总是不在家。我们好像也习惯了，没有人会问母亲或外婆他到哪里去了。她们也从来没有告诉过我们。不过，有一年，他的回家给我们带来巨大的欢乐，因为他一反往常回家不给我们带礼物或零食的做法，带回家各色各样新奇的东西。我们孩子们似乎各人感兴趣的东西都不一样。我最喜欢的是用树叶做的书签，涂成浅黄色的透明的树叶，里面的筋络仍然十分清晰，但上面又画了人物、花草或山水。我哥哥印象深刻的是一个象牙雕刻的黄色笔筒，因为它跟一般笔筒不一样，居然是椭圆形的。大妹妹感兴趣的是一个大盒子，里面摆着许多小瓶子，据说，瓶子里都是补药，是给外婆吃的。我还记得有一套他送给母亲的衣服，宽大的宽袖上衣和阔腿的裤子，浅蓝的底色，从衣服下摆和裤腿开始有一株株黑的和红色的花朵向上攀延，渐渐变小而淡出成浅蓝色，真是美丽非凡。母亲从来没有穿过。1958年，我留校当教师，母亲觉得我应该有件像样一点的衣服，把裤子拆开，缝成一条裙子，算是送给我大学毕业的礼物。父亲当然还带回来许多书，都是日文的，我记得有一本里有幅插画，是一个像弥勒佛那样大肚子的人盘坐在地上。奇怪的是，我至今想不起来我们大家兴高采烈地把玩着那些新鲜东西时父亲在哪里，也不记得他跟我们谈起过任何他在日本的所见所闻。

父亲在回忆录里说，“不知什么来由，我对于日本民族抱有好感，对英美人则有反感”；他还说，“对于日本，我不知怎的有一种异样的情感”，他自己分析原因，“细想一下，我之与日本有缘，大概由于我之接触新文艺，读新文学作品。首先是创造社的郭郁两位，后来是周氏兄弟，他们都是留日学生”。在我看来，明治维新后自信自强的日本对中国人是很有吸引力的。无论是为了避难还是为了求知，中国人几乎都想到日本。这种潮流对我父亲当然也有影响。以前，去日本对贫苦出身的他只是一种奢望。现在，日本国际文化振兴会的专务理事黑田问柳雨生，有没有人愿意去日本研究日本文化，他们可以提供帮助，柳告诉父亲时，他马上表态说好，尽管他知道："我为什么想到到日本去呢？难道我觉得附逆还不够，非做个汉奸不可吗？当然我不至于愚不可及到这个地步，我只是有个怪想，日本，到底有些什么不可及之处呢？"2015年4月19日，上海《东方早报》刊登文章《七十二年前的一张合影》并附有照片，是父亲等人在1943年8月参加第二届大东亚文学者代表大会时在东京汪伪使馆前跟蔡培等人的合影。照片中人人面对镜头，只有父亲低着头，露出侧面，我觉得他是心中有愧，不愿意抬头。

抗战胜利了，人人欢欣鼓舞。我的学校举行很多活动，我们学唱抗日歌曲《大刀向鬼子们的头上砍去》，最喜欢拿着花花绿绿的小旗子上街宣传蒋委员长的新生活运动，看见有人吐痰就高呼着“不要随地吐痰”冲过去，抢着给传单，惊得那人手足无措。上海的街头很热闹，到处都是卖美军剩余物资的地摊，母亲买了一条军用毛毯，我上大学时她让我带到北京。1985年我到美国做富布赖特访问学者时又把它带到美国，后来送给了另外一位访问学者。有一天我放学回家，母亲说，在我们去玩过的某个公园附近有个地方在发放美国奶粉，是给婴儿吃的。她叫我带着比我小五岁的大妹妹去看看能否领一罐回来。我们走了大约半个小时，果然看见有人排队，都抱着小小孩，我们就在后面排队，快到窗口时，我担心发奶粉的人嫌妹妹年纪大了，就努力把她抱起来，冒充婴儿。我抱着那罐克宁奶粉，牵着妹妹回到家，外婆大大夸奖我们一番，我也很得意，其实我是不喝牛奶的。后来学习《毛选》，看到朱自清宁可饿死不吃美国救济面粉，我大吃一惊，为自己感到惭愧，但想到我是为两岁的小妹妹领美国奶粉，又觉得情有可原。

那时期我家发生两件事情。第一，父亲不在家，家门口却出现了两个陌生人。外婆叫我们不要跟他们说话，但拒绝告诉我们为什么他们老呆着不走。还是父亲的回忆录揭开谜底："各人家里都有人驻扎看守，食宿要供应，目的是防转移财产。这批东西见钱如苍蝇见血，稍加贿赂保证效劳。我的家里也驻有二名大汉，只是穷汉家里，食宿自顾且不暇，怎能供应？他们知道石子里逼不出油来，只大骂上面没眼睛，自己倒霉，被派到这个穷汉家来。但贼不空手，临撤走时到底偷了一些小东小西去了。"

第二是让我们孩子们高兴的好事情。有一天，我放学回家，忽然发现通往我家的三楼楼梯拐弯处摞着三个大木箱，我和哥哥从木板缝隙望进去，看见的都是书。现在想来，恐怕是从父亲和柳先生经营的太平书局搬回来的。我们央求母亲打开木箱，她同意了，但要我们把书保管好。我们把最下面的木箱前面的木板撬开，把里面的书重新挪动，最后腾出一个坐人的地方。从此，那里就成为少年的我吸取文化知识和修养的乐园，度过了不少坐拥书城的幸福时光。我坐在书箱里，随便拿起一本书，好看的话便看得废寝忘食，不好看或看不懂的话就扔掉，另换一本。我记得翻过李劼人红色封面的《大波》，因不知所云而感到乏味。解放后，在新华书店看到这本小说，封面还是红色的，原来他是进步作家，所以要红色？我不喜欢老舍的《牛天赐传》，但觉得他的《小坡的生日》要比以前看的美国儿童故事《顽童流浪记》和《苦儿历险记》好看得多。不知为什么解放后这本书一直没有出版。当年我看《雷雨》感动极了，对周朴园印象很好。解放后我再看《雷雨》总觉得有点怪，跟以前看的不一样了。1979年我去美国做访问学者，在学校图书馆看到《雷雨》的英译本，翻开一看，发现这才是我小时候看过的版本。我还似懂非懂地翻看过朱光潜先生的《给青年的十二封信》，完全没有想到再过十多年我会坐在教室里听他的翻译课，更不会想到又过十多年，我会跟他共用一个办公室，听他讲他跟康生同住一个房间的故事，向他请教我应该教我女儿读哪些古诗。

1948年，我小学毕业，进入了前三名，可以登上平时不准攀登的假山，俯视山下的学弟妹们，欣赏彩色灯泡照耀下喷泉的绚丽水花。毕业典礼过后，母亲送我一本蓝色织锦缎封面的小纪念册，第一页是她的亲笔题词——满招损，谦受益；温故知新，开卷有益。可惜没有父亲的题词，我也没有想过要他题词。他好像对我们的学业没有兴趣。母亲还告诉我，我被不公开招生只录取教会小学应届毕业生前三名的教会学校中西女中录取了。这时，我哥哥已经在圣约翰大学的青年中学读初中了。我家当时因父亲失业而经济窘迫，生活相当困难。他们给我和哥哥存的教育基金已经不值钱了，买不了一支铅笔。很多年后，母亲提起当年为我们付学费的窘迫。教会学校不收现金，必须用支票付学费。她没有办法，只好去银行存入够付我们学费的钱，开了两张支票后，那个户头就被取消了。开学前，母亲告诫我要好好学习，因为如果我取得前三名的成绩，我可以进燕京大学，如果我在燕京大学成绩优秀的话，可以去美国读哈佛大学的女校。我不知道母亲从哪里得来这些信息，只知道我不喜欢这所贵族学校，因为开学第一天我就深受打击。我到校后找到教室却不知道应该坐哪里，有个同学告诉我，教室门上贴着座位表，找到自己的名字就知道自己的位子了。然而，座位表写的是英文，我不知道哪一个是我的名字。于是我只好在走廊徘徊，等到所有的位子都坐满了，只有一张是空的。我想那应该是我的，便走进教室坐了下来。中午，母亲给我包了饭，但我找不到餐厅只好饿肚子，回家也不敢说，怕大家取笑我。应该说，中西的管理很不错，第二天，我到学校，教务主任已经在教室里等着我，问我昨天为什么不去吃饭。上午最后一节课下课时她亲自来教室把我带到餐厅，找到我的桌子和座位，一路上，她循循善诱，告诫我有问题应该找老师，请教别人不是丢脸的事情。我嘴上唯唯诺诺，心里很不痛快，因为我发现我从服装到行为方式都跟那里的人不一样。课间休息时，我的邻座忽然问我："你穿这种鞋子不难受吗？"我从来没想过这个问题，低头一看，原来她穿的是皮鞋，而我穿的是上海人所谓的"跑鞋"。(没想到到了21世纪，它们成了时尚！）体育课时，大家都换了操裤，而我穿的是"褂子"(类似旗袍但不是现在那种开叉很高的所谓旗袍）。我相信母亲不知道体育课还得有另外的服装，因为第二年我转学进工部局女中时，她拿出一条黑色灯笼裤，告诉我这是为体育课准备的。母亲是真心诚意地希望我在贵族化的中西女中过得跟大家一样。可现实跟希望并不合拍。其实，中西大部分的老师和同学并不嫌贫爱富，有住校的同学请我放学后跟她一起到点心间，拿出她的饼干桶，请我喝下午茶，也有同学请我坐她的小汽车去她家玩。也许我过于敏感，这些交往常常使我更清楚地看到我们之间的差距。更要命的是中西女中的及格线是70分，比我的小学又高了5分。我第一次英语考试又不及格！我还没到家，母亲已经收到了报告单。她的愤怒可想而知。其实，我小学五年级自己补课时看的是《泰西三十轶事》，六年级读的是《泰西五十轶事》，到了中西，反而读起简单的动物故事，不是"很久以前有一个兔子……"就是"从前有一只狼……"，我觉得很无聊而不专心听讲，幸好这张报告单惊醒了我。说来好笑，我在中西一年，最好的一门课可能是《耶稣略传》，我把这本书当小说看得津津有味，上课时总能对牧师讲的故事加以补充或进一步阐述。结果，牧师问我是否要受洗做教徒。我回家问母亲，她皱着眉头说，好好念书，不用加入什么教会，也不要加入什么团体。我永远感激母亲的明智，因为解放后，相信上帝的基督徒往往被看成落后分子，而当年组织想加入教会的人学习《圣经》等活动的团契好像被认为是反动组织。

我在中西时父亲曾要我送一本他翻译的书给那里的图书馆。书名叫《怎样除烦恼》，我没有去过学校的图书馆（在我看来，我家的大木箱就是最好的图书馆），不知道在哪里，就把书送到教务主任的办公室。她很认真地翻看时，我觉得很骄傲。父亲的回忆录说这是他失败之作，辛辛苦苦翻译了，印刷了，最后连纸张费都没有收回来。但那时候我真的觉得父亲很了不起。最近宋希於先生告诉我，《怎样除烦恼》的作者是"成功学大师"卡耐基（Dale Carnegie），原书名是*How to Stop*

Worrying and Start Living，1948年出版。父亲的译本是1949年2月由他自己开的设在家里的“求知书店”出版，可以说是自办发行。宋先生认为父亲的译本“似乎是第一个中文译本。没有卖好显然是因为时局，他选书的功力真不凡”。

父亲在我上中学以前就回家了，但没有给我们带什么礼物。多年后，我推算出来，他是从提篮桥监狱放出来的，时间应该在1947年秋。他一如往昔，仍然关着房门伏案笔耕，我们也按照惯例不去打搅他。但他好像很少外出，因为他午饭也跟我们一起吃。这时候来看他的人主要是徐訏、何永康和周劭。母亲在二三楼之间的小窗户挂了一个铃铛，绳子的一头垂到大门外。来我家的客人一拉绳，我们便冲下楼，开门以后又飞奔上楼，大声报告。说来很有意思，我们如何称呼客人，取决于我们对他的好恶。对徐訏，我们永远喊“徐伯伯”，因为他对我们孩子很友好，常常一坐下来就对我们说：“徐伯伯请客，徐伯伯没有钞票，一人一副大饼油条。”对周劭，无论母亲如何呵斥，我们开门时会叫他“周叔叔”，但上楼时坚持大喊“周劭来了”。外婆不喜欢他，因为他往往会留下来吃饭喝酒，吃掉本该是我们的好菜。记得有一年除夕，他又留下吃晚饭，我外婆信奉“吃过有余”，除夕的饭桌上菜不能吃光，那是不吉利的。我忘了她做的什么菜，只记得周先生不断吃，外婆不断添菜，最后一次，我把碗端到厨房去添菜，外婆很不高兴地说：“这个周劭，真是不像话！”因为她为过年准备的那个菜几乎见底了。外婆也不喜欢何永康，因为他也是不识相的吃客，还不太讲究卫生。我那时候老想，他们为什么不回家吃饭？结论是，他们家里做的菜一定很难吃。外婆对客人的看法对我们孩子们是有影响的。我们通报时，当然就直呼其名：

“何永康来了。”

从他们来访之频繁应该可以推断他们跟父亲的关系是很密切的。然而父亲回忆录里对他们的描写却很微妙，跟我们当年的态度倒有些一致。对徐訏，他满怀深情，有专门的章节——《〈人间世〉与徐訏》《贫贱江头自浣纱——纪念丰子恺和徐訏》——回忆他们之间的友谊和徐伯伯对他的帮助。徐伯伯去世后，父亲因为没有回复他在“文革”后的来信深感歉疚，在《悼辞》一节里还认真地把他的来信抄了一遍。

对周劭，父亲在回忆录里多次提到，称他“黎庵”，但用词客观冷静，似乎采取旁观者的态度，说“他是学法律的，但喜文墨，也有才华，且能处世”。父亲请周先生帮助他编《宇宙风乙刊》等工作，介绍他去编辑朱朴的《古今》杂志，跟他两次一起见周佛海。但在回忆朋友们抗战胜利后的遭遇时，父亲说，“《古今》的周黎庵还正式挂牌做律师，为汉奸做辩护人”，在谈到他出狱后跟朋友交往时又说，“沦陷朋友未罹法网的十有八九。但大都本非旧交，向少往来，只有周黎庵总算老友，还继续见见面，但他本是学法律的，我狱中两年，他虽未青云直上，升官发财，似乎已弃文从商，向企业界方向发展了”。这些话读起来都有些意味深长。

应该说，周先生对父亲是有一定的感情的。但父亲似乎认他为朋友而非知己，对他的为人有些看法。记得我在1979年回家时，父亲告诉我，周劭回上海了。我说那太好了。母亲在边上加了一句，“他是以战犯身份放出来的”。我很吃惊，问父亲：“他是战犯？我怎么不知道？”父亲摇摇头，母亲说“他有办法嘛”。我觉得母亲有些酸溜溜的，但父亲的不驳斥恐怕说明他心理也有点复杂。老朋友终于离开了受折磨的劳改农场，值得高兴，但自己好好劳动，期满释放，回上海后却被莫名其妙地加了一个“反革命”帽子，从此打入另册，受尽凌辱。而周劭神通广大，搞了顶“战犯”帽子，回沪后却工作有着落，生活得不错。想来父亲既羡慕又不服气，可能还不大以为然。“文革”以后，周先生还是跟从前一样经常来我家，抽烟喝茶，留下来喝酒吃饭，尽管母亲的烹调手艺大不如外婆。他工作后多半是在星期天来我家，大弟说，他好几次喝得醉醺醺，父亲要大弟送他回家，他坚决拒绝，大弟怕他路上出事，只好远远跟着他，看他上了电车才回家。看父亲回忆录，他们谈的恐怕多半是回忆老朋友和当年编杂志的事情。1983年5月21日，我们把父亲送进医院，医生马上下了病危通知，第二天，母亲让大弟给周先生打了电话，他隔天一早赶到医院，父亲在他的呼唤下，虽不能说话，但眼角有泪。在为父亲开追悼会时，周先生给母亲提了很多建议，我们大家都很感激。只是母亲有些懊恼，明知道柯灵跟我们家有矛盾，不应该听周劭的话去请他而被拒绝。

没有想到，父亲去世后，周先生再来我们家时，他已经成了舒家的说客，游说母亲把父亲珍藏一辈子的《骆驼祥子》手稿送给舒家。这手稿在“文化大革命”抄家时跟许多珍贵信件一起被我大妹工厂的红卫兵夺走，1985年，在妹妹和大弟顶住压力，拒绝“捐献”，坚持“东西是从我家拿走，必须先归还我家”的情况下，总算物归原主。此时，舒家已经有了复印件，然而他们还想要原件。母亲本来很尊重老舍先生，但看了他朋友写的说他认为父亲剥削他的文章后大为生气，拒绝了周先生的劝说，甚至发狠话：“如果不是哲安（我父亲）说他的字古朴，要保留，我真想一把火烧了它。”我小妹妹当时在场，

陶亢德追悼会上家属合影

戴眼镜的男子为杨光政（晋豪），前面是他的夫人

她说，她从来没看到母亲如此声色俱厉，不留情面。周先生倒是留了情面，他写了篇文章，把一切责任推到我们子女身上，说我们不听他这个“老叔”的话。其实，我和哥哥及小弟、小妹妹都在外地，小妹妹托母亲照看她女儿，逢年过节会回上海，大妹妹结婚后也搬出胶州路。我们都不了解情况。

左起：吴铁声、周劭、虞哲光、朱雯

至于何永康，父亲的回忆录只在叙述哪些人去见了周佛海时提到了他的名字。倒是徐訏伯伯在给父亲的信里说：“前曾写信给何永康兄，打听你的近况，他说已有二十几年不相见，迄不知你在哪里。”然而，父亲在转述时用了“他和我都认识的何君”，似乎不想提“何永康”这个名字。多年的好友竟然二十多年没见面，其中缘由一言难尽却颇有时代特色。

1979年春末，当时商务印书馆总编辑陈原先生邀请英国牛津字典总编辑伯奇菲尔德访华并讲学，他向李赋宁先生借翻译，李先生推荐了我。伯奇菲尔德到上海后在一个据说曾经是毛主席做报告的礼堂给上海出版界介绍他编纂字典的原则和经验。当时来的人很多，其中就有何永康，他自报门户时说他是译文出版社《英汉大字典》的编辑人员。报告结束后，在乱哄哄的人流里，我跟他打招呼，叫了声何伯伯，但没顾得上说话。那天下午和晚上，伯奇菲尔德先生由复旦大学和负责《英汉大字典》的陆谷孙教授接待，不需要我做翻译，我就趁机回家看望父母。奇怪的是，我告诉他们何永康也来听报告时，他们的反应很冷淡。我问他们何先生是否还常来我家，母亲说："他怎么会来我们这样的人家。"后来，母亲告诉我，抗战胜利后，父亲年轻时的朋友成了接收大员，看上父亲和柳雨生经营的书店，以敌产名义没收，父亲也被捕入狱。那时候，何永康主动到我家问母亲是否有什么东西要藏起来，他可以代为保管。虽然我家没有什么值得藏的金银细软，母亲还是很感激他的关心。1958年9月中秋节那一天，父亲上班以后没有回家，母亲却得到通知他要被送到外地劳教，需要马上把他的衣服被褥送到一个地方。母亲赶到指定的地点，但没有见到父亲。慌乱中，她想起了何伯伯和他当年的英勇行为。于是，她去了何家。没有想到，何先生听了大惊失色，非但没有提供任何建议，反而把母亲马上送出他家，从此不来我家。其实，何伯伯来找过我。大约在1961年，有一天他忽然到我在北大的宿舍，告诉我他儿子在对外经贸学院毕业留校了，他来看儿子，顺便来看看我。我不知道他已经跟我家没有来往，他也没有提起任何有关我父母的事情。我恭喜他儿子能留校，他问我在北大的工作情况，聊了一会儿，他说想去看看北大校园，但不需要我陪同。我就把他送出宿舍的楼门。平心而论，何伯伯怕跟我家沾上关系，还是可以理解的。在那人人自危的时代，恐怕很难要求他不顾自己和家庭的安危来帮助我父母。

然而，另外一件事就有些匪夷所思了。1981年夏天我从美国进修回国，82年初我利用寒假回上海探亲，在谈起我怎么知道徐訏伯伯去世时，我想到了何伯伯，随口问了一句，形势好了，他有没有来看过你们，没想到这又引起了母亲的愤慨。她说：“这个何永康，成天胡说八道，到处造谣，说你能通天，打通了上面的关节，所以你爸才平反。”我正好笑时，母亲又说：“就算有后门又怎么样？难道平反不好吗？难道他要你爸戴一辈子的帽子才开心?!”我猜想，何伯伯可能想不明白一个右派的女儿怎么会给外国人做翻译，所以才以为我有通天的本事。但他跟父亲交往多年，难道不知道，父亲是最不喜欢求人的，最反对走后门？2017年6月，我跟两个妹妹在上海相聚，因为我发表了回忆徐訏先生的文章，大家便谈起小时候喜欢和不喜欢的客人，自然而然地提到了何先生。妹妹们忽然告诉我，1979年我做翻译离开上海后，他来过我们家。我觉得奇怪，问她们何先生是来看父亲吗，她们说不是，是来找我的。我更奇怪了，他找我干什么？妹妹说，要我的地址，想问我要一些教学材料。母亲已经听说他认为父亲平反是因为我有通天关系的，愤怒之余拒绝告诉他我的地址。我当时听了感到好笑，但回家后觉得何先生未必是来找我的。他1961年能在北大校园找到我，1979年应该也知道如何找到我。我觉得这是他想来看父亲的借口。可惜他还没进我家门就在楼梯口见到了母亲，遭到拒绝，也失去了跟父亲重叙旧谊的机会。他并没有第二次来找过我，我真心希望我的猜想是正确的。

另外一个常来我家的人是苏青，不过我们叫她冯和仪。我觉得她有些粗俗，因为她讲话嗓门很大，哇啦哇啦很刺耳。外婆不大喜欢她，尽管她并不在我家吃饭，可能因为她觉得冯和仪想勾引父亲。她曾经送我她女儿穿过的一条背带裙和一件白色镶着红色和蓝色条子的连衣裙。母亲接受了，但并没有让我穿。第二年，她从箱子里拿出来时我已经穿不下了，只好给大妹。我一直奇怪母亲为什么当时不给我穿那两条裙子。看了父亲的回忆录，原来是她领着人来抓他的。我想母亲可能心中很愤怒，但她又确实需要孩子们的衣服，所以勉强接受，但不到不得已的地步，她并不想让我们穿别人不要的衣服。妹妹还告诉我一件事，原来她曾经跟父亲的一位朋友请母亲看电影，看完电影把母亲送回家，然后两人去开旅馆。第二天，那位朋友十分后悔。我忽然想，父亲为母亲看电影在饭桌上吵架，也许并不是为了电影，而是因为母亲糊里糊涂被人利用了。不过，这些都是我的揣测，真相如何，永远是个谜。

1949年春，母亲大概感到她无法送我和哥哥两个人读昂贵的教会学校，让我去问中西女中的教导主任是否可以减免学费。主任说可以，但要半工半读。母亲又让我去问半工指的是什么。回答是，譬如，打扫厕所。母亲立即决定不读中西了，让我去报考工部局女中（又叫市一女中）。上海解放前一天，我仍然去中西上学。下午第一节课，老师宣布停课，让大家回家路上小心一些，如有警察盘问，就拿出身份证，如果没带的话，赶快说出身份证号码。我提心吊胆地走回家，一进门发现一楼客厅外面的楼道里站着好些人，听见二房东王师母大声说："别争了，今天晚上你们就睡在这里。"原来，大家都知道那天晚上可能要打仗了，正在讨论哪里比较安全。当天晚上，我们几个孩子和外婆真的睡在一楼过道。父亲不肯下来。母亲也就不跟我们在一起了。第二天一早，外婆醒得最早，她把我们推醒说："快起来，解放军已经来了。"我爬了起来问："在哪里?"她说，弄堂里都是。我跑到后门口，从铁门和墙壁的缝隙向外张望，果然，许多军人靠墙坐着，手里扶着枪，周围一切都是静悄悄的。他们什么时候离开的，我不知道。生活好像很快就恢复正常了，但也不是没有变化：王师母不久就交出一楼的客厅，搬进来母亲称之为“曹同志”的一家人，我们去花园游玩的机会也就大大减少。我们必须得到住在客厅隔壁的袁师母的同意，穿过她的房间才能进花园，而袁师母不大有成人之美的意愿。不过，她丈夫好像很快被抓起来了。后来，爱吃煎饼裹大葱的曹同志听说“犯错误”搬走了，很快又搬来 × 同志一家。我们难得有机会去花园玩耍了。

我不记得是否回中西继续读完一年级的课程，但记得考市一女中的情况。我语文考得不错，但数学出了问题，中西是按照美国的课程进度教学，一年级不教分数，但公立学校是教的。我不会做分数的加减法，自作主张把分母和分子分别加或减，闹了大笑话。幸好，这样的题目不多，我就考上了，秋天开学，我去市一女中插班读初二。我很喜欢这个学校，同学们都是普通人家的孩子，没有人坐着小汽车或包车来上课，大家的穿着打扮都差不多。我很快融入了班级生活，甚至有些优势。语文老师喜欢我，介绍我去图书馆帮忙。那里的老师因为我爱读书也对我另眼相看。我可以把还没有登记编号的新书在放学时带回家，第二天归还。于是我常常在午休时给同学讲刚看过的苏联小说，很受欢迎。图书馆的老师听说我读过《泰西三十轶事》和《五十轶事》，就推荐我看一些英语的简易读物。印象最深刻的是一本根据雨果的《悲惨世界》主人公芳汀的遭遇而改写的故事。十年后，我在北大当老师，才知道这样的简易读物对学习英语大有好处。体育老师也喜欢我，因为我个子小但爬绳很快。市一女中有个技巧队，最著名的项目是叠罗汉，正好缺少一个能爬到最高处的小个子，于是我就补缺成了这个项目的重要人物。

我在市一女中上学很开心。父亲好像情绪也很好。他忽然成了前后三条弄堂的居民委员会主任。他的责任是什么，我不知道，只知道他要出黑板报，因为他让我帮他抄过一期，内容好像多半是新闻和里弄情况。我花了很多时间抄好了，没想到他说我字写得不好，叫大弟擦了重抄。我很委屈，但大弟的字确实比我好得多，后来他常常帮父亲抄稿子。大妹记得他还组织了儿童节的庆祝活动，还给孩子们发了礼物。我不记得，大概我已经没有资格当儿童了吧。但我记得那时候我忽然很想当老师，常常组织弄堂里的孩子坐在一起，我拿着居民委员会的小黑板给大家讲课。

这时期也许因为父亲基本上呆在家里，我们开始有些交流了。我知道他对俄语很感兴趣，自己出钱请了老师，很起劲地去一个白俄家学习。也许因为我当时主要看苏联小说，他告诉我他要把《金星英雄》翻译成中文，还要做些缩写苏联小说的工作。他问我喜欢哪些苏联小说。我记得我推荐过《远离莫斯科的地方》，他觉得写得并不好，但可以缩写得紧凑一点。他非常推崇《静静的顿河》，认为阿克西妮亚在雪天半夜里冲出屋子紧紧地抱着大树的那段描写可以跟《红楼梦》里林黛玉魂归离恨天相媲美。我对这句话印象深刻，因为我当时对这两部名著并不了解。母亲禁止我看《红楼梦》，我是偷着看的，看完想不明白为什么母亲不许我看这本书。我对林黛玉的印象是成天哭哭啼啼，有点无聊。我也看了《静静的顿河》，但也是不明白它为什么那么著名。我不知道他缩写了哪些小说。不过，我大弟根据父亲的回忆录和他跟母亲的讨论、回忆，在为《江南人才名镇——陶堰》撰写的父亲小传里提到他还是出了

《静静的顿河》的简译本。

这段时间里学校的政治活动很多，先是肯定苏联，成立中苏友好协会，想当会员还必须申请，只有进步的、要求革命的人才能获得批准。抗美援朝开始后就批判亲美、恐美和崇美思想。我不知道美国为什么那么坏，甚至觉得曾经买过的美军剩余物资里的巧克力非常好吃。但我还是很认真地学习，积极参加各种活动。父亲在《亦报》上发表过两篇文章——《日日谈·一则以喜 一则以惧》和《日日谈·坦白之争》。前一篇说我和哥哥对他希望我们在关心政治时不要忘记学好功课的建议嗤之以鼻，甚至可能认为他反动。后一篇是谈我坦白自己的真实思想，哥哥认为都是反动思想，不该坦白。父亲则认为两人都有要改进的地方。我非常佩服父亲在解放初期就有如此敏锐的眼光。当年只有进步的人才能加入中苏友好协会。我终于拿到会员证的那一天，回家时看到王师母的弟弟就很高兴地告诉他这个好消息。没想到他问我："都说中苏友好，那为什么本来是我们国家的海参崴现在成了他们的领土？"我并不知道海参崴原来是我们国家的，只是觉得问问题的人很反动。幸好那时候没有人要求我们检举揭发家里和周围的人。否则，我也可能会去揭发外婆和王家舅舅的，因为我一直相信和尊敬我的老师和学校领导，觉得他们不会是错的，我应该照他们说的做事和做人。

1951年，我们家很热闹，哥哥响应政府号召，参加军事干校。没过多久，我们的堂哥参加志愿军。伯父好像有工作不能脱身，母亲便经常出席两人的家长会，总带回家一堆大红花和"光荣家长"的飘带。父亲不参与这一切。他好像找到工作了，天天外出上班。哥哥因为是高中生，没过多久被送到南京刚成立的南京航空专科学校（现在南京航空学院前身），受到当时苏联专家的培养，四年后还经过严格的国家考试，可惜由于父亲的问题，他始终未能进入设计科。我有时开玩笑说他是中国第一代非工农兵出身的工农兵学员。

在上海轮胎厂的堂哥当了三反五反的打虎队员。他的父亲，我的大伯在申新纱厂的一个厂里当会计，却成了打虎对象。我不知道三反五反是什么样的运动，只记得有一天母亲买菜回来，心有余悸地说她经过张爱玲住过的赫德公寓，看见上面掉下来一个人，可能是一个资本家自杀了。大伯来我家找母亲做假账。他受不了打虎队的呵斥和盘问，准备承认贪污，躲过运动。他如果在我们家里看见他的儿子总要劝他不要随便打虎。母亲替大伯做好了假账，但告诉他也许他承认贪污会带来更大的麻烦，打虎队如果不相信他的贪污数目，他该怎么办。过了几天，大伯又来我们家，很高兴地说，他还没交出假账，运动就结束了，领导说他没有贪污。这时候堂哥也从朝鲜回来了。我不记得他什么时候走的，但记得大伯很高兴地跟他一起来我家。我问他，害怕吗？他说很害怕，真没想到死是很容易的事情，不过，幸好他是炮兵，总在步兵后面，不直接面对敌人。

就在生活好像回归正常的时候，大伯忽然中风了。据说他觉得不对头时，拿起笔写了几个字。没有人能认出那些字，但都认为他有话要交代。他进医院的第二天晚上，大伯母从乡下赶到上海医院。大伯似乎还有意识，流了眼泪。隔天，伯母问医生大伯有救吗，医生表示很难恢复正常。伯母思考一天后，请医生拔掉所有管子。她认为，既然没有办法了，就不要浪费钱财让他继续受苦。她在葬礼结束后立即回乡下。我听见大人们的议论，外婆认为大伯之死跟打虎队对他的逼问有关系，是心情不好引起的。母亲叫外婆不要瞎说。父亲认为大伯母识大体明事理。我却很恐惧，因为在大伯中风前两三天，我一个人在家看书，他忽然在我身后说，你们怎么搞的，楼下大门为什么大敞着不关？我当时没听见他开房门，吓了一大跳。他去世后我一直觉得那天来的是他的鬼魂，坐立不安了好些日子但不敢对任何人说。这是我第一次经历家人的死亡。

1953年，我高三，入团了，从一个落后分子变成了“先进”青年。但外婆和父母似乎对此并不感兴趣。他们总是叫我好好读书，做好自己应该做的事情，对其他事情不必在乎，更不要讨好某人来实现自己的目的。临近毕业，母亲希望我找个工作，可以贴补一些家用。我很迷茫，不知道我可以做什么样的工作。幸好，老师宣布，为了社会主义建设，所有高中毕业生都必须报考大学。于是，我开始考虑报考什么专业。有时，我想读中文或历史，有时我想读石油专业，因为那时有一首歌：“我为祖国献石油，哪里有石油哪里就是我的家……”我觉得很好听也很浪漫。母亲叫我报考上海的学校，可以节省开支。我却想离开上海去看看外面的世界。当时介绍大学的宣传材料里提到北大校园是诗一样的建筑，清华是散文式的。我很好奇，很想知道哪个校园更美丽。

就在我胡思乱想的时候，有一天我到学校，发现平时要好的同学在激动地谈论着。我问她们出了什么事情，她们说老师叫她们报考北京外国语学院，并且是保送的。我就说，那我也去，我们还可以在一起读大学。她们说，不行，老师说你家有问题，不能去那个学校。我觉得很奇怪，回家就问母亲。母亲说出了一个无人知晓的秘密：解放前，父亲因为“文化汉奸”问题曾经判过刑坐过监狱。但她要我记住，父亲是为了一家人活命，不得已才犯了错误。母亲的话犹如晴天霹雳把我震蒙了。我不知道该怎么反应，也不敢多问，生怕她说出更加可怕的事情。但是我也很愤怒，我觉得考大学是我个人的事情，应该跟家庭没有关系。于是我决定我也要考到北京去，而且要进一个好学校，不是北大就是清华。我举棋不定时，父亲忽然说了一句，读外语好，那样可以使用两种文字。我觉得很有道理，我的同学去外国语学院学英语，那我就去北大读英语。

当年考大学的录取名单是在报纸上公布的。家里没有报纸，我便去父亲的办公室。他的写字桌在门口柜台边上，我进门后，他抬头轻轻地说了一句“录取了”，便拿出一份报纸递给我。我拿了就离开他的办公室，到门外翻开报纸，寻找我的名字。第二天，我去北大驻上海招生办报到，那里的人对我似乎很了解，告诉我我考得很好。他们的亲切态度让我觉得选择北大是做对了。我拿了关于去北京的一切信息便回家做去北京的准备。母亲为我缝了一件深红色的棉布外套，其他的衣服裤子，包括被子等都是两件，可以有替换。父亲拿出赛珍珠的英文原版小说，说她的文字浅显便于阅读，我拒绝了，认为她是美帝国主义分子，不要读她的东西。十多年后，“文化大革命”期间，我苦于无书可读时给他写信问能否把那几本赛珍珠的小说寄给我，他回信说，如果我当年接受了，那些书可以逃过一劫，现在已经在抄家时被红卫兵拿走而下落不明了。不过1954年他给我赵家璧的《新传统》，我还是欣然接受。为了筹措我去北京的路费，父亲又一次出售他的藏书。我记得那书商开了一部小面包车来我家。也许他在搬书过程中看到了书架上的《新文学大系》。他把书搬完后，忽然提出要那套书。那是父亲答应给我的，我拒绝交出来，书商说，不搭上这套书，他就不收购了。为了有钱去北京，我最后只能让他拿走那套书。由此我知道了有些人是会乘人之危捞自己好处的。

我坐了两天两夜的火车到北京，当时规定两个人的位置要坐三个人。我个子小，但坐在我两边的却是两个年纪比我大得多的胖子。她们是调干生，困的时候，脑袋就都倒在我身上。不过，去北京的兴奋盖过了所有的不快与不适。我们在傍晚到北京，到北大，我住进了刚盖好的27楼，放下行李的第一件事就是去大饭厅吃晚饭，八人一桌，没有凳子，大家站着吃。桌上有碗黑乎乎的东西，别人告诉我是茄子。我很吃惊，从来没看见这样的茄子，但我还是吃了一块，心想，也许从此我的生活会跟从前大不一样了。

大学的生活丰富多彩，我在班上属于年纪小的一群，得到很多关心和帮助。我去清华看望中学同学，觉得“诗一样”的北大校园还是比“散文”的清华美。我大约两三个星期给家里写一封信，多半是父亲回信。可惜这些信件都没有保存，反右运动以后，我不再写日记，把以前的日记也都销毁了。我记得有一次父亲来信提到家里的困难，我用李白的“千金散尽还复来”安慰他，他回信说，但愿你能过上这样的日子。教我中国文学史的章廷谦先生对同学说我应该叫他伯父，我觉得很奇怪，父亲来信告诉我，他是鲁迅的好朋友，笔名川岛，我外婆也姓章，也是绍兴人，跟鲁迅母亲有些远房亲戚关系，所以论辈分我是应该叫他伯父的。不过，父亲认为我的责任是好好读书，不必在意名流。父亲对我如何学好英语有过很多建议，但我似乎很少接受。他说朱雯翻译雷马克的小说，水平很高，我应该去图书馆借来看看。但教我们写作的张恩裕先生（后来才知道他就是大名鼎鼎的翻译家张谷若先生）告诉我们，要学好英语，必须加强阅读，如果看英语原著有困难，可以看翻译成英语的世界名著。我就借了雷马克的《西线无战事》的英译本。父亲马上建议我对照英译本和朱先生的中译本，可以既学了英语又了解翻译技巧。可惜我嫌麻烦没有照办。我还记得，我要填表，不知道我的家庭出身是什么，写信问他，他先说填“编辑”，后来又说填“自由职业者”。我其实问这个问题时是有些私心的。我一直想知道父亲当“文化汉奸”的事情，但又不好意思直接提出来。我希望他会主动告诉我。但他可能并不知道我的想法，只是简单地回答问题。一年级结束还是二年级上学期结束时，学校开展肃反运动，大家要揭发班级里的问题，我批评了一位同学读书做事都吊儿郎当。没想到运动过后，一位同学给了我一份入党志愿书，我莫名其妙，问他要我做什么，他的回答是："你不要，那就算了。"我写信告诉父亲，他对入党志愿书一事没有表态，却告诫我批评要有根据，不要自以为是，认为自己总是正确的，还告诉我最要紧的事情是读好书。

好像是1955年秋天，大学生要自己负担伙食费了。正好哥哥通过国家考试毕业了。据他说，他回家探亲，父亲和母亲十分严肃地跟他谈话，指出他有责任负担我的伙食费，他当即答应每月寄我十元。我没有后顾之忧，高高兴兴地上课读书。突然，1957年春天，北大大饭厅出现很多大字报，向党提意见。我一向不问政治，对大字报没有兴趣。我当时是班长，有一天上英国文学史，我走进课堂发现有人在黑板时写了一行大字“为什么我们班不开提意见会”。老师进课堂，看了这行字，也笑眯眯地说，为什么呀？我很生气，就去借了教室，通知大家开会。没想到，开会时来了一些不是我们班的人，有的谈公安部如何逼供信，有的讲他那个县如何腐败，班上一个调干同学哭哭啼啼地讲，西安解放时，她被一个高干看中，她父亲是个小业主，害怕共产党，逼着她嫁给那位高官，她如何地没有自由等等。他们都是以亲身经历作例子，听得我们这些从中学来的人目瞪口呆。我们决定要把这些事情向大家披露，让毛主席知道。于是，我们决定第二天下午在办公楼礼堂召开一个控诉会，让会上发言的人去大会再把他们的亲身经历告诉大家。在开会前大约半个小时，当时的团委书记找我和团支部书记谈话，问我们是否可以不开这个会。我们问她为什么不要我们开这个会，还说人都来了。她拒绝告诉我们不开的理由，只说，你们要开就开吧。我们于是就照计划开会，我们请了当年的系主任冯至先生，他在会上说他一定把这些问题告诉毛主席。当天晚上我在宿舍跟同学聊天，去东操场看电影回来的一个同学很紧张地进屋说，江隆基校长批评了下午的会。他说，你们开控诉会，要控诉谁？控诉我们党吗？这是十分错误的。我听了大吃一惊，不知道该怎么办。过了一会儿，又有同学进来，他们不同意江校长的话，决定去清华介绍情况，他们要我也去，我可怜巴巴地说，我已经做错了一件事，明天去清华，不知道是对还是错，我不去了。我的胆小怕事使我逃过一劫。

经过这次风波，我觉得政治非常可怕，我开始为父亲担忧。于是暑假一开始，我就回上海。出乎意料，家里风平浪静，一片祥和。母亲为我去弄堂口买油炸臭豆腐，后来这几乎成了我回家时她必做的事情。然而，也许由于我们家的人都比较内敛，怯于表达感情，更不会口头沟通，我没有告诉父母我在北大差一点成了右派的惊险经历，父亲也没有提起他单位里的反右情况。于是，我高高兴兴地回到北京。

我在北大的第四年没有机会好好读书，政治活动几乎占据了一切时间。我记得朱光潜先生在批判右派的会上说，知识分子要夹着尾巴做人，尤其在顺利的时候不要翘尾巴；亲眼见到了赵萝蕤先生在讲课过程中突然崩溃，神经错乱，后来听说她的丈夫陈梦家被打成右派了。团市委派了两个人来我班蹲点，要了解为什么我们班出现那么多的右派。我在会上说了我觉得政治很可怕，但不能不要，另一方面作为学生我们的首要任务还是学习，我们应该关心政治，但绝对不能放松学习。于是我成了“粉红色道路”的代言人，受到了批评。也许因为我是在会上讲的，我的话没有给自己惹祸。

我不再写日记也很少给父母写信，因为有人就是因为日记或书信而成了右派。父亲也极少给我写信。日子就这么糊里糊涂地过去了。毛主席强调了学生应该半工半读，我们便去十三陵修水库，自己打扫厕所，到修建教师宿舍的工地劳动。终于到了5月，宣布分配方案了。此前，我们填过志愿表，每人可以写三个想去的单位。但我们无一例外都在第一志愿写上“服从祖国分配”。领导宣布方案，我喜出望外，我被分配到外交部！我的好朋友很不高兴，她留校，要做她最不喜欢做的老师。我们怀着不同的心情回到宿舍，我看到了父亲的来信。他告诉我他成了右派！我返回去找领导，她看了信，面无表情地说，“我看你不必去外交部了”。我提心吊胆地过日子，不知道如何应付父亲成右派的消息，也担心自己的命运，更不免对父亲产生怨尤，气愤他在我人生的关键时刻总是要出问题。这时候，大弟可能也在分配问题上受到父亲的牵连，给我写信说他对父亲很生气，不想理他了，希望我也不理睬他。我觉得这很好办。我在北京，不写信就是了。不久，我得到了一个好消息，我跟我的好朋友交换工作单位，她去外交部，我留在北大，但我报到后不能回家，要下乡去大兴县参加成立人民公社。于是，我给家里写信报告情况。过去我写信，抬头总是“阿爸妈妈”，这一次我只写给母亲。母亲没有回信，我不知道父亲怎么想，他不再给我写信了。

我在乡下呆了一个来月，经历了现在看来十分荒唐的事情。按照当地领导的指示。我们人拉犁深翻地，结果把二三尺下面的生土都翻了上来，做了对来年种植很不利的事情。我们还把大桶的油倒在地里，据说这样一来，明年粮食亩产可以达到十五万斤。

8月下旬，我回到学校，得到通知，教育也要大跃进。系里改变过去助教要培训几年才能上讲台的做法，让我开学就教课，而且要教只比我低两届的二年级的精读和练习与听力课，每周大约二十个小时。就在我竭尽全力想做个好老师的时候，我忽然接到母亲的来信，父亲被送去劳教，家里没有钱了。我大为震惊，不知道父亲为什么要受到如此严厉的惩罚。然而我仍然怯于盘问，只告诉母亲我每月工资四十六元，但会按月寄家二十元。过了一段时间，母亲来信说她不想在上海住下去了，问我能否在学校找个房子。我去了房产科，那里的人问了我哪年毕业后不屑地说，你毕业一年不到就想要房子！后来系里帮忙为我找到跟人合住的两间房，条件是不得使用屋子里的卫生设备。我知道母亲想来北京，因为她是在东北出生长大的，但我怀疑她愿意住这样的房子，幸好哥哥以“新邻居不了解情况反而可能产生歧视”的理由使母亲打消了搬家的念头，也使我松了一口气。

我在1960年暑假才有机会回家探亲。家只有三楼一间房间和那小极了的亭子间，但在母亲的操持下，我们家井井有条，不显颓败，也没有萧瑟绝望的气氛。大弟大学毕业了，虽然分配到远郊区，但专业还是对口的。大妹虽然受父亲影响没有能够上大学，但她在吴泾化工厂教技校的同时还能到业余工大学习，情况还是不错的。正好哥哥带着嫂子和儿子也来上海。这是我们离家后第一次，也是唯一的一次兄弟姐妹都同时回家。在哥哥的提议下，我们拍了我们家唯一的一张全家福，只是里面没有父亲。

我不记得那年回家母亲有没有提起父亲，但我记得自从写信告诉我父亲去劳教的事情后她再也没有在来信里提起他，也没有给过我他在安徽的地址。是父亲叫她不要告诉我，还是她知道即便告诉我也不会写信的？我不知道，跟他们也从来没有谈过这个问题。1962年，父亲回上海，大弟来信说他改造好了，我们可以原谅他了。然而我还是没有写信，因为我不知道应该写什么，怎样写。我对他为什么要去劳教都不知道，写信叫他好好改造未免太虚假了。表示慰问和同情，好像也不可以。于是，最好的办法就是不写信。事实上，他没有在上海呆多久。他报不上户口，万般无奈的情况下，去西安投奔我哥哥，跟哥哥的岳父岳母挤在一个小房间里。一年后，他无法继续忍受那种窘迫局面，自动回到了以前的劳教农场。

还是父亲先给我写信，写的还是一个坏消息。1965年，他写信告诉我，他解除劳教也在上海报上户口了，但派出所又给他戴上了反革命的帽子！说老实话，我那时对政治已经有所了解，知道有些事情是无法解释的。我回信建议他去找找原单位。其实，父亲解除劳教回上海成了反革命并非突发事件。去年，大妹告诉我，她为了弄清楚当年抄家的事情去原来工作单位找领导谈话。新的党委书记接见了她，在谈话过程中，那位领导有事离开了办公室，大妹趁机看了自己的档案，发现父亲原来工作单位的人事处强烈要求把他划为反革命。

不过，我想，1965年，我还是给父母带去了一些欢乐，因为倪诚恩终于得到在北大领导社会主义教育运动的工作组的同意，可以和我结婚了。他是学习雷锋积极分子和模范党员，但他坚守诺言要跟我这个右派兼反革命的女儿结婚，我非常感动也从心底里感谢他。我们利用暑假回到上海，拜见双方家长也安排他们见面。我永远感激我的公公婆婆，他们在物资十分匮乏的年代，准备了一顿丰盛的午餐以表示他们的诚意。公公知道父亲爱喝酒，拿出珍藏多年的法国白兰地，很多年后，父亲仍然会说那是他喝过的最好的白兰地。他们还拿出何香凝老人所赠而他们从不示人的老虎画作让父亲欣赏。总之，我们在上海过了一个愉快的假期，回到北京，我结婚不久就到怀柔山区里去参加四清运动。

我再回北大已经是1966年6月初,《人民日报》已经发表社论《横扫一切牛鬼蛇神》，电视台也已经播放过聂元梓的大字报。北大校园一片狼藉，到处都是大字报或大字报碎片。我吃惊地看到我们系的党总支书记和校医院著名的外科医生成了“杀人犯”，名字被倒写，还打上触目惊心的红叉叉。我的室友告诉我，这次运动跟任何一次都不一样，千万不要随便说话。我小心翼翼地走在不再宁静的校园里，常常被忽然冲出来的红卫兵吓一大跳，他们总是押着一个低着头、戴着高帽子的所谓“走资派”又喊又叫，有时还敲着锣。这些人在我看来常常面目狰狞，没有了我熟悉的学生模样。不久，同事叫我读《湖南农民运动考察报告》，我吃惊地发现红卫兵的很多做法是模仿文章所描述当年斗地主的情景。我开始怀疑不顾时间地点的模仿是否正确。我一向听从领导和党组织，但“文革”确实使我开始有了独立思考。我想红的可以说成黑的，黑的未必真的就是黑的。没有人告诉我父亲有什么反动言论或罪行，看来他并不一定是坏人。想通了这一点，我恢复跟父亲的通信，尽管当时我很少写信也没有什么可以写的。

1969年10月，在林彪的一号通令指示下，一半以上的北大员工在三天之内被送到江西鲤鱼洲的“五七干校”下放劳动。我请了两天假，把女儿托母亲照看。回到家里，我发现父亲沉默寡言，母亲在街道废品收购站工作。她告诉我，“文革”开始后，我们里弄没有搞什么游街戴高帽子等批斗活动，但父亲要和其他四类分子扫弄堂和挖防空洞等劳动，思想汇报和学习等活动更多了。想起母亲过去调侃不做家务的父亲，说他连扫帚的头是哪一边都不知道，我不禁黯然，可也想不出什么可以安慰的话。第二年，北大在鲤鱼洲招了第一届工农兵学员，我又一次被指派当教员。1971年暑假，我觉得回北京没有希望便去上海接女儿。家里空气依然压抑，但母亲很详细地告诉我抄家的细节。大妹工作的吴泾化工厂工人来到我家，把父亲赶到楼下，留下母亲，要她交出金银珠宝。他们翻箱倒柜，拿走了一些他们认为的黄色小说，如《飘》和赛珍珠的小说，还有一些精美的西洋画册。最可惜的是他们抄走了父亲珍藏的他当编辑时跟名人的书信、一些作者的手稿和他自己的翻译手稿。他们一再要求母亲交出存折和钱财。母亲被逼无奈时指指房门后面靠墙那个顶天立地的书架说，钱都在那里。工人们悻悻然出门时，有一个人说：“笨不笨，钞票用到这种地方。”

没有想到，将近半个世纪以后，2013年嘉德拍卖公司居然公开拍卖鲁迅和陈独秀给父亲的信。他们不知道我们的父亲在去世前告诉大弟弟抄家抢走的物资。大弟在1984年5月曾给上海奉贤县政府和县党委写过信，开列了十大项被抄走的信件、手稿、照片和画册等，其中第八项就是鲁迅、陈独秀、周作人、黄炎培等人给父亲的书信。遗憾的是，嘉德没有依法行事，认真审查拍品的来源，甚至没有跟我们家联系。不过他们依靠强硬后台擅自拍卖抄家物资的做法似乎开始引起注意了。2017年，由于周作人后代的起诉，北京市东城法院查封了嘉德原计划拍卖的周作人的印章。我真心希望法律能在拍卖市场上起到真正的作用。

1971年我回上海接女儿时也告诉了父母有人找我外调金锡嘏的事情。他是我们的二房东王师母的小女婿。我们认识他是因为他在追求三小姐时总来我们住的胶州路5号。我们叫他金先生。他长得高大英俊，而三小姐并不美丽。他很喜欢我的小妹妹，常常要带她出去玩。妹妹小的时候很怕坐三轮车和公交车，每次坐在车上，我妹妹会大哭着要往下跳，而他要拼命抱着她，回到胶州路，他总是大汗淋漓狼狈不堪，成了我们取笑的对象。他是金岳霖先生的侄子，可能是在1957年，在我对这位大名鼎鼎的哲学家一无所知的时候，他曾经托我带过上海采芝斋的虾子鲞鱼等吃食，使我有幸在北大燕东园跟大教授见过一面。大概在1964年，金先生忽然给我写信，告诉我他在内蒙古师范学院教二年级英语，用的是全国统编教材，也就是现在名扬全国的《许国璋英语》。他希望我能帮他忙，如果有教案和外加的练习，能否给他一份。这对我不是难事，因为我就是编写这些材料的人。我用复写纸把教案和练习在打字机上打出两份，隔周给他寄一次，他从来不回信，我也不写

19 年 月 日 第1页共3页

关于请求从速发还"文革"抄家文物的报告

县委、县府领导：

家父陶亢德（已于去年亡故），三十年代在沪从事写作出版工作——先随邹韬奋先生任职于《生活》社；后与林语堂先生出版《论语》、《人间世》、《宇宙风》等刊物，由此而获得一些作家名人的信札或稿件，且林语堂出国前也曾将部分信稿托家父保管。二、三十年中，除将鲁迅先生大部分手迹捐赠国家外，始终视作文物妥为保存。

詎料"文革"之风使这些信稿也未遗浩劫——1966年我妹陶洽所在单位上海吴淞化工厂"造反派"来我家抄搜，将信札、稿件席卷而去，且不准开列物件目录存根。但据家父生前回忆，抄去物件中，至少包括下列几项：

1、郭沫若："悼念廖仲恺"原稿并信件拾余封。

2、茅盾（沈雁冰）："我的小学时代"原稿并信件。

3、邹韬奋："徒然小说集序文"原稿。

4、蔡元培："我在教育界的经验"原稿并信件。

5、无名氏（作者笔名）："关于天生老妹"等原稿。

6、郁达夫："青岛杂事诗"原稿并信件。

7、老舍："骆驼祥子"原稿28册并信件。

19 年 月 日 第2页共 页

8、鲁迅、陈独秀、周作人、俞平伯、谢冰心、黄炎培、汪精卫等人的信件。

9、外文版世界艺术画册16本。

10、有关人物的照片若干。

以上物件据悉均收存于上海市文物管理委员会，亦即上海博物馆（地处延安东路河南路口）。其编号至少有两个能予肯定：474-2、474-11663。

但其中一封鲁迅致陶亢德信，文革中不知由谁未经家父同意已擅自经手转交于上海鲁迅纪念馆。

而韬奋先生为家父所著"徒然小说集"写的序文，1982年底，家父致函上海韬奋纪念馆，表示愿意将该文捐赠，后该馆从市博物馆所在地的市文管会领取后存藏，但未按常规回赠复印件。去年秋市政协落实政策赴奉贤调查组来县时，我约见丁日初同志，提请协助催还查抄物件时，曾就此提出异议。事隔一月，上海韬奋纪念馆即挂号函赠复印件一份四页，并致歉意。

然而，还有部分信稿、照片，据家父生前所述，已被某些人士在某些刊物上借以写文发表。

19 年 月 日 第3页共 页

粉碎"四人帮"特别是三中全会后，中央一再重申"文革"期间所查抄的文物应予归还。且1983年7月27日，我曾冒昧挂号发函（市邮挂编号为第01241号）给上海市文物清查小组组长陆政同志，但迄今未获其片言只字之答复；去秋面见市政协赴奉小组组长丁日初同志，告以此事后，也仅韬奋纪念馆来函致意；今年元旦前，我恳请吴宝华同志以市人大代表发信请转催政策予以归还，事后亦仅获"已将此事转告有关单位"之答复。

抄家事过十七、八年，粉碎"四人帮"也七年有余，上述物件至今未能落实归还，而家父却已离别人世。现落实知识分子政策工作已面向基层，故冒昧填表，并补充上述情况，切盼党的知识分子政策，以及落实归还查抄文物等政策，能在本人身上予以落实，望有关领导能予以关注。

奉贤中学 陶融

1984年5月。

陶融《关于请求从速发还"文革"抄家文物的报告》（1984年5月）

信。1965年11月，系里让我下乡搞四清，我通知他无法继续提供这些材料，从此没有联系。我把这些情况告诉那两个外调人员。他们倒没有多加追究，但拒绝告诉我金锡嘏出了什么问题。父亲和母亲听了都唏嘘不已。然而，我们绝对想不到金先生的下场会是那么悲惨。上个世纪的80年代末，我有机会去内蒙古师范学院开会，便向那里英语系的一位老教授打听金先生的消息。他告诉我金先生死了，我大吃一惊，问他怎么死的，又问是什么罪名。他说是因为加入了××党。我更加疑惑，因为我觉得他不是一个会关心政治的人。但我发现那位教授不想多说，也就不问了。过了好多年，我无意中发现跟我和其他同事打乒乓球的俄语系系主任原来在内蒙古师范学院工作过，便向他再次打听。他告诉我，金先生并没有参加××党，而是偷听美国之音。这是他妻子因为跟他吵架，去学校揭发的。她没有想到会为他引来杀身之祸，一夜之间头发全白了。他们的女儿因此疯了。后来，大约在1974年，她姐姐从英国回来把她和她的两个孩子接走了。也因为国内没有亲人，“文革”后，没人出来为金先生争取平反。

1972年春末夏初，我们忽然得到消息，北大和清华在鲤鱼洲的农场被撤销了，全体人员迁回北京。我在路过上海时又把女儿留母亲那里。一来，我们回到北京如何安身还不知道，二来，我知道母亲在东北出生长大，九一八事变后逃难回南方时曾在北京停留，肯定想故地重游的。我也可以借此感谢她照顾我的女儿。10月里，母亲带着女儿来北京，我又把在东北插队的小弟弟接到北京与母亲团聚。母亲的到来使我见证了她和父亲的感情。母亲初来时，父亲几乎每天一张明信片，第一张一定是催母亲赶快回家，因为某样东西找不到了，或者他不会煮某个菜。但第二天一定是说问题解决了，让母亲在北京好好游玩。开始时，母亲心神不定，总想早点回上海，但几次来回书信后，父亲好像习惯了，总是劝母亲利用机会好好散心。最后，母亲在北京住了一个月后又高高兴兴地去西安看望我哥哥和他一家。有人问我，为什么父亲在回忆录里不大提起我母亲，我想这并不是他们感情不好，而是父亲要写的事情很多却精力不足，只好放弃亲近的人。

我们回到北京，政治运动并未消停，然而大家都疲惫了，也懂得如何应付局面了。“文革”开始后，我不再记日记，也不保留信件，甚至把以前的日记和信件全部销毁。我还很少给家里写信，说实话，没有什么可写的。

1976年，我为自己争取到一个回上海的机会。一年前，倪诚恩去上海编德汉词典，我一个人在北京带孩子，每天上课外要给所有班级编教案和练习，晚上还天天开会，忙得精疲力竭。有一天晚上，我在听学生发言时累得打起瞌睡。朦胧中，我听见主持会议的领导说，有的人到现在还没有表态。我一下子惊醒过来，明白他在批评我。正好第二天我收到倪诚恩的信，说他摔了一跤，无法起床了。我就要求探亲，遭到拒绝。我明白我又要成为运动对象，但不甘心束手就缚。于是我找了领导的那些所谓“出身好”（其实多半是中农）的群众称之为“小兄弟”中的一个，问他他们是否都做到了对群众的要求，要他告诉我的领导不要老想着整人，要想想自己得到大字报时的感受。我因为气愤有些口不择言，但他却很紧张，一再向我解释他并不整人。第二天，我得到通知，系里派我去上海了解那里大学的教改情况。

因为倪诚恩住在他姐姐家，而她没有地方给我和女儿住，我们就住到胶州路父母亲家。母亲去安徽看小妹妹不在家，我在上海的一个星期基本上是父亲做饭。他很得意地告诉我，做饭其实并不难，只要下功夫，像做学问那样多研究研究就可以了。然而，对我来说，那一个星期里，我得到的不是父亲做的饭菜，而是通过聊天对他的了解。我问他到底说了什么话被划成右派。他告诉我，他并没有反共产党，他其实是帮共产党说话的。另外一条是领导要他揭发同事吴铁声，他拒绝了，后来吴并没有被划成右派。他还说，他很谨慎，一直没有发言，但领导一直动员他，他没办法才说了几句，从此结束了提意见的会。我当时就明白，他第二年被补划成右派，其实是内定的，跟他说了什么话没有关系。奇怪的是，他1982年开始写的回忆录里谈到自己的右派经历时，并未提到这一点。

然而，这并非他1976年跟我的谈话和他1981年开始写的回忆录中唯一不一致的地方。他告诉我，他跟林语堂先生第一次晤面是在霞飞路的一家咖啡馆。林先生跟他天南海北地扯了一通后，忽然说他还有事就起身离开了。父亲等了几天没有音信便去找介绍人（他没有告诉我介绍人是谁），后者的回音是，林先生说，如果我不要他，我为什么会跟他聊那么多时间？难道他回忆录里写在林家的情景是他接受《论语》编辑工作以后的第一次会面？我还记得他说，林先生把编辑工作交给他以后，不再过问，真正做到“用人不疑”。不过我对此有些怀疑，林语堂如果真的相信父亲，为什么会在去美国前把不懂业务的哥哥安插到《宇宙风》编辑部？

另外一个不一致的事情是，他告诉我，茅盾请他吃饭，对他说，郭沫若要回国了，经济上有困难，能否让他写点文章，多给他一些稿费。但他回忆录里说是谢冰莹找他帮助郭先生的。我问他给郭沫若多少稿费，他说是最高的，五元一千字，我问郭的文章写得好不好，他马上说，不好。我家残存许多郭沫若给父亲的明信片，都是要稿费的。看来，他当年确实经济困难，写文章就是为了赚钱。

我跟父亲谈到了他办杂志的选材问题。他说，首先是邀请知名作家，其次是从投来的稿子中挑选，即便是没有名气的作者的第一次投稿，如果写得还可以，父亲一定刊登。这是为了鼓励他/她再次投稿。但是，如果第二次稿子没有进步，那就不再录用了。此外，还有一个条件：字一定要好。我说，字的好坏跟稿子水平应该没有关系。他坚持说，连字都写不好，不可能下功夫钻研文章怎么写的。他还说，杂志一定要准时出版。说好每月1号出版，不能拖到2号才上报摊。这是对读者的许诺，不可以让他们失望的。但你可以提前一两天上报摊。那是给读者的惊喜，他们会喜欢的。

那时候红卫兵的小报曾发过一条消息，说瞿秋白托人把他写的《多余的话》带给我父亲，希望能在他的《宇宙风》上发表，但父亲拒绝了。我问他是否有这件事。他说有的。我问他为什么拒绝。他说他不想卷入政治，不想跟党派发生关系。可惜我当时并不知道他两年后刊登了同样被党批判的陈独秀的《实庵自传》。他为什么会改变主意就此成了没有答案的问题。不过，大妹说得很对，父亲也许不想过问政治，但是政治一定会找上他的。他其实不是在1958年才被错划成右派。解放前的"左翼"文人早就把他看成右派了。

闲聊中，父亲还告诉我，鲁迅的"横眉冷对千夫指，俯首甘为孺子牛"中的孺子牛并非人民大众，指的是他的儿子，描写他跟儿子玩时让儿子骑在他身上的情景。我问他怎么知道，他轻描淡写地说："大家都知道。"后来的解释是"形势需要"。我当时并不完全相信他，但也只敢把他的说法告诉诚恩，"文革"后才发现这是事实。

我还问了他一个后来我自己也觉得是非常愚蠢的问题。我问他，他当年认识那么多人，也帮助过一些人，解放后，有没有想过找那些人帮忙？他看了我半天，反问我："你觉得他们会帮吗？"看了他的回忆录，我发现他解放后还是念旧的。1950年他去北京就给老舍写过信，但没有回音。他可能从此明白了，也断念了。不过，父亲告诉我一件他很不高兴的事情。他在《人民日报》看到报道，柳雨生（现在恢复本名叫柳存仁了）回国访问，但是没来看他。我马上说，未必是他不想来看你，也许是不让他来。父亲接受了我的解释。他告诉我，柳先生是个天才，记性特别好，特别会钻研，所以才能在年近半百时改行研究学术并且有所成就。事实说明我的猜测是正确的，"文革"结束后，柳先生来看过父亲，知道我在美国还特意写信问我有什么需要，帮我买了好几本关于福克纳的参考书。父亲去世后他每次回国到北京都会找我，到上海也会去胶州路看望母亲，有一年他带夫人回国还在西安哥哥家跟母亲聚会。我曾经几乎每年圣诞节前都会给他写一封信问候他全家，也报告我家的情况。1999年5月，北大请了一些中外学者纪念五四运动八十周年，会后，外事处请我陪同外国学者去黄山游玩。在旅途中，我跟一个日本学者聊天，他是研究现代中国文学的。他告诉我一个惊人的消息：周作人附逆是共产党的指示！我来不及问他要证据，因为传来了一个更加惊人的消息，我们在南斯拉夫的大使馆被美国人炸了！所有的外国学者都要求马上回北京，他们要亲眼看看中国人的反应。后来，因为很多事情，我把这事忘了。2006年，我彻底退休了，北京没有亲人，我投奔了唯一的女儿，到了美国。2008年，我忽然想起了那个日本学者的话，但无从考证，便在给柳存仁先生写新年贺卡时提出了这个问题。他回信说，老先生自己没有说过，我们不便妄下结论。说老实话，我收到回信时曾想问他他和父亲在抗战时期的事情，最后没有动笔，因为我觉得我不能问他不想回忆的事情。那是我跟柳先生的最后一次通信，2009年8月，他去世了。

那一星期的聚会使我对父亲有了一些了解。我回到北京，半年后，“四人帮”被打倒了，“文革”结束了，日子好起来了。1978年，我接到一个任务，为行将复刊的《世界文学》翻译两篇19世纪非裔美国作家查尔斯·契斯纳特的短篇小说。这是我第一次为一个有名的杂志做翻译，心情既兴奋又紧张。我翻译好了，决定请父亲帮我审校。我担心父亲不熟悉作家的文体，还特意把用黑人语言的原文转换成中规中矩的英文。然而，他的回信出乎我的意料，他没有校对或修改我的译文，只是说，他相信以我如此谨慎细心的做法编辑是会接受发表的。我不知道这是出于他当编辑的经验还是对我的信任，但他为我总结的“谨慎细心”原则对我后来翻译美国文学还是起作用的。

“文革”后，我回上海的机会多起来了。1979年春，我为牛津字典总编辑伯奇菲尔德先生在上海做翻译时，出版界来了很多人，各自报告所属单位。父亲过去工作的新知识出版社来的是全场唯一的女性。散会时，有些人主动用英语跟伯奇菲尔德交流，我便挤进人群，拦住那位女同志，问她我父亲为什么还没有平反。她很客气地说，快了，只是还有些事情要核对。我回家告诉父亲，他说，很好，你找对人了，就是她把我划成右派的。我听了有点紧张，因为我大学同学要求平反时，所有当年参与处理的有关人员都写信到系里表示同意平反，只有那个起决定性作用的领导没有回信表态。我很怕那位女同志也拒绝承认过去的错误。这时，大妹妹带来了一个惊人的消息。她去了平反接待站，那里的人告诉她，根据他们的调查，父亲没有被划成右派。妹妹质问，他不是右派，怎么把他送安徽劳教？那人劝妹妹不要生气，能活着就是运气，要想想多少人还见不到今天。我们对妹妹带回来的消息感到意外，也对接待人员敢讲这样的话觉得吃惊。没有什么办法，我们决定耐心等待。我回北京后，过了些日子，妹妹写信说，事情解决了。她去接待站，那位接待人员老远看见她就说："回去吧。问题解决了。"妹妹回到胶州路，发现居民委员会说明父亲平反的大红喜报已经贴在大门上。父亲到底有没有划成右派？北大和我哥哥工作的单位都没有告诉我们他被打成右派，都是我们根据父亲的信主动汇报的。奇怪的是，领导们也没有通知我们他被平反了。我哥哥曾几度向领导提要求，希望给他一份父亲平反的通知或证明，但至今没有得到。最近，宋希於先生给我看了两份材料。一份是从上海卫生出版社档案中流出的，是1958年1月18日中共新知识出版社支部发给各出版社的通知，告诉他们该社哪些人成了右派，提请他们慎重处理这些人的稿件。这名单中有我父亲的名字，但出版社说明对他和其他五人"尚未公开戴帽子"。另一份是当年中华书局辞海编辑所主任舒新城1958年9月29日的日记："全日在中华，上午九时半参加戚铭渠关于深入肃反动员报告，前周李俊民已作第一次报告，并曾处理反革命分子陆金度、陆元通、陶亢德、燕义权四人以劳动教养。"实际情况是父亲已经在9月27日中秋节那天从办公室被直接送去劳教。当天找他谈话的陈副总编辑并没有告诉他，他是因“反革命”而去劳教的！这种把人打成反革命而不告诉本人的荒唐事恐怕只能发生在没有法治的年代。1958年被送劳教，1979年平反，一个人二十年的生命就这样被迫无谓地浪费了。

平反后，父亲就退休了，但他觉得他还是可以做些翻译的。正好我一个在科学出版社工作的学妹来找我，问我是否可以做些翻译。我告诉她，我要去美国进修，但我父亲有兴趣。她很快告诉我，她那里的老编辑听说我父亲的名字十分激动，一口一个“陶老”。他好像知道父亲从前译过哪位作者或某本书，希他继续翻译。可惜我不记得那作家或书的名字了，但记得父亲回信说他已经力不从心，不能翻译那么难的东西了。此时，我要去美国就让父亲跟编辑直接联系，让我先生从中协助。

11月初，我跟两位同事出发去美国纽约州立大学的一个分校当访问学者。在美期间，父亲好像只给我写过一封信，那是在1981年初，问我能否找一个叫高克毅的人，当年他还是留学生时，曾给父亲写信，表示愿意把老舍先生的《骆驼祥子》翻译成英文。我到处打听，不知怎么打听到高先生在马里兰的一个大学工作。我让父亲写封信，以便去找他。父亲的来信把我吓了一跳。他扯了一块报纸的空白报头，写了“神交已久，缘悭一面”八个大字。我告诉父亲那块纸显得不礼貌，请他用张好纸，再写一封。他回信拒绝，还说，如果对方想回信，什么样的纸都行。我当时有些奇怪，因为我觉得父亲不应该如此不明事理而又如此固执，但我没有多想，给高先生写了一封信，为父亲表示歉意，希望高先生不会计较，愿意跟父亲有所联系。我回国前没有收到回信。隔了好几年，父亲去世后，有一天，我下课回家看到门上夹了一张纸条，原来高克毅先生回国访问，特意到北大，从系里打听到我的地址，爬上四楼来我家，他说当时他不在马里兰，没有看到我的信，没及时回信，很抱歉。高先生还说他马上要离开北京了。我很遗憾他没有能够在父亲生前重续旧谊，但这个纸条还是能说明老先生的宽容和对父亲的敬意。

1981年6月底，我结束了在美国一年半的学习回到北京。办好复职手续，领了秋季学期的工作，利用开学前的时间，我们全家回了上海。到了胶州路，我才知道父亲的身体很不好，但他却很兴奋，嘱咐妹妹在他床头放个椅子，要跟我好好谈谈。可惜，我们没谈多久便争执起来。原来父亲要跟我谈他和科学出版社的问题。而我一回国就听到倪诚恩的抱怨。那位仰慕父亲的老编辑可能因为忙，让一位年轻人负责跟父亲联系。两人理念不同有了争执。但最后他还是让父亲翻译他想要译的作品，因为两本都是讲微生物科学家的，其中的《微生物猎人传》就给了科普出版社。但父亲在翻完这本书后拒绝写序，后来他翻译了一部分《微生物学奠基人——巴斯德》，又说他不想翻了。最后，倪诚恩收拾残局。但英语并非他的本行，他得花很多时间和精力找到合适的人帮忙校对和翻译。也许受了倪诚恩的影响，我没有认真听父亲讲述他的不满，反而在他批评编辑不肯签合同时说，这是没有必要，因为我的学妹在那里工作，有她的介绍不会出问题的。没想到父亲勃然大怒，说早知道我是走后门给他找的翻译任务，他决不会接受的。其实，那还真不是我走的后门，甚至可以说是后门自己找上门来的。说老实话，父亲在选书方面还是有他独到的目光和见地的。他对编辑要新书不要几十年前出版的书的看法感到愤怒是有道理的，因为《微生物猎人传》的原作者保罗·德·克鲁伊夫是美国著名的科普作家，这本书虽然是在1926年出版，却是激励过无数对细菌和微生物有兴趣的读者与科学家，至今至少已经印刷了七十版，仍在发行销售，其中两章曾被好莱坞拍成电影，关于黄热病的那一章曾改编成舞台剧，在百老汇演出时大为成功。据说此书被翻译成十八种文字。父亲是第一个中译本的译者。他1982年的译本比2005年妇女儿童出版社出的新译本超前了将近二十五年。

也许父亲对我有所不满，他在回忆录里花了一些篇幅谈他跟出版社编辑的争执。他甚至不提我，说是“北京的朋友”帮他得到这个翻译任务。2014年我拿到他的手稿复印件，看到这一段，又上网去查了克鲁伊夫（正确的译法应该是“克莱夫”，网上说明Kruif的后半部发音跟life一样，现在只能以父亲的译法以讹传讹了）的情况，对父亲的崇敬之心油然而生。也又一次觉得我并不了解父亲，甚至觉得不光家人，恐怕大多数人都不了解他。我们只知道他自学成才，学会了好几种外国语，当编辑卓有成效，但并不知道他的学识有多渊博，不仅懂文史，还具有一定的科学知识。否则他不会想要承担法布尔的《昆虫记》的翻译，也编不出关于飞鸟走禽的连环画，更不可能翻译《微生物猎人传》和《蜜蜂的故事》等科普文学。大家只知道他十五岁去苏州当学徒，其实我们的堂姐说，他不到十五岁就外出学徒了，只不过开始时是在家乡陶堰，族里流传的笑话是他到一个店堂，不是做扫地打杂的苦活，而是跟东家抢着看报纸，结果就被送回家。他父亲把他送到另外一家店堂，他还是犯老毛病。最后，没有办法才被送到苏州。他不仅会做编辑，还会写小说，据祝淳翔先生统计，他在二十五岁以前就已经写了七十多个短篇小说。这一切对一个从童年开始就要养家糊口的贫家子弟是多么的不容易。他的顽强和毅力不是我们常人所能想象的，可惜父亲生不逢时，他的人生可以说是一场悲剧。

细想想，我对父亲的了解似乎都是外人告诉的。1958年，我毕业前夕宣布分配方案那一天接到父亲来信，他成了右派！领导看了信，面无表情地说，你不必去那部里报到了。我不知所措的时候，有一天，我在校园里遇见李赋宁先生，他对我说，第三阅览室里有我父亲写的书，书名是《徒然小说集》，可以去借来看看。没有李先生的指点，我不会知道父亲早年的成就和邹韬奋先生对他的很高评价。可惜我没有向李先生进一步了解父亲的情况。1981年我在纽约见到夏志清先生，他告诉我他哥哥夏济安很喜欢父亲编的《宇宙风》，我不知道怎么回答，因为我从来没有看过这本杂志。90年代末，有一次我跟李赋宁先生坐季羡林先生的汽车从城里开会回来停在季先生家门口，李先生发现金克木先生在楼外散步，就把我介绍给金先生。他们可能以前谈起过我，因为寒暄过后，金先生对我说，他在香港见过我父亲。我觉得很意外就说，是吗？什么时候？金先生很惊讶地看了我一眼，说抗战初期，不过他在那里是呆不下去的。我更奇怪了，就说，为什么？金先生说，香港人都是西装革履的，你父亲穿中式服装，跟那个圈子格格不入的。父亲穿长衫倒是真的，但我还是不大明白。金先生看出我的困惑，从口袋里掏出一个小纸条，对我说，这是我家的电话号码，欢迎你有空来我家。可惜，当时我丈夫生病，我要上课，带研究生，实在忙不过来。另一方面，我家不要攀高枝的教育也使我对大名鼎鼎的金先生望而生畏。等到我终于下定决心去拜访金先生时，东语系的朋友告诉我他不久前去世了。我又一次失去了了解父亲的机会。

父亲跟我的谈话以不欢告终，我为他买食品的努力也没有成功。我一到上海，父亲就抱怨他没有胃口，家里的饭菜不好吃。我问他想吃什么，他说小笼汤包。我就拿了饭锅去附近百乐商场的五芳斋，小时候那里的小笼汤包最为出名。五芳斋还在原来的地方，用粮票还是可以买到汤包的。我高高兴兴地买回家，没想到父亲咬了一口就说味道不对。他说想吃鳝糊面，不知为什么我没有买到。他还想念皮蛋、火腿和糟蛋等等。他想吃的东西多到我忍不住说了一句，你怎么会知道那么多东西？我连糟蛋什么样都不知道。于是，我和诚恩跑遍了静安寺和南京路的所有南货店，却一样都没有买到。最后还是诚恩问他父母要了侨汇券，在华侨商店买到了一块火腿。有一天，我在静安寺卖糕团的鼎新元看到松糕就买了一个回家。没想到父亲一口气吃了大半个，诚恩感慨地说，他不是没有胃口，是家里的饭菜不合他的口味。我跟母亲说，鼎新元离她买菜的地方不远，她是否可以买了菜去那里买些点心给父亲当早饭。没想到母亲一口拒绝，说她买菜就要排队，不想买了菜再去更远的地方排队。母亲的话让我感觉到她跟父亲好像有些隔阂了。她向我抱怨父亲的脾气越来越怪，要求越来越多，而且只要听同情他的话，当医生的堂叔劝他不要老躺在床上，要起来走走，他就不高兴，认为对方漠视他的痛苦。母亲甚至说，她伺候父亲一辈子，现在不想伺候了。平心而论，母亲真的很不容易。她也七十多岁了，古稀之年还要买菜做饭、洗衣服、打扫房间，照顾父亲和一个十岁的外孙女。然而，同情之余，我还是觉得父亲身体确实不好，需要精心照料。我无法两全其美，只好怀着愧疚心情离开上海。

回到北京，父亲来信说他想吃腐皮蒸火腿，吃个痛快，而母亲只肯给他在汤里放两片提味等等。有一次，我建议他们请个小时工帮忙家务，工资由我来付。父亲马上回信说，母亲一辈子节约，不会同意的。母亲也单独来信说，她也愿意有人帮忙，但我们家的破烂情况恐怕连小时工都会看不起，家里的衣服都很破旧，她自己洗还能多穿些时间，别人洗恐怕一洗就破了。这样的信常常使我感到心有余而力不足。幸好，李先生派我去复旦大学审校杨岂深先生主编的三册《美国文学选读》，使我有机会去上海顺道探望他们。1982年初春，我第一次去复旦审稿，回家时父母亲都很高兴，因为我带给他们两条《新文学史料》刊登的消息。丰子恺感谢父亲替他保存画稿那一条使父亲非常激动。老舍对朋友说父亲剥削他的那一条，父亲的反应却出奇地冷静，倒是母亲表示惊讶，认为舒先生不会说这样的话。看了回忆录我才知道，他的淡然是因为他在1963年就看到老舍在解放后出版的《骆驼祥子》的前言后语里已经努力撇清他跟父亲的关系，抹杀父亲在小说出版中的作用。1982年暑假后，我去复旦审稿回家时正赶上母亲为父亲要把《骆驼祥子》手稿送舒家而生气。我觉得父亲对老舍是有感情的，尽管他在抗战时期拒绝为父亲在内地找工作，在1950年不回父亲的信，甚至拿了高达25%的版税还说父亲剥削他。因此，胡絜青的一封“亢德老友”的信让他激动不已，马上回信说，如果《骆驼祥子》手稿发还的话就送给她。我还相信是母亲的反对使他冷静下来，没有再次写信给舒家否认母亲拒绝赠送的信，还对我说了一句意味深长的“你妈妈对世态炎凉人情冷暖看得比我透彻”。

“文革”结束后，父亲的朋友又来我们家。来得最多的是周劭，其次可能是吴铁声，但吴年岁已高，有些糊涂了。有一次他坐着三轮车到了胶州路我家门口时，问车夫为什么把他带到这个地方。车夫吓了一跳，赶快把他送回打车的地方，幸好就是他家，把他交给他家人。1982年我两次回家都没见到他们，但父亲告诉我两个我不认识的去看他的人。一个是郁达夫的儿子郁云。父亲说他想给他爸爸写传记，找认识他的人了解情况收集材料。郁云告诉父亲，王映霞最不喜欢他，因为他长得最像郁达夫。可惜，我没有问父亲他提供了哪些有用的材料。另一个是周作人的儿子周丰一。他告诉父亲老先生在“文革”中去世的经过，父亲向我转述后凄然地说：“跟他相比，我还算是幸运的。”我不知道该说什么，只好问：“你认识周作人和鲁迅两兄弟，你喜欢哪一个？”他毫不犹豫地回答“周作人”，因为“周作人为人宽厚，能容忍不同意见，比较好接近。鲁迅是个了不起的大作家，可他对人要求太苛刻。你可以仰慕他，不过不想接近他”。父亲是个感情内敛的人，这是他第一次在我面前流露了真情，想来他确实把周作人看成知心朋友。

1982年我从上海回北京后收到父亲的信，他告诉我他的生日日期，说他虚岁七十五了。我当时打算在他生日前写信祝贺，不料杂事一多错过了。等我想起来已经过了他的生日，只好赶快写信道歉。其实，大妹发现我忘了，马上买了蛋糕回胶州路，说是我托她买的。可惜我并不知道这个情况，我的道歉信拆穿了她的谎言。然而父亲的回信一字不提那个生日蛋糕，只说他知道我工作很忙，他并不想让我为他做寿。只是想让我知道一些他的情况。这是他给我的最后一封信，也是我一想起来就愧疚万分的信。1983年5月下旬我第三次去复旦审稿，我在星期六下午到家，父亲已经卧床不起，对我的呼唤没有反应。当晚，我们把他送进医院，他一直昏迷不醒。第二天，我在医院呆了半天后去复旦报到，星期一晚上我赶回家时知道父亲已经在早上永远离开我们了。复旦的审稿会结束后，我赶回家参加了追悼会。也许因为当时心情混乱，我以为那是母亲和弟弟组织的，直到最近才知道是上海教育出版社（原新知识出版社跟一些单位组成的新单位）主持的，但我完全不记得他们提供的悼词内容。

父亲去世后，我们都很自责，因为我们没有想到他的病情已经十分严重。那天，我回家，正好哥哥也出差到上海，大弟也从奉贤回家过周末。我们一起坐着聊天，忽视了父亲。是母亲发现他不大对头，让我们赶紧送医院。没有想到医生看了一眼就下病危通知；父亲再也没有恢复知觉。

父亲留给我们两本回忆录。我在很长的时间里不知道这件事。他去世后，我请母亲到北京住一段时间散散心。为了避免她伤心，我基本上不提父亲。她可能由于悲伤没有想到要告诉我关于回忆录的事情。大弟跟父母亲住在一起，所以他是知道的，而且在1983年写关于《骆驼祥子》发表始末那篇文章时就已经引用了。就连母亲在1989年告诉我父亲把《骆驼祥子》纸型免费送给文化生活出版社一事，回忆录里也有提及。不知什么时候，大弟跟一位钦鸿先生谈父亲带着华君武先生去见丰子恺先生，没想到那位先生在1989年的《西安晚报》上发表文章说这是华先生拜丰先生为师，引起华先生的不满。其实，大弟说的话也是来自父亲的回忆录，不过父亲没说是拜师。当年通讯条件不好，我们主要给母亲写信，并不了解各人的情况。我一直不知道有钦鸿文章的事情，哥哥也是无意中看到的，而且过了二十多年才告诉大家。

我是在90年代知道父亲写过回忆录，但不记得是谁告诉我的。我曾问过母亲，她说回忆录就在父亲写字台的抽屉里，我可以去看。可惜因为诚恩身体越来越不好，我出差开会都是来去匆匆，看望母亲的时间都很短暂，一直没有顾得上看一眼。1998年母亲去世，我们几个孩子在上海聚集，办完丧事讨论到父亲的回忆录问题。哥哥说他先拿回家看看。但他没有告诉我他看了以后的想法，我也不知道他什么时候又把回忆录送回上海。2007年，小弟弟陪我们三个姐姐回绍兴寻根，我问他们是否看过回忆录，里面到底讲些什么。他们好像也都没有好好看过。小妹妹说，她翻过几页，看了很难受，没有看下去。小弟说，他可以拿回西安，把全文扫描，再复印给大家。我们觉得这是好办法。然而他很忙，一直说会扫描的，但又一直没有时间。不幸的是他积劳成疾，在2010年去世。半年后，久病不起的大弟也离开了我们。

2013年11月，嘉德拍卖鲁迅和陈独秀给父亲的信震醒了我们。它们是“文革”期间从我家抢走而不归还的物件，它们还是我大弟在1984年5月致上海奉贤县委和区政府的信里所列举的要求发还的一部分。然而，嘉德居然在不通知我们的情况下堂而皇之地公开拍卖！我们觉得我们不应该沉默。

其实，父亲去世后，我们也有困扰和烦恼。最主要的是老舍家人为了得到《骆驼祥子》手稿，先是动员父亲的朋友来游说母亲，此举失败后，他们便利用各种报章杂志说我们家为了金钱把手稿卖掉了。我两度写文章批驳都被母亲拦下来。她说记者们为舒家写文章，但始终不来我们家了解情况，这种不正常现象说明他们掌握舆论，我写了文章也不会有地方发表的，即便发表了也会遭到围攻。与其自取其辱，倒不如既不给手稿也不发声，让舒家无可奈何。

从上个世纪80年代中到2017年的三十多年中，舒乙和舒济不断地在各种报纸杂志上声称我们以高价拍卖《骆驼祥子》手稿。2014年弟妹从小弟的遗物里找到了父亲的回忆录，让我们有根据和勇气写文章对舒家进行反驳，也对嘉德拍卖公司进行披露。

捧读父亲的回忆录，崇敬之心油然而生。我知道他没有上过正规学校，只读过几年私塾，但不知道他十四岁就去苏州当学徒。一个娇生惯养的独生子忽然背井离乡做杂务伺候别人，其中艰辛和心理落差是可以想象的。然而，他以顽强的拼搏精神，不断提高自己，十八岁就发表了第一篇小说，二十一岁跟朋友创办生平第一本杂志《白华》，二十三岁当上《生活》杂志在东北的通讯员，很快当起《生活》杂志的编辑，二十五岁不到已经独当一面，负责《论语》的编辑工作，开始了编辑生涯的辉煌时代。值得一提的是，他没有进过正规学校，但在面对有着傲人学历的朋友或上司面前，他并不自惭形秽。从他回忆林语堂请他抽雪茄一事可以看出他知道林看不起他，但他不卑不亢，用业绩证明自己的才干，使林肯出资跟他合办《宇宙风》。父亲明白林并不信任他，在出国前安排哥哥进入《宇宙风》，其实就是为了监管他，所以在林来信指责他而其兄又故意捣乱时，毅然决然地退出合作以维护自己的尊严。

遗憾的是父亲遭遇乱世，所有他的辉煌成就都不能掩盖他落水的错误。其实1975年我最想问父亲而一直没有问出口的是他在抗日时期的事情。我始终记得母亲告诉我他是文化汉奸时的痛苦表情，觉得不能揭他的伤疤。但我现在十分后悔，因为不久前祝淳翔先生给我一份1946年5月14日《文汇报》第三版刊登的关于父亲在法庭受审的文章。根据报道，他当年经

“地下工作人员朱雯、吴凯声（疑为印刷错误，根据下面文字，应为“吴铁声”——陶注）同意”有条件地“加入伪《中华周报》工作”，他去日本参加1943年的“大东亚文学会议”也是跟“朱雯商酌”三次后决定出席的。然而，他在回忆录里一字不提。为什么？有一件事可以说明他不可能忘记。哥哥说，父亲被捕后，母亲曾经带他去朱雯家，还在他家吃了饭。在回家的路上，母亲说，她本来希望能得到一些钱，可惜没有成功。后来，母亲又去了一次，朱雯确实给了她一些钱，不过马上收到他妻子大骂母亲的信。我觉得母亲敢于两次去朱家要钱，说明她认为朱雯不应该没收父亲和柳雨生先生的书店。20世纪末或21世纪初，有一次在杭州开外国文学会，我遇到了朱先生，我跟他打了招呼，因为他曾来参加父亲的追悼会。不过我觉得他并不想理睬我。我回家告诉母亲时，她讲了一件我们兄弟姐妹都不知道的事情。原来，这位老先生“文革”后来过我们家，并且送了父亲一百元。他在“文革”中因解放前的政治生涯被整得死去活来，于是想起了我父亲。父亲当时对他说：“别人送的钱我不收，你的钱我要收，因为你害了我一辈子。”我没有想到父亲会说这么重的话，看来为朋友所负还是不好受的。那个“别人”其实是他们年轻时代共同的朋友，苏州的朱一荣先生。他每次寄钱来，父亲都让母亲退回，后来朱先生只好寄些苏州的糖果表示心意。不过，我觉得父亲写回忆录时心态有了变化，他认真剖析自己，不提朱雯或吴铁声的影响，也不强调家累，而是承认自己有问题——对日本的好奇心，使他明明知道会进一步陷入错误的泥坑，还是主动接受邀请去日本的。不仅如此，他还承认他不去内地因为怕吃苦，听了茅盾描述旅途的颠簸和惊险，他更下不了去内地的决心。我觉得父亲写回忆录并不想吹嘘自己的成就，而是在回顾过去的同时做深刻的反省。我不知道跟父亲有同样经历的人是否也做过同样的反省。我觉得父亲在晚年能够直面自己的错误，是个真正的勇者。

读了父亲的回忆录，我觉得很对不起他。虽然我们兄弟姐妹从来没有当面指责过他，但至少我心里还是埋怨他，嫌他给我带来麻烦，让我在单位里抬不起头。因为这些怨尤，我对他关心照顾很不够。想起来就很后悔。

然而，我很感谢父亲留下了回忆录，让我们能够了解他的一生成败，他的奋斗精神和雄心壮志，他的做人原则，还有他受到的伤害和折磨。我很高兴当今时代有所变化，大家开始想起他了，愿意对他做出公正的评价。我也庆幸自己能够活到比父亲当年还要大的岁数，终于可以写这篇纪念他的文章了。

我的母亲何家选

陶 洁

人们常说，成功的男人后面必定有个了不起的女人。我父亲不是成功的男人，但他背后确实有个了不起的女人——我的母亲。

要谈母亲，必须先说说她的母亲，我们称为“婆”的外祖母。母亲和父亲结婚后，婆一直跟着她，帮她料理家务，照顾我们这些孩子，是我们家不可或缺的人物。1954年，我到北京去上大学了，有一天，她无意中听见父亲和母亲讨论家里的钱的问题，正好姨妈要生孩子了，婆就主动搬走去跟阿姨住。那时她八十多岁了，还要去适应新的环境，确实是在为我们家做出牺牲。我1957年回家去看望她时，婆的头脑还很清楚，说她希望能活到我赚钱给她用。为了满足她这个愿望，1958年我第一次拿到四十六元工资时马上就寄给她五元。1960年，我去看她，她还认识我，但对我带去的糖果饼干更感兴趣，要我马上放到她床头饼干箱里。1963年，我再去看她，她不认识我，也不认得陪我去的大弟，她最喜欢的孙子。

跟她的同龄人一样，婆也是小脚，真正的三寸金莲。但婆不一样的地方是，她到了七八十岁还是头脑清晰，腰板挺直，精神矍铄，有一种不怒自威的神态。根据小弟的考证，婆跟列宁同年出生，但她比列宁要多活了快半个世纪。她九十岁时在过年前被一个孩子撞倒后脑着地，大家以为她无法过年了，没想到医生说她心肺正常，她也恢复健康，过上了年。婆是在1968年去世的，但之前好几年基本卧床，后来还得了老年痴呆。由于姨妈姨夫要上班，而母亲在街道废品站的工作比较灵活，她常常从胶州路赶到南市姨妈家去伺候她。

在我们家里，父亲忙着看书写文章，母亲忙着洗衣服做家务还要给我们做鞋做衣服，他们似乎都没有时间管我们。于是，教育我们的责任就常常由婆来承担。其实，她不大管我们，只是告诉我们一些规矩，如饭碗不可以放在手掌中间，只有叫花子才用手掌托饭碗，筷子不可以插在饭里面，那是给死人吃的。吃饭时最好只吃门前的菜，不要去拣离你很远的菜，也不要把菜翻来翻去挑喜欢的东西吃。这是没教养的人的吃法。到别人家去做客，不要大声说话，不要乱翻人家的东西，尤其在吃饭时不要光吃自己喜欢的。我记得可能在小学毕业前，婆亲手裁了一条短裤，教我缝起来，告诉我什么地方应该怎么缝。她还教我锁扣眼钉扣子。她说，女孩子应该学会做点针线，以后会有好处的。如果要独立自主，更得会自己照顾自己。我在中西家政课第一件作业是做个针线盒，她兴致盎然地帮我找了一块浅蓝色的零头绸布。在她的帮助下，我做的那个鸡心形针线盒还受到老师的表扬。不过婆也有不加管教的地方，比如我的乱放东西。婆不识字，但常常晚上陪着我做功课。我喜欢看小说，放学回家总是先看小说再做功课，结果常常做到很晚，婆就叫我去睡觉，她给我收拾书包。有时候，她漏掉一样，我回家还要抱怨。我至今不大会收拾整理东西，可能就是她娇惯的结果。

婆教我们唱儿歌："阿嚏一个秋，皇帝叫我做女婿，路远迢迢我不去，走过三个大炮台，吃鱼吃肉来不及，想想还是去。”歌词幽默风趣，但只能用绍兴话唱的。她教我们背爷爷奶奶在绍兴的地址，告诉我们那是风水很好的地方，前面开门出去是走乌篷船的河，后门望出去是一片青山。她说那里蛇很多，但是家蛇是不能杀的，它是保佑这个家的。然而她讲过一件事让我怀疑这一点。在绍兴话里“蛇”和“茶”发音一样，有一天，做母亲的听见孩子不断地说这个音，她起床给儿子倒了杯茶，没想到儿子脖子上缠着一条蛇，妈妈慌了，用掉在地上砸碎了的茶杯片去刮那蛇，结果把孩子活活缠死了。外婆给我们讲鬼故事，尤其是吊死鬼的故事，常常让我们胆战心惊。外婆还告诉我，外公曾在张作霖的军法处工作，他常常下不了决心执行死刑。他会一夜无眠，在办公室里来回踱步。外婆说，把人绞死后要踢一脚，让犯人放屁，否则他会活过来的。这个说法曾经引起我无数幻想，犯人醒过来了，外公只好判他无罪，犯人逃走了，引起轩然大波……

现在想起来，我的宗教教育有点意思，我在学校里接受上帝造人、人有原罪的基督教教育，在家里为婆祭祖宗的黄纸念阿弥陀佛。我大概只认识“上中下”几个字的时候就陪婆去静安寺庙里求签，她为什么求签，我不知道，我只负责在她从签筒里摇出一根签时替她看上面的字。如果是上上签，她就很高兴，不过这种时候好像不多。如果是下下签，她就要重新跪拜磕头，再摇一次签筒。我有时想，菩萨原来也可以讨价还价的。不过，婆确实不是虔诚的佛教徒。她有时候吃素，好像是为某个人或某件事，具体是什么，我并不了解。但她似乎更享受每天晚饭时的半杯绍兴酒。

婆是个了不起的烹饪家，她每年要祭几次祖宗，多半跟端午节、中秋节和年夜饭结合在一起的。每次好像都起码要有八九样菜。她做的水笋炖肉、黄鱼鲞炖肉、炒什件、八宝素什锦、白斩鸡，当然还有绍兴人爱吃的梅干菜蒸肉、糟鸡等等，现在想起来还是回味无穷。她还会做各种咸菜，腌雪里红和芥菜（刚腌好时是我们放学回家的美味零食）、酱茄子、酱黄豆、酱豆腐干等等。我还看到她不知怎么一来让整板豆腐长出绿色的长毛，又让这样的豆腐变成鲜美无比的腐乳。跟婆相比，母亲的烹饪手艺实在不怎么样，印证了人们常说的，母亲擅长的手艺，女儿多半学不好。

婆还是我们孩子的最高仲裁。小时候，我们没什么零食，偶尔会有一包碎饼干（好像常常是我去买的，因为我读的市一女中离沙利文面包厂比较近）。碎饼干比较便宜，但各种味道都有，对我们来说更加好吃。婆总是负责分饼干的，她分好后，我们每人拿一堆，不许挑三选四。夏天，她能够把西瓜切得一样大小，让我们不会争夺某一块。我们家孩子多，但为吃食争吵打架的事情好像从来没有发生过。这方面，婆功不可没。

不过，我对婆最大的意见是她偏心眼，重男轻女。哥哥过十岁生日的那一天，婆做了很多好吃的东西给他祭天地，两支又长又粗的红蜡烛点了几乎整整一天。我很兴奋，盼望我十岁生日那天也有此殊荣。结果，那一天什么动静都没有，我很奇怪，问婆怎么不给我祭天地了，婆说，只有男孩才做十岁大生日的，女孩用不着。我大为愤怒，觉得婆太不公平了。于是，我晚上洗碗时拒绝洗哥哥的碗筷，理由是他也有手，为什么不能洗？好像后来他的碗筷都是婆洗的。

其实婆宠爱哥哥是有她的道理的。她一生生了七个孩子，都是女儿。当年医疗条件不好，她说有的都十七八岁了还是不幸夭折。只有两个孩子活了下来——我们的母亲老五和姨妈老六。在婆的时代，一个女人不能给丈夫生个儿子以继承香火，她就有责任给丈夫娶妾。可婆很聪明，她找来一个得过天花而满脸麻子的女人，外公一看就拒绝了。婆就说，我给你找了，你不要，那就算了。每次她给我讲这个故事，我就觉得她真了不起。她虽然很遗憾，因为没有儿子而不得不跟女儿女婿一起生活，但她在我们家绝对没有寄人篱下的自卑。她不让我们叫她外婆，对那个“外”字很反感，因为她不是外人，是我们家的一分子。她对家里的事情总要发表看法，以至父亲称她为“贾母式的人物”。我认为，在我家发生变故的时候，婆对母亲的帮助起了很大的作用。而且母亲跟婆一样外柔内刚，处变不惊。

婆告诉过我母亲与父亲相识过程。九一八事变后，外公受惊一病不起，婆带着两个女儿扶柩返回绍兴，在此期间，有人给母亲做媒。他们的第一次见面很有意思，婆除了告诉母亲媒人的介绍外，还安排了一个不能说话的场面：父亲坐在一张桌子后面，面对敞开的房门，母亲仿佛无意走过那扇开着的门，看见了父亲。就是那短暂的一瞥决定了他们的一辈子。我问过母亲这是不是真的，她说是，然后加了一句，没有想到他站起来那么矮。看来，除了身高，母亲对父亲是满意的。

母亲有两个名字，解放前她叫陶何家选，解放后她叫何曼青。母亲告诉我“家选”是她父亲起的名字，她是外公最喜欢的女儿。外公说这名字是有深意的，虽然“家”是她那一辈的排行，但“何家选”可以理解为“哪家男子会选她”，也可以是，“何家是一定选她的”。婆口里的外公有点软弱，但给母亲起名字的故事让我觉得外公其实很聪明。然而，母亲从来没有提起她另外一个名字是怎么来的。妹妹说她也曾想写小说，甚至写了一篇，让父亲看。没想到父亲看了大摇其头，从而扼杀了母亲当作家的念头。因此，这名字可能是她自己起的。但父亲1933年初出版的《徒然小说集》的代跋《给青》，可以看出她那时候就有了“曼青”这个名字。所以这也可能是父亲给她起的。这个名字和这篇文章也许可以说明母亲和父亲当年是很欣赏彼此的才华的。

母亲确实很有才气。我不能说她琴棋书画样样精通，然而我知道她会吹箫弄笛，因为小时候我看到家里一个大花瓶里插着几管像笛子那样的东西，顶部边缘有个小缺口。母亲告诉我那叫箫。笛子是横着吹，而箫是竖着吹的。我从来没看见她吹过箫，大妹说母亲教过她，但她因为吹不出音调而放弃了。小妹妹听到过，那是在父亲被送去安徽劳教以后，母亲一个人在亭子间吹的，当时家里只有母亲和十三岁的小妹妹以及十岁的小弟弟。她还看到过母亲在亭子间流泪的情景。然而，母亲也是很刚强的，她告诉我父亲被劳教和问我能否在北大找间房子让她到北京居住的信都写得很平静，没有任何悲天悯人或祈求同情的字眼。

钱瑗曾告诉我，她的父母亲在各自的房间里互相背诗，一人说了上句，另一人就接下句，我觉得钱锺书和杨绛真不愧为大学者。没想到我告诉大妹时，她说，这有什么了不起，母亲在大厨房做饭时跟楼下蔡师母就经常这样对诗词的。细一想，她说的有道理。我们小时候会背的很多诗词都是母亲教的，她完全凭记忆，而且是用不同的吟唱方式教《木兰辞》和《长恨歌》。可惜，母亲因为家务太多，常常教了一部分就不教了，结果我《长恨歌》与《琵琶行》都只记得一半左右，虽然自己后来把这些诗词也读了，但记忆效果并不好。

母亲会唱一些在我看来很老的歌曲，如《满江红》和《苏武牧羊》，她还会唱京戏，既能唱《苏三起解》也会唱《空城计》。奇怪的是，她从来不教我们唱，常常是在洗衣服、擦桌椅家具或做衣服时轻声低唱自娱自乐。听得多了，我就多少记得那些歌词或唱词，有些甚至只知道发音，要长大后才忽然醒悟那是什么词。两年前，我一个爱好地方戏曲的朋友发我一段豫剧视频。我一看就说，我母亲会唱。她不相信，我马上把小时候听熟的歌词告诉她："亲家母，你请坐，细听我来说，你的那个女儿实在不会做，一双绣花鞋，绣了半年多，你说她会做还是不会做?"我朋友回信说，这确实是豫剧。我们家从来没有收音机，估计这些歌和戏曲还是母亲在东北时代学会的。

母亲对我们孩子的最大帮助是培养了我们的阅读习惯。我成长的年代里，我们家可能什么都缺就是不缺书。二楼到三楼拐弯处摞着三个半人高的大木箱，起码两个都放着书。父母的房间有个顶天立地的大书架，上面的书多半是外文的。他们大床和那突出的内墙之间有个拉门的书柜，摆满了书，床对面靠北窗的地方以前也有个书架，很多中文书，里面就有我喜欢的那套《中国新文学大系》，西边墙角有个瘦瘦高高的柜子，下面好像是抽屉，上面有两扇小门，里面也是书，最重要的是放在后排母亲最喜欢而且经常翻阅的三本书——狄更斯的《块肉余生记》(林纾的译本，现在叫《大卫·科波菲尔》)、霍桑的《红字》和米切尔的《飘》(傅东华翻译)。现在想来，母亲喜欢这三本书是有她的道理的。三本书都描写主人公如何在逆境中顽强拼搏，后两本更是描写女人的命运。母亲一生挫折很多。虽然她是外公最喜爱的孩子，虽然外公还算开明，能够在民国初期的东北送女儿们上新式学校读书，虽然她学得很好（据她自己说，她跟张作霖的女儿是同学，但学得比张女要好），但到了初中，外公说，女孩子最后还是要嫁人的，你学的够多了，不用上学了。也许不想埋怨父亲，她始终没有告诉我她是否读完初中。她跟父亲结婚时，父亲的事业正如日中天，她有过开心的日子，在《宇宙风》最为畅销的日子，很得意地想出了一个无人能提供完美下联的绝对："《宇宙风》风行宇宙"。可惜，不到十年，好日子就走到了尽头。从此我们家厄运连连，变故不断。母亲无处诉苦，只能到书本里寻找安慰。她一定羡慕大卫能够苦尽甘来，佩服郝思嘉相信明天一定会美好的乐观精神，赞赏海丝特受尽屈辱仍然坚忍不拔、自尊自爱的精神。"文革"抄家时，这三本书作为黄色读物跟父亲珍藏一生的名家手稿和书信一起被没收了。1979年11月我到美国，马上给已经到香港投奔父母的好朋友写信，请她买本《飘》寄给我母亲，没想到母亲收到后给我写信，叫我不要再为她买其他两本，因为她"没有心思"看了。生活的磨难最终让母亲明白虚构和现实完全是两回事。

对于我们的学业，父亲不闻不问，一切由母亲负责。但她并没有逼着我们一定要拿一百分。即便我英语几乎一年没有及格，她也没有为我请家教或不断责骂。她对我们能学好的信心确实让我们最后都学得很好，我和哥哥小学毕业时都进入前三名。从大弟开始，时局的变化使母亲无法送他们读教会学校了，但他们还是上了当时我家附近最好的公立小学，都是好学生。我认为我们学习好跟课外阅读多有很大的关系。我们家没有收音机，不大看电影，除了在弄堂里跳绳造房子等游戏外，我们唯一的消遣就是看书。这方面父母更是没有什么管束。我不记得看过什么《小学生》或《儿童时代》等杂志，也没有背过什么《三字经》或《千字文》，也许母亲像教唐诗那样教过几句，因为我会背到“苟不教，性乃迁”(当时还把“苟”误以为是“狗”)。我印象深刻的儿童读物，最主要的是一套我们兄弟姐妹都爱看的《人猿泰山》，还有什么《孤儿流浪记》《苦女奋斗记》……记得我们很爱看的书里还有《表》和《爱的教育》。至于中国作家，书箱里有的是他们的作品，我们可以随便看，只有一本书，母亲不许我看，那便是《红楼梦》。我偷看了，不喜欢，也不明白有什么地方是我不能看的。关于禁书，我们孩子跟母亲有过一场斗智斗勇，结果是我们大获全胜。哥哥上中学了，读的是圣约翰大学附属的青年中学，必须住校，因此有了零用钱，也有了逛街的自由。于是他发现租书的摊子和家里没有的武侠小说。他租着看，也在周末带回来给弟妹们看。母亲发现后大怒，常常把书撕掉或扔到垃圾箱。我们则到处藏，床底下，书架后面的夹缝，甚至米缸下面，但总让母亲发现。终于有一天，母亲决定要看看它们到底是什么样的书，没想到她也入迷了。从此，这类俗文学就对我们开放了。我看过《鹰爪王》《蜀山剑侠传》《三侠五义》等武侠小说，也看过《孟丽君》《天雨花》和张恨水的许多小说，当然还有《包公案》《济公传》等等。看书看得我们家六个孩子有五个成了近视眼，但也扩大了我们的眼界，丰富了我们的知识。至今看书仍然是我唯一的嗜好，也是我兄妹的爱好。这是母亲留给我们相伴一生的精神遗产。

母亲跟外婆一样，她们经历的不好的事情一定不会让儿女去经受，她们认为好的事情则想尽办法帮孩子们实现。外婆深受小脚之苦，坚决不给女儿们缠脚，虽然在她们出生的年代，东北女孩缠脚是普通而又普遍的事情。外婆结婚后还没有去东北跟外公会合时在婆家居住，要为小叔子小姑子们绣很多东西，费神费眼力，劳累不堪。她教母亲裁剪缝纫，就是不教她绣花。我上初中时，由于同学们都流行绣花，我也绣了一个枕头套。外婆说会绣花的人要把一根绣花线分成四根的，配色也要很讲究的。她看不上我的绣工，但她始终没有指点我。看来她并不认为这是女孩需要学会的手工。

母亲一生最大的遗憾是被迫中途退学，因此她对我们的教育有过精心策划。我和哥哥出生后她就为我们存教育基金，可惜世事难料，存款变得一文不值。她在我进中西女中时对我说的关于燕京大学和哈佛女校那些话，说明她对我期望很高。我高中毕业时，虽然她希望我找个工作挣钱贴补家用，但听说国家要求高中毕业生都考大学时她还是很高兴的，尽管家庭有困难的人还是可以不去考大学的。她希望我在上海就近入学，可以节省些钱；但我考上了北大，她马上为我筹备行装，亲自用手为我缝制了一件外套。说实话，我进北大时没有想过它跟燕京大学的关系，当然更不会想出国的事情。然而，1980年5月，我和同事从纽约去波士顿，走在哈佛校园里，想起母亲的心愿和我们家几十年里的沉浮起落，心里的感慨不是用言语可以描述的。母亲对我进北大还是很高兴的。她给我讲过一个关于我小学校长大叶先生的小故事。我上北大后，母亲有一次在街上遇到她，大叶先生还记得母亲，问她我在哪里，然后恭喜母亲我考上北大。过了几年她们又在街上相遇，大叶先生问母亲我在哪里工作，母亲说我留校了。从此，大叶先生看到母亲一定会走下三轮车，跟母亲聊几句。母亲好像是在“文革”以后告诉我的，我相信她们的相遇对身处逆境的母亲一定有所安慰。可惜的是，大叶先生的严厉对我影响太深，我一直没敢去看她。

母亲是一个非常理性而又有自己见解的人。我记得她有一次对我说，天下没有真正的爱情，徐志摩和陆小曼爱得死去活来，可结婚后不还是吵得天翻地覆。我当时可能在看徐志摩的诗歌，但并不知道他的恋爱故事，也不懂什么是爱情，当然更不明白母亲为什么没头没脑地跟我说这样的话。很多年后，我结了婚，有了孩子，丈夫经常生病，拿一半的工资，女儿也身体不好，日子过得很不如意。有一天，不知怎么想起母亲曾经说过的话，忽然醒悟她当年是在对我说婚姻生活和做人的大道理。只有虚幻的爱情是无法面对现实生活中柴米油盐等具体问题的。

母亲和父亲没有浪漫的爱情，但他们风雨同舟在一起生活了半个世纪。跟天下所有的夫妻一样，他们有矛盾，也有争吵。我看到过他们在饭桌上各不相让的争执，大妹记得小时候母亲曾给她穿好衣服要带她离家出走，不知为什么后来没有走。大弟曾说，他的名字——陶融——跟孔融无关，他是父母亲吵架又和好的结果，“融”是取自“融洽”（但我记得母亲有一次抱怨说，陶明不明，陶融不让梨。恐怕两种含义兼而有之）。小妹妹曾经在父亲写字台的抽屉里发现母亲给当年在日本的父亲的信，提醒他要洁身自好，不要随便找女人，父亲把信带回国还收藏起来，说明他还是把母亲的话放在心里的。婆说过苏青要勾引父亲，她在小说里也有所表现，但是他们之间没有任何暧昧关系，说明父亲对母亲忠诚如一。

从家庭背景和受教育程度来看，母亲肯定比父亲优越。她父亲在张作霖的军法处工作，他父亲不过是个小地方的小店员；她上过中学，他只读过几年私塾。然而，母亲还是选择了父亲，这说明她有过人的见识，看重的不是外在的东西，而是父亲的学识和为人。他们结婚后，母亲确实过了几年幸福的日子，可惜好景不长，大半辈子是在贫困和忧虑中度过的，所有的灾难都是父亲带给她的。但她不离不弃，还在孩子们面前维护他。抗战胜利后，我们都不知道父亲被捕入狱了。1954年她告诉我时还要我记住，父亲是为了让我们活命才犯错误的。即便在当年，她面对灾难表现了不一般的胆识。她知道朱雯作为重庆来的接收大员跟父亲的被捕有很大关系，认为朱雯做得不对，就带着刚十岁的哥哥去朱家，一无所得以后，她独自一人再次去他家，终于拿到一些钱。尽管朱夫人马上来信责骂，母亲并不在意，为家人儿女争取生活费用才是最重要的。当时她还收到了周作人先生打听父亲情况的来信，母亲回信，平和得体，虽报告她不知道父亲的下落，提到上海“百物高涨，生活日艰”，但丝毫没有流露悲切以祈求同情，甚至告诉老先生他的版税仍“由柳保存”，请他“示之办法为祷”。

解放初，父亲失业，但也许正是因为他在家，日子好像过得很快乐。母亲响应政府号召，参加扫盲运动，可能是去我们后面的棚户区办识字班。她得到一点报酬，替我买了双雨鞋，还说了一句让我印象深刻的话：“女人应该自己赚钱。那就不用为了钱看男人的脸色了。”扫盲运动结束时，教识字的老师可以留下来分配别的工作。母亲好像想要工作，我听见她告诉父亲，据说里弄要办食堂，父亲回答，那就好。然而，里弄没有开办食堂，母亲也就没有再出去工作。1951年1月，父亲给周作人先生写信，描述了自己为了又要喝酒又要买书时跟

第 頁

作人先生台鑒：航函敬悉，承蒙
關懷，心感之至。外子被累已近兩月，不特真相如
何不得而知，即所在地址亦難探悉，卑衣被等
物已由前途飭人前來取去，弃走無從，惟靜
待處理而已。沪尚安靜，但百物高漲，生活日艱，人
心未免不安耳。尚此奉復，敬請
台安
陶何家選謹啟 十一月廿一日
再，九月中致柳君大函，甫於日前收到，版稅現由柳保存，乞
示知办法為禱。

中華民國 年 月 日

1945年11月21日陶亢德夫人何家选致周作人信

啟明先生：外子亢德以汪伪時期罪
行，已由組織予以行政处分，於九月廿
七日送往勞动教養。此番得免刑事
法办，实蒙党及政府萬分寬大，至於
今后前途如何，在渠个人爭取，如在勞
动中洗心革面，認真改造，一有表現，
政府当能鑒察，自不难重有光明
前途也。过去忝列交末，用敢奉聞。
敬請
撰安
陶何家選謹啟 十月二日

1958年10月2日陶亢德夫人何家选致周作人信

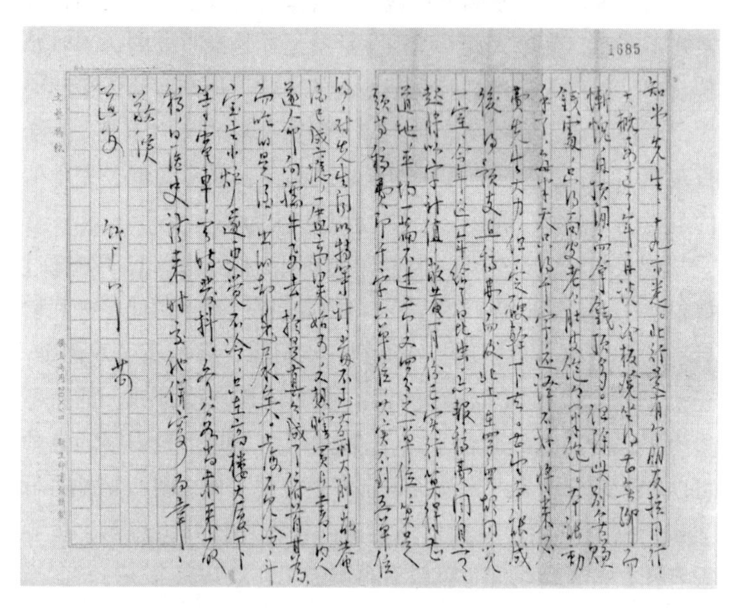

1951年1月25日陶亢德致周作人信

母亲的对话，幽默风趣，说明他们两人颇能苦中作乐，并非百事哀的贫贱夫妻。1954年，我就是在这样祥和的气氛中去北京上大学。

不管父亲如何谨言慎行，他还是没能躲过1957年的反右斗争。1958年他被补划为右派，并且在中秋节那天从单位直接送往安徽农场劳教。母亲给我的信，简单明了，没有感情，也没有评论，只问我，家里没钱了，怎么办？也许因为她发现我在信的抬头去掉了对父亲的称呼，她不再提起父亲，也没有给我父亲在安徽的地址。1960年暑假，我终于有空回上海了。此前，我请回上海的老同学去看母亲，他们回来都说她很平静，家里也很整齐干净，都叫我不必担心。我回家发现一切正如同学们所说，母亲镇静自若，大弟大妹有了工作，小弟小妹正常上学。正好哥哥带着嫂子和两岁的侄子出差来上海，母亲凌晨出发，排队买菜，一心招待我们，大弟从奉贤赶回来，大妹也从远郊区回到家。我相信我们都想起父亲，但我们都感情内敛，没有提起他。我很感谢母亲没有对我们讲父亲，因为我当时真的不知道应该怎样看待他。一方面，我认为单位领导和组织不会有错，另一方面我又很难想象父亲会反党反社会主义。最后，我们拍了一张没有父亲的全家福。小妹妹说，父亲终于回家后，感谢母亲为他保留了一个完整的家。我认为，我们大家都要感谢她。当年多少夫妻因为一顶右派帽子而离婚甚至家破人亡，但母亲忍辱负重，照顾我们所有人的心情，唯独没有向我们吐露她的感受，艰难地维护了一个完整的家。

1963年我回上海时，父亲已经因为无法在上海报上户口而去了西安哥哥家。母亲告诉我，为了给父亲送些食品，她在1961年去过安徽父亲的农场，在火车上遇到一件十分惊险的事情。她为了怕人偷她的包裹一直不敢睡觉，后来累得不行睡着了。火车停站时的震动把她惊醒了，她抬头一看，包裹不见了。一位旅客告诉她，有个人拿了，刚下车，母亲马上赶下车，远远看见那个人，她大声喊叫，那人居然就站停了，她把包夺回来，警察马上抓住那个人。母亲认为那个人不是真的小偷，她说，都是饿的。因为这些话，我以为这事发生在她去安徽的途中，她守护的是她给父亲带的食品。看了父亲的回忆录，我才知道这是在回家的火车上，她保护的是监管父亲的大队长要她到上海去修的劳力士手表。关于这位大队长，母亲讲的跟父亲的回忆录不完全一样。她说，这位队长老叹气，说他有三个儿子，长得快，他家因为孩子总是缺布票。母亲问他有什么需要，他说他的儿子们没有冬天穿的卫生衫裤（现在叫保暖内衣）。母亲答应给他们每人一套。回上海后，母亲到处问人借布票，满足了他的要求。我想，母亲这么做是希望父亲在劳改农场的日子能过得好一些。

母亲很了解父亲的内心痛苦。她告诉过我一件事。“文革”后期，有一天，父亲又要去派出所汇报思想接受训话。不记得是我女儿还是哥哥的女儿跟踪而去，想知道他要到什么地方。半路中，她听到一个路人对另一个人说的话：“这个人从前很了不起的。你看看他现在成了什么样！”孩子听了莫名其妙，马上回家问母亲这话什么意思。母亲无法回答，只告诉孩子不要到外面去乱讲。母亲对我说，小孩子都听得一清二楚，你爸当然也听见了。他是个很自负的人。心里一定很难受的。然而，在当年的形势下，我们又能做什么呢？

1983年父亲去世后，我请母亲到北京小住。为了避免伤心，我没有提起父亲。当时，正好有位我在美国认识的华人给我写信，告诉我他父母搬回北京，希望我有空去看看他们。我告诉母亲，那位老先生也是东北人（我忘了他的名字，只记得他姓孙）。母亲一听就说她认识他，他们当年是同学。于是我带了母亲去看望孙先生，他们谈得很高兴，多半回忆从前认识的人。母亲回来后仍然很兴奋，告诉我当年有很多人追求她。我问，有这位孙先生吗？她说有，不过这个人是个大少爷，公子哥儿，跟他没有多少来往。不知为什么，母亲谈当年追求他的人时，我心里不大舒服，但听了母亲对孙先生的评价，又觉得母亲看人很有眼光，那位老先生确实不能跟父亲相比。母亲离开北京去西安哥哥家前又去看了孙先生，我因为有课，没有陪她去，她回来后没有说什么，倒是给我们看公共汽车上一个年轻人送她的一颗大苹果。

1987年，倪诚恩去德国访学，我又把母亲接到北京，跟上次一样，她离开北京又去了西安，小弟弟那时候也在西安，已经成家。离开北京前，我去科学院的福利楼买了两个著名的苹果派，让她带给哥哥和弟弟。没想到，她要我再买一个，我很奇怪，因为这东西在当年以我的收入来看并不便宜。她说她要送给小弟的岳父母。母亲很少开口要东西，我就又买了一个，她高高兴兴地离开了北京。后来听说，小弟那个当教授的岳父以为我们的母亲只是个家庭妇女。

其实，母亲还真不是普通的家庭妇女，从她对《骆驼祥子》手稿所抱的态度可以看出她有见识也有魄力。她对来做说客的周劭明确表示，如果不是父亲喜欢，她会一把火烧了它。她告诉我们兄弟姐妹，决不把手稿给舒家。但在舒家到处写文章声称我们已经拍卖手稿并取得巨额钱财，而我想写文章反驳时，她十分冷静地告诉我，舒家发表了那么多的文章，居然没有一个作者来跟我们家核对事实，这是很不正常的事情，说明他们掌握了舆论工具。我如果写了也是没有地方发表的，因此不要自取其辱了。2017年，我披露真相的文章终于见报，但离母亲对我说这番话的1989年已经过了将近三十年。回首往事，不能不说，母亲对社会和政治的了解要比我深刻得多。

90年代中期，母亲来信表示她还想来北京。可惜当时诚恩病情加重，希望有个安静的环境，我只好婉言拒绝，没有想到她走在诚恩的前面。我永远没有机会满足她的要求了。

母亲一辈子都为父亲，为我们的家操劳，没有机会发挥她的才华。她不但教育我们，还在我们困难时帮助我们照顾教育子女，使她的第二第三代都事业有成。然而，我们很少想到她的需求和愿望，也没有很好地了解她。她两次来北京，我都没有抓紧机会跟她好好谈谈。对我来说，这是无法弥补的遗憾。这就是为什么我认为有必要在纪念父亲时也写一篇关于母亲的文章。

记忆里的爸爸妈妈

陶　泠

小时候，外婆负责我们的生活起居。白天上学，爸还在睡觉，很少有和爸接触交流的机会，常见的就是爸伏案写作的背影，衣衫不整地和客人谈笑风生，临别送客到楼梯口的模样。全家聚在一起吃晚饭时，他面前的一本书、一杯酒……在孩子面前不苟言笑的爸，看来就是一位严肃的长辈。但我从不怕他，吃饭时我会不识大体，伸长筷子去夹他面前我爱吃的菜。在他与友人高谈阔论时，会不顾外婆和妈的轻声阻挠，闯进房间到处翻我要的书籍，有时还会在一个方沙发上赖一会。会听他吩咐去买酒、买烟、寄邮件、拿稿费，偶尔要些零花钱。不爱听的话，会和他顶嘴。在楼梯口没大没小地叫×××来了……但爸从不对我们发脾气，从小到大没有打骂过我们，也没有要求、教训我们什么。因不交作业，图画要补考，数学经常得满分，爸都无动于衷，一如往常，既不责骂，也不称赞，对我们的教育是放任自流。那时候，很少观察爸，没留下什么特殊印象，只觉得他很辛苦，没日没夜地靠着一支笔，在为我们全家十一口人谋生存的一位父亲，作文中我就是这样记叙的。

1958年中秋，爸被补成右派，送安徽劳教。当时我念高三，周六回家见妈一人躺在床上流泪。爸妈从没正式告诉过在家的四个子女，他被补成右派（二哥因此不知，还受过团纪处分）。我们历来不问大人的事，可父亲工资被减，家里被迫压缩日常开支、退房、卖掉没处藏放的五百多斤书籍……发生在身边的这些不争之事，即使我再不问政治，不管家事，再糊涂麻木，也知道不会是什么好事。问妈没回应，我直接打开爸专用的写字台中间大抽屉，翻到了两封信，是妈预感大事不妙时写给在外地工作的大哥和姐姐的，又在妈的叙述中，才得知就里。

1962年上半年，我在单位派去的工农师大学习时，收到妈来信告知爸已返沪。学校在四平路，我特意转车去食品公司买了他爱吃的绿豆糕回家。我们兄弟姐妹年轻时，情绪内敛，悲喜不形于色，对感情既敏感，又麻木。久别重逢，有欣喜，有激动，见面却还是淡淡地普通得就像他出差回来一样。安慰无须语言，有意无意中我没问，他也没说在安徽劳教时的情景，直到他去世，断断续续看了他写的回忆录，在安徽，在里弄，所受之凌辱惨不忍睹，令人心酸不已。

1966年“文革”，我工作的单位来抄家，二哥说：“按政策吴泾化工厂与爸无关。”可欲加之罪，何患无辞，谈何政策？他58年被补划为右派，后发配安徽劳教，65年返沪定居，追加一项历史反革命罪名，又按何政策？这次抄家堪比历史上任何王朝的抄家高明——发动群众，不留任何字据，以杜绝后患。

直至80年代中期落实政策，甚至直到2013年底嘉德公司以近千万价值拍卖了鲁迅、陈独秀给陶亢德的信之后，才知道除此两信外，抄家还让爸失去了和至交周作人先生上百封信件，失去了珍藏多年的《骆驼祥子》手稿和许多文史资料，他该是何等痛心疾首，难以忍受！

他在回忆录里写过上述之事，但从没埋怨过我，也从没为此事在我面前说过吴泾化工厂一个“不”字。在子女面前他绝口不提这二十年的遭遇，因为他洞察世事，大智若愚，在严肃的外表下，有一颗理解与爱护子女的心。我们从小听惯的“小人不要管大人的事”，就是为了保护我们不受世事干扰。

1966年初我在厂教育科工作，又在业余工大继续学习，不知怎的我突然有了学英语的念头。周六回家问爸如何学，他马上给了我本英文书*The Story of Doctor Dolittle*（Hugh Lofting著），又给了我一本字典，轻描淡写地说：“你就看这本书，单词不识查字典，用不着背，查过几次自然就记住了。语法嘛不用管，只要看得下去就行了！”接下来一句：“作者要是按主、谓、宾写文章，那永远写不出好作品。”他说得非常简单，我也觉得有道理。小时候我们兄弟姐妹看书历来如此，凡喜欢的从不管是否合适，拿来就看，不识的字跳过去，意会就行。我喜欢的四本一套《人猿泰山》《济公活佛》……好多好多都是这样看完的。这书写了一位善良的医生和一群灵敏而可爱的小动物的故事，很有趣。靠着字典，按照意思，一句一句地猜，糊里糊涂，半蒙半啃，兴趣盎然地看了大半本，当然其中难的、复杂的、实在猜不出的语句，如我在书上注释的复合句以及如何译成优美流利的语句，都是周末回家爸教的。“文革”突然到来，中断了这个我很喜欢的学习。

“文革”至今的几十年，风雨人生，命运让我当了一辈子数学教师，这事也早已忘怀。2014年秋大哥回沪，我们兄妹四人回胶州路看老宅，在书堆里，妹妹找了几本准备拿回去给外孙看，其中有一本封面极熟悉，我脱口而出：“这是爸教我的书，里面还有我的注释。”顺手打开，大吃一惊。首页上，熟悉的纯蓝墨水钢笔字写着：“此书有俄文节译本，并改编为儿童阅读的插画本，可见内容是好的。至于英文，是道地的英文，也相当浅，宜于你阅读。此作者另有一作品，我有。”这是他写给我的谆谆勉励之言，是在提醒我：你应该继续学下去。可他从没和我讲过这意思，我也从没看到过这些话。

他对学外文是非常重视的，在《亦报》上曾发表《勉舍弟读外国文》。他不在乎我们考得如何，得多少分。他认为一个考得不坏的小学生，到了成家立业时，十有八九至多是个“百无一用的书生”。他希望我们有真才实学。1978至1981年我在胶州路暂住期间，闲谈中他要我管好儿子，常说：“不论什么国家，什么制度，什么社会，都需要有知识的人。”我总会

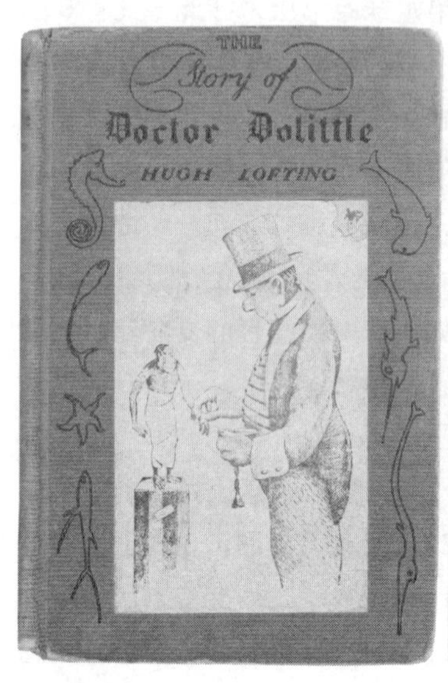

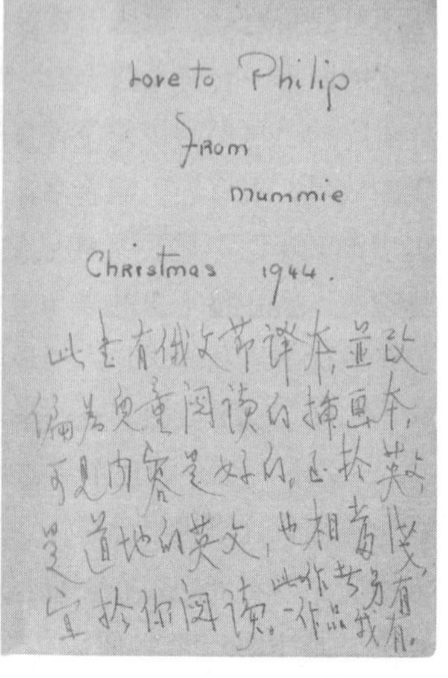

陶亢德赠给女儿陶泠的书

半开玩笑地接一句："知识就是力量！"他还语重心长，颇有远见地说："你们的子女绝不会像你们这样，他们面临的将是竞争。"话不多，却表明了对我安于现状、不求上进的不满，更睿智地预示了社会的演变与发展，历史证实了他的远见卓识。这就是挟执着与淡泊于一身的爸，对求知的坚韧，对子女有期望，但绝不强求，绝对平等、体贴、尊重，从不讲究父道尊严。

爸学识渊博，知识面极广，阅读是他终生的爱好和精神寄托。外婆说过一件很有趣的事，他首次当学徒，没两天就被辞退，因为只要报纸一到，他立马放下手中活计，要抢在老板前去看报纸。在胶州路时，我每周回家都要带几本书给他，有杂志和史书。印象最深的是他要看二十四史，我就按着图书馆顺序拿，有的史书卷数多，一次拿不了，有的卷数少一次可拿两套。可能是他以前看过，也可能因为他文学功底好，看得极快，借阅完似乎也只是几个月的事。

他不太看小说，但喜欢其中所描述的人物性格，喜欢《静静的顿河》中的葛利高里；喜欢《第四十一》中的白俄军官和红军女战士，1957年反右前夕，《第四十一》刚在报上长篇连载结束，他马上写了赞扬的评论文章，头天《新民晚报》登出，第二天就遭到林放的批评。

他看书虽快，但相当仔细，有疑义会顺手扯个小纸条，写上几个字夹在中间。他看过的1979年出版的《辞海》中，至今还有数张又黄又脆的小纸条，如14页中插有"二十四孝"；18页中插有"诗品，应列举"；29页中插有"宋之陆九龄九渊"；351页有"何口略也，文狱"；1660页有"兄弟阋墙"；3234页有"中央研究院，中学为体"……他是一个极好的编辑，能从中看出不足，错误……在读书、做学问上极其认真，追求完美。

爸傲气，上班时和某位人事干部同乘一辆公交车，他无事从不与他打招呼。他也有天真的一面，他喜欢的大孙子小立来上海时，经常和他下象棋，他会很得意地偷偷告诉我，其实他知道小立赢他数局，就会让一局，还以为他不知道。我告诉他，儿子说他挺像电视《英俊少年》里的外公，数天后，他突然说："那个外公不坏呀！"从不看电视的他，竟会因儿子的那句话，而专门找着频道去看这个电视剧。

爸1962年返沪时，动情地向妈致谢，感谢她保全了这个家。

妈是在沈阳长大的，小弟曾查过资料，外公是在张作霖的军法处工作，靠外公俸禄倒也衣食无虞。妈和张作霖的女儿是中学时代的同班同学。凡逢考试妈和她妹往往是班上的前二名，妈自认书法和画图稍逊其妹，我看妈写给周作人先生信的复印件，字体很恭正。

九一八事变外公受惊病逝，外婆抚棺携二女回老家绍兴。妈是外公的掌上明珠，迟迟未予定亲，后经同乡介绍才与爸相知相识。他们少有甜言蜜语，但有真挚的感情。爸对妈的过于节俭、不善烹饪略有微词，我们小时却非常喜欢她包的饺子和烙的千层饼。冯和仪在其所著《续结婚十年》中，影射妈是依靠丈夫，在家带孩子的家庭主妇。她为我们六个孩子过得很辛苦，小时候我们所穿的布鞋基本全是她亲手所做。然而灾难降临时，她处变不惊，审时度势地作出正确决定，保全了我们的家。

其一，1945年爸因自身的不慎、旧友的不义而身陷囹圄。那时家有三位老人，五个孩子，其中最大的才十岁，最小的还未满周岁，很难。她却婉言谢绝了居住绍兴陶堰的祖父母要带我回去的善意。

其二，解放初爸失业在家，想效仿堂伯携全家回绍兴定居，因她不愿意而放弃。

其三，1958年爸想响应号召去宁夏，又因她坚决反对而作罢。

其四，爸发配去安徽后，为抚养还在念大、中、小学的四个孩子，减轻已工作的兄、姐负担，毅然决定去弄堂口拐角处的废品回收站工作，先与另三人一起拉劳动车，后主管财务至退休，一个从没工作过的家庭妇女，知天命之年成了自食其力的劳动者。

妈和爸同甘苦，共患难。正是她的这些果断决定，我们定居在上海这个大城市，虽然生活清贫，虽然一路走来有的比较幸运顺利，有的磕磕绊绊，还是受到了从幼稚园到大学的教育。“文革”结束，天时，地利，人和。不仅姐姐去美国学习，小弟还成了留法的洋博士。除大哥从事技术管理工作外，另外的分别成为大学、中学、技术职业学院的教师，有正当的工作，健全的家庭，是他们造福于我们，甚而延至我们的下一代。

对生活永远抱着希望的爸爸

陶　冲

在我的印象中，父亲严肃，不苟言笑。也许是境遇的改变使他从回忆录中自我描述的一个“哇啦哇啦说话的人”变得寡言少语。

我生于1944年末，已是家中第五个子女。虽然据父亲旧友柳雨生先生的《沦陷日记》记载，为我的出生，父亲的同人“曾送贺礼”，而他本人也“加菜宴客”，但实际上我的出生是他人生失意事业受挫的开始。我还在襁褓中，太平书局被作为敌产没收，他进了提篮桥；我初中未毕业，他又被补划成右派，送去安徽。待我1962年考大学为能离他近些填报了安徽大学时，他却从安徽回到了上海。此后的相处也就是我回沪探亲那些不足月余的时间了。

记得幼时父亲曾带过我去吃早点。进店后由我独自爬上凳，未等点心来他便去对面静安寺邮局看报去了。留下我一人坐等，心里害怕点心来了他还不来怎么办。有年夏天我有了双漂亮的木屐鞋，满心欢喜地穿上，去弄堂口接下班的父亲，人是接到了，但“怎么穿成这样就下来了”一句话却使我沮丧万分。

解放后，也许因为他不是那么忙了，也许因为哥哥姐姐们开始离开家去外地了，他对我和小弟弟好像要比对他们关心得多一些。我和弟弟曾跟着父亲去参加年末他出版社的联欢活动，让我发现了整天只知伏案看书写稿，连吃饭也不离书的父亲竟然会打乒乓。印象中父亲在我初学写作文时曾要求我写一些日记之类的东西，写完后他会拿起来看。有一次我写了一篇内容大概是美帝国主义是纸老虎的作文，他看后露出难得的笑容说还不错，当看到其中的"美帝国主义低下了它想着阴谋的头"这句时，还和坐在旁的兄姐们一起笑出了声。大姐说他从来没有看过她写的日记或作文。有时候兄姐们不在，他也会差我去给他买酒，一清早去静安寺亚细亚买圆形的罗宋面包，他会涂上白脱油在煤球炉上烤着吃。但我最讨厌他听到挑担小贩叫卖臭豆腐干时让我去买，因为在楼上听到时认定的那个方向，一到楼下就发现错了，于是得前后左右地找。

如今我也过了古来稀的年龄了，但对过去年代发生的事却记忆犹新，感触更深。我曾跟我先生说过：阿爸对事情的多思多虑、凡事较真的脾气是逃不脱右派的命的。我这么说是因为发生在除麻雀一年的事。我们好像停了课，四处奔跑，进楼房爬高处，见到麻雀就死命敲打手中可敲响的一切家什。事后有一天，父亲让我去寄封信。也不知是他让我看的但想来多半是我自己抽出看的，这是一篇投稿，写有大半张稿纸，内容是麻雀虽有害但它的益处更大，每年吃掉的害虫有多少多少只（文中还举有具体数字），落款用的却是我母亲的名字何曼青。现在想来那时他恐已成了右派，或是感觉处境已不妙，用自己的名字是无法发表的，而那篇不合时宜的文章也当然是不会刊登出来的。

由于父亲的事情，一生要强并同样也热爱文学尤擅长古诗词的母亲和我们子女遭受了生活的磨难和不平。外柔内刚的母亲走出家门参加工作，为挣得菲薄的工资，曾也是大家闺秀的母亲甚至拉过黄鱼车，送过废纸废品，我的兄姐们则挤出工资贴补家用，全家还千方百计地积攒食品票去购买鱼、肉罐头，那时的我则跟着兄姐找一些偏僻的小邮局把这些食品寄给安徽的父亲。我们寄包裹时会把地址上的“×大队×小队陶亢德”说成是工人身份，一旦被否认后，会趁他们不注意把不准寄的食品再偷偷塞进去。正是母亲忍辱负重撑起的家对父亲的不离不弃，父亲才得以在安徽熬过三年自然灾害困难时期生还上海。母亲病重住院时曾告诉我，父亲回家后对她说：谢谢你给了我一个完整的家。母亲还说，正是这句话让她支撑着又服侍了他二十年，伴他度过了身体日渐孱弱精神倍加痛苦的“文革”十年。

父亲也有对自身反思的时候。我听到过他和母亲的谈话，认为自己才二十岁向《生活》周刊第一次投稿就被录用，使他少年得志而忘乎所以，是狂与傲误了他自己。所以当从小就学习成绩优异，1968年高中毕业在一片红政策下随上山下乡知青大军远赴吉林插队的弟弟在大哥帮助下赴西工大工作时，父亲和母亲商量说，他要拿出父亲的身份提笔写信，要对弟弟作一点做人做事上的告诫。但当恢复高考后弟弟决定报考时，父亲和母亲又想过劝阻。他们不是怕他考不上大学而是为他毕业后的去向担心。认为西安已经属于西北，要是再往下走，可能会去青海、宁夏……弟弟瘦弱的身体是扛不住的。弟弟还是走了下去，他走出了国门，走到了法国，得到了博士学位……可惜这一切父亲没有等到，好在母亲看到了并一直引以为豪。

至今有件事使我懊悔没有告诉过父亲，那是我们生活陷入黑暗饱尝世态炎凉时我感受到的一点温情。父亲去安徽后的某一天，母亲嘱我去出版社领中华图文公司或是商务印书馆股息。在等候时，有位戴眼镜的老先生，十分儒雅的样子，穿着件洗得灰白色的中山装，看似年龄要长于父亲，好像不经意间走到我身旁轻轻问了声：“你阿爸还好吗？”看着他关切的目光，我几乎忍不住眼泪。他使我想起就在父亲离家的二三天后，我的老师上课时也是似乎不经意间走到我课桌前悄悄地问：“你父亲去哪里了？”她当然已知道父亲的去向。消息的快速让我吃惊，我绝对没有想到会通知到我读初中的学校！当时问话的深层意思我还没来得及细想，只是想到父亲中秋节上班未获准回家告别就被送去安徽后的当晚，还在读小学的弟弟问：“阿爸去哪里了？”听到母亲回答后他的哭泣声，我心里越发难过。两句问话、两种场景引发出的不同感受是任何人都可以想到的。老先生是谁我不得而知，但我想父亲如果知道后也许会想到是谁，这对身处安徽劳教的他来说也会有些许的安慰吧。

平反后的父亲仍对生活和事业抱着希望。还记得父亲听到来访的老友告诉他有人正在××会议上提出给平反的右派补发工资时，他对我说等工资补发下来要请我去莫干山一游。他虽悲叹“工资可以补发，二十年时间怎么补啊”，但仍拖着日渐虚弱的身子，以“余年”笔名完成了他最后的译著《微生物猎人传》，在已大半时日卧床不起时跟着电视机开始学德语。他也关心着我们子女的生活和事业。1973年我的女儿出生，尽管父母亲的困境尚未完全解决，物资匮乏，住房逼仄，但看到我夫妻分居两地，还是主动接纳了她，并悉心照料。从不洗衣的他为我女儿洗过尿布，为让我母亲专心照料，他学会煮饭烧菜，甚至一早去菜场排队购买鸡蛋。他曾问过我：“还有雄心壮志吗？”而后给了我一本俄文版的有关白蚁的书让我翻译。

要知道在这之前他朋友来访时看到我，问他知道我是学俄文专业表示赞许时，他竟然说：“有什么用?! 不过是混口饭吃罢了。”

我们心里有过责怪，但从未真正怨恨过父亲。在我们了解了他的过去后，理解了他，更敬佩他。他睿智、勤奋，一无正规学历，二无优越的家庭背景，一个十五岁就走出家门进店当学徒的少年硬是凭着一颗执着的心自学成才，并成就了颇有影响力的编辑和出版事业。他无愧于做我们的父亲，作为他的子女我们也从不懊悔，唯遗憾父亲母亲的生命没能再延长到物资丰富人居有房的今天，这真是子欲养而亲不待啊。

雪茄香气里的外公

盛　备[①]

我出生于上世纪70年代，虽然当时的物质生活不如现今，但是我记忆中的童年充满了欢乐。由于父母在偏远地区工作，我一出生就被托付给外公外婆照顾。几个月大的时候，我因为腹泻脱水几乎夭折，是外公外婆衣不解带地守护我，把我从鬼门关前拉了回来。也许是这个原因，外公外婆对我格外宠爱。

最早的记忆，是在夏日的午后，外婆把我放到白瓷的浴缸里洗澡，一百五十公分的浴缸对一个幼儿来说是游泳的好场所，我常常在里面一玩就是半天，把水喷得外婆一身又一地。闹完了，外公会用一条大毛巾把我从头到脚包裹起来抱到大床上，轻轻唱歌哄我睡觉。上到幼儿园，只要有空，外公就会去接我跟表哥放学，每次路过杂货店，都要给我们一人挑一块巧克力，天气热时，还会给我们选棒冰跟雪糕。

虽说外公外婆是绍兴的同乡，我的外公却跟许多小说里上海的老克勒一样，喜欢抽雪茄，吃罗宋面包（不过我妈说，外公原来是抽香烟的。后来得了肺气肿，一抽香烟就咳嗽，但又戒不掉。后来发现雪茄不会引起咳嗽就改抽雪茄了）。家里光线最好的地方放着外公的书桌。外公起床梳洗完毕后，就拉开

---

①作者是陶亢德的外孙女，陶冲之女。

藤椅，在那里伏案工作。累了，他会吸上几口雪茄，想一下再继续写。我看着白色的烟雾慢慢把他的背影笼罩起来，空气中充满了雪茄烟草的香气。等他去休息，我便爬上他的椅子，拉开他的抽屉，翻他的雪茄盒。他常常在里面空的位置放果丹皮，那是他喜欢的零食。细细的一卷，长度刚好跟雪茄一样。我喜欢拨开透明的玻璃纸，把沾满雪茄香气的果丹皮摊平后慢慢吃。等我再大一些，他会给我两毛一分钱，让我走过一条街口去买一块白脱油。我曾在路上偷咬了一口，带着淡淡咸味的白色油脂有一股奇怪的臭味，从此白脱油都可以完整到家，我也全然不知它加到烤热的罗宋面包里的销魂滋味。

而我的外婆从小生长在北方，能做各类型的面食，包子、面条、烙饼……变着花样满足家里的老老小小。她会用黑枣跟冰糖酿枣子酒，做糟鸡，糟各种各样的东西，还会做绍兴人爱吃的霉千张、臭冬瓜，所有你想得到的东西她都可以做出来，以至于家里常常高朋满座。我记得最清楚的就是周劭了，他是我外公朋友中最年轻的，比较会跟我们小孩子玩。每次来家里，他都要陪我外公喝上几杯，甚至到了我外公开始卧床，他仍旧搬一个高凳到外公床边放酒菜，自己则坐在矮凳上跟我外公聊天。每次都喝到满脸通红才罢休。一次临近过年，他来家中喝得兴起，高凳上的下酒菜已经扫空，外婆又在楼下不及招呼，他四下观望，发现外婆放在叠高的箱子上怕我们小孩烫伤的砂锅，于是便招呼我："小妹妹，你看看砂锅里有什么呢？"我奋力踮起脚尖才够到锅盖，力气只够掀开锅子的一条缝。海鲜的香气从缝隙里飘出来，周劭站起身来，一百八十公分的巨人轻轻松松把整个砂锅端了下来。于是，我们过年的餐桌上就少了一道鱼头豆腐汤。

外公外婆最大的共同点是爱看书。家里最多的家具就是书橱、书柜、书架。记得门背后的一整面墙是个顶天立地的大书架，用布帘子遮着防尘。躲猫猫的时候，我就将小小的身躯缩进门后的布帘里，闻着书散发的油墨的味道，这是我最早对“书香门第”的理解。因为家里住的是老式洋房，厨房在一楼，我们家在三楼，外婆每天为了煮饭上上下下不知道多少次，常常上楼拿个盐，就倚着书桌，随手拿起一卷翻开来看，一看就看到忘我，直到楼下煮饭的邻居对着楼上大叫：“陶师母——你的菜煮焦啦——”外婆才匆匆忙忙赶下楼善后。外公更是醒着的时间都是书不离手，笔不离手。有一次，我闲来在书架上翻书来看，有一本《蜜蜂的故事》，译者居然是我外公的名字“陶亢德”！我忍不住细读，才明白蜜蜂怎么交谈，怎么认路，还会跳八字舞（这令我在之后的生物考试中加分不少）！

外公卧床良久，我小学未毕业就离开了我们。但是他老人家的音容笑貌，永远留在我们的心里。

《骆驼祥子》出版史料

何　和[1]

老舍先生曾声称："我虽已练习写作十七八年之久，可是不过才出了二十本书。……只有《骆驼祥子》是心无二念，虔诚念佛写成的。这是在抗战的前一年，我辞去了教职，立誓作个职业的写作家。"[2]"《骆驼祥子》是我作职业写家的第一炮。这一炮要放响了，我就可以放胆的作下去，每年预计着可以写出两部长篇小说来。不幸这一炮若是不过火，我便只好再去教书，也许因为扫兴而完全放弃了写作。所以我说，这本书和我的写作生活有很重要的关系。……当我刚刚把它写完的时候，我就告诉了《宇宙风》的编辑：这是一本最使我自己满意的作品。"[3]由此可见，《骆驼祥子》这部长篇小说是老舍先生开始以写作作为职业的一部血与泪的结晶的得意作品。

但是，老舍先生又说："从何月何日起，我开始写《骆驼祥子》？已经想不起来了。我的抗战前的日记已随同我的书籍全在济南失落，此事恐永无对证矣。"[4]而且由于某些历史的原因，老舍先生在回忆《骆驼祥子》的出版过程的叙述中，搞错

①何和是陶亢德次子陶融的笔名。以下注释均为本文原注。

②引自老舍《成绩欠佳，收入更欠佳》。

③引自老舍《我怎样写〈骆驼祥子〉》。

④同注③。

了一些事。

1984年10月6日上海《解放日报》登载了新华社关于《骆驼祥子》原稿已按政策交还给失主——原《宇宙风》半月刊编辑陶亢德先生的家属的报道后，我们走访了陶亢德先生的家属。访问中我们有幸看到了保存完整的二百三十八页《骆驼祥子》的原稿手迹和一些作家的信稿原件，同时又从陶亢德先生撰写的三十万字的回忆录手稿中了解到不少距今已达半个世纪的上海文学出版史实，其中也涉及老舍先生的写作生涯有着十分重要的关系的《骆驼祥子》。现介绍一些有关《骆驼祥子》的出版史料供大家一阅。

30年代，陶亢德先生曾先后编辑过《论语》《人间世》《宇宙风》等杂志。在这些杂志的编辑出版过程中，老舍先生是写稿较多的一位作家。三个杂志中所发表的仅有的两部长篇小说就都是老舍先生的作品。后来陶先生办的“人间书屋”也是由老舍亲笔题名，并先后出版了四部老舍作品的单行本：《樱海集》《牛天赐传》《老牛破车》《骆驼祥子》。它们的封面设计除首尾两本是钱君匋先生外，其余两本都是由陶先生自己动手设计的。

1935年夏，陶亢德先生在创办《宇宙风》半月刊时，曾约老舍先生写稿，并自创刊号起陆续发表了老舍的《我怎样写〈老张的哲学〉》《我怎样写〈赵子曰〉》《我怎样写〈二马〉》《我怎样写〈小坡的生日〉》……以及《我怎样写短篇小说》等一系列创作自述。后来，当时在山东大学以教书为正职、以写作为副业的老舍先生在给上海陶亢德先生的信中说他对于教书既不安心又不愉快，心里只想当个专搞创作的职业作者；然而由于经济的压迫，零星卖文即便能卖得一些钱，也总不能安心。

于是，陶先生复信询问假如《宇宙风》半月刊每月支付百元左右的稿费，是否足以去当一名职业作家的生活底子。同时还提请老舍先生是否愿意到上海来兼任编辑，借此可充实一些经济收入以利职业创作。此外又具体提出原已发表的《牛天赐传》的结尾中似乎有可写续集之意，不妨再写一部《牛天赐续传》，先由《宇宙风》连载，然后再印成单行本出版。兹后，老舍先生在1936年6月从青岛复信说："谢谢信！先决定一件事：由八月起，我供给《宇宙风》个长篇。由八月一日起，每月月首您给我汇80元；我给您一万至一万二千字，要是决定这么办，我可就开始写了。……上海非我所喜，不想去。编辑，如果要我顶名，请即利用之；不要钱，……"（摘自1984年10月上海归还给陶亢德先生家属的老舍信稿原件）于是，老舍先生就正式开始撰写长篇小说，并于1936年8月起，每月月首寄给《宇宙风》。但不是陶先生所提议的《牛天赐续传》，而是老舍先生经过充分酝酿而成的得意之作——《骆驼祥子》。所用的文稿纸，有原国立山东大学合作社制作的五百格稿纸，有青岛荒岛书店制作的六百格稿纸，也有老舍先生自己订制的28×26的"舍予稿纸"，全文共二百三十八页。其中第三十八页到第七十八页，即第四章到第七章是用毛笔书写，余者均为钢笔书写，偶尔也用毛笔修改。整部原稿，文字工整，很少改动，确如老舍自述的"积了十几年对洋车夫的生活的观察，我才写出《骆驼祥子》"[①]，"因为酝酿的时期相当的长，搜集的材料相当的多，拿起笔来的时候我并没感到多少阻碍。……所以一落笔便准确，

①引自老舍《三年写作自述》。

不蔓不枝，没有什么敷衍的地方”[①]。

《骆驼祥子》发表了八年之后，老舍先生在《我怎样写〈骆驼祥子〉》一文中，关于《骆驼祥子》的出版经过的回忆搞错了一些事。

老舍先生说：“一九三七年一月，‘祥子’开始在《宇宙风》上出现，作为长篇连载。当发表第一段的时候，全部还没有写完，……刚刚入夏，我将它写完，共二十四段，恰合《宇宙风》每月要两段，连载一年之用。”其实正如上文引用老舍先生1936年6月致陶亢德先生信中所说的：“由八月起，我供给《宇宙风》个长篇。由八月一日起，每月月首您给我汇80元；我给您一万至一万二千字……”老舍先生确实是在1936年8月开始供稿。《宇宙风》是从1936年9月16日出版的第二十五期开始连载《骆驼祥子》。因此，“祥子”的出现并非是在1937年1月，而是在1936年9月。

老舍先生还说：“《祥子》的运气不算很好：在《宇宙风》上登刊到一半就遇上‘七七’抗战。《宇宙风》何时在沪停刊，我不知道；所以我也不知道，《祥子》全部登完过没有。后来，宇宙风社迁到广州，首先把《祥子》印成单行本。可是，据说刚刚印好，广州就沦陷了，《祥子》便落在敌人的手中。《宇宙风》又迁到桂林，《祥子》也又得到出版的机会，但因邮递不便，在渝蓉各地就很少见到它。后来，文化生活出版社把纸型买过来，它才在大后方稍稍活动开。”

这一段叙述中老舍先生又搞错了好几处。其实《祥子》的运气还算好。关于《宇宙风》连载《骆驼祥子》的事，应该

---

①引自老舍《我怎样写〈骆驼祥子〉》。

是在1936年9月16日出版的第二十五期开始发表，到1937年9月1日出版的第四十八期连载续完。而宇宙风社迁到广州是1938年的事。所以《骆驼祥子》是在上海由《宇宙风》半月刊连载一年全部登完的。而老舍先生是在1937年“七七”抗战开始以后，才由青岛迁往济南的齐鲁大学。直到11月中旬还没有离开济南。其间，老舍先生与上海的通讯并未中断，“八一三”事变前夕，陶先生还曾因上海事局紧张，急电劝老舍先生不宜动身赴沪。因此，老舍先生照理是应该知道《骆驼祥子》已全部登刊完结的。大概是时隔八年，回忆时搞错成“一九三七年一月，‘祥子’开始在《宇宙风》上出现，作为长篇连载”。然后以此推断，确实无法知道是否登完了。至于“七七事变”，也可能确实对《祥子》造成一些不利的影响。那就是老舍先生在该文中所说的：“《祥子》自然也有许多缺点。使我自己最不满意的是收尾收得太慌了一点。”至于把《骆驼祥子》印成单行本的事，既不在广州也不在桂林，而是在上海印成的。再说也不是由宇宙风社出版，而是由“人间书屋”出版发行的，而且再版多次。老舍先生在解放后出版的《骆驼祥子》的序文中，似乎说过不知怎么在上海出了单行本。这句话一方面也证实了是在上海出了单行本这一事实，然而另一方面又搞糊了一件事——似乎当时老舍并不知道上海出版单行本。事实上，老舍在《我怎样写〈骆驼祥子〉》一文中说过：“当我刚刚把它写完的时候，我就告诉了《宇宙风》的编辑：这是一本最使我自己满意的作品。（据陶亢德先生回忆，当时老舍用了“扛鼎”一词。）后来，刊印单行本的时候，书店即以此语嵌入广告中。”可见在出版单行本之前，是已经知道的。同时，《新文学史料》1981年发表的田仲济先生《回忆老舍同志》一文中，介绍了吴组缃先生曾在老舍先生参加北方慰劳团离开重庆后寄存的篮子中翻检到一本包了四五层纸的“人间书屋”印行的《骆驼祥子》单行本。可见在出版后，是拿到过单行本的。再说，当时老舍先生从青岛到济南，再到武汉，直至重庆，期间始终与陶亢德先生保持信稿来往，而且还曾从家中听到过“人间书屋”出版的包括《骆驼祥子》在内的四本书的版税收入情况（参见老舍《成绩欠佳，收入更欠佳》一文）。所以，关于《骆驼祥子》单行本的出版经过照说是不可能不知道的，估计是时隔多年，回忆时搞错了。

至于文化生活出版社之得《骆驼祥子》纸型一事，老舍先生在《八方风雨》一文中还说过：“《骆驼祥子》，《樱海集》，《牛天赐传》，《老牛破车》四书，因人间书屋已倒全无消息，到三十一年，我才把《骆驼祥子》交文化生活出版社重排。”这里，既没提到纸型，也没提到花钱买来，而是讲重排。究竟是怎么一回事呢？据陶先生回忆录中说，这件事不是由文化生活社花钱买去，也不是重新排版。而是当年老舍先生致函陶先生，说文化生活社希望借纸型印《骆驼祥子》，问条件怎样。陶先生答复纸型可以奉送，但港渝航空寄递的费用并不便宜，所以在奉送纸型的同时，寄费只好照算。这就是文化生活出版社得到《骆驼祥子》纸型的情况。

最后还想补充一点。尽管老舍先生在谈及《骆驼祥子》时，曾说过：“我对已发表过的作品是不愿再加修改的。”[①] 但是，解放后人民文学出版社印行的《骆驼祥子》单行本，其实只是个删节本——把原著中删去了一万多字。老舍先生原著的本意看

①引自老舍《我怎样写〈骆驼祥子〉》。

来并非单是同情祥子之类的人力车夫的悲惨遭遇，而是通过“体面的，要强的，好梦想的，利己的，个人的，健壮的，伟大的，祥子”，最终变成为“堕落的，自私的，不幸的，社会病胎里的产儿，个人主义的末路鬼”[①]来揭示旧社会的万恶之源，由车夫的内心状态来展现地狱究竟是什么样子，激发起人们来反抗那压迫人的个人和国家。40年代的老舍还认为《骆驼祥子》的“收尾收得太慌了一点。……应当多写两三段才能从容不迫的刹住”[②]。50年代初的老舍也曾承认当年写《骆驼祥子》时，“我到底还是不敢高呼革命，去碰一碰检查老爷们的虎威。……我自己不敢明言他为什么不造反”[③]。可是由于某些社会因素，只好把原稿删去了整整万把字，印成删节本发行。这样，不仅影响了作品的完整性，而且更损伤了作品的深刻性，实在是很可惜的事。现在，新出版的《老舍文集》中的《骆驼祥子》，已按30年代《宇宙风》半月刊最初发表本排印了，而且原著手稿也重新可得见天日，实在可庆可贺。在庆贺之余，提供上述有关出版史料，供大家一阅，可能不无益处。

（据手稿复印件录入。引文及注释已据人民文学出版社2013年1月修订本《老舍全集》校订。）

---

①引自《骆驼祥子》原版。

②引自老舍《我怎样写〈骆驼祥子〉》。

③引自1951年开明书店版《老舍选集·自序》。

陶亢德笔名别号录

宋希於辑

1. 光燮　谱名。

2. 哲盦（又作哲庵、拙莽、拙庵）　号。由塾师王先生所取。在回忆录中又写作“拙莽”。1927–1932年用于《小说世界·民众文学》《妇女杂志》《旅行杂志》。陶亢德的不少笔名都从“哲盦”的读音中化出，详下。

3. 陶哲盦　1926–1932年用于《红玫瑰》《小说世界》《学生杂志》《文学周报》《新女性》《华年》。1948年出版所译《苏联真相》时署用。

4. 露珠　1927、1930年用于《妇女杂志》，1933年用于《星期三》。

5. 窒暗　1928年用于《语丝》。

6. 亢德　1929–1944年用于《现代小说》《今代妇女》《星期三》《申报》《珊瑚》《论语》《人间世》《文饭小品》《宇宙风》《天地人》《逸经》《上海漫画》《宇宙风·逸经·西风非常时期联合旬刊》《大风》《光明报》《文汇报》《鲁迅风》《人世间》《宇宙风乙刊》《健康家庭》《中华日报》《中华周报》《古今》《京报》《杂志》《中华月报》《华文大阪每日》《华文每日》《天地》。1941年出版译著《滇缅公路》时署用。

7. 陶亢德　1933年接编《论语》时开始连姓使用，此后成为常用名。1934—1945年用于《申报》《人言周刊》《宇宙风》《青年界》《天下事》《文化战线》《黄河》《申报月刊》《古今》《天地》《中华月报》《中华日报》《新都月刊》《风雨谈》《杂志》《大众》。出版多种编著和译著时署用。

8. 侯霞俪　1929—1931年用于《红玫瑰》。

9. 陶然　1929年用于《真美善》《学生杂志》《北新》《妇女杂志》，1934年用于《论语》，1956年用于《新民报晚刊》。

10. 岂文　1929年用于《白华》。

11. 徒然　1931—1934年用于《生活》《星期三》《人言周刊》《长城》，1933年出版所著《徒然小说集》《望远镜与显微镜》、所译《莫斯科·柏林·罗马》时署用。

12. 蛰安　1933年用于《星期三》。

13. 德　1935年用于《论语》，1948年用于《正言报》。

14. 阚西文　1936—1939年用于《谈风》《宇宙风》。

15. 岂哉　1937—1938年用于《宇宙风》《大风》。

16. 锺谷人　1937年用于编辑《某国人在中国》。

17. 司徒然　1940—1942年用于《天下事》沪刊及港刊、《沙漠画报》译稿署名。1948年用于《好文章》译稿署名。

18. 江自浣　1940—1941年用于《天下事》沪刊及港刊，1945年用于《中华月报》译稿署名，1948年用于《好文章》译稿署名。

19. 夏曼　1942年用于《古今》。

20. 左笔　1942年用于《古今》。

21. 晦盦　1942年用于《古今》。

22. 何家选　陶亢德夫人的名字。1948年陶亢德开办“一家社”时，曾用此名登记。1949年出版译著《苏联的领袖与人民》时署用。

23. 家选　1948年用于《正言报》。

24. 天明　1948年用于《正言报》。

25. 怡然　1948年用于《好文章》。

26. 陶知安　1949年出版译著《怎样除烦恼：过美满生活》时署用。

27. 孺牛　1949—1951年用于《亦报》。

28. 某甲　1949—1950年用于《亦报》。

29. 秦南林　1949年出版译著《金星骑士》时署用。

30. 雪窗　1950—1951年用于《亦报》。

31. 文渊　1950年用于《亦报》。

32. 一乙　1950年用于《亦报》。

33. 小生　1950年用于《亦报》。

34. 甘为　1951年用于《亦报》。

35. 越牛　1951年用于《亦报》。

36. 秦淑文　1951年出版改写本《水门汀》时署用。

37. 陶竹庵　1951年出版译著《配尼西林的故事》时署用，1954年再版时沿用。

38. 陶竹安　1951—1953年出版编写编译的《病的科学》《征服天花的故事》《征服疟疾的故事》《麻药的故事》《霍乱伤寒痢疾》《狂犬病的征服》《生命的敌人：微子》《童年时代的高尔基》时署用。

39. 祝安　1953年出版改写本《静静的顿河》时署用。

40. 陶庵　1956年用于《新民报晚刊》。

41. 小楼　1957年用于《新民报晚刊》。

42. 哲安　1959年出版译著《十字军东征》时署用，1962

年再版时沿用。

43. 余年　1982年出版译著《微生物猎人传》时署用。

附：

44. 拙庵　室名。1943年陶亢德曾撰《拙庵一日记》一文。

45. 居闹市室　室名。1944年《文史》第一期刊出“日记特辑要目”预告，有“陶亢德：居闹市室日记”一篇。此文后未刊出，然据此可知有此室名。

陶亢德著述编译图书目录

宋希於辑

一、著作

1.《徒然小说集》，徒然著，生活书店1933年4月版。【有生活书店1934年4月再版本。】

2.《望远镜与显微镜》，冷观、徒然著，生活书店1933年12月版。

3.《病的科学》，陶竹安编写，求知出版社1951年4月版。【为“通俗科学文库”之一种。】

4.《征服天花的故事》，陶竹安编写，陶清校，革新书店1951年4月版。【为“医药卫生故事书”之一种，书号0201。】

5.《征服疟疾的故事》，陶竹安编写，陶清校，革新书店1951年4月版。【为“医药卫生故事书”之一种，书号0202。】

6.《麻药的故事》，陶竹安编写，陶清校，革新书店1951年4月版。【为“医药卫生故事书”之一种，书号0204。】

7.《霍乱伤寒痢疾》，陶竹安编写，陶清校，革新书店1951年7月版。【为“医药卫生故事书”之一种，书号0205。】

8.《狂犬病的征服》，陶竹安编写，陶清校，革新书店1951年8月版。【为“医药卫生故事书”之一种，书号0207。】

9.《生命的敌人：微子》，陶竹安编述，春明出版社1952年1月版。【为“生活的科学丛书”之一种。】

二、译著（包括小说改写本）

10.《莫斯科·柏林·罗马》,〔日〕鹤见祐辅著，徒然译，长城书局1933年9月版。

11.《滇缅公路》,〔美〕Nicol Smith著，亢德、云玖译，亢德书房1941年5月版。【为“天下事丛书”之一种。】

12.《苏联真相》,〔美〕John Fischer著，陶哲盦译述，智慧书局1948年5月版。

13.《怎样除烦恼：过美满生活》,〔美〕卡内基著，陶知安译述，求知书店1949年2月版。

14.《苏联的领袖与人民》,〔美〕台维斯著，何家选译述，学风出版社1949年8月版。

15.《金星骑士》,〔苏〕巴巴耶夫斯基著，秦南林译，时代书局1949年11月版。【为“斯大林文艺奖　苏联最新创作丛书”之一种。】

16.《水门汀》,〔苏〕格拉特珂夫著，秦淑文改写，开明书店1951年1月版。【为“通俗本苏联文学丛书”之一种。】

17.《配尼西林的故事》,〔苏〕苏可洛夫著，陶竹庵译，开明书店1951年4月版。【此书后由中国青年出版社于1953年9月、1954年5月重印，改署陶竹庵编译，均更换了封面。】

18.《静静的顿河》,〔苏〕萧洛霍夫著，祝安改写，大明书局1953年5月版。【为“苏联小说通俗本”之一种。】

19.《童年时代的高尔基》，陶竹安编译，童联书店1953年6月版。

20.《蜜蜂的视觉、嗅觉、味觉和语言》,〔德〕卡尔·洪·佛烈希著，陶亢德译，管致和校，科学出版社1958年3月版。

21.《十字军东征》,〔苏〕扎波罗夫著，哲安译，生活·读书·新知三联书店1959年11月版。【此书于1962年5月由同社再版，更换了封面。】

22.《微生物猎人传》,〔美〕保罗·德·克鲁伊夫著，余年译，于青校，科学普及出版社1982年4月版。

23.《微生物学奠基人——巴斯德》,〔法〕R.瓦莱里－拉多著，陶亢德、董元骥译，科学出版社1985年7月版。

三、编著

24.《她们的生活》，陶亢德编，宇宙风社1936年10月版。【为“《宇宙风》别册增刊第一册”。】

25.《贪官污吏传》，陶亢德编，宇宙风社1936年11月版。【为“《宇宙风》别册增刊第二册”。】

26.《北平一顾》，陶亢德编，宇宙风社1936年12月版。【为“宇宙丛书”之一。】

27.《日本管窥》，陶亢德编，宇宙风社1936年12月版。【为“宇宙丛书”之二。】

28.《鸦片之今昔》，陶亢德编，宇宙风社1937年2月版。

29.《某国人在中国》，锺谷人编，宇宙风社1937年7月版。

30.《欧风美雨》，陶亢德编，宇宙风社1937年7月版。【为“宇宙丛书”之三。】

31.《苏联见闻》，陶亢德编，宇宙风社1937年7月版。【为“宇宙丛书”之四。】

32.《失地记痛》，陶亢德编，宇宙风社1937年8月版。【为“宇宙丛书”之五。】

33.《自传之一章》，陶亢德编，宇宙风社1938年7月版。

【为“宇宙丛书”之五，编号重出。此书后有1944年1月桂林增订本，编辑者改署“宇宙风社”。】

34.《德国内幕》，陶亢德编，亢德书房1940年12月版。【为“天下事丛书”之一种。此书有重庆版，出版时间为1941年8月，由新生图书文具公司代发行。】

35.《战时英国》，陶亢德编，亢德书房1941年3月版。【为“天下事丛书”之一种。此书有重庆版，出版时间为1941年10月，由新生图书文具公司代发行。】

36.《美国生活》，陶亢德编，亢德书房1941年4月版。【为“天下事丛书”之一种。此书有重庆版，出版时间为1941年10月，由新生图书文具公司代发行。】

37.《好文章》甲集，好文章社编，好文章社1948年8月版。

38.《好文章》二集，好文章社编，好文章出版社1948年9月版。

39.《好文章》三集，好文章社编，好文章出版社1948年11月版。

40.《好文章》四集，好文章社编，好文章出版社1949年2月版。

四、连环画

41.《人民的首都——北京》，哲安编选，教育出版社1950年2月版。【为“知识连环图画”之一种。此书后有新美术出版社1953年1月新二版。】

42.《飞禽天地》，哲安编选，教育出版社1950年3月版。【为“知识连环图画”之一种。】

43.《动物园》，哲安编选，教育出版社1950年4月再版。

【初版本时间待查。为“知识连环图画”之一种。】

44.《水族馆》，哲安编绘，教育出版社1950年7月版。【为“知识连环图画”之一种。】

45.《昆虫世界》，哲安编绘，教育出版社1950年7月版。【为“知识连环图画”之一种。】

另据有关著录，陶亢德尚著有《鼠疫的征服》《灵验的组织疗法》二书，均为革新书店1951年出版。然未见原书及图影，姑录此俟考。

整理后记

陶　洁

一

1979年夏秋之交的某一天，我们父母居住的里弄居民委员会派人到他们楼下的大门上贴喜报，派出所的工作人员到三楼通知父亲，1958年他被戴上的右派帽子和1965年从安徽劳教农场回上海后被莫名其妙地戴上的反革命帽子都被摘掉了。对此，我们大家都很高兴，因为我们也终于可以摆脱禁锢我们多年的沉重的精神负担。高兴之余我们忘了一个重要的问题——父亲的健康。其实，他心里明白，他去称过体重，当时他只有七十斤了。但他没有告诉我们，因为他一心想要弥补失去的二十年时间。他希望他能够活到八十岁。可惜老天不如人意，只给了他四年的时间，他离开我们时还不到七十五岁。然而，就在这短短的四年时间里，他以七十多岁的高龄和顽强的意志奋力翻译了一本美国著名科普作家克鲁伊夫的《微生物猎人传》和半本法国作家拉多的《微生物学奠基人——巴斯德》，还为我们子女留下二十多万字的关于他生平的回忆录。

我们兄弟姐妹六人，只有大弟和大妹在上海工作，大妹结婚后自立门户，大弟虽然和父母住一起，但他在远郊区工作，只有星期六晚上才能回家，星期一天没亮就离开家。即便如此，他当年知道并且看过父亲的回忆录。因为他在以笔名“何和”写的《〈骆驼祥子〉出版史料》里大量引用了回忆录的内容。他应该是跟父亲交流最多、了解情况也最多的人。可惜当年信息沟通不发达，我们分散各地，主要给父母写信，兄弟姐妹之间却很少交流，他没有跟我们提起父亲的回忆录，很多情况随着他的去世永远消失了。另一方面，母亲可能不想回忆痛苦的岁月，并不愿意提起父亲的回忆录。我在父亲去世后曾经两次把母亲接到北京，但她从来没有告诉我父亲写了回忆录。上世纪90年代，我可能从大妹那里听说了，在一次到上海开会时问过母亲，她说，回忆录就在父亲写字台的抽屉里，如果我想看可以去拿。但当时我丈夫有病，我不敢在外多逗留，总是来去匆匆，也没想到是否可以拿到北京。1998年，母亲去世后，大家提起这本回忆录，哥哥说，他先拿去看一下。但我们忙于各自的事业和生活，没有想到写信问他。直到2007年，小弟陪我们三个姐姐去绍兴陶堰的老家寻根。路上，我问起回忆录的事情，小妹妹说她翻看过几页，太悲惨，看不下去。小弟说他可以去扫描，然后给大家每人打印一份。我觉得这办法很好，可惜他太忙，直到2010年去世还没有动手。回想起来，我们很对不起父亲的一片苦心。

感谢赵武平先生在2013年11月20日发电子邮件告诉在美国的我，嘉德于19日在北京公开拍卖鲁迅和陈独秀给我们父亲的信。这件事震醒了我们大家，因为我们的父亲从来没有出卖过鲁迅和陈独秀以及其他名人给他的任何信件。它们都是在60年代那个特殊时期从我们家强行夺走的。早在1984年，大弟就写信给上海奉贤县委和县政府，列出了父亲在去世前告诉他被抢走的书信和手稿名目，其中就有鲁迅和陈独秀的来信。

然而，1985年上海发还抄家物资时，几乎所有重要的名人来信都没有发还。没有想到，三十年后，鲁迅和陈独秀致我们父亲的信居然出现在拍卖市场。于是，我们全家一致认为应该把事实真相告诉世人。大家推举我写文章，我也觉得这是义不容辞的责任。但我觉得我们兄妹有必要先阅读父亲的回忆录，了解他跟鲁迅和陈独秀的交往情况。

2014年，小弟妹把回忆录手稿交给了大妹。通过复印，我们四人都各有一份。不幸的是，在复印过程中丢失了几页。据大妹妹的记忆，丢失的那几页主要是关于父亲童年的回忆，如描述乡下小孩抓苍蝇、钓虾的情景，顺带指出冯雪峰在《鲁迅的故事》中的不实之处，还有父亲谈自己对文学的爱好以及深受陶堰士大夫历史遗迹的影响。十分可惜的是还丢失了一张他亲手绘制的故乡平面图。

与此同时，赵武平先生动员在上海图书馆工作的祝淳翔先生收集我们父亲的文章，并且输入计算机。2014年5月，他把祝先生介绍给我们大家，我们也正式委托祝先生收集、录入并编辑父亲的文章。

从小到大，我没有看过父亲编过的杂志或书籍，他也从来没有跟我们谈过他的编辑生涯。我对他的了解停留在母亲的那个绝对——“《宇宙风》风行宇宙”——和一本他要我送我当时就读的中学图书馆的《怎样除烦恼》。现在捧读父亲的回忆录，追溯他——一个十四岁就走出家门到异乡去做学徒的贫家子弟——靠着坚忍不拔的努力和顽强的意志自学成才，二十多岁就得到邹韬奋先生的赏识和提拔，后来又跟林语堂合作，帮他编辑《论语》和《人间世》，甚至跟他合资创办《宇宙风》，成为上世纪三四十年代上海的一个知名编辑，我对他的崇敬之心油然而生。我根据他的回忆录写了篇文章，介绍他和鲁迅的关系、他对鲁迅的看法以及我对嘉德拍卖鲁迅和陈独秀给我父亲的信的疑惑。承蒙朱又可先生大力协助，不仅把我的文章编辑成两篇主题更加鲜明的文章——《鲁迅与我父亲陶亢德》和《鲁迅致我父亲书信的流失与拍卖》——并且在2016年的8月29日和10月20日刊登在他负责的《南方周末》版面上。

朱先生在发表他为我编辑的第二篇文章时注明我是北大英语系退休教授。我本来觉得我的文章跟北大没有关系，没想到这个身份给我带来了好处。首都师范大学的袁一丹副教授、北京出版社的高立志先生，还有宋希於先生都先后给我发来电子邮件。他们几位，还有上海的祝淳翔先生都喜欢民国时期的文学，帮助了我们重新了解我们的父亲和他的成就。袁一丹老师还介绍周作人先生的孙子周吉宜先生跟我认识，把他带到我家，同时带来我父亲写给他祖父的十多封信的复印件。这对我们家人是非常意外的惊喜。

袁老师很关心我们会如何处理父亲的回忆录，非常热心地介绍了上海古籍出版社的张旭东先生，认为他也许能够帮助我们出版父亲的回忆录和文存。说老实话，我们没有想过出版的事情，我们很怕旧事重提，带来新的难堪。然而，我读完回忆录，觉得父亲还是希望回忆录能够问世的。他在《我的后半生》里很直率地说："我虽酷爱我的后半生这个篇名，却又担心写了出来没人要看，白费精力，浪费笔墨。"他在回忆编辑生涯时说："《论语》《人间世》《宇宙风》三个刊物纵有千错万不是，可也有它们的一定的业绩贡献。这些贡献影响之大，我在前半生是意想不到。例如humour一词的定译幽默，尽管当时有李青崖的据理力争拟译'语妙'，钱玄同的戏译'酉鞣'，结果还是林译‘幽默’获得最后胜利，流通全国沿用迄今，如无大故，大概可以不朽了的。此外贡献了老舍和《骆驼祥子》、华君武、黄嘉音……”显然，他希望有人能够认同他的看法。父亲有出版回忆录的意愿，现在有这样的机会。我觉得我们应该利用，哥哥和妹妹同意我的观点。

就在这个时候，我无意中发现了宋希於先生在两个月前发到我已经废弃的邮箱的电子邮件。他说他是一个“文史研究者”。我以为他在北京某个研究所工作，既然知道我父亲，大概年纪不小。没想到第二年四月我们见面时，发现他是个三十岁不到的年轻人。他也建议我们出版父亲的回忆录。我忽然觉得，有这些年轻人的帮助，出版回忆录是很有可能的。

2017年4月，我回到北京，跟袁老师、周吉宜先生和宋先生见了面就去上海，跟两个妹妹一起到了古籍出版社，见了张旭东先生。我们还邀请了祝淳翔先生一起去，请他介绍他收集编辑的陶亢德文存的情况。张先生很热情，对回忆录有兴趣，但觉得文存数量很大，审批可能有些困难。我回到北京，宋先生又来看我，告诉我他可以向中华书局的编辑朋友推荐我们父亲的回忆录。5月中旬，我和两个妹妹到西安跟哥哥谈回忆录出版问题。大家都认为，父亲在被补划右派后曾在上海的中华书局辞海编辑所工作过一段时间，跟迁到北京的中华书局有一些渊源，如果中华书局愿意出版，应该把回忆录交给他们。5月24日，宋希於把李世文先生带到我家，商谈回忆录出版的事情。第二天晚上，我跟哥哥和妹妹们通话，再次肯定把回忆录交中华书局出版的决定。就在我把家人的决定告诉李先生后不久，我收到上海古籍出版社张先生的信，他已经获得上级批准，希望在我返美前签好合同。我很不好意思地通知他，我们改变了主意和决定把回忆录交给中华书局的原因，希望他能够谅解。同时，我让小妹妹做了一份回忆录的目录，送给李先生。没想到，他工作效率也非常高，一个月内，走完回忆录的选题程序，并且获得批准。

我们兄妹觉得我们应该为回忆录做些事情，便表示我们自己把手稿输入计算机。没有想到，这是件非常困难的事情，因为我们都没有学过汉语拼音。几经波折，解放后那部分回忆录由哥哥和他的既懂拼音又懂计算机的女儿陶瑛完成。大妹夫范崇文负责输入有关解放前编辑生活的那部分回忆录。其实他也不懂汉语拼音，是用手写方式把回忆录文字写在手机上，再从手机不知用什么办法发到计算机，其艰难可想而知。

二

我们在整理先父的回忆录时遇到一些问题。首先，他是先描述1949年以后的生活。然后回过头来写早年的事情。他在《我的后半生》的第一页右上角注明“1981.2.13起”，还说他“所以先写后半生，一则前半生的事情反正已经记不大清楚，再过一个时候也不会太模糊，倒是后半生虽近在眼前，由于记忆力差，也已经朦胧隐约了，再说，若不趁早写下，将有前后同归于尽之虞”。但是，我们仍然决定把他的回忆录按他人生的时序进行排列，因为他后半生的很多事情缘起于他的前半生，了解了他的前半生就更能理解后半生中发生在他身上的很多事情。

不过，父亲的写法也造成另外一个问题：有些事件的叙述出现了重复。我们曾经想过删节，但最后决定保持原样，因为不少重复回忆的事情说明它们的重要性，可以帮助读者了解我们父亲的心态和思想。他多次谈到《骆驼祥子》的出版历史并且强调自己是这本小说的“催生婆”，其实是对老舍先生一再撇清跟他的关系，无视他在小说出版过程中的贡献的做法抒发不满。对丰子恺先生的回忆在细节上虽然稍有出入，但真实反映了他对丰子恺先生的敬仰之情和虽然精心策划出版他的《艺术漫谈》精装版但销量不如人意的歉疚。至于对徐訏先生的两段回忆，则不但传递了对故人的真情实意，也表达了自己无法回应老友思念之情的无奈心情。

其次，我们发现先父对故人旧友多采用真名实姓，但对身边熟悉的人却常常并不直呼其名。有的是因为发音的关系，例如他提到右邻7号“谈君”，其实他姓“谭”，两个字的发音是一样的。还有个别例子是因为记忆有误。例如，他提到隔壁也姓陶的人家，说他家长孙女叫“妙乎”。其实，这是三孙女的小名，长孙女只有大名，我们从来不知道她的小名。

然而，父亲把同事燕义权先生称为“老乌”，把楼下的袁先生改姓为“小方先生”，把我们兄弟姐妹口中的金先生说成“姓薛”，甚至把我和我丈夫写成“北京的朋友”，他这样做恐怕不是记忆问题，而是有意而为。我的猜测是他心有余悸，怕给自己也怕给别人惹麻烦。我们的做法是保留原样，但加注说明真实情况。另外，由于在复印时丢失了几页，有几篇稿子前后内容或语气无法连接，只好作为残稿，附录于相关内容之后（即《故乡》《关于〈骆驼祥子〉》《贫贱江头自浣纱——纪念丰子恺和徐訏》三篇）。

我们家人特别感激宋希於先生，他为这本回忆录做了很多注释，交代事件的来龙去脉，介绍一些人物的身世，甚至一些地名的由来，并根据回忆录的内容加了一些小标题，对回忆录的内容起了画龙点睛的作用。

我们所做的一切是否正确，恐怕还是要由读者做出评价。我们的唯一愿望是希望读者能够通过这本回忆录对我们的父亲有所了解，能够对他一生的功过、他的是非成败做出自己的评价。